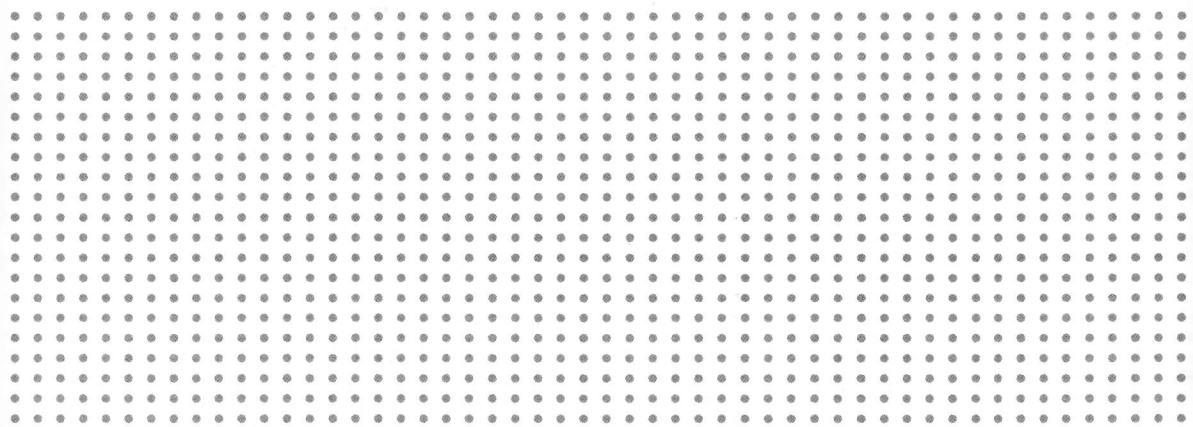

『政党建设与国家发展研究』丛书

确立面向未来的人类现代政治文明的中国形态

郑长忠 著

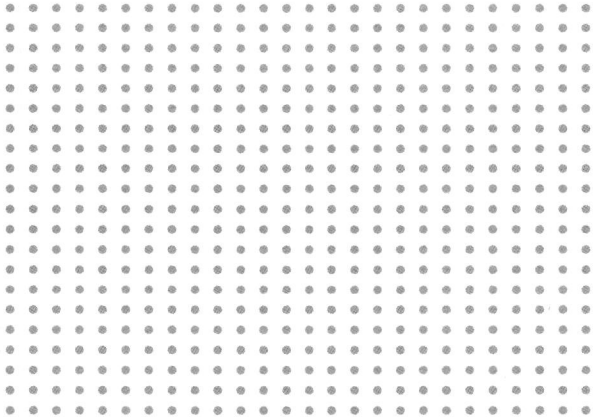

天津出版传媒集团

天津人民出版社

图书在版编目（ＣＩＰ）数据

确立面向未来的人类现代政治文明的中国形态 / 郑长忠著. -- 天津 : 天津人民出版社, 2019.1
（政党建设与国家发展研究丛书）
ISBN 978-7-201-12306-6

Ⅰ. ①确… Ⅱ. ①郑… Ⅲ. ①社会主义政治学—研究—中国 Ⅳ. ①D6

中国版本图书馆 CIP 数据核字（2018）第 294107 号

确立面向未来的人类现代政治文明的中国形态
QUELI MIANXIANGWEILAIDE RENLEIXIANDAIZHENGZHIWENMINGDE ZHONGGUOXINGTAI

出　　版	天津人民出版社
出 版 人	刘　庆
地　　址	天津市和平区西康路35号康岳大厦
邮政编码	300051
邮购电话	（022）23332469
网　　址	http://www.tjrmcbs.com
电子信箱	tjrmcbs@126.com
策划编辑	王　康　郑　玥
责任编辑	王　玎
装帧设计	明轩文化·王烨
印　　刷	高教社（天津）印务有限公司
经　　销	新华书店
开　　本	787毫米×1092毫米　1/16
印　　张	31.75
插　　页	2
字　　数	350千字
版次印次	2019年1月第1版　2019年1月第1次印刷
定　　价	138.00元

总　序

所谓政治，就是指通过建构和运用公共权力处理公共事务，以推动社会发展和建构社会秩序的人类实践。而围绕公共权力而形成的作为统治和管理机构的国家，在人类社会发展到一定阶段，伴随着文明的出现而生成，国家的出现也使政治实践的重心由此围绕着国家而展开。这就意味着，推动社会发展和建构社会秩序就成了政治存在与发展的目的与使命，而公共权力的建构和应用以及公共事务的处理就成了政治实践的前提和内容，也成了国家建设的中心内容。

任何国家和任何社会都应该紧紧围绕推动社会发展和建构社会秩序而展开政治实践，这就是邓小平之所以强调"发展是硬道理"和"稳定压倒一切"的道理所在。而要推动发展和建构秩序，就必须通过建构和运用公共权力来处理公共事务，但是公共权力的建构和运用，以及公共事务的处理方式，在不同历史时期和不同的国家和社会中，其实现方式存在着差异。由此，从时间维度上来看存在着古代、现代和未来的不同，从空间区域上来看存在着东西方的差异。

虽然时空差异存在，但是政治规律却可把握。这些规律，既体现为人类文明发展的一般性逻辑，也反映在不同国家自身发展的历史逻辑中。对于每个国家来讲，不同时期的公共权力建构运行和公共事务处理方式的具体实现形式，正是以上两方面逻辑共同演绎的结果。这一特点也在政党现象中得以体现，即作为现代政治文明的产物，政党发展具有其一般规律的，然而政党在不同国家中功能及其所起到作用的具体形式却存在着差异。

马克思主义认为，从人的交往方式和生存形态来看，在古代社会，人们是以共同体化形态存在着的，人与人之间的交往也呈现存在于不同区域的分散和区隔的方式。公共权力的建构和运用以及公共事务的处理，包括血缘在内的组织逻辑在这其中起到很大的作用，于是处理好国家和包括家族在内的各类传统共同体之间的关系就成为古代国家建设中很重要的内容之一。

随着生产力的发展，人类社会开始从古代社会向现代社会发展，而资本和技术是推动现代社会生成的两个关键性因素。于是，在资本主义发展和工业化社会形态的出现背景下，人的交往方式和生存形态也发生了重大变化，人们开始从共同体化形态向原子化形态转变，工业化生产方式又将原子化社会成员以符合机器生产和现代经营的模式，将人们重新在经济领域中组织起来，由此，社会的生产力得到了极大提高，并在资本和技术的推动之下，世界突破了许多自然的障碍，开始走向全球化。

随着生产力和生产关系的变化，作为上层建筑的公共权力的建构方式和公共事务的处理方式，也在这个过程中受到了挑战。随着人类文明进入现代时期，国家建设与社会发展之间能否形成同频共振，就成了现代国家建设和现代社会发展的重要命题。

然而在现代文明刚刚出现之际，不论是国家建设还是社会发展都尚未从整体发展的角度形成内在有机化，在那些率先进入现代文明的国度中，经济和社会已经按现代方式进行组织，社会成员已经开始原子化，阶级分化和多元社会已经出现，但是在国家建设方面，依然遵循着传统社会的逻辑。由此，国家和社会之间的冲突开始出现，社会内部冲突也无法得到有效协调。正是在这一博弈过程中诞生了现代政党，从此以后，现代政党就成了将社会组织起来并进入国家、驾驭政权的现代组织化政治力量，政党也因此成了联系国家和社会的制度性的组织载体。因此，在现代政治条件下，政党就成了关系到国家建设和社会发展的核心因素。

劳动和资本是现代社会中具有中轴性意义的一对要素。在现代社会条件下，工人是劳动的人格化代表，资本家是资本的人格化代表，双方的集合体分别是工人阶级和资产阶级。而在现实的博弈过程中，政党成为将无产阶级和资产阶级有效组织起来的政治力量和基本方式。于是，资产阶级政党和无产阶级政党就成了现代政党的两种基本类型。

由于资产阶级政党是在资本主义发展的背景下生成的，其目的在于组织社会以影响国家，并与资本主义国家代议制度相伴随而生存和发展的。在资本主义国家条件下，在认同资本主义国家制度前提条件下，政党建设是为了服务资本主义国家制度的，为了适应资本主义国家竞争性选举制度的需要，就催生出多党制的政党制度。因此，在原发性资本主义国家，政治形态建构是以制度机制为中轴而实现的，而作为组织机制的政党更多是服从政治建构这一逻辑的。

无产阶级政党的建立，其目的是要改变资本主义社会，甚至要推翻资本主义国家建立社会主义制度，为共产主义的实现创造条件。这就使无产阶级政党，特别是经过列宁主义改造之后的新型无产阶级政党，在组织化程度上比资产阶级政党来得更加体系化和严密化，有着更强的组织力。在价值上，以人民为中心的整体性建构逻辑以及在工具层面上的较强组织力特征，使无产阶级政党特别是新型无产阶级政党，更加适合于后发国家推动其从前现代向现代转型过程中的国家建设和社会发展的需要。也就是说，在国家尚未建构成型的基础上，国家制度逻辑无法起到主导作用，这就使以政党为中轴的组织建构成为这一类国家推动国家建设的有效方法和现实路径。因此，许多后发国家在现代文明建构的过程中，或是从整体上选择了新型无产阶级政党作为领导国家和社会的核心力量，或是在工具性层面上选择了具有较高组织性的政党类型，通过政党力量来组织动员人民，进而建立现代国家，推动现代社会发展。

从上述的分析中我们可以看到，在现代文明生成过程中，现代政党与现代国家和现代社会之间有着紧密关系，现代国家和现代社会通过现代政党实现有机联系，这就意味着现代政党实际上是现代政治文明形态实现有机化的重要制度性安排和组织性载体。因此，从现代文明生成逻辑上来看，政党、国家和社会之间关系有着其内在的一般规律，不过在具体的实现过程，特别是在不同国度中和不同条件下，政党建设以及政党、国家和社会之间的关系的具体实现形式却有着相应的特殊逻辑。中国共产党建立、在推动现代文明在中国发展过程中所起到的作用及其与国家和社会之间的关系，就充分体现了政党发展的这一规律。

中华民族是人类最早之一进入文明阶段而至今没有中断过自身文明的唯一文明体。在古代和古典时期，中华民族创造了与每个阶段相适应的政治文明形态，从而为中华文明持续发展创造了条件和奠定了基础。然而1840年鸦片战争的爆发，标志着起源于西方的现代化浪潮开始对中国产生冲击，伴随着古典文明的的崩溃，中华民族也走向了衰落。中华民族意识到只有建立现代文明，才能实现民族复兴。然而虽经努力，却依然无法推动古典文明向现代文明顺利转型，最终只能以暴力革命方式终结了古典政治文明形态。

1911年辛亥革命之后，随着作为古典时期整合和组织社会的古典国家力量——封建王朝覆灭，中国社会也陷入了一盘散沙境地，为了实现民族独立、国家统一和现代化建设，就需要有一种组织化力量将社会有效组织起来。于是经过选择，作为现代条件下在价值理性上具有现代性，在工具理性上具有组织力的现代政党就登上了中国历史舞台。在孙中山先生领导和努力下，中国人民探索出了一条用政党力量领导人民、驾驭军队、建立国家、推动社会发展的现代文明建构的中国路径。然而阶级特性以及派系林立等政党自身原因，导致国民党未能履行其应有职责。经过人民选择，领导人民建设现代化事业以实现中华民族伟大复兴的使命，历史性地落到了中国共产党身上。

作为新型无产阶级政党，在价值理性上，中国共产党在马克思主义指导下，以整体推动人民的全面发展和民族的全面进步为诉求，符合中华文明由古典向现代转型过程中国家主权建构、国家政权统一和现代化建设等方面的内在需求；在工具理性上，中国共产党以民主集中制为组织原则，以高度组织性为基本特征，符合民主革命和现代化建设对组织化的诉求。因此，在中国共产党领导之下，中国人民取得了新民主主义革命的胜利，建立了中华人民共和国，确立了社会主义制度，并着手探索构建面向未来的人类现代文明中国形态，中国共产党也成为了领导社会主义现代化建设的核心力量和驾驭国家政权的执政力量。而这些事业的取得，其前提和基础在于党的建设，为此，中国共产党将党的建设称为伟大的工程。

新中国成立以后，为了克服现代化建设对组织化的诉求与社会"一盘散沙"的现状之间的矛盾，在中国共产党领导下，我们国家宏观上建立了以国家政权为主导的计划经济体制，微观上建立了以基层党组织为核心的单位社会体制，从而为社会主义现代化建设奠定了组织化基础。为了获得社会主义现代化建设可持续发展的内在动力，中国共产党作出了改革开放的决定，并走出了中国特色社会主义道路。

在推动中国特色社会主义事业发展过程中，党的十四大做出了建立社会主义市场经济的决定，标志着现代社会基因植入了中国；党的十五大做出了依法治国的决定，标志着现代国家建设全面推进；党的十六大提出了"三个代表"重要思想，标志着现代政党建设开始全面适应市场经济和现代国家建设的需要；党的十七大提出了建设和谐社会，标志着现代社会在中国生成。至此，作为现代政治文明形态的结构性要素的现代市场、现代社会、现代国家和现代政党在中国基本生成。

然而由于上述现代政治文明形态的要素是在较短时间内生成，存在各要素功能发育不足以及各要素之间内在有机化不足等问题。为此，党的十八届三中全会决定基于顶层设计，全面深化改革，推进国家治理体系和治理能力现代化，以完善中国特色社会主义制度，推动面向未来的人类现代文明的中国形态从要素生成阶段向形态整体发展阶段转型。在此基础上，党的十九大做出了中国特色社会主义进入新时代的判断，形成了习近平新时代中国特色社会主义思想，部署了新时代中国特色社会主义事业发展方略，规定了新时代中国特色社会主义事业建设任务，并指出要实现新时代的任务，就必须推动作为领导核心的中国共产党进行自我革命，明确了新的伟大工程的方向和内容。

从不同维度对现代政治形态进行分析，我们可以看到其内部存在着不同结构，从主体结构维度来看，现代政治形态包含有政党、国家和社会等三个主体性要素；从机制结构维度来看，现代政治形态，包含有价值、制度和组织等三个机制性要素。如果基于上述两个结构分析视角，现代政党实际上就是现代政治形态的主体结构要素的一个组成部分，政党与国家和社会之间的互动关系是通过价值、制度和组织三个机制来得以实现的。因此，对任何政党发展来讲，要发挥作用，其自身建设就必须围绕上述两个维度展开。正如前文所提到的那样，政党的作用及其发展的具体实现形式，在不同历史条件下和在不同国家、社会背景下，政党与国家和社会之间的关系即是现代政治形态的主体结构实现形式存在着差异。同时，作为三者之间联系机制的价值、制度和组织的具体实现形式，也存在着各自特色。

现代文明发展过程中，一个很重要的特征就是全球化。虽然在现代文明条件下，围绕公共权力而形成的全球关系，更多的是政府间的外交关系。而政党发挥作用的空间，主要是在国家内部围绕着公共权力的建立和运行而展开的。但是在现代文明发展过程中，政党之间也存在着一定程度的交往，主要是围绕着共同意识形态的政党多边交往和不同国家的政党间双边交往。随着现代文明进一步发展特别是网络社会生成，不同地区不同种族不同国家不同社会的人之间，越来越形成了命运攸关的共同体。为了推动人类命运共同体的建构，需要人们通过更好的沟通来形成共识，这就要求我们在政府间交往之外，还需要发挥政党间交往的作用。于是，新型政党关系就成为构建人类命运共同体的重要机制。

综上所述，作为现代文明产物和现代政治形态的主要组成部分，政党不仅在一个国家内部，而且在国际交往中都发挥着重要作用。作为现代政治核心要素，政党诞生对现代政治文明发展产生着重大影响，而作为文明诞生的主要标志，国家是政治运行的中心内容，这就意味着在现代条件下要研究国家不能脱离政党，而政党建设也必将对国家发展产生影响。然而政党发展也同时受到政治的整体形态与各个要素的影响，因此我们要把握政党，不能就政党研究政党，需要基于历史维度，将政党放在现代政治整体形态以及全球范围来把握，并根据新的条件变化来理解其变迁方向。

正是基于以上认识，我们决定推出"政党建设与国家发展研究丛书"，通过研究政党建设内在逻辑以及政党建设与国家发展和社会进步之间关系，以期从政党研究视角来理解包括国家在内的现代政治发展特别是中国政治发展的内在规律。

郑长忠

2019 年 1 月 20 日于复旦大学

目　录

第二部分　国家治理现代化与新型现代文明形态建构

第三部分　建构新型现代文明形态的价值基础

第四部分　政治生态重塑与国家治理现代化

第五部分　国家治理现代化与党的组织发展

第六部分　国家治理现代化与群团改革

第一部分　确立面向未来的人类政治文明的中国形态

《共产党宣言》与人类文明发展*

随着互联网的发展,人类社会开始进入了网络时代。网络社会不仅改变了人们的生存空间,同时也改变了人们的交往方式,由此意味着新的文明因素在加快生成。同时,对于中国来说,经过一百多年的努力,现代文明形态在中国已经基本生成,中华民族伟大复兴也是指日可待,而也正是在这现代文明基本建成之际,却遇上了网络社会的到来。这也意味着,不论是人类文明发展,还是中华文明发展,都到了一个需要对未来文明发展根本命题进行思考的时候,而对未来的思考不可能是凭空而来的,一是需要对过去经验与规律进行总结,二是对未来的趋势与发展进行预期。我们认为,作为经典的《共产党宣言》不论其提出的命题内容,还是分析方法,都可以为我们的思考提供依据,这既是历史规律使然,也是学理逻辑所规定的。

一、现代社会之"轴心时代"与马克思主义

学界有一种观点认为,从公元前 800 年到公元前 200 年这段时间,是人类文明的"轴心时代",在这一时期,许多文明都出现了伟大的精神导师,他们提出的思想原则塑造了不同的文化传统,也一直影响着人类的生活。究其原因,是因为人类已经进入文明时期,在这一阶段,生产力已获得较大发展,脑力劳动与体力劳动分离比较充分了,而作为文明标志之一的国家已经初步发育,同时最早以原始社会演化而来的基于血缘共同体为基础的国家建

---

* 本文的一部分以"《共产党宣言》在网络时代的价值"为题刊发于《人民日报》理论版,2016 年 7 月 18 日。

构逻辑开始衰微，而新的政治建构逻辑正在生成之中。这就意味着，人类文明与理性已经诞生并获得初步发展，并需要进一步发展，同时又处于既有秩序崩溃而新秩序尚未建构之际，内在要求人们必须对既有经验与未来发展问题进行思考。在人类整体发展逻辑与现实发展需求双重推动下，人类文明发展中许多根本命题就在这一阶段被提出了。

如果说在人类整体社会发展中，存在着所谓"轴心时代"的话，那么我们认为，在人类社会发展的每一阶段中，都存在着所谓"轴心时代"，提出这一阶段发展中的许多根本命题与思想原则，并对这一阶段乃至之后的社会发展都产生重大影响。由此我们认为，在现代社会中也存在着这样一个"轴心时代"，这一"轴心时代"的出现也同样需要符合上述"轴心时代"三方面条件，就是新的生产力已经出现并初步发展，人的解放获得新的发展，新文明基础已经具备和社会秩序建构原则初步生成，然而社会秩序尚处于交替之中。我们认为，从18世纪末到20世纪初，对于现代社会来说，符合上述三方面条件。因此，从一定意义上说，这一时期可以理解为现代社会具有"轴心时代"意义的时期。在现实中，这一时期确实也诞生了一大批提出关于现代社会发展的根本命题与思想原则的大思想家。

我们认为，在现代社会"轴心时代"的众多璀璨"星辰"中，马克思绝对可以算是其中"最亮一颗"。理由有二：一是马克思在继承前人的基础上，系统提出了关于现代社会与现代文明的基本特征、内在矛盾与解决思路等根本命题，其思想对现代社会的影响之深刻与重大，不论是在理论领域，还是在实践领域，都是得到公认的。二是马克思的伟大不仅局限于他对现代社会根本问题的把握上，而且还在于他提出了超越与扬弃现代社会矛盾，并推动人类社会发展与人的进一步解放的历史方向与内在逻辑，这是他区别于许多伟大现代思想家之处。这就使马克思主义成为着眼于对人与社会本质认识基础上，不仅能够回答现代社会命题，而且还能够指引我们走向未来的"人的解放"的系统学说。因此，在现代社会与现代文明发展新的阶段到来之际，马克思主义的价值与意义就越发凸显了。

二、《共产党宣言》与现代社会发展的根本命题

作为马克思主义创始人之一，马克思就其思想而言有以下两方面特点：一是不仅回答了现代社会的命题，而且还提出了走向未来的命题；二是不仅对理论问题做出说明，而且还推动现实世界的改造。在马克思所有的著作中，最能同时体现上述两方面特点的，就是其与恩格斯合著的《共产党宣言》。宣言是行动纲领，当然是要面向实践，需要明确行动主体与实践方式。然而实践不是盲目的，而是在规律基础上做出的，因此需要理论分析作为根据；宣言是政治指南，当然是要面向未来，需要描述未来社会图景与逻辑可能，然而预期不是凭空的，而是在过去经验与现实状况基础上形成。因此，《共产党宣言》是最能体现马克思主义灵魂的文献，既体现了马克思主义对现代社会与未来发展根本命题的具体内容的理解，而且也体现了马克思主义对认识与解决这些根本命题的具体方法的运用。

《共产党宣言》认为："每一个历史时代的经济生产以及必然由此产生的社会结构，是该时代政治的和精神的历史的基础"，这种逻辑演绎不是抽象发生的，而是通过具体的、人格化的主体力量的实践与互动而得以实现的，这种互动推动了人类社会的发展。到了由资本主义所开启的现代社会条件下，"资本和劳动的关系"成为"现代全部社会体系所依以旋转的轴心"，由此，作为其人格化的主体力量的资产阶级与无产阶级，就成了现代社会中一对轴心主体关系。为了在社会上与政治上适应这种主体力量互动，无产阶级与资产阶级都组成了自己的政党，从而实现了主体力量的组织化，即通过"组织成为政党"，使"组织成为阶级"得以实现。

然而阶级斗争只是手段，目的是为了推动整个社会发展，使社会扬弃"资本与劳动"这一对现代社会中的矛盾，在实现人的解放的过程中，推动社会进入一个新的历史阶段，也就是"被剥削、被压迫的阶级（无产阶级），如果不同时使整个社会永远摆脱剥削、压迫和阶级斗争，就不再能使自己从剥削它、压迫它的那个阶级（资产阶级）下解放出来"。

那么扬弃现代社会矛盾，推动人类社会进一步发展的方向与目标应该

是什么?《共产党宣言》的回答是:"共产主义社会",即"代替那存在着阶级和阶级对立的资产阶级旧社会的,将是这样一个联合体,在那里,每个人的自由发展是一切人的自由发展的条件"。

综上所述,《共产党宣言》在为我们展现现代社会成就的同时,也为我们揭示了现代社会的基本特征与主要矛盾,并指出,要推动人获得进一步解放就必须扬弃与超越现代社会的既有矛盾,推动社会进入共产主义社会,实现文明的飞跃,这一推动及实现扬弃与飞跃的过程就是共产主义运动。我们认为,这就是《共产党宣言》所提出的现代社会发展的根本命题。

三、网络社会发展与《共产党宣言》之价值

马克思主义认为:"一定的生产方式或一定的工业阶段始终是与一定的共同活动方式或一定的社会阶段联系着的,而这种共同的活动方式本身就是'生产力';由此可见,人们所达到的生产力的总和决定着社会状况,因而始终必须把'人类的历史'同工业和交换的历史联系起来研究和探讨。"而"社会关系和生产力密切相连。随着新生产力的获得,人们改变自己的生产方式,随着生产方式即保证自己生活方式的改变,人们也就会改变自己的一切社会关系"。这就意味着,生产力变化不仅改变生产方式,而且还改变了其他交往方式以及在此基础上的所有社会关系。

在马克思主义创始人看来,在现代社会生成与发展的过程中,我们应该关注的是"工业阶段"变化所带来的交往方式与社会关系变化,因为工业是现代社会发展最重要的生产力基础。然而从20世纪末和21世纪初开始,全球开始从工业社会向网络社会发展,这就意味着作为社会生产力基础的轴心要素,由工业化向网络化转变,标志着新的类型的生产力开始出现。根据马克思主义关于生产力与交往方式、社会关系之间关系原理,作为生产力轴心基础从工业化向网络化转变,必将带来人们的交往方式与社会关系的变化。从网络社会生成以来的经验来看,网络技术发展确实给社会带来了根本性影响,虚拟网络空间出现,去中心化的组织形态,快速与大规模连接等特点,都使人们的交往方式发生了颠覆性变化,由此使生产、商业等组织形态

发生了巨大变化,同时也对社会关系构建产生了重大影响。

从生产力变化带来的交往方式与社会组织方式变化的程度来看，网络化出现的后果,可以说是前所未有之剧烈。由此,我们可以认为网络化出现从一定意义上已经预示着一种新的文明形态的到来。究竟这种文明形态是否依然属于现代文明范围,以及网络化所带来的影响是否还将进一步加剧,我们还无法做出准确判断。但是有一点是比较明确的,那就是一种相向运动开始出现,即一方面现代社会的一些基本特征与矛盾得以进一步发展,另一方面新型社会关系内容也不断被呈现。

正是存在着上述相向运动的特点,使我们不论是对现实理解,还是对未来把握,都应该回到《共产党宣言》之中去。如此,不论是对具体内容把握,还是对认识方法运用,都将给我们以帮助。从具体内容上来看,网络社会的出现更多的是对工业社会的辩证超越而不是简单否定,况且现代社会基本特征与矛盾还在进一步发展,同时,新型社会关系与文明内容的出现,也是相对于现代社会基本特征与矛盾而言的。因此,不论是深化对现代社会的认识,还是对超越现代社会的理解,都需要我们回到《共产党宣言》所揭示的现代社会发展的根本命题之中,并对这一命题重新进行深刻研究。从认识方法来看,由于《共产党宣言》是建立在马克思主义辩证法与历史唯物主义基础上的,因此不论是对现实理解,还是对未来把握,我们都应该将其作为基本认知根据与基本方法,虽然我们还需要根据新的条件进行发展。

四、构建面向未来人类文明的中国形态之意义

中华民族是人类最早进入文明并得以延续至今的唯一文明体。在古代早期农耕社会条件下，中华文明建构了以血缘为基础和原则的社会与政治形态。随着生产力的发展,中华文明开始进入了以血缘家庭为基础的社会形态与以郡县制度为基础的政治形态有机统一的古典时期。在古代与古典时期,中华民族创造了灿烂的文明成果。然而在现代化浪潮的冲击下,传统社会与政治形态开始在中国崩溃。为了构建现代文明,中华民族选择了以政党领导人民,驾驭军队,建立现代国家,推动现代社会发展的路径。

中国共产党在马克思主义的指导下,经过历史选择,通过建设中国特色社会主义,承担起领导人民实现中华民族伟大复兴的使命。选择中国特色社会主义道路,一方面是中国作为后发国家建立现代国家与现代社会的历史逻辑使然,另一方面是通过坚持社会主义,使中国在制度设计与现实发展中,内在包含着既吸收现代文明成果,又扬弃现代社会矛盾的诉求。

在中国现代文明即将建成、中华民族伟大复兴即将实现之际,人类社会又进入了网络时代。对于中华民族来说,一方面面临着文明发展的双重挑战,另一方面又使文明发展可以利用叠加效应优势,运用网络社会的新文明内容与条件,扬弃现代社会的不足。实际上,这一逻辑与中华民族选择中国特色社会主义道路蕴含的诉求具有内在一致性。

对于人类最古老文明体之一并经历过最早轴心时代的中华民族来说,在面对新的人类文明发展时,能够以如此方式建构自身最新文明,其意义不仅仅局限于中华民族,而是对整个人类文明发展都具有意义的。而其中逻辑与《共产党宣言》所揭示的规律与命题有着高度相关性。这也许是在中国共产党建立 95 周年之际,我们重温《共产党宣言》意义之所在吧。

追寻与守护人类理想的中国逻辑*

　　经过马克思和恩格斯的努力，共产主义——不仅作为人类社会发展的理想，而且作为人类社会进步的运动——被提出了；经过马克思主义者的努力，共产主义，不仅作为趋势与方向，而且还作为规律与方法，被实践着。共产主义运动，对于中国来说，具有工具意义，还具有价值意义。在中国共产党人的追寻与守护下，共产主义运动，不仅推动了中华民族的伟大复兴，而且推动了中国人民的自由与发展，使中国特色社会主义成为共产主义运动的重要组成部分，进而使中国道路具有了人类的意义。

一、共产主义：值得追寻与守护的人类理想

　　对于个人来说，必须在希望中才能活下去，对于人类来说，也同样需要理想，并在追寻理想的过程中得以发展。因此，在不同时期与不同文明条件下，人们都以不同方式对人类发展提出了理想。人类正是在这些理想的鼓舞与激励下，不断获得发展与进步。同时，也不断将发展与进步的文明成果转化为丰富人类理想的新的依据与内容。

　　进入近代，在生产力发展与社会进步背景下，马克思和恩格斯经过充分研究，提出作为人的自由而全面发展的人类理想，能够在现实中得以实现，而不是像过去人们所认为的那样，只有将之寄托于彼岸天国，或是停留在精神世界之中。同时，马克思和恩格斯还为我们揭示了实现人类解放与发展的内在规律与现实路径，使人类这一理想的实现不再是空想，而成为科学。这

---

　　*　本文刊发于《中国青年报》，2015年10月12日第1版。

种理想的社会就是共产主义社会,追寻与守护这一理想的过程,就是共产主义运动。

马克思主义认为,人类社会发展是具有内在规律性的,实现共产主义是人类社会发展规律使然的。共产主义社会的实现,既不是空中楼阁,也不是无中生有。作为一种必然的结果,它是具有内在科学性的,作为一种运动的成果,它是建立在每一阶段人类文明成果充分发展基础上的,是扬弃和超越,而不是单纯否定。因此,对于共产主义,我们既不能悲观失望,也不能历史虚无。

当我们说要作为共产主义接班人时,不是说,明天就进入共产主义社会,立即成为共产主义社会中一员,而是说,我们应该自觉追寻与守护这一人类理想,并在实践中,助力这一理想的实现,为其添砖加瓦。为此,对于共产主义者来说,一是要做到信念坚定,相信共产主义实现是人类发展必然;二是要做到内心从容,应理解共产主义运动是需要经历一个过程的;三是要做到包容转化,将历史上与现实中各方面有利于人类自由与发展的思想性与现实性因素进行吸收与转化,使之成为有利于共产主义运动的资源。

虽然共产主义是一种必然,但是基于认识与境界或利益与境遇的不同,现实中的人们,对于共产主义的理解或态度,也必然存在差异。然而不管怎样,作为历史必然的人类社会发展规律总是在演绎着,面对历史规律,人们常常处于"日用而不知",在客观上总是被规律所支配,即使是那些不理解乃至在观念上反对共产主义的人,只要在行为上,不做逆历史与社会发展之事,实际上,也无意中服务于这一理想的实现。

二、民族复兴与人的发展的有机统一:中国共产党的追求

人类社会发展规律,不是抽象地停留在理念世界之中,而是通过历史与现实的人的实践予以实现。历史与现实的人也不是抽象存在着,在不同时期,总是要组成某种共同体,或是以部落、氏族方式,或是以民族、国家方式存在。马克思主义认为,人类社会发展总是从低级往高级发展,由于历史与

地理等因素,世界上的不同民族或国家的人所处的历史阶段存在差异,而处于不同历史阶段的人们的交往方式与生存形态也存在着差异。整体来说,越高级的阶段,人类自由与发展程度也越高。作为人类社会发展的内在规律的具体体现,共产主义运动对于不同民族共同体或国家来说,在不同历史时期,其任务与使命是不同的,具体实现方式与路径选择也是不同的。

中华民族是最早进入文明阶段的人类文明体之一,在古代与古典时期,中华民族都创造过非凡的文明成就,也推动了中华民族及其成员的发展与进步。然而面对现代化浪潮的冲击,中国古典政治文明未能实现成功的自我转型,导致中华民族与中国人民皆陷入受奴役境地。在追求民族独立与人民解放的过程中,中华民族与中国人民选择了以马克思主义为指导思想的中国共产党。中国共产党不仅在工具层面上为中华民族的独立与现代国家的建设提供了组织基础,而且还在价值层面为推动中华民族从传统走向现代,推动中国人民实现进一步的自由与发展提供了理论指南。因此,推动中华民族独立与复兴,推动中国人民自由与发展,就成了中国共产党的双重历史使命。

由于现代化首先出现在西方,作为后发国家,中华民族曾经处于相对落后的阶段,人的交往方式与生存形态也是处于前现代状态,因此,推动社会发展以实现人的自由与发展,就成为中国社会发展的历史命题。然而中国人民的存在又是以民族与国家为基础的。因此推动民族独立与复兴就成为中国人民的自由与发展的前提。实现上述这对关系的有机统一,不仅成为中国共产党的历史使命内容,也成为中国现代化发展中需要平衡的张力,同时也是共产主义运动在中国发展需要解决的一个现实命题。

面对这一命题,中国的做法是,通过建立社会主义国家,以锁定人的自由与发展的方向,同时通过发挥中国共产党的组织化力量来推动现代国家构建的任务,克服了传统社会的一盘散沙特征,为现代化建设奠定了双重组织化基础。而后,遵循现代化社会发展逻辑与中国社会发展逻辑相统一原则,推动中国社会现代化发展,进而有步骤推进了中国人民的自由与发展。在此过程中,我们不仅推动了中华民族伟大复兴,而且在较短时间内完成了原发性现代国家用两三百年才完成的推动社会与人的发展的任务。

三、中国特色社会主义是共产主义运动的重要组成部分

马克思主义认为，从资本主义社会向共产主义社会过渡的过程中需要经历社会主义社会阶段，在这一阶段，需要通过由马克思主义政党掌握国家政权，一方面保证社会发展方向，另一方面可以运用国家政权对社会进行改造，以推动社会发展。这一社会发展逻辑的演绎，同样也不是抽象的，必须通过不同地域与国家的人民的实践得以实现，对于中国来说，就是所谓的"马克思主义中国化"。

中国社会发展逻辑与现代政治发展逻辑的共同演绎，使中国社会发展，从前现代直接进入到社会主义阶段，因此，对于中国来说，要推动社会发展以实现共产主义，就必须充分发展现代化。然而现代化发展却有其自身规律，这就意味着，在社会主义背景下，推动前现代的中国社会实现现代化，就成为社会主义中国需要面临的一个历史与现实命题，同时也成为人类社会发展的一个难题。

中华人民共和国成立之后，为了克服中国传统社会"一盘散沙"的特征与现代化建设对组织化诉求之间的矛盾，在中国共产党领导下，宏观上我们建立了以国家力量为主导的计划经济体制，微观上我们建立了以基层党组织为核心的单位社会体制，从而为社会主义现代化建设奠定了组织化基础。

经过二十多年的发展，社会主义现代化建设在中国取得了巨大成就，中国特色社会主义基础也得以初步奠定。不过，随着时间的推移，作为现代化建设的一种过渡性组织模式，计划经济体制与单位社会体制的不足也开始显现，即能够为现代化建设奠定组织化基础，却不能为现代化建设提供可持续发展内在动力。为此，中国共产党在十一届三中全会上做出了改革开放的决定，从而标志着社会主义现代化建设的第一阶段任务基本完成，中国特色社会主义进入全面发展时期。

经过初期的改革开放实践探索，党的十四大决定建立中国特色社会主义市场经济体制，从而标志着现代社会基因植入了中国，由此导致了中国社会现代化发展，不仅在经济层面，而且在社会层面也进入了快速发展阶段，

人们的交往方式与生存形态再次发生巨大变化。为了适应市场经济与现代社会发展的需要,党的十五大做出了依法治国与建立法治国家的决定,标志着社会主义现代国家建设进入到全面推进阶段。党建国家与推动社会发展的历史逻辑决定了,随着市场经济建立与依法治国推进,反过来就要求中国共产党自身建设必须创新与发展。为此,党的十六大将"三个代表"重要思想写入党章,回答了在新的条件下应该建设什么样的党以及怎样建设党的命题,标志着党的创新与发展得以推进。随着社会主义市场经济发展,社会主体性与多样性开始生成与发展,为此,党的十七大就强调了推动和谐社会建设的任务,标志着现代社会在中国生成。

对于现代文明形态来说,现代政党、现代国家、现代社会与现代市场,是其四个结构性主体要素。这就意味着,经过 40 年发展,现代文明形态的主体要素在中国基本生成了,由此标志着中国特色社会主义文明形态的发展完成了要素生成阶段。然而还存在着两方面问题:一是各要素的功能尚未得到充分发展,二是各要素之间的内在关系尚未实现有机化。

为了推动中国特色社会主义制度与形态的完善,党的十八届三中全会做出了全面深化改革以推动国家治理体系与治理能力现代化的决定,由此进入了中国特色社会主义文明形态全面发展阶段。一方面,开启了推动中国特色社会主义文明形态走向定型与发展的征程,以最后实现中华民族伟大复兴;另一方面,开启了推动中国社会从前现代向现代转型走向基本完成的征程,以进一步推进中国人民的自由与发展。

四、中国道路的人类意义

作为共产主义运动的组成部分,中国特色社会主义,是作为后发国家的中国,通过走社会主义道路,实现从传统向现代转型,完成民族独立与复兴以及人的自由与发展双重任务的道路,不仅造福了中华民族与中国人民,而且其所包含的经验,从一定意义上说,具有世界意义。

中国是在后发国家的前现代的社会基础上建立了社会主义制度。在一个国家建立社会主义,中国继承了苏联的经验取得了成功,然而中国并没有停留在苏联模式上，而是将这一模式作为中国社会主义建设与现代化建设的一个阶段予以探索。在该模式完成了其历史使命后，中国快速实现了超越与创新，推动了中国特色社会主义的发展，并形成了中国特色主义理论，而不是像苏联那样停滞不前，导致社会主义建设失败。由此，中国特色社会主义的实践与经验，不仅使共产主义运动在中国得以顺利发展，而且也丰富了马克思主义的理论内涵。

在后发国家建立社会主义，内在要求中国必须发展现代化。现代化发展规律要求中国不仅要在经济和社会上完成现代化任务，而且还要在政治上完成民族国家建设与现代政治发展的任务。由此，中国的政治与社会发展，就不是在单一逻辑下完成的，而是在中国社会发展逻辑、现代文明发展逻辑与共产主义运动逻辑共同演绎下得以实现的，否则就可能出现巨大挫折。

面对这一世界难题，中国通过选择以共产主义为诉求的中国共产党作为领导力量来领导人民，实现了民族独立与国家基本统一，完成了民族解放与国家建设任务。而后，通过坚持与发展公有制为主体、多种所有制共同发展的经济制度，一方面在价值上坚持了社会主义价值方向，另一方面也在工具上使国家相对自主性得到维护，而不受其他力量绑架，同时也保证了社会发展的内在活力，使中国特色社会主义能够根据整体发展需要，遵循规律而推动国家与社会发展。在政治上，通过坚持与发展人民民主，丰富民主实现形式，推动现代民主在中国发展。在社会上，通过推动现代社会发展，使人民的自由与发展得以推进。由此，中国成功处理了从传统向现代转型过程中的国家整体建设与人的自由、发展的张力问题，实现了在当今世界人口最多的国家中顺利转型与发展，从而为人类现代文明发展提供了中国经验，同时，也使共产主义运动内在逻辑的演绎获得了现实基础。

坚持走中国特色社会主义道路，使中华民族得以独立与复兴，人民获得自由与发展。中华民族伟大复兴与中国综合国力提升，在全球化背景下，其意义就不仅局限于民族与国家内部，而且对全世界都将产生影响。中国发展之后，会如何影响世界？这是全世界都关心的一个命题。

作为具有数千年文明的古老民族，中华民族追求"和而不同"与崇尚和平的特质，使我们不可能称霸。作为后发国家，从传统向现代转型过程中，曾经受过帝国主义的奴役与压迫,中国深切理解其中的苦痛,因此我们发展与强大之后,不可能将自身经历过的苦痛,再加到别的民族与国家身上。作为中国领导力量的中国共产党是以实现共产主义为奋斗目标的,而以人的自由而全面发展为诉求的共产主义理念,将民族独立与自由作为人的自由与发展的重要前提,并且认同不同民族与国家发展必须遵循自身发展的历史逻辑,而不是像某些国家那样,将自身国家利益包裹在所谓的"普世价值"之下,并以此为借口,来打击别国,导致他国崩溃,带来许多灾难。

为此,我们提出了构建"人类命运共同体"的命题,既要尊重各民族与各国自身发展的历史逻辑,又要推动人类整体的和平与发展,这是中国基于时代发展的需要所提出的新的理念。这其中,既包含着中国文化既有的特质,也包含着现代文明发展的需要,更包含着共产主义运动的内涵。

中国特色社会主义的伟大意义*

在中国共产党领导下，中国人民创造性地选择了中国特色社会主义道路。中国特色社会主义，不仅使现代文明在中国得以建立，中国也由此走出了积贫积弱的历史，逐步实现民族独立与国家富强，而且还创造性地运用马克思主义，积极适应时代发展要求，力争克服现代文明的不足，建构了面向未来的人类文明的中国形态。因此，中国特色社会主义，不仅对中华民族伟大复兴具有历史意义，而且对人类文明发展也做出了积极贡献。

作为人类最古老文明体之一，中华民族从其文明诞生开始，就不断创造出辉煌的文明成果。然而到了近代，一方面是传统政治与社会自身的问题，使古典文明开始走向衰落；另一方面是现代化浪潮的冲击使这种衰落进一步加剧。中华民族选择了以革命方式终结了古典文明，并选择了以政党领导人民，建立国家，推动社会发展的现代文明建设的路径。为此，政党在推动民族复兴与文明转型的过程中扮演了领导核心作用，经过历史选择，这一伟大的历史使命最终由中国共产党担负起来。

在中国共产党领导下，从构建现代文明开始，一方面我们在制度上创造性地建立了社会主义，从而为超越现代文明根本性矛盾与不足奠定了基础；另一方面，又遵循现代化发展逻辑与中国自身发展逻辑，有步骤地完成每一阶段的现代化建设任务。围绕上述两方面内容，经过一段时间的探索，作为面向未来的人类文明的中国形态——中国特色社会主义文明形态逐渐生成与发展，并开始走向定型。

新中国成立之初，为了克服现代化建设对组织化诉求与传统社会"一盘

---

* 本文刊发于人民网–观点频道，2016 年 6 月 30 日。

散沙"的特点,在中国共产党领导之下,宏观上中国建立了以政权为主导的计划经济体制,微观上建立了以基层党组织为核心的单位社会体制,从而为现代化建设奠定了组织化基础。在完成了现代化建设基础阶段任务之后,为了获得现代化建设可持续发展动力,中共中央做出了改革开放的决定,发展至今现代政党、现代国家、现代社会与现代市场等现代文明要素在中国逐步生成。为了推动现代文明形态之间各要素功能充分发挥与各要素之间实现有机整合,党的十八届三中全会做出决定,全面深化改革,推动国家治理体系与治理能力现代化,以完善中国特色社会主义制度,从而标志着中国特色社会主义文明形态开始从要素生成阶段进入形态整体发展阶段。

改革开放以来,中国经历了两次社会转型,第一次是市场经济建立而引起的基于制度变迁所导致的社会结构转型,第二次是网络社会生成而引起的基于技术革命所导致的社会结构转型。如果说市场经济建立使现代文明在中国得以全面生成,那么网络社会生成使许多新的文明要素开始生成,这就意味着,中华文明发展又面临着一次新的飞跃。而作为面向未来的人类文明的中国形态,中国特色社会主义所具有的面向未来以及超越现代文明的优势将会再次得以发挥,从而一方面将顺利推动中华民族伟大复兴,另一方面也将再次为人类文明发展做出新的贡献。

中国特色社会主义是中华文明发展逻辑、现代文明发展逻辑与共产主义运动逻辑共同演绎的产物,而中国共产党是遵循上述规律推动中国特色社会主义建设发展的领导力量,中国特色社会主义建设的成就是中国共产党伟大的现实证明。因此,在中国共产党成立95周年之际,对中国特色社会主义伟大成就与伟大意义的总结与展望,就是我们给党的生日献上的最好的礼物。

中国政治发展主体性与自主性统一的根据[*]

——读林尚立教授的《论人民民主》

近代以来,随着现代化浪潮对中国的冲击,对于中国应该建立怎样现代政治形态以及应该如何建立的问题, 就成为关系到中国政治发展的一个重要命题。而民主问题是现代政治核心命题,这就使"何为民主、中国应该建设什么样的民主,以及其实现形式如何"等,也在百年的现代政治建设与发展过程中,不断被争论与探讨。在中国共产党领导下,中国人民选择了人民民主,并以此为根据,成立了中华人民共和国。经过六十多年的发展,中国特色社会主义建设不断得到发展, 现代政治文明也开始由要素生成阶段进入全面定型阶段,有必要对作为中国现代政治根据的人民民主进行研究:一方面可以让我们对中国特色社会主义现代政治文明形态构建本质规定与内在机理更加清晰,有利于现代政治文明定型得以顺利进行;另一方面还可以通过对中国政治坚持人民民主的政治实践的研究, 使经过中国实践得以丰富了的人民民主和民主内涵在理论上获得呈现。林尚立教授的《论人民民主》一书的出版,正是有着上述的现实与理论意义。

一、民主与现代政治

把握政治以及民主问题,必须从一个逻辑起点开始,历史唯物主义认为,这个逻辑起点必须从现实的人入手,而不是从某一观念入手。林尚立教授就是从以下历史事实入手,展开对政治与民主问题研究的:人类在现实中用自身智慧

---

　*　本文刊发于《文汇报》,2016 年 9 月 9 日。

解决了"把具有无限欲求的每个个体联合组成为一个有机体"这一"天大的难题"。

在任何历史条件下,"当每个人聚合在一起的时候,个人的存在就在个体性存在的基础上,获得了集合性存在,个人因这种存在而获得更大的能量。对于个人来说,这种集合性存在就是人民"。"社会,实际上就是人的集合性存在的组织形态。"而当社会发展到无法用自身力量解决自身的矛盾与冲突时,"人们就在既有社会基础上创造出一个源于社会、但又高于社会的力量,这就是国家。国家的使命在于保全社会,进而维系人民这个集合体"。

林尚立教授认为,根据马克思的观点,"区别民主制与君主制的核心标准就是一条:人民,是国家或国家制度的主体力量,还是客体力量。君主制中,人民是从属于国家制度的产物,相反,民主制中,国家制度是人民的自我规定,国家制度是人民的产物"。在古代人的社会存在是依赖于共同体并以共同体形式而存在着,在现代人的社会存在是相对独立于各种社会共同体的以"独立个体"方式而存在着。

在现代政治条件下,民主是以"独立个体"的出现为前提,但是其现实基础还是根植于人的社会属性所形成的人的集合性存在,即人民基础之上的,人民是"独立个体"联合形成的集合体,只有在人民这个集合体中"个人才能获得全面发展其才能的手段",才"可能有个人自由",而维系人民这一集合体的国家,就是现代国家。由此,民主理论对民主认识上或设计具体民主制度形态和实践路径上就有了以下的分野:"以个人为本位的民主和以人民为本位的民主的分野。"前者就是所谓自由主义民主,后者就是所谓人民民主。

不管理论上如何争论,在林尚立教授看来,有一点对于民主的健康发展来说是重要的,那就是"健全的民主,必须是基于人的现实存在双重性,既要考虑个人的自由发展,同时也要考虑人民整体利益,并最大限度地平衡这两者之间的关系"。林尚立教授这一观点对于我们理解现代民主来说,非常重要,是辩证理解现代民主的一个基本方法论。

二、人民民主与中国民主模式的选择

究竟选择以个人为本位,还是以人民为本位,来建构本国民主以及推动国家与社会发展,诚然,理论与价值上的根据与偏好起到很重要作用,而最终的选择却是由所在国的历史与现实的逻辑所决定的。中国选择了人民民主就体现了上述逻辑。

在林尚立教授看来,"民主要走向平衡,必然需要一个基点。西方民主实践给出的答案是:以个人本位为基点"。这一基点既是西方民主理论的产物,同时也是西方社会迈向现代文明的历史运动的产物,有其合理性和必然性。然而对于后发现代化国家来说,"当他们面对汹涌袭来的现代化浪潮之时,根本就不存在产生西方式'个人'的条件与基础,更谈不上由这样的'个人'所组成的社会了,因而,其迈入现代化的历史起点就只能是基于历史传承和族群延续所形成的'人民'力量。这种'人民'力量,一开始更多的是作为'群'或者'族群'的力量出现的,只有经历了革命洗礼或者现代自觉之后,才能在反对传统的君权统治中提升为'人民',并由此借'人民'的力量来建构现代民主"。而要使人民"现代化",就必须通过包括文化、政治与经济等全面而深刻的现代化革命,而要完成如此系统的任务,就必须通过建立有效的国家政权来推动,"而这个有效的国家政权建构的历史起点,显然不可能是'个人',一定是'人民'",这就使以"人民为本位"的人民民主发展模式,在现代民主化运动中被发展出来,而中国所实践的就是这种模式。

三、人民民主:中国政治发展主体性与自主性统一

从林尚立教授的著作中,我们可以深刻感受到,选择将基点定位在"人民为本位"的人民民主,使中国现代政治发展的主体性与自主性得以生成与发展,并获得统一。前者体现在人民作为现代政治的主体力量的内涵与作用在中国不断得以发展;后者体现在现代政治在中国发展遵循着自己的逻辑并形成了面向人类未来的中国现代政治形态——中国特色社会主义政治。

不论是马克思主义理论,还是中国政治发展逻辑,都使中国现代政治发展选择了以"人民为本位"作为基点的人民民主。虽然"其迈入现代化的历史起点就只能是基于历史传承和族群延续所形成的'人民'力量",然而这时的人民,一方面在性质上不是作为"独立"个体的存在形式,而是共同体化存

在,另一方面在组织形式上却是处于"一盘散沙"状态。最终,中国选择了以政党力量来组织人民,并在此基础上建立了"具有现代国家规定性"的国家。然后通过政党与国家力量推动现代化,在推动民主与自由发展过程,使人民得以"现代化",反过来再推动政党与国家发展。因此,以"人民为本位"的人民民主,就是通过人民发展与民主发展的相互建构,以及人民、政党、国家关系的相互建构,使中国政治发展的主体与主体性得以生成与发展。

人民民主不仅使中国现代政治发展的主体与主体性得以生成与发展,而且还使中国现代政治按照自身逻辑来选择发展路径与实现形式,即形成了发展的自主性。从古代政治向古典政治转型过程中,从秦朝开始就是不断通过建构国家力量以实现对社会的驾驭,这种逻辑到了明清时期达到了极致。随着古典政治向现代政治转型,随着古典国家崩溃,社会陷入"一盘散沙",一方面遵循中国发展逻辑,需要以"人民为本位"并通过组织人民以建立国家,另一方面遵循现代政治发展逻辑,需要建立现代国家或具有"现代国家规定性"的国家,以推动现代化建设。这就使中国不能遵循自由主义民主逻辑,而需要遵循人民民主原则来建构国家。然而不论是古典国家传统逻辑演绎,还是卢梭人民主权理论意义所蕴含的政治逻辑,都可能导致了中国陷入以下困境与难题,"既有创造比较彻底的人民民主的可能,也有孕育国家专制的可能"。在现实中,中国通过选择马克思主义作为行动指南,在理论逻辑上为克服上述困境奠定了基础,并创造性地在实践中予以落实。具体来说就是遵循马克思的"社会共和国"理论,通过建立中国特色社会主义,一方面既遵循了中国历史与现实规定对政治要求,又力图超越了自由资本主义而创建了"新型社会形态"与政治形态,不断推动人与社会的全面发展;另一方面又需要不断做到既实现符合现代政治发展要求的人民民主,又克服了"卢梭难题",真正做到人民当家做主。

四、人民民主与中国政治发展

人民民主使中国现代政治发展具有了主体性与自主性,而主体性与自主性实现需要在一定过程中通过相应内容得以体现,这些内容包括"结构与功能""形式与效应"以及"动力与发展"等。

林尚立教授认为:"不论在理论上,还是在实践中,中国共产党都将民主作为创造中国现代发展的重要资源。""民主创造发展,主要通过两个途径来实现:一是充分而全面地调动人民群众的积极性与创造性;二是合理布局中国社会发展的基本政治结构。"两者相辅相成,从一定意义上说,前者是功能,后者是结构。"在现代化过程中,布局政治结构基于的主轴是国家与社会关系",在中国,"还有政党,即中国共产党"。由此,在实践中形成了具有中国特色的政治结构,即党的十六大的以下概括:"发展社会主义民主政治,最根本的是要把坚持党的领导、人民当家做主和依法治国有机统一起来。党的领导是人民当家做主和依法治国的根本保证,人民当家做主是社会主义民主政治的本质要求,依法治国是党领导人民治理国家的基本方略。"人民民主实现就是以此政治结构为基础的,并通过构建民主集中制的治理体系,推动人民团结和民生建设,从而达到人与社会发展。

"从现代中国政治发展的逻辑来看,民主在中国要解决两个基本问题:一是促使传统国家向现代国家转型,保证中国在现代国家框架下保持其内在的一体性,为此,辛亥革命之后,就将共和作为中国民主政治建设与发展的原则与目标;而共和的核心就是要实现构成国家的各民族、各阶层、各团体的共存与共生。二是发展人民民主,实现人民当家做主,成为国家的主人;人民民主的核心就是人民联合为一个整体,共同掌握国家权力。""共和的出发点就是多元共生、共存与共荣;共和原则就是自主与平等;共和的实践路径就是协商。可以说,协商是共和民主的内在要求。实际上,从民主运行的内在逻辑来看,协商实际上是民主原初的存在与运行形式;只有协商出现困难的时候,人们才会用票决。"因此,在中国,人民民主具有了两种实现形式,一是选举民主,二是协商民主。"在协商民主条件下,竞争作为民主的手段,必须以协商为基础,以实现协商民主为基本目的。"

人民民主是中国现代政治发展获得主体性与自主性的重要内容,就是在政治制度设计、政治建设路径、领导力量发挥以及内在动力产生上遵循自身逻辑而形成的。林尚立教授认为中国共产党始终是在遵循人类文明发展规律、社会主义建设规律以及中国社会自身发展规律三者有机统一基础上进行制度建构。同时,通过不断改革,使社会成员不断成为"独立个体",来释放社会与政治发展的能量与动力,并在其推动下,不断完善政治建设、党的建设与基础制度建设,使之不断适应社会的发展需要,由此使社会秩序得以建构,社会发展得以实现,并在此过程中平衡个体发展与共同体稳定之间关系以及人民、政党与国家之间关系,使人民民主得以发展。

五、中国政治主体性与政治学理论发展

在论述制度建构问题时,林尚立教授认为中国共产党始终是在遵循人类文明发展规律、社会主义建设规律以及中国社会自身发展规律三者有机统一基础上进行制度建构,实际上,通读全书,我发现,上述逻辑不仅贯穿制度建构中,而且也是人民民主以及中国政治形态的生成与发展的内在逻辑。

如果对林尚立教授的研究方法与具体内容做进一步分析的话,我们发现上述这三个规律还是其分析与回答问题的基本视角与基本逻辑。根据马克思主义观点,理论本来就是要体现研究对象。因此,林尚立教授的研究特点实际上是马克思主义认识论在研究中国问题中的一种体现。

由此,可以给我们一个启发,那就是中国政治发展的主体性与自主性如此之强,对理论研究者来说,一方面我们研究中国政治时要看到其主体性与自主性,而不是用西方理论来"套";另一方面,中国政治发展实践与经验,可以成为我们进行原创性研究的经验来源,这是一个理论"金矿",关键是我们应该如何将其进行挖掘。也许这就是《论人民民主》一书对我们构建中国特色哲学社会科学话语体系的启示与贡献之一吧。

不过,我认为,该书不仅仅是在理论上具有贡献,而且对现实政治发展也将具有贡献,因为该书基本回答了作为中国现代政治发展中的一个最根本问题,这一回答对于中国现代政治形态走向定型是十分重要的。

面向未来人类文明的中国形态的建构逻辑*
——中国共产党与中华文明发展

人类社会总是不断走向进步与发展,这是必然规律,至于具体路径与实现形式,由于历史与现实条件不同,各个民族共同体之间存在着差异。作为人类最古老的文明体之一,中华民族曾经创造过辉煌的古代与古典文明。然而在向现代转型过程中,作为现代化后发国家,中华民族选择了政党作为建立现代文明的领导力量。在马克思主义指导下,中国共产党通过推动中国特色社会主义建设,不仅使现代文明在中国基本确立,而且还探索出一条面向未来的人类文明的中国形态,并在此过程中,使中国共产党自身也得以发展。作为最古老文明体之一的中华民族顺利建立面向未来的现代文明形态,并形成了自身的特色,其意义已经不仅仅在于中华民族自身,而是对整体人类文明发展都具有重大意义。

一、建构面向未来的现代文明:中华民族实践的人类意义

著名历史学家汤因比曾经指出,目前世界上存在的文明体,绝大部分都是后来产生的,人类最早诞生的那一批文明体绝大部分已经消亡,而只有一个文明体直到现在还依然存在与发展着,这就是中华民族。这就意味着,中华民族的存在与发展,对人类来说,是贯穿人类文明源头到现在的全过程的

---

* 本文刊发于《当代世界》,2016 年第 7 期。

一个象征与代表,承载着人类文明发展的使命与担当。由此,中华文明发展具有了强烈的主体性与自主性。这种主体性与自主性,既体现中华民族自身的特性,也蕴含着人类文明发展的内在规律,或者说是以自身的特性来体现人类文明发展的规律,也正是如此,中华民族才能做到生生不息、源远流长。

作为最早进入人类文明阶段的中华民族,在古代阶段,以血缘为基础,形成了有效整合与组织社会的政治制度与社会制度,推动了社会发展与文明发展。随着生产力发展与社会发展,基于血缘为基础的分封制的政治制度安排开始无法适应发展需要,基于制度为基础的郡县制中央集权的古典政治被确立了。在两千多年的古典政治推动下,中国社会取得了辉煌的文明成果。然而在现代化浪潮冲击之下,古典文明开始衰落,并无法实现自身的有效转型,于是爆发了辛亥革命。清王朝崩溃之后,为了克服民族独立、国家统一与现代化建设对组织化诉求与传统社会"一盘散沙"特征之间的矛盾,中华民族选择了具有高度组织化与高度现代性的政党作为建立现代文明的领导力量,并开启了政党领导人民,建立现代国家,推动现代社会发展的现代文明建设路径。

经过历史与人民的选择,中国共产党最终担负起了完成现代文明在中国确立的使命。新民主主义革命胜利之后,在中国共产党的领导下,中国人民选择了社会主义制度作为中华人民共和国的政治制度与社会制度,并经过社会主义建设阶段与改革开放阶段的努力,使现代文明在中国得以确立。在此过程中,不断完善社会主义制度,并探索出一条既符合中国社会实际,又符合现代化建设需要, 还能够面向未来人类社会进一步发展方向的中国特色社会主义道路。

中华文明从古典向现代转型成功,并探索出面向未来的人类文明的中国形态——中国特色社会主义文明形态,这既是标志着作为最古老文明体之一的中华民族自身凤凰涅槃的实现,同时也是人类文明发展源远流长并不断走向未来与不断实现人的发展的重要象征,还为人类文明在现代发展的多样性与一致性、民族性与人类性有机统一提供了很好的案例。

二、中国共产党与面向未来人类文明的中国形态建构

中华文明能够做到生生不息、源远流长，体现着中华民族自身具有高度主体性与高度自主性，而主体性与自主性，不是任性与随意的代名词，而是既体现其发展具有内在活力，更体现其发展遵循着规律，正所谓"天行健，君子以自强不息"。如果分析面向未来的人类文明的中国形态在中国的生成情况，我们会发现，实际上中国特色社会主义文明形态的建构是在以下三个逻辑的共同演绎下实现的，即中华文明自身发展逻辑、现代文明发展逻辑与共产主义运动逻辑。其中，中华文明自身发展逻辑使文明发展能够承接过去与保持自主，现代文明发展逻辑使文明发展能够生成现代与推动发展，共产主义运动逻辑能够使我们面向未来并保持动力。

历史唯物主义认为，规律与逻辑的形成与发展不是凭空而成的，而是需要通过具体与现实的人来完成的。因此，上述三大规律的演绎归根结底是通过中国人民的生产、社会与政治活动来实现的。同时我们还看到，最终将这三大逻辑之间以及让它们与中国人民的实践连接起来，并起到枢纽性与核心性作用的是中国共产党。

作为中华文明自身发展逻辑的产物，一方面中国共产党的诞生是中华文明从古典向现代转型时对既适应现代发展又具有组织化的政治组织的诉求所催生的，另一方面中国共产党从诞生起不论是产生方式还是后来所承载的使命，都深刻蕴含着中国文化的基因，并且是以中华民族复兴与中华文明发展为使命的。

作为现代文明发展逻辑的产物，中国共产党的诞生是中国回应现代化浪潮冲击而寻求适应现代化的政治组织而出现的，中国共产党执政之后，更是以实现推动中国实现现代化作为自身的最重要的政治纲领之一，并且还通过发挥自身组织优势服务于这一奋斗目标。

作为共产主义运动逻辑的产物，中国共产党就是在共产国际支持下建立的，其诞生就是共产主义运动在中国发展的成果。取得国家政权之后，中国共产党领导人民建立了社会主义制度，使中华文明发展以推动人的发展

与民族复兴双重任务为诉求,锁定了共产主义的方向,更重要的是通过建立社会主义,使中华民族在建立现代文明之际,就设置了以扬弃现代文明不足,面向新型文明的制度与机制安排。从而使中华文明的发展,能够有效吸纳现代文明的成果,又能具备扬弃现代文明不足的可能,并开发中华文明自身的古老文明所蕴含的智慧,使之成为可能。

正是在中国共产党领导之下,上述三大逻辑得以在中国演绎,并共同发挥其作用,使中华文明实现了从古典向现代的转型;使中华民族现代化建设取得巨大成绩,摆脱了积贫积弱的局面,民族复兴得以实现;使共产主义运动在全世界进入低潮之际,却在中国获得了制度性与现实性的保障与发展,并最终形成了中国特色社会主义文明形态,确立了面向未来的人类文明的中国形态。

三、中国特色社会主义文明形态发展的历史逻辑

在中国共产党领导下,在中国人民努力下,中华民族建立了面向未来的人类文明的中国形态——中国特色社会主义文明形态,这一文明形态是在中华文明自身发展逻辑、现代文明发展逻辑与共产主义运动逻辑共同演绎下得以实现的。然而这种演绎的历史性呈现,却是通过中国人民经历千辛万苦的努力,最终在中国共产党领导下又经过百折不挠的探索后得以实现的。这里既集合了中国人民的智慧,还体现了世界文明的成果,更包含着中国共产党的艰辛探索;既体现了中华民族自身的特点,还反映了不同的时代精神,更呈现了社会发展规律。

古典文明,一方面给中华民族带来了辉煌文明成果,另一方面到了后期也使中华文明的进程陷入僵化,体现在两方面:一是传统国家力量处于支配地位,而国家建设也进入僵化;二是小农生产方式以及专制统治与官僚体制长期处于支配地位,从而使传统社会严重萎缩并处于"一盘散沙"的状态。因此,在现代化浪潮冲击之下,古典文明已经无法顺利向现代转型。于是,中华民族就以革命方式终结了古典政治形态,开启了现代文明构建的历史进程。

辛亥革命之后,中华民族选择了以政党领导人民、建立现代国家、推动

现代社会发展的现代文明建设路径。经过历史与人民的选择，最终由中国共产党来承担起这一历史使命。中华人民共和国成立之后，在立足于中国作为后发国家的实际以及中华民族文化特点的基础上，同时在马克思主义指导下，以发展并扬弃现代文明以及开启面向未来文明发展为目标，构建了人民民主的社会主义制度，从而为面向未来的人类文明的中国形态最终在中国确定了制度基础。在完成民族独立与国家基本统一任务之后，摆在中华民族面前的首要任务就是现代化建设。而现代化建设内在需要社会的组织化，但是传统中国社会却是"一盘散沙"，为了克服这一矛盾，在宏观上我们建立了计划经济体制，微观上我们建立了单位社会体制，从而为现代化建设奠定了组织化基础，以此为基础，我们完成了现代化建设的基础建设阶段。

为了寻求现代化建设可持续发展动力，中共中央做出了改革开放的决定。经过一段时间的探索与努力，党的十四大做出了建立社会主义市场经济体制的决定，标志着现代社会基因开始植入中国。为了支持市场经济有效运行以及规范社会发展秩序，党的十五大做出了依法治国决定，决定建立法治国家，标志着现代国家建设在中国进入实质发展阶段。为了适应市场经济与法治国家建设的需要，党的十六大将"三个代表"重要思想写入党章，标志着政党开始适应现代社会与现代国家建设推动自身创新与发展。为了适应市场经济导致的社会主体发育与发展需要，党的十七大提出了建设和谐社会，标志着现代社会在中国开始生成与发展。由此作为现代文明的结构要素的现代政党、现代国家、现代社会与现代市场，在中国基本生成。为了推动现代文明要素功能充分发展以及要素之间关系有机化，党的十八届三中全会做出了以下决定：基于顶层设计，全面深化改革，推动国家治理体系与治理能力现代化，以完善中国特色社会主义制度。这就意味着中国特色社会主义文明形态从要素生成阶段开始进入形态发展阶段，作为社会主义事业的经济、政治、文化、社会和生态等部分发展也全面进入了现代阶段，标志着面向未来的人类文明的中国形态开始走向定型与完善。

四、中国特色社会主义文明形态建构与中国共产党发展

中国特色社会主义文明形态在中国的确立与发展，是在中国共产党领导下，通过全国人民共同努力下取得的。由此，中国共产党与中国特色社会主义文明形态之间有着密切关系，双方之间存在着互动关系。一方面中国共产党领导与推动了中国特色社会主义文明形态的确立与发展，另一方面中国特色社会主义文明形态的发展也反过来推动了中国共产党的创新与发展。

从本质上说，中国共产党就是中华文明从古典向现代转型过程中被催生出来的，以实现中华民族伟大复兴为使命的。因此，中国共产党与中华文明之间的关系从一开始就被注定了。在新民主主义革命时期，毛泽东就提出，要取得革命胜利，需要"三大法宝"：统一战线、武装斗争、党的建设。而统一战线实质上就是处理好党与人民的关系，武装斗争实质上就是处理好党与武装力量的关系，党的建设就是推动中国共产党自身建设。前两者是发挥党的作用，后者是党的自身建设，归根结底都属于党的建设与作用发挥，因此毛泽东将党的建设上升为"伟大工程"的高度来看，认为中国共产党必须根据不同历史时期的政治任务，不断调整自身建设，所谓"政治纲领决定组织纲领"。

新中国成立之后，中国共产党也不断根据新的政治任务来调整自身建设与发展。市场经济体制建立之后，在中国进入全面推动现代文明构建之际，中国共产党再次提出党的建设的重要性，将在新的历史时期全面推动党的建设上升为"新的伟大工程"高度，并在实践中全面推动中国共产党自身建设的创新与发展。经过一段时间的发展，中共中央提出了"三个代表"重要思想，标志着中国共产党开始全面适应现代社会与现代国家建设需要推动自身的创新与发展。党的十八大以来，为了推动中国特色社会主义文明形态走向定型，中国共产党再次强调了全面从严治党，并开展了党的群众路线教育实践活动、"三严三实"专题教育以及"两学一做"学习教育等活动，推动了政党建设与当前政治任务相适应。

中国共产党在适应中国特色社会主义文明形态发展过程中不断推动自身建设的创新与发展，除了形成了与中国自身文明发展相匹配的政党形态

之外，从政党学角度来看，一方面形成了后发国家适应现代化建设所需要的比较成功的政党形态类型，另一方面随着网络社会发展，在西方传统政党形态受到挑战之际，由于中国共产党不仅具有运行国家制度的执政功能，还具有有效推动国家与整合社会的领导功能以及推动社会治理的治理功能，从而使中国共产党在新的历史条件下其优势就更为凸显。这就意味着，中国共产党实践不仅在推动文明发展上具有人类意义，而且在政党发展上也具有原创性意义。

五、面向未来人类文明的中国形态发展与人类命运共同体构建

中国特色社会主义文明形态的建立与发展，是人类文明从传统向现代转型的产物，它既是属于中华民族的，也是属于人类世界的。它既是属于现代的，也属于未来的。因此，我们对中国特色社会主义文明形态建立与发展意义的理解，需要从多维度来把握。对于世界来说，其意义是多方面的，我想其中以下两方面是关键：

一是作为面向未来的人类文明的中国形态的中国特色社会主义文明形态的建立与发展，说明了人类现代文明的实现形态是多元的，而不是只有某一种所谓的"普世模式"。因此，在现代社会背景下，我们应该根据现代社会发展需要，推动具有不同实现形式文明体与民族共同体之间合作，一方面尊重不同民族共同体对现代文明的实现形态与发展路径的选择，另一方面要推动人类命运共同体的构建，使各个民族之间能够做到和平共存。

二是作为面向未来的人类文明的中国形态的中国特色社会主义文明形态的建立与发展，说明人类文明发展将持续进行并且能够走向未来新的文明，而不是只能停留在当下的所谓"历史的终结"，我们对未来要有信心，并且在制度设计与各方面实践中，都应以积极面向未来的态度，拥抱时代给我们的新的启迪与新的支持，不断扬弃过去与现在，并在构建人类命运共同体过程中，共同推动人类的发展与进步，不断推进与提升人的自由与全面发展的程度与境界。

确立面向未来的人类政治文明的中国形态*

——一论"四个全面"与中国政治发展

政治是人类智慧产物,是推动人类文明发展的重要机制之一,因此一个文明体的发展,同样也需要该文明体内的政治文明作为支撑与推动。这就意味着,如果要证明"四个全面"是引领中华民族伟大复兴的战略布局,以及说明"四个全面"与中国政治发展之间内在关系的话,那么我们首先必须对政治与文明关系以及中国特色社会主义政治文明形态与中华民族复兴关系进行分析与说明。

一、古典政治文明、古典文明与中华民族发展

政治的本质就是通过建构与运用公共权力来处理公共事务,以实现社会的秩序与发展。伴随着人类出现,政治就出现了,同样也伴随着人类理性发展,政治也得以发展。国家的出现,意味着人类可以应用自身理性相对稳定来把握自身命运,人类社会也就开始从野蛮进入了文明。国家的出现也标志着以公共权力为核心而形成的虚幻共同体——政治共同体诞生,从而标志着政治进入了相对成熟时期。随后,政治形态发展以及以此发展成果为内容的政治文明,就开始与其所在共同体的整体文明发展有着高度相关性,推动着文明发展,并左右着所在文明体的兴衰。

中华民族作为人类最早进入文明阶段的文明体之一,在三皇五帝时期就出现了国家因素,到了夏朝,国家形态开始出现初步定型,成为中国第一

---

* 本文刊发于光明网–理论频道,2015 年 7 月 1 日。

个早期国家。在夏商周时期,国家制度基础以及国家建构社会的机制,依然是以从原始社会时就出现的血缘为基础逻辑的,形成了夏朝和商朝时期的部族分封制度与周朝时期的宗法分封制度。在这一政治文明基础上,中华民族创造出了灿烂的古代文明成果。然而基于血缘为基础的古代政治建构逻辑,致命问题就在于血缘纽带随着社会发展与时间推进,出现淡薄与失效的情况,到了春秋时期就开始出现了孔子所谓的"礼崩乐坏"现象,从而标志着这一制度失效。

战国时期,一些诸侯国由于兼并导致国土增加等缘故,基于治理需要,创设了所谓以文官治理为主的郡县制。郡县制是基于制度与理性而非血缘与感性,由此,一方面有利于中央集权,另一方面是有利于提高治理效率。在秦统一六国之后,中央集权的郡县制就成为国家制度的基础与国家建构社会的机制,由此中国进入了古典政治文明阶段。经过汉武帝"罢黜百家,独尊儒术"的意识形态构建以及隋唐科举制度的实施,中国古典政治文明实现了有机化。到了唐朝,中国古典文明也进入了鼎盛时期。

随着古典政治文明的成熟与古典文明的鼎盛,作为文明体的中华民族也进入了古典时期的最为辉煌时期。然而过了成熟时期,不论是古典政治文明,还是整体的古典文明都开始走下坡路。到了明清时期,古典政治文明日益走向了僵化,古典文明也进入了发展的相对停滞期。

从上述分析中,我们可以发现,不论是古代还是古典,政治文明的发展与僵化,与文明的发展与停滞之间有着高度相关性,也对中华民族的发展与衰弱产生着整体性的影响。诚然这些关系之间有着复杂的机制,但是整体来说是成立的。

二、嵌入现代政治文明以构建现代文明:中华民族伟大复兴的文明逻辑

虽然古典政治文明到了后期已经走向僵化,古典文明也出现了停滞,但是在相对封闭的条件下,中国在长期历史中也都只是出现"改朝换代"现象,而未出现严重的制度更迭,即使有所谓"外族"入侵,但是也很快被中华民族

的文化与文明所同化。古典政治文明、古典文明与中华民族都整体性地呈现所谓"超稳定"特征。如果没有其他特殊力量的冲击，也许这种"超稳定"特征还将长期存在下去，然而鸦片战争爆发却打破了这一循环。

鸦片战争之所以会导致上述"超稳定"特征得以终结，究其根本原因，就在于鸦片战争实际上是标志着现代化浪潮对中华民族的冲击，一方面使传统中国相对封闭的环境被打破，另一方面也体现了新的现代文明以一种十分残暴的方式对传统古典文明的破坏，从而使中国自身传统发展逻辑由此而被终止。不过，如果从另一个角度来看，这一现象也说明了，在现代化浪潮冲击下，传统古典文明形态开始崩溃，从而导致其文明体的中华民族也因此走向了衰弱，而中华民族要想走出困境，就必须通过发展现代文明，才有可能实现复兴。而要整体发展现代文明，首先必须推动现代政治文明形态建立与生成，后来中国历史发展的事实也印证了这一关系判断。

在回应现代化浪潮冲击过程中，清王朝推动了洋务运动，取得了一定成果，但是在传统政治体制阻碍下，依然处处被动，为此清王朝实施了戊戌变法，希望通过改革发展具有现代特征的政治形态，以服务现代文明发展。然而戊戌变法还是以失败告终，这就意味着从传统的古典政治文明形态与古典文明形态中直接生成现代政治文明与现代文明的路径，在中国无法实现。于是，辛亥革命就爆发了。

辛亥革命之后，建构现代政治形态成为中华民族建立现代文明基础与前提。为此，通过效仿，直接移植西方式议会制度，就成为辛亥革命后政治建设的第一次尝试。然而，袁世凯摘取了革命成果，说明了现代政治形态在中国建立并非通过移植就能解决。现代化建设、民族独立与国家统一对社会组织化有着内在诉求，与传统小农社会"一盘散沙"的特征之间存在着内在矛盾，为此，需求一种组织化力量就成为现代政治形态建立的一个工具性前提。

在清王朝覆灭后，唯一能够具有组织化的力量就是军队，这就是为什么袁世凯能够摘取革命果实的原因。然而这时军队却具有很强"私兵制"特征，袁世凯去世后，很快就陷入了军阀割据，这就意味着单纯以军队力量建构现代政治形态道路是行不通的。由此，兼具现代性与组织化双重特征的以中国国民党为代表的政党就登上了中国历史舞台。通过政党领导人民驾驭军队来建立现代国家的路径，就由中国国民党率先在中国开启。

然而自身组织化不足、腐败无能与脱离民众等原因，导致中国国民党无法完成在中国建立现代政治文明，并带领中华民族伟大复兴的历史使命。这一使命最终历史性地落到了中国共产党身上。在马克思主义指导下，中国共产党领导中国人民建立了社会主义国家，并形成了中国特色社会主义政治文明形态，推动了现代化建设与发展，使中华民族伟大复兴任务不断获得阶段性完成。

三、中国特色社会主义政治文明形态：面向未来的人类政治文明的中国形态

不论是人类历史逻辑，还是中华民族自身发展逻辑都说明了，中华民族要得以复兴，需要通过建立现代文明才能得以实现，而现代文明要能够得以顺利建立，首先必须以现代政治文明形态确立与发展为前提。然而从历史来看，对于中华民族来说，不论是现代文明还是现代政治文明形态，都不是内生的，而是在现代化浪潮冲击之下，从西方传入的，因此存在着如何与中国实际相结合问题。相应地，现代政治文明形态确立与发展，也同样是现代政治发展的内在逻辑与中国政治发展的历史逻辑共同演绎的结果。这就意味着，在价值与内容上采取怎样一种具有现代特征的政治文明形态，以及在工具与方法上如何将这一政治文明形态与中国实际有机结合，就成为中国现代文明形态确立与发展的两个关键的任务。经过了长期与多次的历史性选择，中华民族最终选择起源于欧洲的马克思主义作为自身建立现代政治文明形态的指导思想，并以中国共产党作为其在中国得以落实的组织化载体和行动性主体。

19世纪中后叶诞生于欧洲的马克思主义，是在对人类社会发展内在规律有着整体把握，特别是对人类现代社会与现代政治有着充分研究基础上，所形成的一套对人类社会走向解放与发展的思想体系与行动方案。在价值与内容上，马克思主义不仅包含着现代社会与现代政治的合理内核，而且还基于人类社会发展规律把握而对未来人的解放与发展提出了方向性指导，

是一套具有高度历史感的构建面向未来政治文明形态的行动指南，对于中华民族构建支持民族复兴所需要的政治文明形态来说，就具有内在一致性。在工具与方法上，马克思主义不仅寻找到推动历史进步的主体性力量，而且还确立了具体行动路径与实现社会整合的组织化载体，从而为能够将抽象的理论落实到现实的实践，对于解决传统中国社会"一盘散沙"与现代化建设、民族独立与国家统一所需要的组织化之间矛盾来说，具有现实契合性。

在共产国际与苏联共产党帮助下，中国共产党诞生了。在马克思主义指导下，通过中国共产党人的创造性发展，诞生了马克思主义与中国实践第一次结合的理论成果——毛泽东思想。在毛泽东思想指导下，中国共产党有效地将人民组织起来，取得了革命胜利，实现了民族完全独立与国家基本统一，并遵循马克思主义政治理论，建立了人民民主专政的社会主义国家，完成了社会主义改造，为中国特色社会主义政治文明形态奠定了制度基础、价值基础和组织基础。为适应现代化建设需要，中国共产党人再次推动了马克思主义中国化，并形成了中国特色社会主义理论体系。在中国特色社会主义理论指导下，我们建立了市场经济体系，推动了法治国家建设，发展了党的建设，创新了社会治理，从而将人民积极性有效开发出来以推动社会发展，与根据新的发展要求形成了新的国家治理体系以实现社会秩序有机统一的目的，推动了中国特色社会主义政治文明形态发展，使以马克思主义为指导的，面向未来的人类政治文明的中国形态得以确立。

四、中国特色社会主义政治文明形态构建与中华民族伟大复兴的政治逻辑

作为马克思主义指导下，面向人类社会未来的政治文明形态，中国特色社会主义政治文明形态的确立与发展，不仅在价值与内容上，使中华民族通过发展现代化以获得具有面向未来的文明内涵，从而使中华民族伟大复兴具有了遵循人类发展与进步方向的内在可能之外，而且还在工具与方法上，使中华民族通过获得领导力量以获得价值与内容得以承载的基础，从而使中华民族伟大复兴具有了遵循文明建构与发展规律的现实支撑。正是在中

国共产党领导下,中华民族完成了革命、建设任务,顺利推进改革开放,推动了中国特色社会主义政治文明形态建立与发展,为中华民族建立与发展面向未来的现代文明提供了秩序基础与发展基础。

面对现代文明冲击,中国古典文明日益崩溃,在失去古典政治文明支撑之后也最终寿终正寝,作为文明体的中华民族也因此走向了衰弱。在构建现代政治文明以支持现代文明建立的过程中,作为现代政治组织形式的政党扮演着领导核心角色。在中国共产党的领导下,完成了对传统封建势力与帝国主义势力的革命任务,建立了社会主义国家制度与社会制度,完成了经济结构、政治结构、文化结构与社会结构的基本转换,从而为面向人类未来的现代文明在中国建立扫清了障碍,也为中华民族伟大复兴提供了制度性基础。

为了克服现代化建设对组织化诉求与中国社会"一盘散沙"之间的矛盾,中华人民共和国建立之后,在宏观上建立了以国家政权为配置中心的计划经济体制,在微观上建立了以基层党组织为领导核心的单位社会体制,从而为现代化建设奠定了组织化基础。为现代化建设提供可持续发展内在动力,在中国特色社会主义理论指导下,中国共产党实施了改革开放政策,建立了社会主义市场经济体制,并根据市场经济发展,推动政治与社会发展。在发展中国特色社会主义政治文明形态的同时,也推动了面向未来的现代文明形态在中国发展,使我们现在比过去任何一个历史时期都更加接近中华民族的伟大复兴。

由上可知,中国特色社会主义政治文明形态建立与发展,不仅直接关系到面向未来的现代文明在中国建立,而且直接关系到中华民族伟大复兴。这既是人类政治文明与文明体关系逻辑体现,也是中华民族自身发展的政治逻辑体现。

"四个全面"是中国特色社会主义政治文明发展指南*
——二论"四个全面"与中国政治发展

中国特色社会主义政治文明形态，既是面向未来的人类政治文明的中国形态，也是实现中华民族伟大复兴的政治基础。因此，中国特色社会主义政治文明形态的发展与完善，既对人类发展具有意义，也关系到中华民族发展与进步。这一双重价值，来源于中国特色社会主义政治文明形态是人类现代政治发展逻辑与中国政治发展逻辑共同演绎的结果，既体现人类现代政治发展的一般特性，也体现着中国政治发展的具体逻辑。这一双重特性，决定了我们把握中国特色社会主义政治文明形态，同样也必须将其放在现代政治文明形态发展的一般规律与中国政治发展特殊逻辑中来分析。也正是在这样视角下，我们才能正确把握"四个全面"提出的内在必然性，及其在中国特色社会主义政治文明形态建设中的地位与作用。

一、现代政治文明形态结构机理与演进逻辑

作为面向人类未来的现代政治文明的中国形态，中国特色社会主义政治文明形态发展虽有自身特殊性，但是从基本逻辑与内在机理方面依然是以现代政治文明形态为基础的。因此，我们在了解中国特色社会主义政治形态发展的自身逻辑时，必须首先了解现代政治文明形态结构机理与演进逻辑的一般性内涵。

---

* 本文刊发于光明网-理论频道，2015 年 7 月 2 日。

马克思主义认为，任何政治和社会现象都历史性存在的，都是在历史发展过程中演化而来的，而不是亘古不变的或从来就有的。同样，现代政治文明形态也是从人类政治出现以后不断演化而出现的。马克思主义政治学认为，所谓政治本质就是公共权力创造公共生活，一旦出现了公共权力，就出现了政治。人类出现是以生产劳动为前提的，而人类是以社会共同体方式存在的。因此，以社会共同体方式进行生产劳动，就需要管理，由此就产生了公共权力，同时，伴随着人类诞生，政治就出现了，政治存在于社会共同体之中。

随着私有制出现，就出现了以公共权力为核心而形成来源于社会而又脱离于社会的虚幻共同体，即政治共同体——国家。由此，国家与社会之间就成了政治文明形态的两个组成结构性要素。然而在古代社会条件下，国家与社会之间边界并不清晰。在西方，进入现代之后，国家与社会之间的界限开始清晰，然而随之资本主义发展，国家与社会之间的矛盾也开始激化，为了平衡与缓解国家与社会之间的矛盾，政党就被催生出来了。由此，现代政治文明形态，从结构来看，就包含有现代社会、现代国家与现代政党三个主体要素。在现代政治文明形态生成与演进过程来看，一般来说都经历了主体要素生成和整体形态发展的两个阶段。虽然现代政治文明形态最早起源于西方，但是作为人类政治文明发展的一个环节，其内涵与机理对于我们研究中国特色社会主义政治文明发展来说具有较高参考价值。

二、中华人民共和国建立与中国特色社会主义政治文明形态基础奠立

现代政治发展逻辑与中国政治发展逻辑的共同演绎，使中华民族选择了以政党力量领导人民，通过驾驭军队，完成革命任务，建立现代国家的路径。经过历史的进一步选择，这一历史性使命最后由中国共产党来完成。中国共产党经过艰苦卓绝的努力，初步完成的革命斗争任务，建立了中华人民共和国。而在具体的新中国建立过程中，一方面是以中国共产党为领导，以其意志和纲领为主导，另一方面，是通过中国共产党与各民主党派以及其他

政治力量，就国家与政权等相关内容进行充分协商，最后通过召开政治协商会议方式予以确定，完成了政治新中国成立的任务。而后，又经过几年准备之后，通过召开人大，颁布了宪法，完成了法律新中国成立的任务。

新中国的建立过程，不仅从政治上将各类政治与社会主体的关系与地位予以确定下来，从而形成了现实政治秩序，同时还用宪法以法律方式予以确认，成为中华人民共和国国体与政体（人民代表大会制度）以及包括政党制度、民族区域自治制度等各类基本政治制度。这些制度确立，充分体现了政党通过领导与整合政治与社会力量，来确定国家性质与政权形式等，而后用法律方式予以确定下来的特点，标志着中国现代政治文明现代基本要素中的政党与国家要素基本生成，以及政党与国家之间关系得以基本确定，从而为中国特色社会主义政治文明形态奠定了基础。

然而为克服现代化建设对组织化诉求与传统小农社会"一盘散沙"特点之间的矛盾，中国选择计划经济体制与单位社会体制，形成了社会一元化的高度整合，从而为现代化建设奠定了组织化基础。社会基础组织化诉求与措施，导致了两方面后果：一方面是使社会高度一元化，社会主体性被严重削弱；另一方面是使政治高度集中化，导致党政不分，进而使国家主体性严重削弱。这两方面后果就使政党原则成为了国家与社会的建构与运行的唯一逻辑，从而使中国特色社会主义政治文明形态的主体要素也严重萎缩，社会要素严重缺失，国家要素刚刚生成也开始萎缩，最终中国共产党自身也陷入了危机。"文化大革命"的出现，标志着中国政治文明形态陷入了扭曲与危机。

如果将新中国成立之后到改革开放之前这段时间独立出来看，我们似乎认为这一时期存在着比较多的问题：在建立国家根本与基本政治制度与社会制度之后，政治上很快就陷入了反右派运动以及由此导致的党政不分，直至后来的"文化大革命"，经济上和社会上很快就建立了所谓人民公社与大跃进以及随之导致的经济困难，直至最后"文化大革命"时期经济发展相对停顿。但是如果我们将这一阶段放在中国特色社会主义建设全过程来看，我们可以发现，一方面这些问题的出现，在政治上是为了寻求国家制度背后的人民主体性内涵的实现方式而做的探索所导致的，在经济和社会上是为了满足现代化建设对组织化诉求所导致的；另一方面，这一阶段整体上为现代化建设与整体社会主义政治建设打下了坚实基础。总之,这一阶段不论是从经验和成果上,还是在教训和反思上,都为整个中国特色社会主义建设做出了应有的贡献。

三、改革开放实践与中国特色社会主义政治文明形态要素生成

新中国成立之后到改革开放之间的社会主义革命与建设实践,既有经验和成果,也有教训与不足。对于中国特色社会主义政治文明形态建设来说,从教训来看,我们认为有以下两点值得思考:一是现代化建设的组织化逻辑需要与政治形态整体要素发展结合起来考虑,否则就可能使组织化逻辑走向极端,导致整体发展陷入危机;二是中国政治发展必须遵循政治发展的基本规律,必须重视政治形态各要素的充分发展与推动政治形态的各要素平衡发展与整体关系构建,否则也将导致整体政治发展的失衡。

正是在总结与吸取社会主义建设初期的经验与教训的基础上,中共中央做出了拨乱反正和改革开放的决定。通过拨乱反正,实现了党的工作重点从以阶级斗争为纲向以经济建设为中心转移。从政治建设角度来看,进入了政治文明形态复原阶段。通过改革开放,在政治上,推动以党政分开为目的的政治体制改革;在经济上,推动以市场经济为诉求的经济体制改革,从而使复原阶段,不是单纯的复原,而是以改革方式实现政治建设和经济建设的复原。

邓小平南方谈话的发表标志着政治文明形态复原阶段结束,党的十四大的召开使中国特色社会主义政治文明形态发展进入到了一个新的阶段,即主体要素生成阶段。

党的十四大提出了在中国建立社会主义市场经济体制,标志着作为现代社会的基因——市场开始嵌入中国社会。市场经济强调契约以及契约双方主体平等内涵,使中国社会主体的主体性生成有着制度性基础,由此导致在经济领域开始实现基于市场的自我组织化,并在此基础上,使主体性生成与自我组织化有着溢出经济领域进入其他领域的可能。

基于契约的市场经济运行,按道理就应该遵照公平与公正原则,但是在现实中市场运行并非就能够做到公平与公正,这就要求有一种现实力量来保证其实现。对于国家存在的条件下,这种力量应该由国家权力来承担,而国家权力也可能导致不公平,这就要求有一个对各方都遵循的规则来保证,这就是以国家权力为支撑的法治力量。这就意味着市场经济发展,内在要求法治建设发展。因此,党的十五大提出了依法治国的基本方略,从而标志着现代国家的建设开始遵循现代政治方式,得以全面发展。

由于中国特色社会主义政治文明形态生成,是遵循着党建国家,推动社会发展的逻辑的,因此政党是处于领导与推动作用的。然而反过来,政党要能够做到有效与持续领导,就必须根据国家与社会发展而不断推动自身创新与发展。因此,随着市场经济体制建立与依法治国提出,意味着社会与国家开始发展,这就要求中国共产党也必须进行创新与发展。于是,党的十六大将"三个代表"重要思想写入党章,推动中国共产党根据市场经济与依法治国背景下进行创新与发展。

随着市场经济进一步发展,社会两极分化现象开始出现,社会主体性也不断增强,随着互联网普及,基于利益、兴趣与价值的人们在网络空间中或物理空间内结成了各类社会组织,这就使社会开始实现自我组织化。这就标志着现代社会的基础开始生成。为此,党中央提出了和谐社会建设,并针对不断生成的具有较强主体意识的社会力量,提出了创新社会管理体系的任务。

至此,作为现代政治文明形态的结构性主体要素的现代市场、现代社会(从马克思主义政治学看来,市场与狭义社会也可统称为社会)、现代国家和现代政党经过二十多年发展,基本生成了。

四、"四个全面"战略布局与中国特色社会主义政治文明形态整体发展

如果说新中国成立之后到改革开放之前是中国特色社会主义政治文明形态的基础奠定阶段,那么改革开放到党的十八大之前,就是中国特色社会主义政治文明形态的要素生成阶段。要素生成阶段又可以分成两个时期:一

是从 1978 年党的十一届三中全会到党的十四大召开之前，是要素生成的准备时期；二是从党的十四大到党的十八大召开之前，是要素生成的推进时期。

作为后发国家，中国选择了党建国家，并由政党与国家力量来推动经济与社会发展的路径。这一逻辑不仅体现在计划经济时期的现代化建设过程中，而且也成为了改革开放之后现代政治文明形态生成的主导逻辑，正是如此，我们可以做到快速生成。由于我们是在较短时间内就完成要素生成阶段，因此对于整体政治文明形态发展来说，客观上还存在着以下两方面问题：一是各要素功能发育不足，二是各要素之间有机化不足。

长期以来中国处于自给自足自然经济状态，新中国成立之后，为了实现现代化建设的组织化诉求，我们建立了计划经济体制，改革开放之后，经过一段很短时间的探索，我们做出建立社会主义市场经济体制的决定。因此对于中国来说，作为一种经济运行形态，市场经济是很新的东西，是通过政府培育出来的。作为相对成熟的市场经济体，中国建立市场经济体制，从无到有仅仅二十多年，因此不论是政府与民众观念，还是各类制度发育，都很不到位。同样，在传统社会条件下更多是人治为主，计划经济时期也是以政策推动为导向的。因此，以依法治国为主要内容的现代国家建设，在观念与能力等功能发挥上也不足。随着市场经济的建立与依法治国的实行，政党需要创新，而基于因素发育不到位，当然政党创新也同样不到位。至于现代社会，更是在党的十七大之后，才加速发展，更是功能不到位。

由政党与国家推动市场经济与现代社会发展的路径，一方面市场经济与现代社会是由政党与国家培育出来的；另一方面随着市场与社会发展了，倒过来就要求政党与国家必须适应性地进行创新与转型，并在此基础上推动各要素之间以及整体政治文明形态形成有机化。但是在现实中存在着两方面问题：一方面党与国家培育市场与社会，由此导致前者对后者产生了制约性关系，如果前者转型不足就可能导致对后者发展的阻碍；另一方面市场与社会功能发育不足，也导致对党与国家产生了一种依赖性，或者无力互动，由此更加导致前者转型与创新不足。这两方面就导致了各要素之间以及整体政治文明形态的内在有机化不足。

如果上述两方面问题不能得到有效解决，中国特色社会主义政治文明形态就无法走向成熟，并且还可能因此出现许多破坏性的负面后果，从而不利于中华民族伟大复兴。因此，党的十八大之后，中共中央就开始着手解决上述两方面重大问题，在提出了"中国梦"以明确目标后，在党的十八届三中全会上提出了全面深化改革和推动国家治理与治理能力现代化任务，在党的十八届四中全会上提出了全面推进依法治国，并且从党的十八大之后就提出了八项规定，推动高压反腐。2014 年 12 月习近平同志将上述战略布局概括为"全面建成小康社会、全面深化改革、全面依法治国、全面从严治党"，即所谓"四个全面"。

这就意味着，党的十八大之后，中国特色社会主义政治文明形态发展，开始从要素生成阶段向整体发展阶段转变，由此"四个全面"既是中华民族伟大复兴的战略布局，也成为中国特色社会主义政治文明形态实现整体发展的战略布局。

"四个全面"的内容结构与逻辑机理*
——三论"四个全面"与中国政治发展

对于中国来说,中国特色社会主义政治文明形态生成与发展,不仅对中华民族伟大复兴具有决定意义, 同时也对面向人类未来的现代政治文明以及现代文明的发展具有重要意义。而"四个全面"作为推动中国特色社会主义政治文明形态从要素生成阶段向整体发展阶段转变的决定性战略布局,不论是对中国特色社会主义政治文明发展来说, 还是对中华民族伟大复兴来说,以及对于整体人类现代政治文明与现代政治文明发展来说,都具有十分重要意义。为此,我们不能只停留在其表面意义上理解,而且还需要对其内容结构与逻辑机理予以把握。

一、"四个全面":"火箭式菱形结构"的战略布局

"四个全面"作为实现中国特色社会主义政治文明形态整体发展的战略布局,我们对其内容结构与逻辑机理的把握,可以从两个方面展开:一是战略布局的整体内容结构及其内在逻辑与机理进行分析与把握; 二是对每一部分的结构性内容及其逻辑与机理进行分析与把握。在这里,我们首先对前者进行研究,随后将各部分结构性内容及其逻辑与机理进行分析。

在"四个全面"的内容中,我们认为"全面建成小康社会"是战略的目标与方向,"全面深化改革"与"全面依法治国"是战略的两翼与重点,"全面从严治党"是战略的基础与主体。由此,我们认为"四个全面"在内容结构上,实

---

* 本文刊发于光明网–理论频道,2015 年 7 月 3 日。

际上形成了一个"火箭式菱形结构"的战略布局。

任何一个战略布局，都要有一个目标与方向。我们认为，"全面建成小康社会"是这一战略布局的目标与方向。不论是中国共产党长期以来对奋斗目标的阐述，还是上述我们理论分析的历史逻辑，很明确的一点就是中华民族伟大复兴是中华民族一百多年来的奋斗目标，也是中国共产党在中国出现与发展的内在动因。而对如何进行中华民族伟大复兴，中国共产党有一个具体战略部署，并在时间阶段上进行安排，并对每一阶段都规定了一个具体的目标。其中，就将全面建成小康社会作为一个目标，并且是作为中华民族伟大复兴的关键目标。

要实现这一目标，必须有效推动政治文明形态实现整体发展。换而言之，一方面，面向未来的中国特色社会主义政治文明形态建成了，这是中华民族伟大复兴标志之一；另一方面，我们的政治文明形态能够支持中华民族伟大复兴所需要的发展与秩序，而不是处于不稳定性与内在有机化不足现象，以至于影响到中华民族的伟大复兴。而如果中国特色社会主义政治文明形态要素生成阶段所存在的要素功能发育不足以及要素之间内在有机化不足现象不能得以有效解决，就可能导致政治有效性与可持续性都受到影响，从而影响了中华民族的伟大复兴。

而全面深化改革，就是基于整体发展的顶层设计，通过推动国家治理体系与治理能力现代化，使要素功能得以增强，要素之间有机化得以构建，从而使中国特色社会主义制度得以完善。而全面推进依法治国，具有两个功能：一是将全面深化改革成果以法治方式予以确定下来，二是推动现代国家功能要素得以进一步发展与提升。因此，我们认为全面深化改革与全面推进依法治国，是实现全面建成小康社会这一目标的两个具有内在相关联的措施，具有保证战略实现的两翼功能。

在党建国家历史逻辑作用下，要能够推动全面深化改革与全面推进依法治国，归根结底还是要靠党的力量领导人民来推动。因此，推动两翼发展以实现目标，动力在于党，而党是领导人民的核心力量，党与人民就成为实现战略目标的历史性的主体。在新的历史时期，要让人民能够拥护党，并发挥主体作用，对于党来说，就必须推进全面从严治党。

二、全面建成小康社会:战略的目标与方向

中华民族伟大复兴是一百多年来的"中国梦"。通过推动现代化建设,在中国建立现代文明,实现中华民族伟大复兴,是几代中国领导人的共同认识。但是如果将此认识转化为现实可操作性的战略目标,却经历了长期艰辛探索。1949年之后,中国共产党第一代中央领导集体就开始对这一问题进行思考,并经过几次调整,在20世纪60年代初,最终提出了将我国建设成为一个具有现代农业、现代工业、现代国防和现代科学技术的社会主义强国的宏伟目标,即所谓"四个现代化"目标,并提出了分两步走的具体步骤。

党的十一届三中全会以后,作为总设计师的邓小平,在反思第一代领导集体战略构想的基础上,结合广大人民群众对民生问题的关注而提出了小康社会的构想。1979年12月6日,他在会见来访的日本首相大平正芳时说:"我们要实现的四个现代化,是中国式的四个现代化。我们的四个现代化的概念,不是像你们那样的现代化的概念,而是'小康之家'。"1984年6月,邓小平在会见第二次中日民间人士会议日方委员会代表团时曾谈道:"我们提出四个现代化的最低的目标,是到本世纪末达到小康水平。"小康,是中国人民在长期的历史中逐渐形成的社会理想。邓小平构想的"小康社会",上承中国历史,吸取了历代著述家的智慧;下续人民群众对美好生活的追求,表达了人民群众对安定团结社会环境的向往、也调动了人民群众致富奔小康的积极性。小康社会提出后,得到各方认同,并在随后的历次党代会上按照其基本精神,制定相应的发展战略。

经过努力,到2000年,经过全党和全国人民的共同奋斗,中国的小康社会建设已经取得了显著的成就,人民生活在总体上实现了小康目标。在总体上实现了小康目标之后,从更高要求来看,这个阶段所达到的小康,还是一种低水平的小康。正是基于这样的现实状况,旨在让所有人都获得小康生活的"全面建设小康社会"这一目标就被党的十五届五中全会提出。2012年,党的十八大根据经济社会发展的实际进程,从中国特色社会主义总体布局出发,提出了到2020年全面建成小康社会的新要求和新愿景。将"全面建设小

康社会"改为"全面建成小康社会",虽一字之差,但却标志着我国小康社会建设已进入最后的关键阶段,也标志着全面建成小康社会已经成为国家富强、民族振兴、人民幸福的新目标。

从党的经验来看,战略目标与方向确定之后,其他工作都将围绕其而展开,因此"全面建成小康社会"这一战略目标提出后,也就成为统帅"四个全面"战略布局的灵魂性内容,是其他全面深化改革与全面依法治国以及全面从严治党所围绕的目标和服务的方向。

三、全面深化改革与全面依法治国:战略的两翼与重点

政治的使命就在于为其所在共同体创造发展与秩序。而任何发展都有一个目标,对于中国来说,最重要目标就是"全面建成小康社会"。对于这一目标实现来说,同样需要两方面机制予以保证:一是提供社会发展的动力,二是提供社会发展的秩序。马克思主义认为,生产力决定生产关系,经济基础决定上层建筑,倒过来看,生产关系对生产力,上层建筑对经济基础,也存在着反作用力。归根结底,社会发展的动力来源于生产力发展,虽然我们在政治文明形态要素生成的阶段,通过改革,不断调整生产关系与上层建筑,但是随着时间推移,生产关系与上层建筑的一部分内容又开始不适应生产力与经济基础发展了。因此,在遵循生产力发展内在规律基础上,如何通过调整生产关系与上层建筑以提供社会发展的动力就成为我们在新的历史条件下面临的新任务。

从本质上说,中国特色社会主义政治文明形态是适应推动生产力发展需要而不断生成与发展的,是以生产关系与上层建筑为主要内容的。为了实现快速赶超,我们建立计划经济体制与单位社会体制,通过调整生产关系以实现快速提升生产力目的。但是这一做法能够为现代化建设提供组织化基础,短时间内可以提高生产力,却不能为现代化建设以及生产力发展提供可持续动力。为此,党中央做出了改革开放决定,并建立了社会主义市场经济体制,从而改变了生产关系与人们交往方式。随后根据市场经济发展要求,提出了依法治国,创新党的建设,推动社会管理创新,中国特色社会主义政

治文明形态的主体要素也在此过程中得以生成了。这些要素的生成过程,也是生产关系与上层建筑得到不断调整与发展过程,相应地所释放出来的生产力也是有目共睹的,创造了世界发展历史上的一个奇迹,以小康社会建设为主要目标的现代化建设任务也不断地得以实现。

当前,我们确定了到 2020 年之前要全面建成小康社会的目标,不仅需要生产力的进一步发展,而且还需要社会的综合发展。虽然中国特色社会主义政治文明要素已经基本生成,但是还存在着要素功能发挥不充分与要素之间的内在有机化不足等问题。如果这些问题无法得到有效解决就可能导致上述目标无法实现,为此,党的十八届三中全会做出了全面深化改革,推动国家治理体系与治理能力现代化。从具体改革措施来看,主要就是围绕着推动中国特色社会主义政治文明要素功能充分发展以及各要素之间实现有机化而展开。从一定意义上说,全面深化改革,归根到底是为全面建成小康社会提供新的动力,同时,也建构了一个新的权力关系,形成一种新的秩序,如市场与政府关系的重新安排,社会力量作用增加等。秩序调整服务于动力提供。

如何将这些新的权力关系与秩序巩固与确认下来,而不会发生逆转,就成为党的十八届三中全会之后新命题。为此,党的十八届四中全会就对全面推进依法治国进行了部署,一方面从整体来看,是通过法治方式将上述改革成果予以确定下来,另一方面从现实来看,也是通过推动法治发展以实现作为主体要素的现代国家功能的发展。

因此,全面深化改革与全面依法治国,实际上是为全面建成小康社会提供动力与秩序的一对具有直接相关性的举措,宛若"鸟之两翼"。

四、全面从严治党:战略的基础与主体

如果说全面深化改革与全面依法治国,是为了全面建成小康社会提供新的发展动力与安排新的秩序,那么全面从严治党,就是为新动力与新秩序锻造驾驭动力与建构秩序的领导核心与主体基础。虽然全面从严治党最终也是服务于全面建成小康社会,但是在结构上,相对于全面深化改革与全面依法治国来说,全面从严治党更为基础,对于服务全面建成小康社会来说,更多是起到基础性作用。因此,我们不认同在"四个全面"中只是将全面从严治党与全面深化改革、全面依法治国并列作为三个措施之一,而不是结构性来把握它们之间关系。

究其内在逻辑,全面从严治党,包含两方面内容:一是通过全面从严治党,锻造领导核心,获得人民支持;二是通过全面从严治党,支持深化改革,促进依法治国。从全面从严治党对全面建成小康社会的作用来说,前者是根本性的,后者是直接性的。

现代政治发展逻辑、社会主义发展逻辑与中国政治发展逻辑的共同演绎,使党建国家以推动社会发展成为中国特色社会主义政治文明形态建构的现实路径。这一路径使中国共产党在中国特色社会主义政治文明形态构建与推动中华民族复兴中处于核心领导地位。核心领导地位意味着两方面:一是提出任务,二是领导人民为实现这一任务而奋斗。这就意味着核心领导作用要能够得到很好发挥,一方面需要加强自身建设,另一方面就是要获得人民认同与支持。作为领导党与执政党,再加上"党管干部"原则,使中国共产党不仅对发展方向负有掌舵职责,而且对国家公共权力性质与发展也负有确立与监督的责任。只有全面从严治党才能赢得人民认同与支持,才能为中华民族伟大复兴奠定主体性基础。党的十八大之后开展的以"为民、务实、清廉"为主要内容的党的群众路线教育实践活动,就是推动党组织与国家公共权力正当性、有效性与纯洁性发展以及赢得人民认同的一个重要举措。

同时,我们还应该看到,全面从严治党,不仅具有锻造领导核心以赢得人民支持这样一个长期的根本性作用,而且还能够为全面深化改革与全面依法治国的阶段性任务的突破与完成提供直接性作用。一是从任务执行来说,中国共产党推动全面深化改革与全面依法治国需要通过各级党组织及其领导班子与领导干部来完成,只有强化全面从严治党,才能使各级党组织落实的有效性得以提高,以保证任务按时按质完成。二是从任务内容来看,不论是全面深化改革,还是全面依法治国,都涉及党与国家、社会关系的调整,比如党内法规与国家法律之间关系,还有党内法规要严于国家法律,这些内容都体现了全面从严治党内容。三是从任务突破来看,在改革过程中由于制度不够完善等原因，导致许多腐败现象出现，并成为全面深化改革的阻力。因此，只有通过全面从严治党，将这些腐败现象清除，一方面可以获得民众支持和认同，另一方面才能使全面深化改革得以落实。

"四个全面"将推动中国特色社会主义政治文明形态实现有机化*

——四论"四个全面"与中国政治发展

"四个全面"战略布局就是通过推动权力主体的发展以及调整与规范权力关系,实现经济与社会发展,从而使全面建成小康社会成为可能。而推动权力主体发展以及调整与规范权力关系, 从本质上说就是政治建设与政治发展。这就意味着,"四个全面"战略布局,实际上就是通过推动政治发展,来达到战略目标实现的目的。其实,这一路径是辛亥革命以来,现代文明构建所遵循的逻辑与路径在新的历史条件下的演绎。既然如此,"四个全面"战略布局,也因此使中国特色社会主义政治文明形态得以发展,具体来说,就是推动了政治文明形态从要素生成阶段向整体发展阶段的转型, 推动了中国特色社会主义政治文明形态的整体发展。

一、"四个全面"战略布局与中国特色社会主义政治文明形态构建思维转换

所谓政治,就是通过建构与运用公共权力处理公共事务,以实现社会秩序的稳定与发展。从上述定义中,我们发现,对于政治来说,有三个关键内容:一是"建构与运用公共权力",这是政治的主体内容;二是"处理公共事务",这是政治的行动内容;三是"实现社会秩序与发展",这是政治的目的内容。任何政治形态下,对于政治来说,这三方面内容都是不可或缺的。但是在

---

*　本文刊发于光明网–理论频道,2015 年 7 月 6 日。

不同历史时期,对于上述三方面内容,政治形态建构所强调的重点以及所凭借的轴心是不同的,由此导致政治形态建构的逻辑与思维存在着差异。

作为后发国家,我们是在古典政治文明形态崩溃之后,通过长期探索,才建立起现代政治文明形态。古典政治文明形态的崩溃,意味着作为政治的主体内容的公共权力的缺失。在这样的背景下,为了实现社会的秩序与发展,首先考虑的是建构公共权力。但是建立什么性质的公共权力以及由谁来构建公共权力,就成为现代政治文明形态构建的首要任务了。经过各方博弈以及人民的选择,最终由中国共产党领导人民担负起了建立国家公共权力的任务。中华人民共和国成立之后,公共权力的性质与实现形式也基本确定了。然而不久之后,防止公共权力变质,以及选择与早期现代化组织化诉求相匹配的公共权力具体实现形式的命题又被提出。改革开放之后,为了克服与早期现代化建设建构公共权力的实现形式之弊病,中共中央就提出了政治体制改革。从上述分析来看,从辛亥革命到党的十八届三中全会之前,我们在推动现代政治文明形态建立与发展过程中,主要都是以公共权力为轴心而展开的。

由于现代政治文明形态是从中国之外传入的,并且是通过政党来推动的,再加上新中国成立之后的计划经济与单位社会体制,使社会主体性严重缺失,因此党建国家逻辑使新中国成立之后的政治形态建构,主要是围绕处理公共权力建构与运用中的政党与国家关系而展开。然而随着中国特色社会主义政治文明形态主体要素基本生成之后,政治主体要素不仅仅只有政党与国家,现代社会已经崛起了。因此,如何处理其中关系成为公共权力建构与运行的新命题。诚然,在处理这一命题时,我们依然可以沿着之前逻辑与路径展开,但是我们可能会遇到一系列难于处理的理论与价值上问题。这就要求我们必须用新的思维与逻辑来应对这一政治上的新难题。

党的十八届三中全会提出了国家治理体系与治理能力现代化,解决了这一难题。国家治理体系与治理能力是指基于有效处理各类公共事务而来安排公共权力的。因此,它的逻辑轴心是"处理公共事务"与"实现社会的秩序与发展"。这样就使公共权力的建构与安排有了现实依据,而不必陷入价值与理论上的争论,从而实现了现代政治文明形态建构的逻辑转换,是"道路自信、理论自信与制度自信"的一种表现,也为中国特色社会主义政治文明形态的整体发展提供了新的思想与理论指导。党的十八届四中全会提出全面推进依法治国,就是将国家治理体系与治理能力现代化的成果以法治方式予以确认下来。

二、"四个全面"战略布局与中国特色社会主义政治文明形态主体要素发展

"四个全面"战略布局提出,标志着中国特色社会主义政治文明形态,开始从主体要素生成阶段向形态整体发展阶段转型,或者说是形态整体发展阶段的开始。在形态整体发展阶段,中国特色社会主义政治文明形态发展包含两方面内容:一是主体要素发展,即中国特色社会主义政治文明形态主体要素的功能得以充分发展;二是要素关系重塑,即中国特色社会主义政治文明形态主体要素之间关系通过重新调整,实现有机化。其实,这两方面内容是密切相关的,或者说是相互促进的,只有要素关系得到重塑,主体要素才能得到充分发展,反过来,也只有主体要素充分发展了,重塑后的要素关系才能够得以稳定下来。因此,我们在以下论述中,在有所侧重的同时,也将会对此进行交叉分析。另外,"四个全面"战略布局对上述两方面内容的影响,是综合性起作用的。因此,在以下论述时,我们将结合"四个全面"战略布局所涉及的具体对策,对上述两方面内容进行分析。首先,我们来看"四个全面"与主体要素发展关系。

"四个全面"与市场的功能与作用发展。虽然经过二十多年发展,社会主义市场经济体制就在中国已经建成,但是相对于全面建成小康社会以及全球化对中国现代化发展要求来说,市场功能尚未得到充分开发,因此充分发挥市场功能就成为国家治理现代化一个重要内容。然而在中国,市场经济体制是嵌入的,是通过党与国家培育后得以发展的。因此,要充分开发市场功能,就必须处理好国家与市场关系,以及党与市场关系。前者,中央重新定位了市场在经济领域中的作用,明确了其决定性地位,并提出了建立了市场负面清单,政府权力清单,等等。后者,通过全面从严治党,切断权力寻租的制

度性与心理性的纽带,建构良好的政治生态。这些措施为市场功能充分发挥创造了体制性与制度性基础。

"四个全面"与社会的功能与作用发展。1949 年后以计划经济体制与单位社会体制的一元化建构社会方式,使社会主体性严重丧失。改革开放特别是社会主义市场经济体制建立之后,社会主体性开始生成,随着网络社会的到来,除了经济领域通过市场实现自我组织化之外,社会领域也开始实现自我组织化。如何整合这些具有主体性意识的社会力量,就成为新的历史条件下政治文明形态建设的重要内容之一。在全面深化改革与全面依法治国的措施中,相当一部分内容就是涉及推动社会力量发展的。比如,推动政府购买服务以及社会领域立法等措施。

"四个全面"与国家的功能与作用发展。虽然相对于市场与社会来说,国家是强势的,也经过与市场的初步磨合有了较大发展,但是相对于现代政治文明形态发展以及市场与社会发展,国家作用尚未到位,新的功能尚未生成。为此,推动国家功能发展就成为全面深化改革与全面依法治国的重要内容。一是全面推进依法治国,提高国家建设的法治化水平;二是实施政府权力清单,全面推进政府职能转变;三是全面推进司法体制改革。

"四个全面"与党的功能与作用发展。中国特色社会主义政治文明形态是在中国共产党领导与推动下得以建立与发展的,由此,二者之间就存在着相向的互动关系:一方面,中国共产党推动了中国特色社会主义政治文明形态的建立与发展;另一方面,中国特色社会主义政治文明形态发展,也倒过来对中国共产党提出了新的要求,中国共产党也因此需要进行创新与发展。因此,随着中国特色社会主义政治文明形态从主体要素生成阶段进入形态整体发展阶段,同样也要求中国共产党必须发展与创新。"四个全面"战略布局推动中国共产党发展主要体现在两方面:一是全面深化改革与全面依法治国推动了党在国家与社会空间内的功能与作用创新与发展;二是全面从严治党推动了党在建构政治生态等方面功能得以发展。

三、"四个全面"战略布局与中国特色社会主义政治文明形态要素关系重塑

如果说推动主体要素生成与发展，其目的是为了各要素功能都得以发展，从而实现强政党、强国家与强社会（市场与狭义社会）的"三强"状态，那么重塑要素关系，就是在"三强"基础上，根据政治文明形态整体发展要求，基于顶层设计，以充分发挥各自功能为目标，重新调整与构建政党、国家、社会之间的互动机制。一般来说，连接政治形态主体要素之间的机制有价值、制度与组织，因此我们将从这三方面来分析"四个全面"战略布局重塑政治文明形态要素关系的情况。

从价值方面来看，"四个全面"战略布局，其背后所贯穿的价值主要是以中国梦与社会主义核心价值观为内容，来勾连政党、国家与市场的关系的重塑。关于这方面，篇幅所限这里就不展开分析了。

从一定意义上说，"四个全面"战略布局对要素关系重塑最重要机制是在制度方面。具体来说，体现在以下方面：一是明确要素运行遵循的逻辑以及相互之间的边界，使制度重塑有了明晰的根据，如提出了市场的负面清单，政府的权力清单，等等。二是强调了依法治国的原则，使现代政治核心制度基础得以确立，全面推进依法治国对各要素的约束作用，如党的十八届四中全会做出的决定。三是强调各要素内部运行规范与法治之间的衔接，使政治文明形态整体实现制度化，如党内法规要与国家法律对接，并且前者要严于后者。四是推动各要素内部的制度创新与发展，如提出党的建设制度改革等。

"四个全面"战略布局在组织方面的影响体现在以下方面：一是推动党组织发展的组织创新；二是推动党的群团组织的深化改革，使其能够更好发挥联系党、国家与社会之间的联系作用；三是推动国家结构的内部组织发展，如设立巡回法庭等。

四、走向有机政治：中国特色社会主义政治文明形态发展的方向

中国特色社会主义政治文明形态整体发展阶段包含了主体要素发展与要素关系重塑两部分内容。如果对这两部分内容的特性进行分析，从而对整体发展阶段的政治文明形态的整体特性进行概括的话，我们认为可以用政治形态有机化来表达，或是表达为有机政治。因此，我们可以作出判断："四个全面"战略布局将推动中国特色社会主义政治文明形态实现有机化，即有机政治是中国政治的发展方向。

由于中国特色社会主义政治文明形态刚刚开始朝有机化方向发展，还有许多工作需要做，特别是随着全球化、市场化与网络化对社会影响的进一步加大，现代社会发展与变化将进一步加快，这就意味着，推动政治形态主体要素功能发展与主体要素之间关系重塑的任务，将处于不断进行中，不能一劳永逸。

"四个全面"是实现中华民族伟大复兴质的飞跃的行动指南*
——五论"四个全面"与中国政治发展

"四个全面"之所以能够成为中华民族伟大复兴质的飞跃的战略布局，实际上是分为三个逻辑环节展开的：一是中国特色社会主义文明形态建立与发展是实现中华民族伟大复兴前提，二是中国特色社会主义政治文明形态建设决定中国特色社会主义文明形态发展，三是"四个全面"战略布局是推动中国特色社会主义政治文明形态整体发展的关键。这里将在前文分析基础上，结合"四个全面"与中国特色社会主义"五位一体"建设关系，对上述内容进行分析，以期对中华民族伟大复兴质的飞跃的政治逻辑做进一步把握。

一、中国特色社会主义文明形态：面向未来的新型现代文明形态

中国特色社会主义文明形态是通过以下三个逻辑共同演绎得以生成与发展的：一是现代文明发展逻辑，二是社会主义运动逻辑，三是中国自身文明发展逻辑。现代文明发展逻辑使中国特色社会主义文明形态具有了人类现代文明形态的一般特性；社会主义运动逻辑使中国特色社会主义文明形态存在着对现代文明的超越的内在规定性；中国自身文明发展逻辑使中国特色社会主义文明形态具有了中国特色和中国节奏。

经过了中国共产党成立以来，特别是新中国成立以来的探索，我们对什

---

* 本文刊发于光明网–理论频道，2015 年 7 月 7 日。

么是社会主义,怎样建设社会主义有了清晰的认识,结合中国实际与现代化建设规律,我们提出了中国特色社会主义,并提出了中国特色社会主义的"五位一体"建设总布局,使中国特色社会主义文明形态建设有了清晰的路线图。正是在这一路线图的指引下,中华民族伟大复兴不断取得阶段性成果,社会主义事业也不断得到了发展,从而使中国特色社会主义文明形态成为一种面向未来的新型现代文明形态。

二、中国特色社会主义政治文明形态建设与中国特色社会主义文明形态发展

作为后发国家,在古典文明退出中国历史舞台之后,中国面临的是如何通过建设现代文明以实现民族复兴。而要想顺利建设现代文明,就必须首先解决秩序与发展的问题, 这两方面问题的解决必须通过政治文明形态构建才能完成, 这就意味着政治文明形态构建成为当下整体文明形态构建的前提, 即现代政治文明形态构建在整体现代文明形态构建中具有历史与逻辑的双重优先地位。这一逻辑决定了中国特色社会主义政治文明形态建设,不仅是中国特色社会主义文明形态的一个重要组成部分, 而且还是其发展的前提,即决定着整体文明形态的顺利建设。

从本质上说,"四个全面"战略布局是属于政治建设重要内容,是推动中国特色社会主义政治文明形态整体发展的重要举措。由于在中国,中国特色社会主义政治文明形态建设决定了中国特色社会主义文明形态发展,因此"四个全面"战略布局也就推动中国特色社会主义文明形态发展,并起到推动其得以质的飞跃的作用。

三、"四个全面"战略布局与中国特色社会主义"五位一体"建设

党的十八大指出,建设中国特色社会主义的总布局是经济建设、政治建设、文化建设、社会建设、生态文明建设"五位一体",因此从一定意义上说,

中国特色社会主义文明形态是以这五大建设成果为主要内容的。小康社会对于中国来说,就是中国特色社会主义文明形态所达到的一个阶段,因此全面建成小康社会就是要求这五大建设充分而协调发展的。这就意味着"四个全面"战略布局就是包含着对中国特色社会主义"五位一体"建设的内容与要求。

全面深化改革,实际上就是对阻碍五大建设的制度性与机制性问题予以消除,从而使发展能够促进五大建设。全面依法治国,就是将全面深化改革成果以法治方式予以确定下来,并强化国家法治建设,从而达到为五大建设提供稳定的制度性动力与保障,而不受人为性的干扰。而全面从严治党,就是在领导核心与人民主体方面为五大建设顺利推进提供基础与保证。

四、"四个全面"战略布局与中华民族伟大复兴

全面建成小康社会是通过确定目标以凝聚人民共识与激发人民斗志,全面深化改革是通过释放制度红利以获得文明发展与民族复兴的动力,全面依法治国是通过建构规范以沉淀改革的成果与稳定人民的预期,全面从严治党是通过强化纪律以锻造领导核心与建构人民认同。总之,"四个全面"是在政党自觉基础上,通过开发发展动力与建构秩序规范,以实现中国特色社会主义文明形态建设的关键性目标。因此,它不仅推动了中国特色社会主义政治文明形态整体发展,而且还将使中国特色社会主义文明形态建设的关键性目标得以实现,从而成为中华民族伟大复兴质的飞跃的关键性举措。

五、结论:实现中华民族伟大复兴质的飞跃的政治逻辑

在任何一个文明体中,政治文明形态都对文明形态发展起到了重要影响作用,由此也左右着整个文明体的兴衰。现代化浪潮冲击,使中国古典政治文明与古典文明不断走向崩溃,由此也导致了中华民族走向衰落。为了实现中华民族伟大复兴,建立现代文明形态就是一项必然选择,而要建立现代文明形态,首先必须构建现代政治文明形态。在现代政治发展逻辑、社会主

义运动逻辑与中国政治发展逻辑共同演绎下，中国建立了中国特色社会主义政治文明形态，并在中国共产党领导下，不断取得中国特色社会主义文明形态建设的阶段性成就，从而为中华民族伟大复兴奠定了秩序与发展的基础。

中国特色社会主义政治形态建设在经历了基础奠定阶段、主体要素生成阶段之后，为了推动政治形态进一步发展，"四个全面"战略布局就被提出来了，从而标志着政治形态建设开始进入了形态整体发展阶段。在"四个全面"战略布局中，全面建成小康社会是战略目标与方向，全面深化改革与全面依法治国是战略两翼与重点，全面从严治党是战略基础与主体，也就是说，"四个全面"在结构上是呈现出"火箭式菱形结构"。"四个全面"战略布局的提出，实现了中国特色社会主义政治文明形态建构的思维逻辑，并推动了主体要素发展与要素关系重塑，从而使整体政治文明形态开始走向有机化。

"四个全面"战略布局围绕全面建成小康社会目标而展开，这就使其成为推动中国特色社会主义文明形态发展的关键目标实现的主要举措，从而就成为中华民族伟大复兴实现质的飞跃的战略布局与行动指南。也就意味着，"四个全面"是通过推动中国特色社会主义政治文明形态实现整体发展，以达到中华民族伟大复兴质的飞跃的重要的战略布局。

使改革开放成为中国发展的"DNA"*
——兼论邓小平的贡献

习近平同志指出:"实现中国梦必须走中国道路。这就是中国特色社会主义道路。""道路决定命运,找到一条正确道路是多么不容易。中国特色社会主义不是从天上掉下来的,是党和人民历尽千辛万苦、付出各种代价取得的根本成就。"同时,我们还必须看到,在推动中国特色社会主义道路形成过程中,邓小平同志起到了十分重要的作用,他不仅提出要坚持中国特色社会主义理论,而且还将改革开放与中国特色社会主义道路联系起来,由此使改革开放成为了中国发展的"DNA"。因此,在邓小平同志逝世 20 周年之际,我们应该将从历史发展高度来把握其伟大贡献。

一、构建面向未来的现代文明的中国形态:中国共产党的使命

在古代,中华民族创造了辉煌的文明,为人类发展做出了巨大贡献,并也因此使中华民族长期处于人类社会发展的领先地位。然而进入现代之后,中华民族却开始落后了,究其原因,就在于当时的清王朝不能遵循时代发展要求,对外吸收现代文明成果,对内推动改革创新,而是对外坚持"闭关锁国",对内坚持"祖宗之法不可改"。"落后就要挨打",鸦片战争之后,现代化浪潮凭借商品与枪炮敲开了中国的大门。中华民族也被迫卷入了现代化潮流之中,开启了通过构建现代文明实现中华民族伟大复兴的百年"中国梦"

---

* 本文写于 2017 年 3 月 20 日。

的历史征程。

然而对于一个具有五千年文明的伟大民族，究竟应该如何构建现代文明，并在此过程中，不仅能够推动自身实现伟大复兴，而且还能够继续为人类文明发展做出贡献，就成为中华民族与中国人民必须思考与选择的一个重大命题。要选择就必须有根据，必须遵循相应规律。于是，在中华文明历史逻辑、现代文明发展逻辑与共产主义运动逻辑共同作用下，中华民族孕育了中国共产党，中国人民在中国共产党领导下，不仅建立了社会主义性质的中华人民共和国，而且还找到了中国特色社会主义道路，推动中华民族伟大复兴以及社会主义现代化得以实现成为可能，从而创造出了面向未来的人类现代文明的中国形态。

二、改革开放与中国特色社会主义道路形成：邓小平的贡献

作为面向未来的人类现代文明的中国形态，中国特色社会主义是在中华文明历史逻辑、现代文明发展逻辑与共产主义运动逻辑共同演绎下得以形成的。历史唯物主义区别于历史唯心主义的最重要一个观点，就是认为人类社会发展规律是在人们的历史性的实践中得以体现的，而不是先验地存在着。这就意味着，中国特色社会主义作为三大规律共同演绎的结果，是在中国共产党领导下的中国人民历史实践中得以实现的，正如习近平总书记所指出的那样，"不是从天上掉下来的，是党和人民历尽千辛万苦、付出各种代价取得的根本成就"。

在建立了社会主义制度之后，为了克服现代化建设对组织化的诉求与中国传统社会的"一盘散沙"状况之间的矛盾，我们建立了计划经济与单位社会体制，从而为社会主义现代化建设奠定了组织基础，并在此基础上，形成相应的政治体制与治理体系。在完成了社会主义现代化建设基础阶段之后，为了使社会主义现代化建设获得可持续发展动力，中国共产党做出了改革开放的决定。一方面对外实行开放，使我们发展能够获得人类其他国家与社会的现代化成果，另一方面对内实行改革，推动社会主义现代化建设从基

础构建阶段向持续发展阶段转型。在此基础上，我们形成了中国特色社会主义理论、道路与制度，从而使面向未来的人类文明的中国形态开始形成。

马克思主义认为，历史是由人民创造的，具体的方案与思路，却是需要通过领袖人物，通过体现历史发展规律并集中反映人民意志，予以集中提出。因此，我们也看到了，在改革开放决定做出以及中国特色社会主义理论形成的过程中，作为中共中央第二代领导核心的邓小平同志，起到了关键性作用，做出了历史性贡献。

三、全面深化改革与推动中国特色社会主义制度完善：党的十八大以来的事业

改革开放之后，经过一段时间的过渡调整期，1992 年党的十四大做出了建立社会主义市场经济体制的决定，市场经济建立标志着作为现代社会的基因植入了中国。为了保证以契约为基础的市场经济体制得以有效运行，1997 年党的十五大做出了建立法治国家的决定，将依法治国定为国策，依法治国提出标志着现代国家建设进入到全面建设阶段。为了推动党的建设适应市场经济与法治国家建设，2002 年党的十六大将"三个代表"重要思想写入党章，"三个代表"重要思想的提出标志着适应现代市场与现代国家的现代政党建设全面推进。随着市场经济发展，社会多样化开始发展，党中央提出了和谐社会建设，标志着现代社会在中国生成。由此，作为现代文明主要结构性要素的政党、国家、社会与市场已经基本形成。

然而虽然作为现代文明主要结构性要素基本形成，但是依然还存在着两方面问题：一是每一个要素的内在功能尚未获得充分发展，二是各要素之间内在有机化尚未形成。因此，党的十八届三中全会就做出基于顶层设计，全面深化改革，推动国家治理体系与治理能力现代化的决定，以达到解决以上两方面问题。

综观新中国成立以来的历史发展逻辑，分析党的十八大以来的政治实践，我们得出一个判断，那就是党的十八届三中全会所作出的全面深化改革，实际上是邓小平所提出的改革开放逻辑的延续，完善中国特色社会主义

制度的一个重要举措。

四、使改革开放成为中国发展的"DNA"：一项需要继续努力的任务

马克思主义认为运动是事物存在的一种方式，而推动事物发展是通过不断解决事物内部矛盾得以实现，这就意味着必须通过与时俱进，不断调整内部关系与外部关系得以保证事物的发展。中华民族曾经之所以会走向衰落，很重要一个原因即是对外"闭关锁国"，对内"僵化停滞"，从而无法跟上时代发展。改革开放以来我们取得了辉煌的成就，很重要一个经验就是坚持改革开放。因此，不论是理论根据，还是历史教训以及现实经验都告诉我们，只有坚持改革开放才能使现代化建设与文明发展得以实现，这也就意味着改革开放是中国发展的"DNA"。

马克思主义作为中国共产党的指导思想，同时中国特色社会主义理论体系也确立为党的指导思想，这两方面都可以为我们坚持改革开放提供理论上的保证，并通过邓小平的努力以及后来的领导集体的坚持，改革开放已经成为了中国发展的"DNA"。但是事物总是在变化的，人们也可能基于利益与观点等原因，使这一"DNA"受到了抑制，这是我们一定要警惕的现象，因为一旦我们忽视了改革开放，我们的文明发展就会受到挑战，就可能会停滞。因此，我们在纪念邓小平逝世 20 周年之际，重温其贡献，再次认识改革开放对我们发展的意义，就不仅仅是具有一种情感性意义，更有十分深刻的历史性与现实性。

人民军队是中华民族伟大复兴的
坚强守护者*

习近平总书记曾经指出："实现中华民族伟大复兴,是中华民族近代以来最伟大的梦想。可以说,这个梦想是强国梦,对军队来说,也是强军梦。我们要实现中华民族伟大复兴,必须坚持富国和强军相统一,努力建设巩固国防和强大军队。"这样就意味着,人民军队是中华民族伟大复兴的坚强守护者,没有巩固的国防,没有强大的军队,实现中国梦就没有保障。

人民军队是中华民族伟大复兴的坚强守护者,这一历史责任,在人民军队建立之时就被赋予了,并在九十多年的奋斗与发展中,不断被实践,不断被强化,铸就成人民军队的军魂的一部分。

1927 年,中国共产党建立了人民军队,经过了"三湾改编"与"古田会议"等,党对军队绝对领导的根本原则,不仅在政治上,也在思想上与组织上得以确立,并经过了艰苦卓绝的二万五千里长征以及伟大的抗日战争,使这一根本原则完全融入了人民军队的灵魂之中。

作为马克思主义政党,中国共产党的建立,其使命就在推动人类解放与民族独立,而通过党对军队绝对领导这一根本原则,为民族独立与人民解放而努力,就成为了人民军队的奋斗目标。因此,1947 年 10 月 10 日,由毛泽东同志亲自撰写的《中国人民解放军宣言》就庄严宣告,"本军是中国人民的军队,一切以中国人民的意志为意志","本军作战目的,迭经宣告中外,是为了中国人民和中华民族的解放"。

在中国共产党领导下,在中国人民的支持下,中国人民解放军在战场上

---

* 本文刊发于人民网–观点频道,2017 年 7 月 28 日。

取得了一个又一个胜利，从而为中华人民共和国的建立奠定了决定性的基础。中华人民共和国的建立，标志着民族独立和人民解放得以实现。然而，新中国建立之后，社会主义现代化建设和中华民族复兴的道路，并不平坦，国内外干扰因素诸多。不过，在中国共产党领导下，人民军队始终扮演着忠诚卫士的角色，帮助党和人民，为现代化建设的发展，排除各种干扰，为中华民族伟大复兴的道路扫清障碍。

正如习近平总书记在参观"铭记光辉历史　开创强军伟业——庆祝中国人民解放军建军 90 周年主题展览"时所指出的那样，"90 年来，人民军队在党的领导下不断从胜利走向胜利，为民族独立和人民解放，为国家富强和人民幸福建立了彪炳史册的卓著功勋。人民军队砥砺奋进的 90 年，凝结着坚定理想信念、优良革命传统、顽强战斗作风，是我们宝贵的精神财富"。

当前，我们比过去任何历史时期都更加接近中华民族的伟大复兴，然而越是接近成功之时，越会有各种干扰出现，在这样条件下，拥有一支听党指挥、能打胜仗、作风优良的人民军队就显得尤为重要。

因此，习近平总书记指出："我们要铭记光辉历史、传承红色基因，在新的起点上把革命先辈开创的伟大事业不断推向前进，鼓舞激励广大干部群众和全军广大指战员坚定中国特色社会主义道路自信、理论自信、制度自信、文化自信，努力为实现中华民族伟大复兴的中国梦、为把人民军队建设成为世界一流军队而不懈奋斗。"

我们相信，"在实现中华民族伟大复兴的征程中，英雄的人民军队一定能够发扬传统，继往开来，有效履行肩负的历史使命"，这是党和人民的期待，也是中华民族伟大复兴的坚强守护者的责任！

党对军队的绝对领导是
保证各项事业顺利发展的重要法宝*

中共中央总书记、国家主席、中央军委主席习近平在参观"铭记光辉历史,开创强军伟业——庆祝中国人民解放军建军 90 周年主题展览"时强调:"90 年来,人民军队在党的领导下不断从胜利走向胜利,为民族独立和人民解放,为国家富强和人民幸福建立了彪炳史册的卓著功勋。"

纵观历史,正是有人民军队在不同历史时期的努力,中国革命和现代化建设才有了重要的基础与保障,而人民军队之所以能取得胜利,立下彪炳史册的卓越功勋,关键在于党对军队的绝对领导。这就意味着,党对军队的绝对领导是保证各项事业顺利进行的重要法宝,也是中国共产党人和中国人民为探索更好社会制度提供的中国方案。

辛亥革命后,清王朝的崩溃以及传统小农社会的特点,使中国社会陷入了"一盘散沙"的境地,军队成为唯一的组织化力量,因此很快就成为建构国家的重要力量。然而封建和腐朽的特性,使传统军队力量并没有肩负起建设现代国家的使命,反而导致中国陷入了军阀混战。在孙中山先生领导下,中国开始走出一条以政党力量领导人民、驾驭军队、建立国家,推动社会发展的现代文明建构路径。然而基于阶级属性与政党特点,国民党无法完成上述任务,这一历史使命最终落到了中国共产党身上。

在马列主义的指导下,中国共产党积极探索,提出"统一战线,武装斗争,党的建设,是中国共产党在中国革命中战胜敌人的三个法宝"。统一战线,解决的是党对人民的领导问题;武装斗争,解决的是党对军队的领导的问题;党的建设,解决的是政党自身建设的问题。所谓"枪杆子里面出政权",

---

* 本文刊发于人民网–观点频道,2017 年 7 月 25 日。

这就意味着在民主革命时期，武装斗争是基础性的命题。因此，在中国共产党建立了自己的军队之后，就明确了"党对军队的绝对领导"这一方针，并在领导方式和组织方式上，形成了如"支部建在连上"等一系列的安排。

党对军队的绝对领导，一方面使军队这一工具性力量，拥有了政治上的灵魂，自觉担负起历史使命，为党和人民的事业服务。另一方面通过党的领导，将政治优势、组织优势和资源优势等输送给军队，有效推动了军队的发展。正是党对军队的绝对领导，使人民军队不论在任何历史时期都能够真正做到人民军队为人民，服从党和人民在不同历史时期发展的需要，同时也能够成为"招之能来，来之能战，战之能胜"的威武之师。

正是因为有了党对军队的绝对领导，使中国共产党领导下的新民主主义民主革命胜利有了必胜的法宝；正是因为有了党对军队的绝对领导，使社会主义现代化建设的各项事业发展有了坚实的基础；正是因为有了党对军队的绝对领导，使国家富强和人民幸福有了钢铁长城般的后盾。

综观后发国家的发展史，可以发现，一些国家常常出现社会混乱、政权崩溃、军事政变，其中一个很重要的原因就是，国家制度的有效性不足的同时，建构社会的组织化力量缺失或弱化，使军队力量，成为了唯一能够建构社会与控制政权的组织化力量。反观这些现象，分析其中原因，我们可以说，中国共产党对军队的绝对领导，为民主革命胜利和现代化建设顺利进行，奠定了组织化基础，实际上，是成功实现了用现代政治力量驾驭军事力量，保证现代国家建设和现代社会发展顺利进行的一个重要范式，从而为人类对更好社会制度的探索提供了一个中国方案。

在新形势下，以习近平同志为核心的党中央做出的军队体制改革的部署，是为更好推进人民军队的发展，发挥人民军队服务中国特色社会主义现代化建设的需要，所做出的重大战略决策，是党对军队绝对领导在新历史时期的一种创新与发展的体现。

就是多年来，实践证明了党对军队的绝对领导，不仅关系到军队的发展，更关系到党和人民的事业的发展，关系到中华民族伟大复兴，既是符合中国政治发展的历史逻辑的一项制度安排，也是对人类探索更好的社会制度的一个重要贡献。我们应该毫不动摇地坚持与发展！

保卫和平是人民军队的光荣职责*

庆祝中国人民解放军建军 90 周年阅兵，在位于内蒙古的朱日和训练基地举行。中共中央总书记、国家主席、中央军委主席习近平检阅部队并发表了重要讲话。

在讲话中，习近平指出："90 年前，南昌城头一声枪响，宣告中国诞生了中国共产党领导的新型人民军队。90 年来，人民军队高举着党的旗帜，脚踏着祖国的大地，背负着民族的希望，浴血奋战，勇往直前，战胜一切敌人，征服一切困难，为中国人民站起来、富起来、强起来建立了不朽的功勋！"

这就意味着，建军以来，人民军队在党的领导下，围绕着党和人民在不同历史时期的历史使命，切实做到坚定不移坚持党对军队绝对领导的根本原则和制度，永远听党的话、跟党走，党指向哪里、就打到哪里，出色完成每个阶段的政治任务。

九十多年前，毛泽东曾经指出："政权是由枪杆子中取得的"。这就意味着军队力量与国家政权密切相关，而我们的政权是为人民的。

为实现民族独立和国家统一，中国共产党在人民的支持下，建立了人民军队，并形成了党对军队的绝对领导的原则和制度。在中国共产党的坚强领导下，人民军队不辱使命，经过浴血奋战，为人民政权的建立作出了巨大贡献，使中国人民站起来有了政权基础。

新中国成立之后，为保证现代化建设顺利进行，人民军队依然勇往直前，战胜一切敌人，克服一切困难，坚决捍卫主权，为国家发展与人民幸福，筑起了一堵钢铁长城，使中国人民富起来有了和平环境。

---

* 本文刊发于光明网–理论频道，2017 年 7 月 30 日。

安享和平是人民之福,保卫和平是人民军队之责。天下并不太平,和平需要保卫。今天,我们比历史上任何时期都更接近中华民族伟大复兴的目标,比历史上任何时期都更需要建设一支强大的人民军队。

因此,在中国特色社会主义新的发展阶段,为了使日益强起来的中国人民能够安享和平,为了使中华民族伟大复兴的中国梦能够顺利实现,我们就要深入贯彻党的强军思想,坚定不移走中国特色强军之路,努力实现党在新形势下的强军目标,把我们这支英雄的人民军队建设成为世界一流军队。

"胜利是不会向我走来,我必须自己走向胜利。"

要建立一支有信心、有能力打败一切来犯之敌的世界一流的人民军队,我们的军队,就必须坚定不移坚持党对军队绝对领导的根本原则和制度,永远听党的话、跟党走,党指向哪里、就打到哪里。

要建立一支有信心、有能力打败一切来犯之敌的世界一流的人民军队,我们的军队,就必须要坚定不移坚持全心全意为人民服务的根本宗旨,始终同人民站在一起,时刻把人民放在心头,永远做人民子弟兵。

要建立一支有信心、有能力打败一切来犯之敌的世界一流的人民军队,我们的军队,就必须要坚定不移坚持战斗力这个唯一的根本的标准,聚焦备战打仗,锻造召之即来、来之能战、战之必胜的精兵劲旅。

要建立一支有信心、有能力打败一切来犯之敌的世界一流的人民军队,我们的军队,就必须要坚定不移坚持政治建军、改革强军、科技兴军、依法治军,全面提高国防和军队现代化建设水平。

70 年前,由毛泽东亲自起草的《中国人民解放军宣言》指出:"我全军将士必须时刻牢记,我们是伟大的人民解放军,是伟大的中国共产党领导的队伍,只要我们时刻遵守党的指示,我们就一定胜利。"

70 年后,:我们同样相信,在以习近平同志为核心的党中央坚强领导之下,我们一定能够建设一支听党指挥、能打胜仗、作风优良的人民军队,有信心、有能力维护国家主权、安全、发展利益,守护着民族复兴,保卫着人民幸福!

中国特色社会主义
拓展了发展中国家走向现代化的途径*

习近平同志在"7·26"重要讲话中指出："中国特色社会主义不断取得的重大成就，意味着近代以来久经磨难的中华民族实现了从站起来、富起来到强起来的历史性飞跃，意味着社会主义在中国焕发出强大生机活力并不断开辟发展新境界，意味着中国特色社会主义拓展了发展中国家走向现代化的途径，为解决人类问题贡献了中国智慧、提供了中国方案。"这一重要论述表明，中国特色社会主义不仅使久经磨难的中华民族实现现代化、走向伟大复兴，而且能够拓展发展中国家走向现代化的途径，为推动人类文明发展作出中国贡献。

一、发展中国家要走出自己的现代化道路

马克思主义认为，在人类社会发展过程中，生产力起着决定性作用，同时生产关系对生产力具有反作用，上层建筑对经济基础具有反作用。这意味着，在人类社会发展过程中，我们不仅要关注生产力因素，同时要关注生产关系和上层建筑。因此，对于一个国家和民族来说，要推动发展，就必须根据自身实际情况综合考虑上述多方面因素，选择适合自己的发展道路，作出相应的制度安排。

随着现代化浪潮在全球涌动，许多国家和民族都进入现代化进程。一些现代化后发国家在建构现代文明的进程中，遇到比率先实现现代化的国家

＊　本文刊发于《人民日报》理论版，2017 年 10 月 11 日。

更为复杂的矛盾和问题。由于率先实现现代化的国家进入现代文明阶段后，一段时间内展现出繁荣兴盛的发展局面，其发展模式曾具有一定的示范意义。因此，许多发展中国家在推进现代化进程中，会主动模仿或被动接受这些模式。然而率先实现现代化的国家是基于自身历史进程选择了一定的发展模式，这些国家并没有遇到发展中国家所遭遇的各种矛盾和问题，或者已经用较长时间解决这些矛盾和问题。因此，这些国家的现代化模式对发展中国家实现现代化的借鉴意义是有限的，单纯模仿率先实现现代化国家的发展模式，往往会给发展中国家的现代化进程带来一系列困境。实践中，我们可以看到一些发展中国家照抄照搬西方模式甚至依附于西方国家，失去发展自主性，进而进入发展失败国家的行列。于是，如何走出现代化的困境，探索出自己的现代化道路，就成为发展中国家亟待解决的一个根本问题。

二、中国特色社会主义不断取得重大成就

作为很早就进入文明阶段并且没有中断过自身历史的文明体，中华民族在古代创造了非凡的文明成就，为人类文明发展作出巨大贡献。只是到了近代，中华文明才开始衰落。推进现代化进程、实现中华民族伟大复兴，就成为近代以来中华民族最伟大的梦想。

为实现这一伟大梦想，中国人民经过艰辛探索，走出了一条以政党力量领导人民和军队、建立现代国家、推动现代社会发展的路径。在中国共产党领导下，中华民族完成了民主革命的任务，实现了民族独立与人民解放。新中国成立后，为了实现现代化与中华民族伟大复兴，并为人的全面发展创造条件，中国共产党带领中国人民建立社会主义制度，从而为面向未来的人类现代文明中国形态的形成奠定了制度基础。

改革开放成为决定当代中国命运的关键一招。改革是社会主义制度的自我完善和发展，是一场新的革命。改革是全方位的，涉及各个领域，包括经济体制改革、政治体制改革、文化体制改革、社会体制改革、生态文明体制改革等等。经过改革开放四十多年来的探索，我们党带领中国人民不断丰富中国特色社会主义理论体系、不断完善中国特色社会主义制度，在中国特色社

会主义道路上阔步前进，使面向未来的人类现代文明中国形态的建构在内涵与逻辑上更加明确。四十多年来，我国之所以取得举世瞩目的发展成就，得益于改革开放，归功于改革开放。通过不断改革开放进行社会主义建设、加快实现现代化，这是中国共产党进行的一场伟大实践。

然而由于我国现代文明要素是在较短时间内生成的，很多要素的功能尚未得到充分发育，各要素之间内在有机联结也尚未完全形成。因此，党的十八届三中全会提出全面深化改革，完善和发展中国特色社会主义制度，推进国家治理体系和治理能力现代化，从而使面向未来的人类现代文明中国形态更加成熟定型。在实践中，以习近平同志为核心的党中央统筹推进"五位一体"总体布局，协调推进"四个全面"战略布局，使中国特色社会主义不断取得重大成就，也使我们比过去任何时候都更加接近中华民族伟大复兴的目标。

三、中国特色社会主义为发展中国家走向现代化提供中国方案

中国特色社会主义是现代文明发展逻辑、中华文明历史逻辑与共产主义运动逻辑共同演绎的结果；是中国人民在中国共产党领导下，在马克思主义指导下，根据自身特点、遵循实事求是原则，在推进现代化建设、实现中华民族伟大复兴的进程中不断探索形成的。中国特色社会主义充分体现了中华民族与中国人民在现代文明建构过程中的主体性与创造性，从而为解决发展中国家走向现代化所面临的根本性与深层次矛盾贡献了中国智慧、提供了中国方案。

作为现代文明发展逻辑的有效体现，中国特色社会主义能够在遵循现代化基本规律的前提下，立足自身国情积极追求现代化发展。中国特色社会主义能够按照不同阶段现代化发展的需要来开展各项建设，而不是简单照抄照搬某些西方国家现代化模式，始终保持自己的战略定力，从而正确处理现代化发展一般规律与自身逻辑之间的关系，避免了一些发展中国家在现代化进程中由于发展与秩序冲突、特殊性与一般性脱离而引发的严重后果。

作为中华文明历史逻辑的现实延续，中国特色社会主义能够大力弘扬中华民族的优良传统。比如，在推动现代国家建设与现代社会发展中强调爱国主义与集体主义，能有效解决现代化进程中各种因素和力量对共同体的冲击，从而避免一些发展中国家在现代化进程中出现的整体性不足、有效性缺失、共同体崩溃的后果。

作为共产主义运动逻辑的组成部分，中国特色社会主义始终坚持科学社会主义基本原则，以实现人的全面发展、社会全面进步为目标。中国特色社会主义坚持人民当家作主，坚持公有制为主体，有效解决了现代化进程中资本作用、市场机制与社会整体发展的矛盾，有效解决当下文明建构与长远共产主义发展方向之间的矛盾，从而使现代化建设与人的全面发展、现代化建设与人民当家作主、现代化建设与面向未来之间的关系得以有机统一，避免了一些发展中国家在现代化进程中出现的国家与社会发展被资本和少数人绑架等后果。

中国特色社会主义是现代文明发展逻辑、中华文明历史逻辑与共产主义运动逻辑共同演绎的结果。正是由于这几个逻辑综合作用，中国特色社会主义为解决人类现代文明发展的困境、为发展中国家走向现代化贡献了中国智慧、提供了中国方案。

四、中国特色社会主义对人类文明发展影响深远

人类文明在古代社会条件下，是以区域性方式分散发展起来的。到了现代社会，在经济全球化影响下，人类文明发展越来越呈现全球化特征。然而这样的发展趋势并未否定不同区域与国家的实践对现代文明发展的贡献与影响。

由于中国特色社会主义是现代文明发展逻辑、中华文明历史逻辑与共产主义运动逻辑共同作用的产物，因此，在时间上它体现了历史、现代与未来的统一，在空间上它体现了不同国家具体实践与全球化一般特征的统一。中国特色社会主义有效解答了中华民族走向现代化、实现伟大复兴的历史命题，对人类文明发展具有十分重要的影响。

中国特色社会主义成功推动中华民族现代转型与伟大复兴，并从逻辑上与制度安排上形成推动中华民族进一步走向未来的基础与动力。中国特色社会主义的成功实践拓展了发展中国家走向现代化的途径，不仅具有具体实践借鉴意义，而且具有一般性理论价值，从而丰富了人类现代文明发展的内涵。中国特色社会主义的成功实践丰富了共产主义运动内涵，为人们坚定共产主义远大理想提供实践基础，从而使人类文明发展方向进一步明确。因此，中国特色社会主义不断开辟发展新境界具有深刻的历史意义、时代意义、世界意义。

第二部分　国家治理现代化与新型现代文明形态建构

对转型的理解需要历史和整体的眼光*

近来,转型的概念又开始受到人们的关注。虽然关于转型,不同人有着不同的期待,但是事物发展总是有其客观规律的,中国的转型问题也同样如此。要准确把握转型的方向和内涵,很重要的一点就是要有历史和整体的眼光。

一、视线的长短关系到对转型方向的理解

之所以转型问题会被许多人提出和关注,很重要一个原因就在于当前社会发展中有许多方面存在着许多与发展阶段不相适应之处,比如,在经济建设方面,既有生产方式上不适应,也有体制机制上不适应;在社会建设上,既有治理方式上不适应,也有治理内容上不适应;在政治建设上,既有制度建设上不适应,也有组织建设上不适应。这些不适应之处,不仅在现阶段已经带来了许多现实问题,而且还成为进一步发展的严重障碍。同时,在现实中还存在着各种强大观念性或物质性的推动力量,这些力量既有全球化所带来的,也有国内自身发展所形成的,既存在于体制内,也存在于体制外。而仅仅有这两方面内容是不够的,还必须是人们认为社会到了一个需要进行重大转折的阶段。从一定意义上说,中国目前确实已经到了这种阶段。

然而这种转型究竟会向哪儿转呢?它的方向是什么?这是一个关键的问题,因为方向不同,内容也将不同。在现实中所存在的不适应之处,既涉及具体问题,也涉及体制和机制的问题。而中国目前又是在全球化空间内,这就导致人们对这些问题的理解,比较容易简单地以他国经验作为参照系,而忽

---

* 本文写于 2012 年 9 月 7 日。

略了从我国自身逻辑出发。

要对转型方向做出判断,就需要你确定一个坐标,而在这一坐标中,你的视线长短或者说你将转型放在多长的历史维度中来把握,将决定了你对转型方向的把握。

如果你的视线太短的话,就可能在方向上看不清,在内容上只会看到许多具体的内容,或是把许多小的问题简单抽象地做出整体性归因,在方式上只会看到转型中的破和变的一面,而看不到整体的建和定的一面。如果你将视线放得较长的话,结果可能就会大不一样,在方向上就会看得更清楚一些,在内容上就会看到更整体一些,在方式就会既看到具体的破和变的一面,还会看到整体的建和定的一面。

二、要从中华文明发展的角度来把握当前转型的内涵

那么究竟应该从怎样的视线来审视当前的转型呢?我认为,不妨从中华文明由古典向现代转型的角度来把握。因为虽然目前转型有着许多具体的新内容,但是由于中国是后发国家,目前最新的转型从一定意义上来说还是在构建现代中华文明的框架之内。

现代化浪潮的冲击导致中华古典文明陷入危机,虽经努力,但最终还是无法以和平方式实现转型。辛亥革命之后,中国开始了现代国家建设历程。传统社会的"一盘散沙"特性和现代国家建设对现代性和组织性诉求的矛盾,使中国选择了党建国家的模式。同样,也由于传统社会的"一盘散沙"特性和现代化建设对组织性诉求的矛盾,使1949年后的中国选择了以国家政权力量和政党组织力量的方式来构建社会的模式,即计划经济体制和单位社会体制。然而计划经济和单位社会可以为现代化建设带来组织化基础,却不能为社会持续发展带来创造性动力。为此,中国共产党做出了改革开放的决定,市场经济体制建立和对外开放使社会主体性开始生成,为现代社会在中国全面建立奠定基础。市场经济深化和网络技术普及使经济组织之外的社会空间也开始出现自我组织化现象。在现代社会生成过程中,现代国家制度化程度也进一步提高。从一定意义上说,到目前为止,中华现代文明的基

础性结构要素基本生成了。下一步的主要任务是推动这些要素的进一步深化和发展。

通过上述的回顾，我们发现，如果将视线拉到中华文明从古典向现代转型这一长度，当前转型任务就会有更明确的定位。从一定意义上说，目前转型是从属于建设性范围内，是为了推动现代文明的结构性要素进一步完善而采取的相应改革，其改革内容主要是根据新的发展要求，针对计划经济时期所形成的适应当时条件的具体观念和体制，而不是针对整个已经形成的现代文明框架和基本制度所展开的。

三、每一阶段的重要成果应是进一步发展的支撑基础

任何文明都不是凭空出现或发展的，一定是在之前发展成果的基础上生成和发展的。在文明转型过程中，最有效的方式应该是在上一阶段中存在着为后一阶段发展的支持性力量，这样，转型和发展才能够做到成本最小。对于中国当前转型和发展来说，上述原理也同样需要受到重视。

从上文中我们知道，当前中国所面临的转型并非是一次断裂性的转型，而是现代文明建设性过程中的深化。不过，这种深化是在两大背景下展开的：一是以市场经济体制建立为内容的制度变迁所引起的社会结构转型，二是以网络技术普及为内容的技术革命所引起的社会结构转型。由于这两方面转型是相当深刻的，而要将这些转型成果转化为建设性内容，而不是成为一种破坏性要素的话，对于中国经济、社会和政治发展来说，就必须将转型中生成的新兴力量和运作方式与既有的基础进行衔接，并在衔接过程中对既有的结构性内容予以建设性的改造和发展，从而推动整个国家的现代文明的发展。如果不能将转型过程中新生成果与既有成果进行有机衔接，那么就可能导致对整个结构的毁灭性冲击。另外，在结构转型过程中，要保证转型平稳发展，不出现权力真空等现象，就必须要有相应的支撑基础，而这些支撑基础一定是以此前的文明成果为内容的。因此，不论是着眼于整体发展，还是为了支持转型，都要求我们必须重视转型过程中的既有文明基础与新的转型内容之间的衔接问题。

四、转型的内容是整体的和相互促进的

虽然当前的转型是整个现代文明在中国构建的一个阶段，是对已经形成的结构性要素的一种深化和发展，但是由于其背景是以市场经济体制建立为内容的制度变革和以信息网络技术普及为内容的技术革命。因此，这一转型涉及范围是普遍的，程度是深刻的，对中国现代文明整体结构要素都将产生严重影响。这样就意味着，要能够使转型成为一种建设性行为，就必须是经济、政治、文化和社会，即既有文明的整体，都必须予以积极回应，而不是某个方面的单兵突进。只有整体推进，并保持相互促进，才能保证转型过程做到"改革、发展与稳定"的有机统一。

大转折时代需要"新常态"思维*

习近平总书记日前在河南考察时指出:"我国发展仍处于重要战略机遇期,我们要增强信心,从当前我国经济发展的阶段性特征出发,适应新常态,保持战略上的平常心态。""新常态"的提法引起了各方的热议。虽然针对的是经济领域的现象,但体现了对时代发展的思考。

"新常态"这一概念,在宏观经济领域被用于形容危机之后经济恢复的缓慢而痛苦的过程。然而经济发展具有规律性,并通过一定周期性方式演绎。在新阶段到来后,应对这一阶段的特征予以接受与适应。正如习近平总书记所言,"在战术上要高度重视和防范各种风险,早作谋划,未雨绸缪,及时采取应对措施,尽可能减少其负面影响"。对于新常态,适应它,研究它,应对它,这是一种站在更高视野上的思考。

上述逻辑和态度,不仅体现在经济领域,也体现在整个时代发展对我们的影响上。未来学家戴维·霍尔在新作《大转折时代——生活与思维方式的大转折》一书中指出,从 21 世纪初开始,随着全球经济、互联网和移动技术的爆炸式发展,人类社会开始进入一个新时代,即所谓的大转折时代。在这个新时代,变化如此迅速,以至于成为社会的常态。现实正以更快的速度发生改变,只有跟上时代的步伐,才能拥有提升自我、改变世界的力量。

经过近四十年的改革开放探索,中国发生了巨大的变化,融入了世界文明发展的主流。这种变化不只是直观的,也包括应变能力的变化。当快速变化成为一种新常态,我们究竟应该如何应对?就这个意义上说,我们也应该以"新常态"的思维与态度去审视。

---

* 本文刊发于《人民日报》,2014 年 6 月 9 日第 5 版。

中国的发展，不仅是在适应时代与社会的变化中不断前进，也遵循着自身发展的历史逻辑。改革开放以来，我们先后推动了市场经济体制和法治国家建设，并在此基础上加强党的建设和社会建设。随着上述进程推进，国家治理各要素逐渐形成，但彼此之间尚未实现有机化，传统思维和传统体制尚未得到彻底变革。党的十八届三中全会提出全面深化改革，推动国家治理体系与治理能力现代化，标志着中国社会和政治进入了一个全新时期。在这样一个全新时期，许多体制与措施，相对于之前来说，完全是新的。因此，我们也同样需要有适应"新常态"的思维与态度。不论是对国家还是个体，都是如此。

"新常态"也可能给我们带来不适，因为打破了既有的习惯和节奏。适应"新常态"，有时是一种痛苦过程。但并不是说这种"新常态"都是发展放缓、福利受损，有时反而是转型加快。在大转折时代，特别是对于中国这样一个既主动调整、又不可避免地受客观影响的国家来说，多维交集的"新常态"的不断出现，可能也将成为一种常态。

战略上保持平常心态，战术上积极应对。这是一种修养，也是一种成熟。做到"天行健，君子以自强不息"与"地势坤，君子以厚德载物"的有机统一，就能够把握乾坤。

现代政治文明视角下的
中国国家治理形态发展研究 *
——以政府与市场关系变迁为考察视角

所谓国家治理形态,是指一个国家基于处置经济、政治、文化、社会等事务,而形成的相对稳定的权力结构、运行机制与价值取向的整体政治生活。在不同历史时期,国家治理形态有着不同特点。虽然导致其差异的原因有多方面,但是在一个阶段中,起决定作用的要素却是比较明确的。我们认为,完善政府与市场关系是推动中国现代国家治理形态发展的重要内容。

一、从政府与市场关系变迁考察国家治理形态

马克思认为经济基础决定上层建筑,上层建筑对经济基础具有反作用。社会发展可以从上述二者关系变迁中获得考察。

在经济领域,市场在古代社会中已经存在,然而直到现代,市场才起到主导支配地位,并由此对经济领域以及社会领域的人们交往方式产生了根本性冲击与重构。而作为上层建筑的核心,政府在人类进入文明起就开始存在。一经出现,政府不仅对经济领域,而且对人类社会的各个领域都产生了重大影响。

人类社会进入现代之后,随着市场成为经济领域的主导力量之一,市场与政府之间关系就成为经济领域中一对重要力量。政府对经济领域的影响作用,从本质来说,是上层建筑对经济基础反作用的表现之一。同时,市场与

---

* 本文写于 2014 年 3 月 8 日。

政府在经济领域中的关系,也转化为经济基础一部分。由此,它们之间关系也就成为影响上层建筑的决定性因素。

由于国家治理形态是作为基于事务解决而形成的权力结构、运行机制与价值取向的整体政治生活,属于上层建筑范畴。因此,在现代,政府与市场关系也就成为决定国家治理形态变迁与发展的重要机制。这就意味着,对国家治理形态发展变迁研究,我们可以将政府与市场关系作为一个重要视角予以考察。

二、构建现代政治文明以复兴中华民族:现代中国的命题

如果说,政府与市场关系是决定现代国家治理形态变迁与发展的重要机制,在上述论述中还只是一种理论逻辑的话,那么在现代中国国家治理形态发展中,这一判断就是以一种历史逻辑的方式予以呈现。

在传统中国社会,是以自给自足的小农生产为主要经济形态。虽然在传统社会条件下,也存在着市场,但是这时的市场只是处于从属地位。为此,整个国家治理形态主要是以皇权为标志的中央政府权力为主导性的,不仅是在政治生活,而且在社会与经济生活都是如此,特别是唐朝中期以后。

然而随着鸦片战争的爆发,现代化浪潮开始对中国产生了冲击,中国也开始被迫逐渐纳入世界市场体系之中,由此导致两方面后果:一是传统国家治理形态逐渐不适应,并走向崩溃;二是随着传统国家治理形态崩溃,中华民族也陷入了衰落状态。

为了寻求与现代化相匹配的国家治理形态,以达到中华民族伟大复兴的目的,中国开始了长达一个多世纪的文明转型与发展时期。然而要构建与现代化相匹配的国家治理形态,谈何容易,不仅涉及具体治理方式选择,而且还涉及权力主体转换与社会结构转型以及政治观念变革等问题,因此不仅涉及国家治理形态重建问题,而且涉及整个政治文明形态转型问题。由此,在现代化逻辑与中国自身发展逻辑共同演绎下,现代国家治理形态开始在中国生成与发展,并逐渐形成了具有中国特色的现代国家治理形态。

三、计划经济体制建立与中国现代国家治理形态生成

在现代化浪潮冲击下,中国古典政治文明发生崩溃。构建现代政治文明以复兴中华民族,成为现代中国的最重要的任务。现代政治文明构建,其中很重要一方面就是要形成符合现代化的国家治理形态。国家治理形态生成,需要经历以下两个阶段:一是国家治理结构的主体要素生成阶段,二是国家治理结构有机化阶段。古典政治文明崩溃意味着传统国家治理结构主体要素以及整个治理结构都发生崩塌。因此,现代政治文明构建,首先要推动国家治理结构主体要素的生成,而后再推动其实现有机化。

在现代国家治理结构要素生成中,在现代政治逻辑与中国政治逻辑共同演绎下,中国选择了以政党力量推动现代国家建设的"党建国家"的路径。为克服传统社会小农经济的"一盘散沙"特征与现代化对组织化诉求的矛盾,在宏观上,中国利用国家政权力量建立了计划经济体制;在微观上,中国利用政党力量建立了单位社会体制,从而实现了以政府与政党力量对社会的有效组织,开始了现代化建设。由此,也形成了以政党力量为领导,以政府力量为支配的现代中国的初期国家治理形态。

在这一阶段,中国现代国家治理形态首先围绕着国家治理结构主体要素生成而展开,并且是以政党与国家的生成为重点。同时,在治理方式上,也只能以政党与国家为基点与手段而展开。

四、市场经济体制建立与中国现代国家治理形态发展

经过社会主义改造与以计划经济为特征的社会主义建设,中国社会发生了革命性变化:一是传统经济、政治、文化和社会结构得到了清除;二是初步建立了符合现代化建设所需要的经济、政治、文化和社会结构。从国家治理主体建构来看,打造了强大的政党与国家力量,从而使现代政治文明在中国构建以及中华民族伟大复兴有了领导性与支配性力量。

然而以政党与政府力量为基础而构建起来的单位社会体制与计划经济

体制,可以为现代化建设奠定组织化基础,却不能为现代化建设提供可持续发展的内在动力。为此,中国共产党做出了改革开放的决定,在政治上与经济上进行体制改革。政治上,推动以党政分开为主要内容的政治体制改革;在经济上,推动以社会主义市场经济为诉求的经济体制改革。政治体制改革使作为治理主体之一的现代国家要素的主体性进一步生成与发展。经济体制改革使市场开始成为国家治理的主体要素之一得以确立。由此,作为现代国家治理的主体要素进入了全面生成与发展阶段。

1992 年,党的十四大决定建立社会主义市场经济体制,使市场这一具有现代社会基因性机制得以在中国确立;1997 年党的十五大提出依法治国,标志着作为治理主体要素的现代国家建设进入了全面推进阶段;2002 年党的十六大将"三个代表"重要思想写入党章,标志着政党开始根据市场经济建立以及现代国家建设需要推动自身创新与发展;党中央提出和谐社会建设,标志着作为治理主体要素的狭义上的现代社会基本生成。至此,作为现代国家治理要素主体的政党、国家、市场与社会,都已基本生成。其中,国家治理形态,也随着市场经济体制建立,而发生了巨大变化,国家和政党发生了转型与发展,现代社会因此而生成。

五、市场决定地位提出与中国现代国家治理形态定型

分析新中国成立以来中国现代国家治理形态发展情况, 我们有以下两方面发现:

一是现代国家治理结构的主体要素是渐进生成的,最早生成是政党,其次是国家即所谓广义上的政府力量,再次是市场,最后是狭义上的社会。虽然各个要素基本上生成,但是由于是渐进和以前者培育后者方式生成。因此一方面是各要素功能都尚未充分发展, 另一方面是后来发展的要素受到其培育力量的制约与束缚依然存在着。

二是现代国家治理结构的主体要素的渐进生成, 是由之前要素培育与支持下出现与发展的。因此,各要素生成逻辑,一方面是受之前要素逻辑所影响,另一方面是各要素之间不是整体性与有机化不足,即不是基于现代国

家治理形态整体特性，以及各要素在这一整体性中应该扮演应有角色而基于整体要求所形成的内在有机关系。这就导致现代国家治理形态整体定型不足。

从马克思关于经济基础决定上层建筑的历史唯物主义原理来看，在现代条件下，市场作为经济基础的基础力量，应该对整个国家治理形态起到重大影响。然而从上述分析来看，在现有中国国家治理形态中，市场成为后来被培育起来的力量。一方面，主体功能尚未获得充分发展；另一方面，市场在整个国家治理形态中所带来的影响，特别是在经济领域中的作用，尚未得到充分重视。对市场因素的重视，不仅是工具性地开发其调动民众积极性的功能，而且也是对其所标志的现代社会基因的价值的肯定。

为此，党的十八届三中全会决定要进行"顶层设计"，"全面深化改革"，"发挥市场决定性作用"，推动国家治理体系与治理能力现代化，推动社会主义制度完善。其本质就在于：一是消除各类体制与机制的阻碍因素，推动国家治理结构的各主体要素功能根据现代国家治理形态要求得以充分发展，其中市场作用得到充分肯定以及充分开发。二是着眼于现代国家治理结构的整体要求，推动各要素之间形成内在呼应，实现国家治理形态的有机化。通过上述两方面努力，推动国家治理形态的定型。

六、政府与市场关系：中国现代国家治理形态发展的重要机制

诚然，我们可以对现代化特征进行多种概括，不过，其中有两方面是重要的：一是社会成员的主体性获得充分发展，二是社会组织化程度获得充分发展。要能够获得上述两方面发展，需要多种因素参与才能实现，其中政府力量与市场力量是最为关键的两种力量，从而成为现代国家治理结构的两个基础力量。

中国从传统社会向现代社会转型过程中，社会成员主体性与社会组织化都缺乏。由于建构社会的传统国家治理形态崩溃，社会秩序保障就成为首要因素，因此社会组织化就被工具性提出。党建国家路径以及用政党与政府

力量来组织经济与社会就成为中国现代化建设的内在选择。然而这种单纯强调组织化，虽然可以为现代化奠定物质性基础，却不能为现代化提供主体性支持，其结果是物质性增长也因此受阻。

市场经济体制嵌入使市场在经济领域起到两方面作用：一是推动社会成员的主体性发展，二是使经济领域有了现代性质的自我组织化力量。由此，政府就需要回归到社会整体秩序建构，而必须退出微观经济领域，实现微观经济与社会的组织化力量的更替与合作。至此，国家治理形态中，政府与市场作用不论是在宏观上，还是在微观上的关系都需要重新处理。

然而市场在中国是由政府培育的，因此处理市场与政府关系，首先需要由政府主动来处理，改革开放以来，政府与市场关系调整就成为经济体制改革的主要内容。同时，由于市场嵌入，不仅改变的是经济组织形式，而且也对人的生存形态产生影响，因此它对政党与社会也产生着影响，而政府行为发生变化也对政党与社会产生影响。由此，政府与市场关系就成为中国现代国家治理形态变迁与发展的一对重要力量与重要机制。

点明国家治理现代化的"丹田"所在[*]

2014 年 3 月 5 日下午，习近平总书记在参加他所在的十二届全国人大二次会议上海代表团审议政府工作报告时着重强调两点：一是要加快推进中国(上海)自贸试验区建设，二是要加强和创新社会治理。诚然，总书记的讲话是针对上海目前正在从事的重点工作以及城市的特点所提出的要求，然而如果将这两点内容放在党的十八届三中全会中所提出的全面深化改革和推动国家治理体系与治理能力现代化这一框架下，特别是结合总书记在省部级主要领导干部学习贯彻党的十八届三中全会精神全面深化改革专题研讨班上的重要讲话内容来理解的话，我们就会发现，总书记的上述两个要求，不过是借上海的特点点出全面深化改革和推动国家治理体系与治理能力现代化的"丹田"所在，具有十分重要的战略与理论意义。

总书记在省部级主要领导专题研讨班上的讲话中指出，推进国家治理体系和治理能力现代化，必须完整理解和把握全面深化改革的总目标，这是两句话组成的一个整体。同时，总书记还指出，全面深化改革，是为了适应国家现代化总进程，提高党科学执政、民主执政、依法执政水平，提高国家机构履职能力，提高人民群众依法管理国家事务、经济社会文化事务、自身事务的能力，实现党、国家、社会各项事务治理制度化、规范化、程序化，不断提高运用中国特色社会主义制度有效治理国家的能力。由此，我们可以得出一个判断，那就是党、国家和社会是国家治理体系三个结构性要素，深化改革目的就是推动三者之间有机化，并使治理体系的整体以及组成部分的功能得到充分和有效实现。

_* 本文写于 2014 年 3 月 7 日。

马克思主义认为经济基础决定上层建筑,因此在党、国家和社会三个要素中,党和国家的建设与发展都必须根据社会的变化而调整。在马克思主义经典作家的理论中,在现代社会条件下,社会要素不仅包括狭义意义上的社会,而且还包括市场,并且市场在其中起到决定性影响作用。而市场作用的进一步发挥,将导致利益结构乃至人们交往方式发生深刻变化,为此社会治理创新就成为回应市场决定作用确定后在逻辑上最为急切的政治任务。因此,党的十八届三中全会提出,经济体制改革是全面深化改革的重点,核心问题是处理好政府和市场的关系,使市场在资源配置中起决定性作用和更好发挥政府作用。同时,还将社会治理创新作为推动国家治理体系和治理能力现代化建设的基础性工作被提出。从上述分析中,我们可以知道,中央已经十分清楚地意识到,在推动国家治理体系与治理能力现代化中,市场和社会的发展是最具能动性作用的因素。

中央之所以要建立中国(上海)自由贸易试验区,其目的就是为全面深化改革和扩大开放探索新途径、积累新经验,使束缚市场的既有体制机制得以消除,创新有利于市场起决定性作用以及扩大开放的条件。而上海作为改革开放较早的沿海特大型城市,市场化、全球化和网络化影响比较深刻,人们利益结构和交往方式的变化也较深刻,对社会治理创新的需求也更加急迫。因此,总书记在上海团审议中根据上海特点强调自贸区建设和社会治理创新问题,实际上,正是要借上海这一典型来举例,为我们点出了国家治理体系和治理能力现代化的"丹田"所在。

为现代国家治理形态铸模*

以依法治国为主题的党的十八届四中全会闭幕了。这次会议,不仅是我国法治建设史上的一个里程碑,而且对国家治理现代化来说,也具有重大意义。我们认为,这次会议将起到为我国现代国家治理形态走向定型的铸模作用。

所谓国家治理形态,是指一个国家基于处置经济、政治、文化、社会等事务,而形成的相对稳定的权力结构、运行机制与价值取向的政治生活总和。而国家治理体系是其中之核心部分,是权力结构、运行机制与价值取向的具体安排。在不同历史时期和不同社会形态下,国家治理形态将呈现不同特征,从而也导致了不同国家治理体系有着不同安排。

鸦片战争爆发标志着现代化浪潮开始冲击中国,辛亥革命爆发标志着古典政治文明在中国的崩溃,传统国家治理形态退出了历史舞台。在现代政治文明发展逻辑与中国政治历史逻辑的共同演绎下,中国选择了党建国家的路径来构建现代国家治理形态,以实现现代政治文明建设。

为克服现代化建设组织化诉求与传统社会"一盘散沙"之间的矛盾,中华人民共和国成立之后,我们宏观上建立了以国家权力主导的计划经济体制,微观上建立了以党组织为核心的单位社会体制,从而为现代化建设奠定了组织化基础。同时,也由此形成了以政党与国家力量为主体的现代国家治理初期形态。

为了使现代化建设获得可持续发展内在动力,中国共产党决定实施改革开放,以推动国家治理形态发展。改革开放以来,我们建立了市场经济,提出了依法治国,推动了政党创新以及开展了和谐社会建设,使作为现代国家

* 本文刊发于《国家治理周刊》,2014 年 12 月 2 日,原标题为《以法治为现代国家治理形态铸模》。

治理主体要素的政党、国家、市场与社会都基本生成。

然而这些要素是在较短时间内获得成长，一方面各主体要素功能尚未获得充分发展，另一方面彼此间关系也尚未形成有机化。为此，党的十八届三中全会决定通过顶层设计，全面深化改革，以推进国家治理体系和治理能力现代化，使各要素功能得到充分发展，并推动国家治理形态实现有机化，从而标志着现代国家治理形态构建由要素生成阶段进入到形态定型阶段。

从人类现代政治文明发展经验与规律来看，推动现代国家治理形态走向定型，提升法治建设水平是关键。一是从国家治理主体要素来看，法治是保证国家要素现代化以及功能充分实现的重要条件；二是从国家治理整体形态来看，各要素之间要实现有机化，在机制上有价值、制度与组织三方面来保证，而制度是关键，在国家治理中，法治就是这一制度机制的最重要表现。为此，中国共产党召开了以依法治国为主题的党的十八届四中全会，启动了全面依法治国进程，并从以下方面为现代国家治理形态走向定型奠定基础，从而起到了铸模的作用。

明确了党的领导与依法治国之间的关系。在现代国家治理形态中，存在着政治结构空间与国家结构空间的区别。政治结构空间是指由党、国家、市场与社会组成的政治运行的逻辑空间，国家结构空间是以宪法为基础形成的国家运行的逻辑空间。在政治结构空间内政党对国家建构与发展具有领导功能，而在国家结构空间内应以依法治国为原则。因此，党对依法治国领导是就政治运行逻辑而言的，依法治国是就国家运行逻辑而言的。明确了党的领导与依法治国关系，实际上就为国家治理形态奠定了政治逻辑基础。

提出了全面推进依法治国的具体内容。全面推进依法治国将从以下方面推进国家治理现代化：一是强化宪法权威，明确了依宪治国要求，使国家治理的法治基础得以硬化，将推动国家要素现代化。二是对立法、行政和司法等国家职能与机构建设提出了更高的法治化要求，使国家具体运行机制有了更高的法治保障。三是强调了依法执政要求，使政党在国家结构空间内将遵循法治原则与国家运行机制进行联动，提升党的执政法治化水平。四是深化法治内涵以及人民与法治关系理解，将使法治意识转化为一种价值和精神力量，贯穿国家治理形态之中，使依法治国获得工具理性与价值理性的双重内涵。

强调了依法治国必须推动党内法规制度建设。推动现代国家治理形态定型，制度化是关键。这种制度化不仅要求在国家结构空间内必须推动法治建设，而且还要求政党、国家、市场与社会各要素内部运行的制度化，以及各要素之间互动的制度化。由于党在政治结构空间内具有领导功能，在国家结构空间内就有执政功能，因此这就要求党不仅在国家结构空间内必须做到依法执政，同时还要求政党自身内部建设也应该推动制度化，于是党内法规制度建设就成为依法治国的重要要求和内容之一。

现代政治文明建构与
中国国家治理体系和治理能力发展*
——兼论中国共产党十八届四中全会的政治意义

对中国政治的理解,必须从以下两个逻辑予以把握:一是人类政治发展的历史逻辑,二是中国政治发展的历史逻辑。这就意味着,对于中国国家治理体系和治理能力发展,以及中国共产党十八届四中全会,我们也同样需要从上述两个逻辑来把握,具体来说,就是从现代政治文明在中国生成与建构的视角来理解。作为后发国家,现代政治文明在中国的生成与建构,并非是一蹴而就和一帆风顺的,总是伴随着危机与风险,正是在应对和化解这些危机与风险的过程中,国家治理体系与治理能力得到了发展,从而推动着现代政治文明的生成与发展。本文就是基于上述思路对中国国家治理体系与治理能力的发展逻辑与变迁机理进行研究,并在此基础上对党的十八届四中全会政治意义予以把握,以期服务于推动国家治理体系与治理能力现代化。

一、政治文明转型:考察中国国家治理体系和治理能力发展的基本视角

我们认为,所谓政治是指建构与运用公共权力来处理公共事务以创造有序的公共生活。劳动出现后,内在需要公共权力予以协调与组织,而劳动是人区别于其他动物的重要标志,这就意味着,自人类诞生之日起,政治也随之诞生了。随着私有制的出现,其内部矛盾发展到不可调和的状态,进而

---

* 本文刊发于《当代世界》,2014 年第 12 期。

可能导致共同体的崩溃，这时共同体内的公共权力就由原有单纯管理的非强制性，向兼具管理的非强制性与统治的强制性转变。这时，围绕这一公共权力而形成的政治共同体我们称之为国家。这样在国家条件下，公共事务就由单纯管理向兼具管理与统治内涵转变。于是，我们就可以认为，所谓国家治理体系，就是指基于公共事务进行的有效处理，实现公共生活秩序建构的需要，而形成的参与公共权力建构与运行的要素及其关系的稳定性安排。而所谓国家治理能力，就是指公共权力有效处理公共事务以实现有序公共生活的能力。从结构–功能理论角度来看，国家治理体系决定了国家治理能力。

由上可知，自从人类社会进入国家阶段，就有了所谓国家治理体系与治理能力，以及随着社会和国家发展而不断创新的问题。作为四大文明古国之一，中国是人类最早进入国家阶段的国家之一，并且也是唯一没有中断过自身历史的国家。这就意味着，中国国家治理体系与治理能力在其进入国家阶段开始之际就已经存在了，并且一直延续至今。因此，我们理解中国国家治理体系与治理能力问题，不能割断历史，抽象或静态来理解，必须从中国自身发展的整体过程来把握，从历史经验中把握中国治国理政的经验。正如习近平同志所说："在漫长的历史进程中，中华民族创造了独树一帜的灿烂文化，积累了丰富的治国理政经验，其中既包括升平之世社会发展进步的成功经验，也有衰乱之世社会动荡的深刻教训。""中国的今天是从中国的昨天和前天发展而来的。要治理好今天的中国，需要对我国历史和传统文化有深入了解，也需要对我国古代治国理政的探索和智慧进行积极总结。"①

虽然"中国的今天是从中国的昨天和前天发展而来的"，但是中国的今天毕竟已经不同于中国的昨天和前天。这就意味着，中国历史虽然存在着延续性，但是中国历史并不是一成不变的，而是处于发展之中，特别是1840年鸦片战争，打破了中国长期以来相对稳定的社会发展状况与政治运行模式。中华民族也就开始了一段不平凡的苦难旅程。然而根据马克思在《共产党宣言》中观点，我们认为，鸦片战争的爆发实际上标志着现代化浪潮对中国冲击的开始，由此开启了中国古典文明向现代文明转型的历程。同时，在此过

---

① "习近平：解决中国的问题只能在中国大地上探寻适合自己的道路和办法"，http://politics.people.com.cn/n/2014/1013/c1024–25825659.html。

程中,中国古典政治文明也逐渐衰微直至崩溃,随后中国就进入了构建现代政治文明的阶段。作为政治文明主要内容的国家治理体系和治理能力,也同样经历了从古典向现代转型的过程。

如果对国家治理体系与治理能力发展做进一步分析的话,我们还可以得出以下判断:一是从整体来看,鸦片战争之后中国进入了文明全面转型阶段,现代国家治理体系与治理能力开始替代古典逐渐生成。二是现代国家治理体系与治理能力建立也不是一步到位的,而是逐渐生成的,也是随着现代政治文明要素不断生成而发展的。三是中华民族随着古典政治文明崩溃而衰弱,随着现代政治文明生成而复兴,这就意味着现代国家治理体系与治理能力生成与发展,直接关系到中华民族伟大复兴。总之我们认为,对中国国家治理体系与治理能力发展内在规律,必须将其放在文明转型特别是政治文明转型视角下,才能获得充分把握。

二、现代政治文明建构与中国国家治理体系和治理能力发展

鸦片战争爆发标志着现代化浪潮对中国的冲击开始。然而这一冲击不是和风细雨和浪漫可人的,而是伴随着枪林弹雨和血雨腥风的,早期资本主义国家以帝国主义方式对中国进行了全方位侵袭。在这一冲击之下,中国古典政治文明开始出现危机,于是中国尝试着在既有政治框架之下嫁接现代政治文明要素。但是作为这一努力标志的戊戌变法最后还是失败了,从而说明这种嫁接方式行不通。于是,中国就爆发了以武装起义为特征的辛亥革命,终结了古典政治文明,开启了中国现代政治文明建设的历史进程。

古典政治文明崩溃标志着古典国家治理体系与治理能力的崩溃,再加上传统社会小农生产的特点,就使中国社会陷入了"一盘散沙"境地。为了实现民族独立、国家统一和现代化建设,中国社会内在具有组织化诉求。为克服这一矛盾,中国社会首先选择了军队作为组织化力量。这就使国家政权落入了以袁世凯为代表的军队力量手中。然而袁世凯复辟和袁世凯去世后的军阀混战,说明了单纯用军队力量是完成不了现代政治文明建构的任务的。

于是,以国民党为代表的政党力量就登上了历史舞台。中国国民党通过领导自己军队,来建立国家政权,由此开启了党建国家的现代国家生成路径。然而基于阶级、组织等局限,中国国民党未能承担起现代政治文明在中国建设的任务,这一使命最终落到中国共产党身上。

党建国家路径和社会主义原则,使政党与国家成为中华人民共和国成立之后的国家治理体系中主体要素。为了克服现代化建设组织化诉求与中国社会"一盘散沙"特征,新中国成立之后,中国就利用上述两个治理力量,在宏观上,建立了以国家政权为主导的计划经济体制;在微观上,建立了以基层党组织为核心的单位社会体制,从而为现代化建设提供了组织化基础,标志着现代国家治理体系与治理能力的初期形态形成。

计划经济体制与单位社会体制,可以为现代化建设奠定组织化基础,却不能为现代化建设提供可持续发展的内在动力。为此,1978年党的十一届三中全会就做出了改革开放的决定。一方面推动以党政分开为主要内容的政治体制改革,另一方面推动以市场经济为主要目标的经济体制改革。在经过初步改革的基础上,1992年党的十四大召开,做出了建立社会主义市场经济体制的决定。市场经济体制建立标志着现代社会基因开始植入了中国社会,由此现代文明建构就开始从社会之外力量拉动向由社会内在动力推动转变。由此,中国开始进入了现代国家治理体系的主体要素全面生成阶段。

市场经济体制建设内在需要国家制度力量来保障市场契约的实现,为此,1997年党的十五大就做出了依法治国的决定,标志着现代国家建设进入全面推进阶段。现代政治逻辑和党建国家路径都使中国共产党在与国家和社会之间关系中处于领导地位,随着社会主义市场经济体制建立和依法治国推进,意味着政党领导对象形态发生了变化,这就要求中国共产党也必须根据这些变化而发展,于是,中国共产党就在2002年的十六大上将"三个代表"重要思想写入党章,标志着中国共产党进入了自身全面创新阶段。随着市场经济体制建立与完善,社会多样化开始生成以及社会成员主体意识进一步增强,同时社会矛盾也日益累积,为此党中央提出了和谐社会建设,标志着现代社会在中国基本生成。至此现代国家治理体系的主体要素生成阶段基本结束。

现代国家治理体系主体要素基本生成，并非意味着现代国家治理体系建设任务已经完成，实际上还存在着两方面不足：一是各主体要素虽然基本生成，但是功能还有待充分发展，二是各主体要素之间并未形成所谓的内在有机化。为了克服上述不足，中国共产党召开了十八届三中全会，决定基于顶层设计，全面深化改革，推动国家治理体系与治理能力现代化，以完善社会主义制度，从而标志着中国现代国家治理体系与治理能力进入了全面定型阶段。

三、推动国家治理现代化与定型现代政治文明：党的十八届四中全会的意义

人类进入国家阶段之后，作为公共权力的国家要素就处于政治形态中的轴心地位。不论在任何时期，国家政权都是各类政治力量所努力影响的对象，在现代，政党存在就是以获得或参与政权为目的的。诚然，作为公共权力的国家要素的确定，不是在公共权力的国家要素的结构空间内由自身来完成的，而由国家要素之外的政治结构空间的各类政治力量所决定的。不过，随着公共权力性质等确定之后，就需要推动公共权力运行的制度化，在现代，就体现为依法治国。因此，依法治国一般都是在国家政权已经确立，国家治理体系各要素基本生成，国家结构空间基本稳定之后而推进的。具体来说，依法治国提出具有三方面功能：一是推动作为公共权力的国家要素功能得以充分发挥，二是推动国家治理体系各要素之间互动关系的有机化和制度化，三是推动公共生活的秩序化。

经过改革开放以来的发展，国家治理体系主体要素基本生成。根据上文分析，我们认为目前面对着两项任务：一是推动主体要素功能充分发展，二是推动主体要素之间形成有机化和制度化。而这两个项目的实现，都是依法治国功能所在，为此，中国共产党在十八届三中全会做出全面深化改革总部署之后，紧接着就在四中全会上提出了要全面推进依法治国。习近平同志在关于《中共中央关于全面推进依法治国若干重大问题的决定》的说明中指出：全会决定的起草是"围绕中国特色社会主义事业总体布局，体现推进各

领域改革发展对提高法治水平的要求,而不是就法治论法治",是"适应推进国家治理体系和治理能力现代化要求","立足我国国情,从实际出发,坚持走中国特色社会主义法治道路,既与时俱进、体现时代精神,又不照抄照搬别国模式"。因此,我们认为党的十八届四中全会对于现代国家治理体系来说,起到了推动其实现定型的重要作用。这一判断,我们还可以从四中全会决定的内容中得到支持。

《决定》共分七个部分。

导语和第一部分属于总论,主要阐述全面推进依法治国的重大意义、指导思想、总体目标和基本原则等。

第二部分主要是从立法角度进行全面部署,提出要"完善以宪法为核心的中国特色社会主义法律体系,加强宪法实施",除了整体立法相关原则与机制之外,还分别从经济、政治、文化、社会、国安、生态和改革工作等方面进行重点部署。

第三部分主要是依法行政进行部署,提出要"深入推进依法治国、加快建设法治政府",并对依法履行政府职能,健全依法决策机制,深化行政执法体制改革以及强化对行政权力的制约和监督等进行部署。

第四部分主要是对保证司法公正方面进行部署,提出"要保证公正司法,提高司法公信力",并对确保依法独立行使审判权和检察权的制度以及优化司法职权配置等进行部署。

第二、三、四部分,实际上是对作为公共权力的国家要素的立法、行政和司法职能与机构的进一步法治化提出了新的改革部署,我们认为,通过上述改革措施的实施,国家要素的功能将得到了进一步规范与发展,使现代国家要素得到了充分发展。

第五部分主要是对法治社会建设方面进行部署,提出要"增强全民法治观念,推进法治社会建设",围绕着推动全社会树立法治意识、推进多层次多领域依法治理以及建设完备的法律服务体系等内容展开。该部分,相当清楚说明了将法治建设贯穿于社会层面,使国家与社会之间互动实现法治化,以及社会内部运行的法治化。

第六部分是对法治工作队伍建设进行了部署,提出要"加强法治工作队伍建设"，围绕建设高素质法治专门队伍、加强法律服务队伍建设和创新法治人才培养机制而展开。这部分主要是就国家和社会的法治化中的人才和队伍支持进行说明。

第七部分是对党的依法治国领导以及依法治国背景下的政党建设问题，提出要"加强和改进党对全面推进依法治国的领导"，围绕着坚持依法执政、加强党内法规制度建设、提高党员干部法治思维和依法办事能力、推进基层治理法治化以及深入推进依法治军从严治军等而展开。

对决定七部分内容再进行梳理，我们可以发现，决定主题是"关于全面推进依法治国"，其中，除了第一部分总论和第六部分是人才与队伍支持之外，其他五部分内容实际上是围绕着国家、社会和政党而展开论述的。根据前文分析，我们知道，国家、社会（包含市场和狭义社会）和政党就是现代国家治理体系的主体要素。由此，我们就能够从决定的内容上印证了我们所做出的以下判断：党的十八届四中全会的政治意义就在于推动国家要素功能的充分发展以及推动国家治理体系实现有机化和制度化，从而推动现代政治文明在中国的最后定型。

四、中国国家治理体系和治理能力发展的逻辑与机理

上述分析主要是从历史逻辑角度对中国现代国家治理体系和治理能力发展进行了说明，在这一部分，我们从理论角度对其发展的逻辑与机理做进一步分析，基于篇幅因素，这些分析将是概要性的。

我们认为从大的逻辑来看，中国现代国家治理体系与治理能力是在人类政治文明发展逻辑与中国政治文明发展逻辑共同演绎下而诞生和发展的，其中现代化逻辑在其中起到了主导性作用。第一，中国古典国家治理体系与治理能力的崩溃是现代化浪潮冲击所导致的。第二，现代国家建构是以现代政治原则为基础的。第三，政党是现代政治的产物。第四，中国选择了用政党力量领导人民建立现代国家，是现代化逻辑与中国政治发展逻辑共同作用的结果。第五，中国共产党最终承担起在中国建立现代政治文明和领导中华民族伟大复兴的使命，既有中国自身发展逻辑因素，更有社会主义原则

因素,而社会主义同样也是现代化逻辑演绎的产物。

在明确了上述观点之后,我们可以对中国现代国家治理体系与治理能力发展的逻辑做出如下概述:现代化浪潮冲击导致中国古典政治文明崩溃,相应地,古典国家治理体系与治理能力也因此退出了历史舞台,现代化逻辑与中国政治发展逻辑共同演绎,使中国选择了党建国家的道路,而社会主义原则与马克思主义政党特性使中国共产党最后获得了完成现代政治文明在中国实现的任务。新中国成立实践与现代化建设对组织化诉求,使以政党与国家为主导性主体要素成为中国现代国家治理体系初期形态的最主要特征。现代化发展的可持续发展动力,使市场经济嵌入了中国社会,由此开启了现代国家治理体系主体要素的全面生成阶段,经过努力,作为现代国家治理体系主体要素的政党、国家、市场和社会基本生成。为了推动现代国家治理体系主体要素功能得到充分发展以及推动国家治理体系实现有机化,于是国家治理体系与治理能力现代化任务就被提出。通过全面推进依法治国,中国现代国家治理体系与治理能力将走向定型,从而实现现代政治文明在中国的建成。

中国现代国家治理体系与治理能力发展逻辑的具体演绎,主要是通过以下机制得以实现的:一是危机应对和风险化解机制,二是主体选择和自觉建构机制。

在《剑桥中国史》中,美国学者费正清等提出所谓现代化"刺激-反应"理论来说明近代以来中国政治和社会发展,虽然有学者对此提出批评,但是我们认为大体来看是符合事实的,只是不够全面而已。同时,我们认为这种"刺激-反应"在中国现代化启动之后,还将以通过不断应对危机和化解风险方式,推动现代中国发展。其中,国家治理体系发展也是在此过程中得以发展的。从一定意义上说,正是古典国家治理体系的崩溃,使中国陷入了整体治理危机,从而开始了寻求现代国家治理体系的历程。现代国家治理体系的初期形态,也是为了化解1949年之初的困境所采取的对策。后来的现代国家治理体系主体要素的全面生成,也是在不断应对危机和化解风险过程中,依次而出现的。

然而我们也看到,推动现代国家治理体系与治理能力过程中,并非是单纯被动回应，即所谓的"刺激-反应"而已，于不同历史阶段条件下，民族与国家主导力量的主体性状况以及驾驭现代化发展的能力存在着较大差异。具体来说，在古典国家治理体系崩溃之际，整个处于"刺激-反应"的初期阶段，整体是处于被动状态，国家治理的主导力量和参与各方都只是处于博弈和混沌阶段。中华人民共和国建立之后，中国共产党处于领导地位，整体主体性与自觉性都很强了，但是作为后发国家，整体来看现代化经验不足以及现代化建设急迫任务所逼，于是只能先解决现代化所提出的急迫任务，并形成了现代国家治理体系的初期形态。随着正反两方面经验和教训积累，作为领导力量的中国共产党就能够做到从容地根据现代化建设所提出的任务，推动国家治理体系的主体要素生成与整体形态发展，并在不断应对危机和化解风险过程中，把握更为系统和深入的应对措施，并将之转化为相应制度安排或法律规定。在此基础上，再根据现代国家治理形态发展的自身逻辑，主动和自觉地推动其走向定型。

五、结论

现代国家治理体系与治理能力，是伴随着中国古典政治文明向现代政治文明转型与发展过程中，通过不断应对现代化建设所提出的任务与要求而生成与发展的。现代政治发展逻辑与中国政治发展逻辑的共同演绎，使中国选择了党建国家的现代国家生成路径。现代化建设对组织化诉求与党建国家的历史逻辑，使政党和国家成为现代国家治理体系的初期形态中主导性主体要素。为了提供现代化建设可持续发展内在动力，作为现代社会基因的市场被植入社会，随之以后，现代国家、现代政党与现代社会相继发展或生成。在主体要素生成阶段结束之后，中国进入了现代国家治理体系与治理能力定型阶段，全面深化改革与推动国家治理体系与治理能力现代化任务就在党的十八届三中全会上被提出，随后的四中全会的召开，提出全面推进依法治国，将以法治方式来推动国家这一主体要素功能发展以及国家治理体系与治理能力实现整体形态的有机化，从而为现代政治文明走向定型奠定基础。

国家治理现代化中的党的领导与依法治国[*]

在中国政治中,党的领导与依法治国关系的处理,是人们十分关心的一个问题。而之所以受人重视,是因为这一问题是关系现代政治在中国的健康发展的重要内容。随着以依法治国为主题的党的十八届四中全会的召开,党的领导与依法治国关系的问题,再次成为人们关注的焦点之一。由于中国政治以及党的领导与依法治国的关系,都是基于处理现实公共事务即在国家治理过程中得以发展的。因此,我们认为可以从国家治理以及国家现代化角度来把握党的领导与依法治国关系,以期在全面深化改革背景下,为正确处理党的领导与依法治国关系,提供一些理论思考与对策建议。

一、国家治理中的党的领导与依法治国

所谓国家治理,是指公共权力通过有效处理公共事务而形成有序的公共生活过程。实际上,它就是国家共同体范围内的政治别称,但在概念上,它与政治区别在于,政治是以公共权力为轴心而定义的,而国家治理是以公共事务有效处理为轴心而定义的。在国家治理概念中,实践性与有效性倾向更为凸显。由此,所谓国家治理体系,更多的是从有效处理公共事务角度出发来考虑参与的权力主体的安排。

在现代条件下,政党、国家与社会是国家治理体系的三个主体要素,其中,国家是公共权力的主体代表,政党是联系社会并建构与运行公共权力的

---

　　* 本文以"在党领导下推进依法治国实现国家治理现代化"为题刊发于《辽宁日报》,2014 年 10 月 27 日理论版。

主要力量,社会是推动国家发展的决定力量。根据马克思主义观点,社会要素又可以分为市场与狭义社会两部分。从国家治理的角度来看,只有上述三方面主体要素之间形成了良性合作关系,公共事务有效处理以及有序公共生活建构,才能获得理想的效果。

由此,如何处理政党、国家和社会之间关系,就成为现代政治背景下国家治理体系建设中的一个关键问题。在现代政治背景下,国家要素的功能充分发挥的重要条件就是依法治国,而政党却具有领导功能,社会还具有决定作用。于是,政党、国家和社会之间关系,就演变为党的领导、依法治国与人民当家做主之间关系。

其中,党的领导,是指在政治结构空间之内的国家治理体系中政党处于领导地位,对公共权力建构与运行产生主导作用,以及对社会力量具有整合与引导功能。依法治国,是指在国家结构空间之内公共权力运行以及各项公共事务处理应该遵循宪法与法律规范。人民当家做主,是指不论是在政治结构空间内,还是在国家结构空间内,对于整个政治发展来说,以人民为基础的社会意志是具有决定性作用的。因此,三者之间,特别是党的领导与依法治国之间关系,实际上是针对不同逻辑空间内政治运行逻辑而言的,彼此是不存在矛盾关系的。正是基于此,中国共产党才提出应该推动"党的领导、人民当家做主与依法治国的有机统一"。

由于在现代政治发展逻辑与中国政治发展的历史逻辑共同演绎下,现代国家治理形态在中国的生成,是遵循党建国家路径来实现的。因此,党与国家关系,就历史性地被提出来了,并成为中国政治发展中一对关键问题,于是党的领导与依法治国关系处理,就伴随着整个现代中国政治发展的全过程。

二、全面深化改革与国家治理现代化

为克服现代化建设对组织化诉求与中国传统社会"一盘散沙"状态之间矛盾,新中国成立之后,在宏观上,中国建立了以国家权力为主导的计划经济体制,微观上建立了以基层党组织为核心的单位社会体制,从而为现代化建设奠定了组织化基础。随着组织化逻辑演进，以党代政以及社会自主性萎缩等现象就开始出现。

为了使现代化建设获得可持续发展内在动力，中国共产党做出了改革开放决定。经过一段时间调整与改革，党的十四大决定建立社会主义市场经济体制，由此现代社会基因开始被植入。为了适应市场经济体制对国家法治建设要求，党的十五大提出了依法治国，标志着现代国家建设进入了全面启动阶段。随着市场经济体制建立与依法治国提出，与之互动的政党自身建设也需要调整，于是党的十六大将"三个代表"重要思想写入党章。市场经济深化与网络社会生成，一方面使社会多元特性开始出现，另一方面使大量社会组织开始生成，因此，党中央提出了和谐社会建设任务，标志着现代社会在中国生成。至此，作为现代国家治理体系的主体要素基本生成。

虽然主体要素基本生成，但是我们也发现两个现象：一是各要素的功能尚未获得充分发展与发挥，二是各要素之间尚未基于现代国家治理体系整体要求形成内在有机化。为此，党的十八届三中全会提出了要基于顶层设计，全面深化改革，以推动国家治理体系与治理能力的现代化。

三、法治建设构建国家治理现代化基石

由上可知，全面深化改革以推动国家治理现代化，重点需要完成的任务有两方面：一是推动国家治理主体要素的功能得以充分发展与发挥，二是推动国家治理体系整体有机化。不论是从政治发展一般原理来分析，还是从中国现代国家治理体系生成路径来看，要实现上述两方面任务，都需要由政党与国家要素的推动以及自身发展。不过，政党与国家要素的作用与创新的内容存在着差异性。对于国家来说，强调的是依法治国，对于政党来说，强调的是领导和执政方式创新。

自从国家诞生以来，政治都是围绕着国家政权而展开，因此国家要素在国家治理中总是处于根本地位。在现代政治条件下，国家行为是受宪法与法律所规范的，法治化是现代国家的重要标志之一。同时，全面深化改革的过程中，需要解决的重点问题之一就是政府与市场关系，而市场是由政府培育的,调整这一关系重点在于推动政府改革,而市场经济内在要求法治化。同时,从人类现代政治文明史来看,法治也是规范政府行为在重要手段。因此,不论是推动国家要素现代化,还是推动整个国家治理体系现代化,都需要将推动依法治国作为重点而展开。这就意味着在国家治理现代化进程中,法治将起到为现代国家建设与现代国家治理构筑基石的作用。

基于上述分析,我们认为应该从以下方面推进依法治国以实现国家治理现代化:一是强化宪法权威,以推动现代国家要素功能的有效性。二是强调法治在改革与建设中的作用,以推动依法治国的法治精神在改革中的体现。三是强化法治对政府的规范,使国家要素根据国家治理现代化要求实现自我调整。四是将全面深化改革成果转化并上升为法治建设内容,以推动现代国家治理现代化。

四、依法治国推进与党的领导和执政方式的创新

作为现代政党,中国共产党具有两种功能:一是领导功能,二是执政功能。领导功能是指党在政治结构空间内作用而言,执政功能是指党在国家结构空间内作用而言。然而不论是在哪个结构空间内,随着依法治国强化而导致国家要素的变化,都要求政党与其互动的具体实现方式上需要进行创新与发展。

针对改革开放之前的党政不分和以党代政现象,改革开放之后,中国共产党开始推动以党政分开为主要内容的政治体制改革。经过多轮的改革,不论是在机构上,还是在职能上,都基本完成了政治体制改革的任务,从而标志着党的领导与执政方式,逐渐适应新的国家治理要求。

不过我们也看到,随着全面深化改革和国家治理现代化的提出,在强化依法治国的背景下,政治体制改革任务,也就由之前推动党政分开向规范党政关系转变。这也就意味着,强化依法治国和推动国家治理现代化背景下,政党与国家之间关系构建已经进入了一个全新阶段,由此也意味着党的领导与执政方式创新,也进入了一个如何适应法治国家建设的阶段。

从具体内容来说,我们认为应该从创新领导方式与创新执政方式两方

面展开。党的领导方式创新目的有二：一是能够更好领导社会以服务党的有效执政，二是推动现代国家有效发展。党的执政方式创新目的在于，能够遵循法治原则，规范党与国家机构之间关系，同时又能够有效将党和人民意志转化为国家意志。

中国特色社会主义民主政治制度空间与组织基础的新发展*

　　2014 年 12 月 29 日,中共中央政治局审议通过了《中共中央关于加强社会主义协商民主建设的意见》与《中共中央关于加强和改进党的群团工作的意见》。这两个文件的通过将对中国特色社会主义民主政治发展起到重要的推动作用,前者将拓宽中国特色社会主义民主政治的制度空间,后者将夯实中国特色社会主义民主政治的组织基础。

　　从主体结构要素来看,现代政治是由政党、国家与社会组成,三者之间需要形成有机互动关系。马克思主义认为,社会主义国家应该是以人民性得到充分发展为主要特征的人民民主专政国家,同时,社会主义国家建设与社会发展,必须在马克思主义政党领导下取得,而中国现代化发展的历史逻辑也使中国共产党成为中国现代国家建设与现代社会发展的领导核心。由此,在社会主义原则与中国现代政治发展逻辑的共同作用下,现代政治的政党、国家与社会有机互动关系,在社会主义的中国,就转化为中国共产党领导、人民当家做主与依法治国的有机统一。这就意味着党的领导、人民当家做主与依法治国有机统一,成为中国特色社会主义民主政治的本质规定。其中,人民当家做主是中国特色社会主义民主政治的本质, 党的领导是中国特色社会主义民主政治的关键,依法治国是中国特色社会主义民主政治的保证。

　　价值、制度与组织是任何政治形态有效运行的机制结构要素。因此,中国特色社会主义民主政治要得到有效运行,并实现党的领导、人民当家做主与依法治国的有机统一,就必须通过相应的价值、制度与组织予以支持。作

＊　本文刊发于人民网–观点频道,2014 年 12 月 31 日。

为机制性要素,价值、制度与组织不仅贯穿在包含政党、国家和社会为内容的整体政治结构空间之内,而且还贯穿于政党、国家与社会每一个要素结构空间之中。由于在现实政治运行中,价值、制度与组织都是作为体系性存在,内容非常之多,基于篇幅之限,无法展开叙述,这里只能结合本次通过的两份文件,对制度与组织进行说明。

在现实中,制度有两方面内容与作用:一是对参与主体对象的规定与规范,二是对参与主体互动方式的规定与规范。经过六十多年的社会主义民主政治发展,我们已经形成了以根本政治制度与基本政治制度为主要内容的中国特色社会主义民主政治制度体系。不过,如果对这些制度进行分析的话,我们会发现,这些制度更多是局限于政治要素空间内,比如人民代表大会制度作为政权组织形式与民族区域自治制度作为国家结构特殊安排是存在于国家要素空间内,中国共产党领导的多党合作和政治协商制度作为中国政党制度存在于政党要素空间内,基层群众自治制度作为基层社会治理制度存在于社会要素空间内。

《中共中央关于加强社会主义协商民主建设的意见》,强调在中国共产党领导下实现多主体之间协商,强调"加强协商民主建设,要继续重点加强政党协商、政府协商、政协协商,积极开展人大协商、基层协商、人民团体协商,逐步探索社会组织协商"。实际上,是整个政治结构空间内的政党、国家与社会之间有机互动关系的一种制度安排与构建,明确了在党的领导下的平等协商是政治结构空间内主体互动的重要方式,从而标志着中国特色社会主义民主政治制度空间由政治要素内部拓展到整体政治结构。虽然这一制度建设依然处于实践生成阶段,但是我们相信,其发展前景是广阔的,因为它符合中国特色社会主义民主政治发展的内在规律。

党的领导是中国特色社会主义民主政治有效运行的关键,党的领导包括政治领导、思想领导与组织领导,其中政治领导是目的,思想领导是保证,组织领导是基础。党的组织领导,一方面体现为党的自身组织直接发挥作用,另一方面体现为通过党的群团组织间接发挥作用。从历史经验与组织特性来看,群团组织兼具政治性与社会性的双重特性。发挥群团组织作用,从其所联系对象来看,有利于"反映群众意愿,维护和发展群众利益",从党的领导来看,有利于"把党的决策部署变成群众的自觉行动,引领广大人民群众坚定不移跟党走"。由此可见,作为中国共产党"联系人民群众的桥梁纽带",群团组织是政党联系社会,推动人民当家做主的一个重要组织化机制。

随着全球化、市场化与网络化的深入,人民群众利益诉求与生存形态日益多样化多元化,如何使群众意愿得到有效表达、群众利益得到积极维护与发展,就成为新时期中国特色社会主义民主政治建设中一项重要内容,也是国家治理现代化动力源之一。诚然,群众意愿的表达与群众利益的维护,可以通过制度化方式予以实现,但是多元化诉求与利益,要得到针对性表达与维护,还需要组织化机制予以落实。因此,兼具政治性与社会性的,联系不同阶层、行业、领域群众的群团组织作用发挥就显得尤其重要。正如政治局会议指出那样,"群团事业是党的事业的重要组成部分,党的群团工作是党治国理政的一项经常性、基础性工作,是党广泛组织和动员广大人民群众为完成中心任务而奋斗的重要法宝。新形势下党的群团工作更为重要和紧迫,只能加强、不能削弱,只能改进提高、不能停滞不前。必须更好发挥群团组织作用,把广大人民群众更加紧密地团结在党的周围,汇聚起实现'两个一百年'奋斗目标、实现中华民族伟大复兴中国梦的强大正能量"。

推动中国特色社会主义事业
整体发展的战略部署*

2015 年 10 月 26 日至 29 日,中共十八届五中全会召开了,全会审议通过了《中共中央关于制定国民经济和社会发展第十三个五年规划的建议》。从刚刚公布的全会公报中,我们可以得出一个重要判断,那就是十八届五中全会确定的"十三五"规划的建议,将从多个维度推动中国特色社会主义事业整体发展,将服务于新型现代文明形态在中国的确立,以及人类命运共同体构建,使中国特色社会主义事业迈进新阶段。

一、构筑整体性的战略部署:党的十八届五中全会的历史定位

要理解党的十八届五中全会精神,首先必须把握其历史定位。而要把握其历史定位,就必须将党的十八届五中全会放在中国现代文明形态构建的维度中来理解。

中华民族是人类最早进入国家阶段的文明体之一,在古代,我们创造了非凡成就。鸦片战争之后,现代化浪潮开始冲击中国。在古典文明形态崩溃之后,中华民族选择了以政党力量来领导与组织社会,建立现代文明形态。在中国自身发展历史逻辑、现代化发展逻辑与共产主义运动逻辑共同作用下,中国共产党承担起了在中国构建面向未来的现代文明以复兴中华民族

---

　　* 本文以"五中全会是将现代文明整体发展内容转化为行动的动员会"为题刊发于光明网–理论频道,2015 年 10 月 31 日。

的历史使命。

中华人民共和国成立使我们确立了面向未来的现代文明形态的制度基础。经过一个阶段的社会主义建设探索与实践，改革开放之后，我们提出了以经济建设为中心，并通过推动政治体制改革与经济体制改革，以推动现代文明在中国的发展。在党的十四大嵌入作为现代社会发展基础性机制的市场经济体制之后，党的十五大、十七大与十八大，提出了文化建设、社会建设与生态文明建设，使作为中国特色社会主义事业总体布局的内涵，从改革开放之初的经济建设与政治建设，发展到党的十八大的包含经济、政治、文化、社会、生态文明建设以及党的建设六个方面内容，从而完成了现代文明形态的要素重点发展阶段。

党的十八届三中全会提出了要基于顶层设计，全面深化改革，推动国家治理体系与治理能力现代化，以推动中国特色社会主义制度完善，从而标志着以现代文明形态发展为主要内容的中国特色社会主义事业，由现代文明要素重点生成与发展阶段，进入到现代文明形态整体发展阶段。党的十八届四中全会提出全面推进依法治国，标志着以法治方式来巩固全面深化改革的成果，以及为现代文明形态整体发展提供法治基础。

然而从相应功能与作用的角度来看，我们认为党的十八届三中全会的国家治理体系与治理能力现代化，以及党的十八届四中全会的全面推进依法治国，对于现代文明形态整体发展来说，更多的是确立结构与机制，而具体发展内容尚未系统性提出。分析全会公报，我们认为以通过了《中共中央关于制定国民经济和社会发展第十三个五年规划的建议》为重要任务的党的十八届五中全会，实际上就是在三中、四中全会确立了结构与机制基础上，全面提出了现代文明形态整体发展阶段的具体内容，并从多维度确立了现代文明形态整体构建需要处理的基本关系。因此，我们可以得出一个判断，那就是党的十八届五中全会是将现代文明形态整体发展具体内容转化为现实行动的一次动员会。

二、推动协调发展与创新发展有机统一，立足确立新型现代文明形态

任何事物发展到一定阶段都会存在着一对矛盾，即整体协调发展与创新突破发展的关系处理问题。创新突破发展需要打破平衡，而且整体协调发展需要平衡各方，这就意味着中国发展必须以创造性思维来解决好这一对矛盾。同时，作为社会主义国家与负责任大国，中国不仅要解决好上述矛盾，还必须处理好推动现代文明发展与扬弃现代性缺陷之间的矛盾，从而在推进中国特色社会主义事业发展的同时，确立一种面向未来的新型现代文明形态。这里先来看五中全会是如何解决第一对矛盾。

进入现代文明形态整体发展阶段，不仅需要推动经济、政治、文化、社会与生态文明之间的整体结构协调问题，而且还要推动结构各部分的内部系统的协调发展问题。因此，全会就是从这两方面来提出规划建议的。公报指出："全会提出，坚持协调发展，必须牢牢把握中国特色社会主义事业总体布局"，同时对各部分内部系统的协调发展提出了相应的规划建议。另外，全会还指出，在推进发展时，还要处理好整体发展与重点推进关系，"正确处理发展中的重大关系，重点促进城乡区域协调发展，促进经济社会协调发展，促进新型工业化、信息化、城镇化、农业现代化同步发展，在增强国家硬实力的同时注重提升国家软实力，不断增强发展整体性"。

全会指出，必须"坚持创新发展，必须把创新摆在国家发展全局的核心位置，不断推进理论创新、制度创新、科技创新、文化创新等各方面创新，让创新贯穿党和国家一切工作，让创新在全社会蔚然成风"。这就意味着，全会是将创新作为一种维度贯穿各个领域，从而使创新突破发展与整体协调发展有机统一起来。

由此可知，全会是将唯物辩证法贯穿在处理现代文明构建之中，做到整体发展与重点突破，创新发展与协调发展有机统一，从而使中国特色社会主义现代文明形态，具有了内在自我发展动力与自我平衡演进的机制。

三、打造人与自然、中国与世界关系的新格局,立足构建人类命运共同体

马克思主义认为,现代文明发展使人类社会发生了两方面变化:一是人类改造自然能力大大增强,二是全球化联系越来越紧密。这就意味着,现代文明发展必须处理两对关系:一是人与自然关系,二是民族国家发展与世界发展关系。对于作为社会主义大国的中国来说,同样也必须处理好上述两个关系,从而为人类命运共同体构建做出应有贡献。处理上述关系,对于中国来说,一方面属于从更大范围来构建整体性的内涵,另一方面中国进入整体发展阶段,处理上述两方面内容的任务才更为急迫地被提出来。因此,全会提出了绿色发展与开放发展的理念。

在处理人与自然关系上,全会提出,要"坚持绿色发展,必须坚持节约资源和保护环境的基本国策,坚持可持续发展,坚定走生产发展、生活富裕、生态良好的文明发展道路,加快建设资源节约型、环境友好型社会,形成人与自然和谐发展现代化建设新格局,推进美丽中国建设,为全球生态安全做出新贡献"。

在处理中国与世界发展关系上,全会提出,要"坚持开放发展,必须顺应我国经济深度融入世界经济的趋势,奉行互利共赢的开放战略,发展更高层次的开放型经济,积极参与全球经济治理和公共产品供给,提高我国在全球经济治理中的制度性话语权,构建广泛的利益共同体"。

绿色发展与开放发展,分别是围绕人与自然关系以及中国与世界关系来推动发展的。诚然,这两方面都与中国自身发展有关,但是同时也关系整个人类发展问题。因此,绿色发展与开放发展,着眼于推动中国自身建设与构建人类命运共同体有机统一的高度来把握下一轮中国的发展,这对中国进一步发展来说,提出了更高的要求。

四、坚持共享发展、共同富裕，立足推进中国特色社会主义事业迈向新阶段

中国特色社会主义是在中国社会发展历史逻辑、现代化发展逻辑与共产主义运动逻辑共同演绎的结果。作为后发国家，中国社会发展历史逻辑要求中国发展必须在生产力上获得提升，这就需要推动现代化建设，而在现代社会发展逻辑作用下，不可排除要让资本发挥作用。共产主义运动逻辑要求超越资本逻辑不足，推动人的全面与自由发展。作为上述三个逻辑共同演绎成果，中国特色社会主义，一方面遵循中国自身发展历史逻辑节奏，推动中国现代化发展，同时，在坚持社会主义方向基础上，充分运用现代化发展逻辑的积极成果，并超越性地扬弃现代性之不足，进而形成了区别于西方式现代文明模式，也区别于苏联发展模式的中国特色社会主义新型现代文明形态。

随着在中国特色社会主义现代文明形态的要素重点发展阶段的完成，作为社会主义本质的共同富裕问题就被提出了。同时，在网络社会背景下，人们交往方式与生存形态也发生了巨大变化，社会进步需要更多以共享合作为基础，共产主义因子，也以传统社会主义条件下所无法理解的方式被实现出来。这就使中国特色社会主义在新的历史条件下，可以充分利用时代的优势，在技术上与观念上超越性完成过去所无法做到的事情，从而使社会主义事业发展，既可以充分利用现代化发展逻辑与机制的优势，又可以扬弃现代性之不足。

正是在上述背景下，全会提出了要"坚持共享发展，必须坚持发展为了人民、发展依靠人民、发展成果由人民共享，作出更有效的制度安排，使全体人民在共建共享发展中有更多获得感，增强发展动力，增进人民团结，朝着共同富裕方向稳步前进"。这一决定既是中国自身发展节奏使然，也是时代精神要求，更是社会主义本质特征体现。

五、遵循规律，锻造核心，保证战略规划的顺利实施

中国特色社会主义现代文明形态开始由要素重点发展阶段，进入到形态整体发展阶段，这就要求我们的发展与建设，也必须在理念上实现跨越性发展，而中国共产党作为中国的领导力量，就必须遵循规律，形成全新的发展理念。因此，"全会强调，实现'十三五'时期发展目标，破解发展难题，厚植发展优势，必须牢固树立并切实贯彻创新、协调、绿色、开放、共享的发展理念。这是关系我国发展全局的一场深刻变革。全党同志要充分认识这场变革的重大现实意义和深远历史意义"。

同时，中国特色社会主义事业要实现整体发展，要求作为领导核心的中国共产党不仅在理念上必须发展，而且在组织上也必须进一步加强。因此，"全会强调，发展是党执政兴国的第一要务，各级党委必须深化对发展规律的认识，完善党领导经济社会发展工作体制机制，加强党的各级组织建设，强化基层党组织整体功能"。

锻造民族复兴坚强领导核心的战略部署*

刚刚结束的党的十八届六中全会指出："认为办好中国的事情，关键在党，关键在党要管党、从严治党。"这一论断，不仅是对党内政治生活历史经验的总结，而且也是对中华民族实现伟大复兴内在规律的表达。民族复兴伟大征程的历史经验告诉我们，只有在中国共产党领导下才能取得革命与建设的胜利，并且在民族复兴的关键时刻，更是需要党的坚强领导。当前，我们比过去任何一个时期都更加接近中华民族伟大复兴，在这样一个伟大的关键时期，全面从严治党，提升党的建设水平，不仅关系到党自身建设问题，更是关系到中华民族伟大复兴的最后冲刺能否成功。因此我们认为，以全面从严治党为主题的党的十八届六中全会各项主要决定，实际上就是锻造民族复兴坚强领导核心的战略部署，必将在中华民族伟大复兴史与中共党史上写上重重一笔。

1840 年鸦片战争，一方面使中国开始陷入了半殖民地半封建社会，另一方面也使中华民族走上了追寻民族复兴的道路。民族独立、国家统一与现代化建设，成为了实现民族复兴的重要基础。然而传统中国社会的"一盘散沙"状况，却使上述目标无法得以实现。因此，寻求能够使社会得以有效组织起来，获得人民支持的，自身拥有高度组织化的，能够领导中华民族伟大复兴的面向未来的现代政治组织力量，就成为民族复兴的一个重要历史与逻辑的起点。经过人民选择，这一历史使命最终落到了以马克思主义为指导的中国共产党身上，成为领导民族复兴的核心力量。一方面历史逻辑使中国共产党承载起历史使命，另一方面历史逻辑也要求中国共产党必须遵循规律行

---

* 本文刊发于人民网–观点频道，2016 年 10 月 28 日。

119

事,对于政党建设来说,就是必须能够有效组织社会与赢得人民,必须能够不断加强自身建设,后者是为前者服务的,二者是有机统一的。

在中国共产党领导下,中国人民取得了新民主主义革命胜利,建立了中华人民共和国,实现了民族独立与国家基本统一。随后,我们进入了现代化建设阶段。在经过社会主义现代化建设基础阶段之后,我们建立了社会主义市场经济,建立了法治国家,推动了党的发展,构建了和谐社会,标志着作为现代文明要素的现代市场、现代国家、现代政党与现代社会在中国得以基本确立。为了使现代文明中国形态得以定型,党的十八届三中全会做出了全面深化改革,推动国家治理体系与治理能力现代化,并在四中全会提出了全面依法治国,以法治方式将改革成果予以定型下来。在推动现代文明中国形态定型同时,中华民族伟大复兴也进入了最后冲刺阶段,因此,党的十八届五中全会就对实现全面建成小康社会这一民族伟大复兴关键目标做出了部署。历史发展经验与民族复兴逻辑决定了,要达到上述两方面目标,就必须全面推动党的建设,一方面使中国共产党自身建设能够做到与时俱进,另一方面通过党的建设使有效领导人民、赢得人民认同得以实现。因此,全面从严治党,锻造坚强领导核心,就成为了实现民族复兴与现代化建设关键时期的必然选择,为此,中国共产党召开了十八届六中全会了,对全面从严治党进行部署。

"党要管党必须从党内政治生活管起,从严治党必须从党内政治生活严起。"六中全会这一判断,既是对党的建设历史经验的总结,也是党的十八大以来,为了实现民族复兴冲刺过程的实践的延续。党的十八大以来,以习近平同志为核心的党中央身体力行、率先垂范,坚定推进全面从严治党,坚持思想建党和制度治党紧密结合,集中整饬党风,严厉惩治腐败,净化党内政治生态,党内政治生活展现新气象,赢得了党心民心。六中全会制定的《关于新形势下党内政治生活的若干准则》(以下简称《准则》)和《中国共产党党内监督条例》(以下简称《条例》),就是这一继承与创新的结果,既是党的建设历史经验总结,也是针对全面从严治党面临的形势和任务而提出的。

《准则》与《条例》是严肃党内政治生活与改善国家政治生态的具有系统工程的两份文件。《准则》是对健康党内政治生活内容做出规定,给党员以遵循准则与要求,这是确立规矩。《条例》是对保证党内政治生活健康发展的监督的内容予以规定,这是明确监督。前者可以为党员自我约束提供根据,后者可以为党组织整体净化提供保证。

从公报所反映的情况来看,《准则》所涉及的党内政治生活内容,确实是方方面面,相当全面,这是对党开展党内政治生活的历史经验总结的成果,也体现了全面从严治党面临的新的问题。同时,我们发现,不论是《准则》内容,还是《条例》要求,都体现了全面从严的要求。因此,政治生活的全面与监督要求的从严,成为这次全会两份文件的两个特点。

这就意味着,会议精神与文件内容,使我们感受到了以习近平同志为核心的党中央全面从严治党的决心与手段,也使我们对成功锻造中华民族伟大复兴的坚强领导核心有了信心。

正确工作方法是
"将改革进行到底"的重要保证*

中央电视台播出的《将改革进行到底》的电视专题片，在社会中引起了强烈的反响。"将改革进行到底"，成了人们热议的话题，也反映了人民共同的心声。在群众热烈关切的同时，中央也对如何将改革进行到底，进行了冷静的思考和积极的部署。

2017年7月19日，习近平总书记主持召开了中央全面深化改革领导小组第三十七次会议。除了审议通过了有关具体事项的改革意见外，会议还审议了《党的十八届三中全会以来改革试点工作进展情况报告》，并对如何进一步推进改革，将改革工作落到实处，做出了部署，提出了要求。这些围绕改革的落实所做出的部署和要求，从一定意义上讲，将关系到是否能够将改革进行到底，既具有战术性的价值，更具有战略上的意义。同时，这些内容不仅是推动工作的具体要求，而且也还是推动改革的工作方法，对全面深化改革工作以及中国特色社会主义事业建设的发展都具有理论性和指导性意义。

党的十八届三中全会已经就全面深化改革的工作做出了系统的部署，而能否将这些改革措施得以落实，主要取决于党中央的决心、各级组织的落实和人民群众的拥护。从目前来看，党中央的决心是坚定的，人民群众的拥护是积极的。这就意味着，能否将改革进行到底，就取决于各级组织落实是否有效。

对于各级组织和领导干部来说，能否有效落实改革的措施，一方面取决于态度，另一方面取决于能力。

态度问题，除了个人的觉悟和认知之外，还可以通过党的教育和强化党

---

* 本文刊发于光明网—理论频道，2017年7月24日。

的纪律得以实现。党的十八大以来不断强调改革的重要性以及强化党的纪律,其意图之一就是推动各级党组织和党员干部认真对待改革的问题。

能力问题,同样是可以通过教育来获得。面对全面深化改革这项重要任务来说,对于各级领导干部不仅仅需要的是一般的领导能力,还需要对改革以及全面深化改革内在的规律把握。

当前,全面改革工作处于冲刺阶段,这既对中央层面的改革工作推进提出了新的要求,也对地方落实各项改革措施明确了新的任务。这次中央全面深化改革领导小组会议对中央层面推动改革试点工作的复制推广以及相应成果的转化与巩固,提出要求的同时,还重点对地方改革工作进行了强调,系统阐述了地方各级组织以及领导干部,在推动和落实全面深化改革各项措施的过程中,所应有的基本思维方式和工作方法,从而为下一步将改革进行到底,奠定了领导方法和工作方法的基础。

从中央层面来看,在当前全面深化工作,除了要将已经确定的改革工作内容继续推进外,会议指出要重点做好以下两项工作:

一是改革试点成果的推广与转化。会议强调,党的十八届三中全会以来,党中央部署开展了系列重大改革试点,探索了一批可复制可推广经验,发挥了对全局性改革的示范、突破、带动作用。要加强试点工作的分类指导,已完成试点任务的要尽快在面上推广,已取得阶段性成果的要及时总结推广,进展缓慢和管理不规范的要督促整改落实,综合配套性强的要注意系统集成,实践证明有效的要及时形成相关法律成果。

二是对改革工作落实的督察。会议指出,改革牵头部门对已经推出的改革开展督察是抓落实的一项重要工作。

从地方层面来看,会议认为,要保证改革有效推进,在方法上,应该从以下几方面展开:

一是要坚持提高站位,不论在哪个层级推进改革、开展工作,都要坚持在大局下谋划、在大势中推进、在大事上作为。地方党委主要负责同志要当好地方改革领头人。

二是要坚持实事求是,在实施方案上要上连天线、下接地气,各项指标要切实可行,实施措施要务实管用,拿起来就能干;在改革推进上要讲求战略战术,注意方式方法,做到成熟一个推进一个,办一件事成一件事;在评价改革成效上要坚持群众立场,关键要看办成了多少事,解决了多少实际问题,群众到底认不认可、满不满意。

三是要坚持讲求效率,速度是效率,方法对头是效率,减少失误也是效率。对滞后的工作要倒排工期,迎头赶上,对一些难度大的改革,主要负责同志要亲自推动,跟踪进度,敲钟问响。

四是要坚持锐意进取,发扬敢为天下先的改革精神,对改革中的阻力要敢于破除,抓好改革试点工作。

五是要配齐配强各级改革工作力量,加大改革创新在干部考核和提拔任用中的权重,建立健全改革容错纠错机制,形成允许改革有失误、但不允许不改革的鲜明导向。

领导职责之一就是教会干部队伍开展工作的方法,即"授之以渔",党中央有责任在全党推进这项工作。因此,在改革冲刺的阶段,以习近平同志为核心的党中央的上述做法和要求,就显得非常及时,体现了对党和人民事业的极端负责的态度。既是党的历史经验与智慧结晶在新的历史时期的运用,也是以习近平同志为核心的党中央的创新举措。

在我们党的历史上,每当事业处于关键转折时候与冲刺阶段,都非常重视对领导方法和工作方法的研究与学习。在中国革命取得最后胜利的前夕,党中央做出了"将革命进行到底"的决定后,召开了党的七届二中全会,会上专门就党委的工作方法做了研究与部署,正是对工作方法的重视,使革命取得最终胜利得以保证。

同时,我们也看到,在七届二中全会上所做出的关于党委工作方法的研究与部署,不仅关系到革命的最后胜利,而且这些智慧的结晶也转化成为革命胜利之后的制度性安排和工作性经验,保证了建设与改革的各项事业的顺利进行。因此,我们有理由充分相信,在全面深化改革冲刺期,中央所做出的部署和所形成的经验,也将会转化成为党的十九大之后中国特色社会主义事业进一步发展的经验基础与理论结晶。

将改革进行到底,不仅需要勇气,而且还需要方法。只有智勇双全,才能够将改革进行到底!

为中国特色社会主义新的发展阶段做好理论与战略的准备 *

省部级主要领导干部"学习习近平总书记重要讲话精神,迎接党的十九大"专题研讨班上,中共中央总书记、国家主席、中央军委主席习近平发表重要讲话指出:"即将召开的党的十九大,是在全面建成小康社会决胜阶段、中国特色社会主义发展关键时期召开的一次十分重要的大会,能否提出具有全局性、战略性、前瞻性的行动纲领,事关党和国家事业继往开来,事关中国特色社会主义前途命运,事关最广大人民根本利益。"

这就意味着,为了全面推进中国特色社会主义新的发展阶段的工作,为决胜全面建成小康社会,夺取中国特色社会主义伟大胜利,实现中华民族伟大复兴的中国梦,我们党就必须要牢牢把握我国发展的阶段性特征,牢牢把握人民群众对美好生活的向往,提出新的思路、新的战略、新的举措,在理论上与战略上做好准备。这是党的十九大的任务,也是我们期盼的内容!

一、中国特色社会主义建设进入到一个新的发展阶段

中华民族有五千年历史,在古代文明与古典文明时期,我们创造了非凡的成就,为人类文明发展做出了巨大的贡献。鸦片战争之后,在现代化浪潮冲击之下,古典文明开始崩溃,中华民族也由此走向了衰落。通过走现代化建设的道路,实现中华民族伟大复兴,就成为近代以来中国人民的一个共同夙愿。

---

* 本文刊发于光明网—理论频道,2017 年 7 月 28 日。

在中国文明历史逻辑、现代文明发展逻辑与共产主义运动逻辑共同作用下，中国人民选择了在共产党领导下，通过建立社会主义制度，推进现代化建设，从而实现中华民族伟大复兴的道路。在完成了社会主义现代化建设基础阶段任务之后，中国共产党做出了改革开放决定，从而在体制与机制上为社会主义现代化建设提供了可持续的发展动力，并形成了中国特色社会主义发展道路。

改革开放以来，在中国共产党领导下，在中国特色社会主义理论指导下，经过全国人民的共同努力，作为现代文明要素的现代政党、现代国家、现代社会、现代市场的基本生成。然而，由于是在较短时间内生成，这些要素的具体功能尚未充分发育，这些要素之间的内在有机性尚未充分发展。

为此，党的十八大以来，以习近平同志为核心的党中央，做出了"四个全面"的战略部署，围绕着党、国家、社会与市场功能充分发育与彼此之间内在有机化的形成，进行了顶层设计，提出了具体方案，推动了国家治理体系和治理能力的现代化，从而使中国特色社会主义制度开始走向定型。

党的十八大以来，党中央"推出一系列重大战略举措，出台一系列重大方针政策，推进一系列重大工作，解决了许多长期想解决而没有解决的难题，办成了许多过去想办而没有办成的大事"，以中国特色社会主义制度为主要内容的、面向未来的人类现代文明的中国形态基本生成。

正如习近平所指出那样，"党的十八大以来，在新中国成立特别是改革开放以来我国发展取得的重大成就基础上，党和国家事业发生历史性变革，我国发展站到了新的历史起点上，中国特色社会主义进入了新的发展阶段"。而党的十九大，就是要为这一新的发展阶段全面推进做出部署。

二、中国特色社会主义新的发展阶段需要新的理论内容与战略举措

习近平总书记指出："我们党是高度重视理论建设和理论指导的党，强调理论必须同实践相统一。我们坚持和发展中国特色社会主义，必须高度重视理论的作用，增强理论自信和战略定力。在新的时代条件下，我们要进行

伟大斗争、建设伟大工程、推进伟大事业、实现伟大梦想，仍然需要保持和发扬马克思主义政党与时俱进的理论品格，勇于推进实践基础上的理论创新。"这就意味着，中国特色社会主义新的发展阶段的全面推进，需要在理论与战略上做好准备。

第一，中国特色社会主义新的发展阶段的全面推进，需要对改革开放以来特别是党的十八大以来创新实践与创新理论进行总结与提升。党的十九大所要开启的新的发展阶段的全面推进工作，是对党的十八大以来工作的继续和发展。而党的十八大以来的实践具有历史性的创新意义的，因此需要对十八大以来的创新实践与创新理论，从历史的高度进行总结和提升，使之成为中国特色社会主义理论新发展的内容，成为指导新的发展阶段全面推进工作的理论依据。

第二，中国特色社会主义新的发展阶段的全面推进，不仅要解决"决胜全面建成小康社会"的问题，而且还要为实现第二个百年奋斗目标做好准备，需要有新的思路、新的战略、新的举措。习近平总书记指出："到2020年全面建成小康社会，实现第一个百年奋斗目标，是我们党向人民、向历史作出的庄严承诺。我们要按照党的十六大、十七大、十八大提出的全面建成小康社会各项要求，突出抓重点、补短板、强弱项，特别是要坚决打好防范化解重大风险、精准脱贫、污染防治的攻坚战，坚定不移深化供给侧结构性改革，推动经济社会持续健康发展，使全面建成小康社会得到人民认可、经得起历史检验。2020年全面建成小康社会后，我们要激励全党全国各族人民为实现第二个百年奋斗目标而努力，踏上建设社会主义现代化国家新征程，让中华民族以更加昂扬的姿态屹立于世界民族之林。"

第三，中国特色社会主义新的发展阶段的全面推进，不仅要解决中国自身发展的问题，而且还要为人类命运共同体建构作出贡献，同样需要有新的思路、新的战略、新的举措。习近平总书记指出："中国特色社会主义不断取得的重大成就，意味着近代以来久经磨难的中华民族实现了从站起来、富起来到强起来的历史性飞跃，意味着社会主义在中国焕发出强大生机活力并不断开辟发展新境界，意味着中国特色社会主义拓展了发展中国家走向现代化的途径，为解决人类问题贡献了中国智慧、提供了中国方案。"

三、中国特色社会主义理论与战略的新发展应该坚持马克思主义基本原理

习近平指出，谋划和推进党和国家各项工作，必须深入分析和准确判断当前世情国情党情。这就要求我们必须"坚持辩证唯物主义和历史唯物主义的方法论，从历史和现实、理论和实践、国内和国际等的结合上进行思考，从我国社会发展的历史方位上来思考，从党和国家事业发展大局出发进行思考，得出正确结论。"

一是要牢牢把握社会主义初级阶段这个最大国情，牢牢立足社会主义初级阶段这个最大实际，更准确地把握我国社会主义初级阶段不断变化的特点，坚持党的基本路线，在继续推动经济发展的同时，更好解决我国社会出现的各种问题，更好实现各项事业全面发展，更好发展中国特色社会主义事业，更好推动人的全面发展、社会全面进步。

二是要抓住重点带动面上工作，这是唯物辩证法的要求，也是我们党在革命、建设、改革进程中一贯倡导和坚持的方法。经过改革开放近40年的发展，我国社会生产力水平明显提高；人民生活显著改善，对美好生活的向往更加强烈，人民群众的需要呈现多样化多层次多方面的特点，期盼有更好的教育、更稳定的工作、更满意的收入、更可靠的社会保障、更高水平的医疗卫生服务、更舒适的居住条件、更优美的环境、更丰富的精神文化生活。

三是要提高战略思维能力，不断增强工作的原则性、系统性、预见性、创造性，按照新要求制定党和国家大政方针，完善发展战略和各项政策，以新的精神状态和奋斗姿态把中国特色社会主义推向前进。

四是要以更宽广的视野、更长远的眼光来思考和把握国家未来发展面临的一系列重大战略问题，在坚持马克思主义基本原理的基础上，在理论上不断拓展新视野、作出新概括，这样才能在迅速变化的时代中赢得主动，要在新的伟大斗争中赢得胜利。

五是要坚持问题导向，保持战略定力，推动全面从严治党向纵深发展，把全面从严治党的思路举措搞得更加科学、更加严密、更加有效，确保党始

终同人民想在一起、干在一起,引领承载着中国人民伟大梦想的航船破浪前进,胜利驶向光辉的彼岸。

对中国特色新型高校智库建设
若干问题的初步思考*

长期以来,高校研究更多是着眼于理论研究,虽然部分学科和学者也着眼于应用研究,但是那不过是学科特点或是学者偏好所导致。然而近年来特别是 2013 年 5 月教育部召开"繁荣发展高校哲学社会科学、推动中国特色新型智库建设"座谈会之后,在国家推动以及高校努力之下,以服务决策为导向的智库建设在全国许多高校迅速推进,使资政成为高校学科研究的热点之一。虽然智库建设在我国高校推进只是刚刚开始,但是在国际上高校智库以及国内其他类型智库建设却并不是什么新鲜事。因此,人们对我国正在推进的高校智库建设的理解,或是以一般智库建设标准来要求,或是以国际上的高校智库来做参照。然而我们认为,中国社会、政治以及高校智库建设的自身发展逻辑的特殊性,要求我们不能做思想上的"懒汉",不能简单"抄袭"和"移植",而是应该在高校智库全面推进之际,在充分借鉴基础上,对中国特色新型高校智库建设的自身逻辑进行分析,并在此基础上对其功能定位和实现机制等进行把握。根据调查研究以及实践体会,我们认为中国特色高校智库具有以下特点、功能、身份和机制。

一大特点:循道而行

我们认为中国特色高校智库最根本特点应该是"循道而行",也就是说,中国高校智库应该坚持党和国家的整体利益与坚持符合科学规律相统一为

* 本文以"'翻译'是高校智库建设的重要工作"为题刊发于《中国社会科学报》,2014 年 6 月 18 日第 609 期。

基本宗旨。这就要求高校智库,一是应该着眼于国家整体利益,必须摆脱党政机关中的部门利益和社会经济中的利益集团局限或影响。二是应该着眼于符合科学规律,必须做到坚持真理,大胆建言乃至谏言。

坚持党和国家整体利益至上与坚持符合科学规律相统一的"循道而行"的特点是中国高校性质所决定的:

一是高校是中国知识分子最集中的地方,而中国传统"士"的精神要求中国高校知识分子特别是中国高校智库应该"循道而行"。

二是高校智库虽然是由教育部门拨款,但是研究内容却是方方面面,并不只是涉及教育,由此,我们可以理解为是国家整体拨款支持的。因此,高校智库以党和国家整体利益为着眼点是理所当然的,在现实上可以不受具体部门或利益集团所左右。

三是在全面深化改革的背景下,党政机关各个部门实际上也是希望在新的条件下能够更多从党和国家整体发展框架内来寻求发展逻辑的,即使是社会经济中相关的利益集团,实际上要能够在新的格局中获得发展,也同样需要寻求在党和国家整体利益下的自身定位。这样,客观上就为高校智库"循道而行"提供较好的外围环境。

两个功能:资政与育政

人们普遍认为资政是智库根本使命和基本功能,因此我们认为中国特色高校智库的功能之一就是资政,但是我们还认为,中国特色高校智库功能不能局限于资政,还应该包括育政。之所以认为中国特色高校智库具有资政和育政两方面使命和功能,而不是只有单一的资政,我们的理由如下:

一是作为智库,中国特色高校智库具有资政功能这是理所当然的。

二是作为大学智库,中国特色高校智库应该坚持党和国家整体利益与符合科学规律相统一的原则。因此,不见得所有研究和建议都能符合相关部门或是一个时期的领导人的认同而获得采纳,但是却能够通过不断提交体现党和国家整体利益与符合科学规律相统一的报告,起到以下效果:或是通过不断提醒,使领导人引起重视或接受相应观念;或是较高层次领导人没有引起重视,却引起了相对较低的领导人重视或接受了相应观念,待其成长和发展后,就可能成为未来的决策依据。这样就达到了育政的目的。

三是作为中国特色的高校智库,高校智库负有为党和国家培养干部和人才的使命和功能。首先,高校在社会分工中是以培养人才作为首要任务的,因此高校智库培养干部和人才是有其专长的;其次,长期以来干部继续教育和学习是通过党校系统实现的,不过为了适应社会发展要求,从前几年开始,中央组织部就开始在一些高校设立了干部培训基地,以发挥高校优势。然而干部培训并非只局限于上课学习,而应该是多样的,我们认为高校智库可以起到其他培训所不能起到的高端性和针对性的育政效果。基于上述认识,我们认为,中国特色高校智库在建设上,必须体现资政和育政双重使命和功能,并在运行方式、产品内容、影响对象等方面予以落实。

三重身份:人才教育者、理论研究者、实践建议者

基于中国特色高校智库的特点与使命,我们认为中国特色高校智库及其参与者,在身份上比高校其他研究和教学的机构及其人员多了一些角色,同样也比其他类型智库及其参与者多了一些角色。

比较高校的其他机构及其人员,基于其资政使命,高校智库及其参与者多出了实践建议者和指导者的角色。比较其他类型智库及其参与者,整体来说,高校智库及其参与者,多出了一个人才教育者角色,不仅包括对干部的教育,而且还包括对学生的教育,因为这本来就是他们最基础的本职工作。同时,与其他类型智库进行细致比较的话,高校智库角色还将具有更细微的特点,如果与党政机关内设研究机构进行比较的话,高校智库大多扮演了理论研究者角色,而相对于社科院系统来说,高校智库在基础理论研究上有其优势。综上所述,我们认为中国特色高校智库及其参与人员,具有这三重身份。

相对于其他类型智库及其参与者来说,多元一体的身份特征使高校智库及其参与者,不论是在方向把握上、产品生产上、服务对象上以及时间安排上都显得更为复杂,这就要求高校智库参与者特别是其中领导者应该是

复合型的人才,才能保证上述三重身份在他们身上得到较好统一。由此,要求在制度建设上应该给予高校智库参与者特别是其领导者予以应有的支持和保障,否则可能无法保证高校智库的可持续发展。

四种机制:人才旋转门、理论与实践旋转门、党政与社会旋转门、话语体系旋转门

上述中国特色高校智库特点、使命和身份,要最终落到实处,我们认为需要通过以下四个旋转门机制予以保证:

一是人才旋转门机制。所谓人才旋转门机制,是指通过高校智库,实现研究者与实务部门的人员在身份上、思想上和经验上交流、互动和转化,可以是实务工作者到智库驻会参与研究、智库研究者到实务部门进行交流挂职或直接任职;也可以是实务工作人员与智库研究员通过建立相应机制,进行频繁的思想和经验交流,从而实现人才培养上共建的目的。

二是理论与实践旋转门机制。所谓理论与实践旋转门机制,是指通过高校智库,实现理论与实践的转化,即高校各学科以及智库的理论研究成果转化为指导实务部门实践的资源和依据, 同时也将实务部门的实践经验转化为高校智库以及高校学科的应用研究乃至基础研究的资源和依据。长期以来,人们对智库在理论与实践转化上更强调前者,实际上后者也是相当重要的。忽视后者,理论研究就可能陷入所谓不接地气的"无源之水"境地,也将导致智库的理论指导缺乏针对性。从一定意义上说,这一机制既是高校智库的优势,也是使高校智库建设有效支持学科发展的动力。

三是党政与社会旋转门机制。所谓党政与社会旋转门机制,主要是指通过高校智库,一方面使社会了解和理解党政的政策与意图,另一方面使党政了解和理解社会的情绪与意见。由于高校智库具有第三方优势,而国家整体利益和符合科学规律相统一的特点,又使党政与社会对其都有着较高信任,因此高校智库可以在党政与社会之间起到旋转门作用。这一机制倒过来也要求高校智库必须切实保证其国家整体利益和符合科学规律相统一的特点,否则就可能导致其信用的下降。同时,在具体手段上,落实该机制需要高

校智库必须充分运用媒体中介力量来实现对社会的解释，另外，还要建立稳定的内部报告呈送途径，使社会意见通过其整合和加工后向党政机关及其领导反映。由于高校智库自身条件限制，党政部门以及有关管理部门应该积极主动为高校智库创造这些条件。

四是话语体系旋转门机制。所谓话语体系旋转门机制，就是指通过高校智库，实现学术界、政界和社会民众之间话语体系转换，为彼此之间的了解和理解创造条件。根据我们调查，上述三个旋转门机制在实现过程中，有一个相当技术性和工具性的机制横亘其中，阻碍了这些机制有效运行，这就是话语体系。学术界、政界和社会民众，由于习惯原因，各自采用了不同的话语体系，这就导致了彼此之间不熟悉对方的话语体系，从而使彼此之间交流产生了障碍，甚至导致不信任感的出现。这就意味着高校智库一项重要工作就是在三种话语体系之中从事转换的"翻译"工作，从而促进三者之间的交流与理解。而高校智库所拥有的多重身份使其能够承担起上述任务。

全面深化改革过程中谨防"二政府"出现*

全面深化改革其目的就是要改革目前国家治理中阻碍治理要素充分发展以及治理要素之间有机化的各种体制与机制，从而推动国家治理体制与治理能力现代化。国家治理要素包含有政党、国家、市场与社会，根据党的十八届三中全会精神，在现阶段就是要推动政党建设制度化，国家建设法治化，发挥市场决定性作用以及社会的参与和推动作用。为了使市场决定性作用得以实现，就必须推动政府的职能转换，建立政府权力清单，为此就需要对政府权力进行限制与调整，将一部分权力转移给社会与市场。然而我们认为在这一过程中，可能或者在现实改革中已经出现了变相的所谓"二政府"现象，由此可能使改革效果打折扣。这就要求我们在全面深化改革具体方案设计以及实施过程中予以重视防患。

一、全面深化改革过程中可能出现"二政府"现象及其负面影响

在全面深化改革中，政府改革是重点之一。基于观念、利益和现实等原因，政府改革可能因此产生一些不彻底现象，其中变相的所谓"二政府"现象就是其中一种类型，由此导致政府改革不能得到预期效果。

（一）"二政府"现象的主要表现

全面深化改革过程中出现的所谓"二政府"现象主要体现在以下两方面：

---

* 本文写于 2014 年 9 月 25 日。

135

一是需要进行改革并将权力转给社会或市场的政府部门，将权力转给了自己成立的所谓协会，不论是在人员上还是职能内容上，都与既有的政府部门所谓一套人马两块牌子，或是这些协会人员就是既有政府部门退休人员等与既有政府部门有着千丝万缕关系，或者是直接依附于既有政府部门，成为其建立小金库的基地，等等，而实际上是变相截留了政府权力，出现了所谓"二政府"现象。

二是人民团体承接的政府职能，但是所有管理方式与既有的政府没什么区别，从而导致了人民团体的政府化。

(二)全面深化改革过程中出现"二政府"现象的负面影响

"二政府"现象出现有以下三方面负面影响：

第一，不利于政府职能转换，使改革成果打折扣。政府改革是"壮士断腕"，自我"革命"，其目的是为了构建符合国家治理现代化所需要的政府，如果"二政府"现象出现，意味着政府职能转换并未得到根本解决，或说尚未彻底，从而阻碍了国家治理体系与治理能力现代化的目标实现。

第二，不利于社会发展，影响市场决定性作用发挥。从国家治理现代化角度来说，之所以要转换政府职能，并将削弱政府一部分权力或将相关权力转移出来，目的有两方面，一方面是为了实现国家治理和社会治理，实现政府与市场、社会进行合作；另一方面也是为了通过政府改革，使社会与市场能够获得更多权力，从而使社会与市场得以进一步发展与成长。然而"二政府"现象出现，导致社会与市场并没有获得更多权力，由此也使政府与市场、社会合作治理的方式缺乏了主体的权力基础，这就意味着市场、社会发展以及合作治理的模式都可能因此受到阻碍，最终影响了市场决定作用发挥。

第三，不利于人民团体的创新与发展，影响党的群众基础构建。在政府职能转换过程中，之所以要将一部分职能由人民团体来承接，目的有三：一是人民团体了解本团体联系或代表群体的实际情况，由人民团体来直接行使相应职能有利于提高服务针对性与有效性；二是人民团体相对政府来说，社会性更强，因此将政府相应职能转移给人民团体有利于政府与社会合作以及在职能落实过程中体现多元合作的治理理念；三是不论是政党性的，还是统战性,人民团体都是政党联系相应对象的群众的桥梁与纽带,政府将相关职能转移给人民团体,有利于增强人民团体的资源基础与服务能力,从而有利于党的群众基础构建。然而如果出现"二政府"现象,不仅不利于人民团体的创新与发展,而且也导致上述三方面目的受到严重削弱。

二、"二政府"现象出现的原因分析

导致"二政府"现象出现的原因是多方面的,我认为其中最重要的有以下方面:

(一)观念创新不足

我们认为导致"二政府"现象的出现,首要原因是传统观念使然。在这一方面的传统观念有二:一是认为政府职能实现只能由政府以及相关机构来行使,对社会与市场不信任,因此即使中央要求政府职能要转换,也只能由与政府密切相关以及有过政府经验的人员来承担,否则可能会导致问题处理不好。二是对治理理念不能理解,导致一些人民团体承接了政府事务后,也认为应该按照传统行政做法来落实。

(二)政府部门利益的变相转移

导致"二政府"现象的出现,很重要的一个原因就是政府部门利益变相转移。对于那些具有审核、标准制定等权力的政府部门来说,这些职能其中一部分被削减了,一部分被要求转移给非政府部门的社会,这些职能是可以带来具体利益的。因此,一些政府部门就将这些职能转到下属事业单位,或者借此机会快速成立一些所谓协会,或是由既有与其在人员上、利益上密切相关的协会,来承接这些转移出来的职能。

(三)人民团体承接政府事务方式创新不到位

政府职能转换过程中,可能有一部分转移出来的职能将由人民团体来承接,但是我们担心,由于人民团体存在着行政化倾向,对这些承接来的政府职能,可能还出现按照政府既有方式来落实。也就是说,人民团体转型与发展,将与消除"二政府"现象紧密相连。如果转型不足,就可能导致"二政府"出现,产生了事与愿违的后果。

(四)社会组织发展不充分

"二政府"现象出现,除了上述原因外,我们还应该看到,社会组织发展不充分也是其中一个很重要的原因。这里包括两方面内容:一是整体来看,社会组织发育不充分。二是具体来看,能够真正承接政府转移出来的社会组织的数量较少。

三、防止"二政府"现象出现的对策建议

根据研究,我们发现,在前几轮机构改革中,为了推动政府职能转换,也出现过类似的"二政府"现象,其后果直到现在为止尚未获得充分消化。而如果说,之前出现"二政府"现象,是因为市场与社会不够成熟,而以此作为一种过渡性和衔接性环节而出现的话。那么本轮政府改革,不论是从相应条件来看,还是目的来看,都到了需要消除"二政府"现象的时候了。因此我们认为,必须采取相应措施来预防和解决这一问题。

(一)充分认识政府职能转换意义,在制度和方案设计时预防"二政府"出现

我们认为预防"二政府"现象出现,关键在于充分认识政府职能转换的意义以及内涵,因为从前几轮政府机构改革中出现"二政府"现象原因分析来看。虽然在具体实施过程中有利益因素影响,但是在方案设计以及相应对策的制定中,很重要一个原因就是观念影响所导致。因此,我们认为在本次全面深化改革的政府职能转换过程中,对决策者与方案制定者来说,首先应该对政府职能转换的意义要充分认识,不仅要认识到政府职能转换的重要性以及应该削减和转移哪些职能,而且还应该认识到削减和转移以后,这些事务新的治理方式以及由谁承接的重要性。

同时,我们还认为,不能只是停留在单纯的认识上,而且还应该将这些认识贯彻在政府改革以及与政府职能转换相关的全面深化改革的各方面的方案之中,不仅体现在整体方案中,而且还要体现在各项相关的具体实施意见中。在整体方案和实施意见中,都应该对政府职能转换内容、承接方式以及新的治理方式等内容进行说明,以免由于模糊而给利益相关者留下空间,而为"二政府"出现奠定基础。

(二)在改革方案实施时,要防止政府部门利益的变相自我转移

我们知道,在改革整体方法中,不可能对具体措施提出太细的建议,因此如何有效将政府职能转换落到实处,需要通过具体实施方案才能实现。而在具体实施方案中,又有现实困境,那就是可以明确具体哪些职能应该削减或转移,同样也可以对职能转移的承接主体进行说明,但是不能对这些社会组织等主体是否与政府之间有没有密切联系做出界定,因为只要相应的合法的组织都可以承接。正如在市场经济条件下不能有所有制歧视一样。这就导致政府部门可能突击成立一些协会,以一套人马、两块牌子方式存在着,或是其下属事业单位等,进行了变相的权力与利益的自我转移。

基于上述困境,我们认为虽然不能对主体特性进行过多限制,但是我们可以对职能转移后的新的承接者,如何实现这一职能的方式提出要求。比如,要求按照现代社会组织运行方式,对这些组织进行身份和参与人员的确认。同时,他们在落实这些新承接来的职能或事务时,必须严格按照相应的治理方式以及第三方评估或竞标性方式等新的社会治理模式进行,从而使这些职能实现,从根本上克服了行政化的特征,达到了政府职能转换以及国家治理现代化的目的。

(三)要推动人民团体承接事务方式与机制创新

实际上,推动各类社会组织以创新方式来承接政府转移而来的职能与事务的要求,不仅是对与政府部门有密切关系的社会组织或事业单位而言,而且同样也是对人民团体以及其他民间性更强的社会组织的要求。因为从根本上说,只有以新型的治理思维与方式来推动政府职能落实才是政府职

能转换与国家治理现代化的目的。

对于人民团体来说,通过承接政府相应职能,一是可以更好地服务相应群体,二是可以更有效落实这些职能,三是更有利于其自身转型。只有将这三方面统一起来,才达到人民团体承接政府职能与事务的目的。而从上述三方面关系来看,要达到前两个目的必须以第三要求为基础,即必须以推动人民团体自身在组织形态、运行方式与实现手段等方面上进行全面转型为基础,否则将会加剧其行政化与政府化倾向。具体如下:

一是要推动人民团体构建枢纽型与平台型组织形态,能够最大限度整合各类社会组织,一方面来提高落实这些职能的专业化能力,另一方面达到最大化整合各类组织化的社会力量;二是在运行方式上,要力戒行政化倾向,要更多引入社会化,乃至市场化手段来实现相应事务与职能的落实;三是在实现手段上,应该充分应用新型技术手段以及利用新型组织网络达到目的。

(四)加快社会组织培育与发展

政府职能转换,除了调整、削减之外,还有一部分就是要转移给社会。正如前文提到,之所以会出现"二政府"现象,其中原因之一就是社会组织发展不足。为此,我们认为应该将加快社会组织培育发展,作为推动政府职能转换以及推动国家治理现代化的一项重要的内容来对待。具体来说,我们应该从以下三方面来推进:

一是推动与政府有密切关系的各类协会以及事业单位的转型与发展,具体对策前文已经也有所提及,不展开了。

二是通过人民团体来推动社会组织的发展,一方面可以发展社会组织,另一方面也可以使人民团体与这些组织化了的社会力量建立新型关系,从而为巩固党的群众基础创造条件。

三是除了按照社会管理创新要求推动社会组织发展外,要借此次政府职能转换机会,对一些具有条件或潜力较好的民间性程度较高的社会组织予以扶持,可以将转移出来的政府职能或事务交由这些组织来承担,并建立相应竞争机制,以促使这些组织发展以及提高承接政府职能或事务的有效性和创新性。

实现有效政治安全：新时期中国政治安全建设的目标、挑战与对策*

政治安全是任何时期政治发展的基本底线，也是政治建设的目标之一。对中国发展来说，特别是在当前处于中华民族伟大复兴关键时期，政治安全不仅关系政治发展的一般需要，而且关系现代政治文明形态在中国最后定型以及中华民族的伟大复兴。根据中国政治发展的历史逻辑与现实状况，我们认为，推动中国政治安全建设除了需要关注传统国家安全内容外，更重要的是应该通过推动政治有机化，从而为政治持续和有效安全奠定内在基础。

一、有效政治安全

政治安全是指一个国家的公共权力或公共生活在不受威胁的情况下正常维系和发展的状态。政治安全涉及包括国内因素与国际外部因素所导致的安全问题，其中后者就是传统意义上的国家安全问题，前者也可以将之称为国内政治安全。本文所谓的政治安全，主要是指国内政治安全。

政治安全问题的产生原因有多方面，可以从不同维度予以把握。基于政治以创造秩序与发展为最重要目的，我们认为可以从结构与发展两个维度来分析政治安全问题的成因。

从结构维度来看，政治安全问题的出现有整体性与局部性两方面原因。所谓整体性原因，是指基于政治主体性结构与机制性结构的整体构建不到位，引起政治自身不稳定性，而产生的政治安全问题。所谓局部性原因，是指

---

* 本文刊发于《复旦·中国国家安全发展报告》，2014 年。

政治主体性结构,或机制性结构中的每一部分,或每一要素的问题而导致的政治安全问题。从发展维度来看,政治安全问题的出现有发展性与停滞性两方面原因。所谓发展性原因,是指基于发展而导致政治整体性或局部性问题所产生的政治安全问题;所谓停滞性原因,是基于不发展而导致政治整体性或局部性问题所产生的政治安全问题。

从结构维度来看,政治安全问题可能散布于政治主体与政治机制的各个方面,从一定意义上说存在着弥散性特征。从发展维度来看,政治安全问题可能具有当下性与持续性两方面。因此,不论是从对政治整体发展影响来看,还是从对政治持续发展影响来看,都存在着政治安全建设的有效性问题。

二、形势评估

以上文对政治安全分析为研究视角,我们认为,我国政治安全存在着以下挑战:

第一,现代政治形态在迈向定型阶段,仍存在政治安全整体性脆弱倾向。作为后发国家,中国面临着构建现代政治文明任务。经过努力,作为现代政治形态主体性结构要素的政党、国家、市场与现代社会已基本生成,但是依然存在各要素功能尚未得到充分发挥,以及整体政治形态尚未实现有机化的问题,从而使政治形态存在整体性脆弱倾向。

第二,历史性或结构性因素导致局部性安全问题突出。主要包括三方面:一是政党、国家、社会与市场等政治形态主体要素存在问题导致潜在政治安全问题,如腐败、制度性缺失、社会矛盾等。二是组织、价值和制度等政治机制性要素不足导致的政治安全问题,如意识形态和价值建设问题等。三是国内特殊区域问题所引发的潜在政治安全问题。

第三,发展性原因导致政治安全存在多重问题。改革开放以来,中国实现了跨越式发展,由此也带来许多问题,其中一些没有得到有效消化,产生累积,而导致了影响政治安全的潜在问题。另外,现在我们许多问题是通过发展来得以解决,然而一旦发展放缓或出现停滞,那么累积问题与停滞自身带来问题就可能出现叠加性效应,从而给政治安全带来压力。

第四,外部因素对政治安全影响长期存在。基于意识形态、制度体系以及核心利益等因素,外部因素导致的政治安全问题,不仅将长期存在,而且随着全球化深入和渗透还将出现新的形态。

第五,信息技术革命带来政治安全问题。网络社会的发展对政治安全影响有两方面:一是使上述各类安全问题,通过网络催化而加剧(当然,也有一些可能因为信息技术应用反而具有了有效解决的手段);二是由网络社会自身带来的政治安全。

三、战略对策

建构有效政治安全需要从两方面着力:一是整体性,二是针对性。由于中国政治发展进入了一个制度体系定型和政治文明生成的新阶段,需要有整体性举措,我们认为应该以构建有机政治要求来推动政治建设,从而在积极层面为有效政治安全奠定基础,并将之贯穿政治安全建设的其他针对性对策之中。

第一,推动有机政治建设,消除政治安全整体性脆弱倾向。所谓有机政治是指政治形态各主体要素功能充分发展,同时各主体要素能够基于政治形态整体自洽发展的要求,形成能够并育共进、自洽发展、有机互动的一种状态。只有政治实现有机化,现代政治形态才意味着最后确立,并使政治生态具有自我回应、免疫、修复、成长的能力。党的十八届三中全会着手于这一工作,从政治安全建设来说,需要做的是在此过程中,把握其相应关键点,以使全面深化改革方案在设计上将政治安全要素植入。

第二,差异化应对结构性安全问题,消除或控制局部性安全问题及其对整体安全的潜在影响。这些结构性安全由主体性、机制性与地域性等因素导致的。主体性因素是指政党、国家和社会要素中某一部分问题而引发的政治安全。因此,应对办法主要是基于有机政治要求,全面推进其成分发展。机制性因素是指价值、制度和组织机制中某一部分问题而引发的政治安全,同样也需要按照有机政治建设要求来推进和创新。地域性因素需要区别应对。

第三,建立战略性应对政治安全问题的思维与机制,走出被动应对局面。今后，我们应该在推动发展过程中，不仅需要对发展进行前瞻性研究和规划，也应该对发展所可能带来的政治安全问题进行研究和预测，并以此为依据，推动其他方面政治发展。

第四，确立超越性战略思维，辩证认识外部因素对政治安全影响，构建转化性与过滤性有机统一的应对机制。随着经济全球化与社会信息化的深入，外部因素对国内政治安全影响将进一步加剧，需要我们对这些影响进行辨别，有的可能是阶段性的，有的是具有危险性的。因此，区别对待乃至建立转化机制，即使是一些可能具有潜在危险因素也将之转化为服务我们现代化建设的资源，变消极为积极，变不利为有利。

第五，全面推动政治运行机制适应网络社会的形态。互联网条件下，政党组织、国家机关以及社会组织等主体要素需要根据网络社会要求进行调整，同时也应该建立与之相适应的价值、制度与组织等机制。

第六，避免政治安全建设中的过度安全化现象。需要强调的是，由于政治安全问题是与政治建设自身联系在一起，因此很容易将以政治安全有关的内容都上升为政治安全工作，从而导致政治工作的过度安全化，由此可能带来负面后果：一是可能导致过度安全化，过多动用国家权力予以干预或启动特殊程序机制，造成资源浪费和资源错配。二是过度安全化导致草木皆兵，不利于与国内外力量互动，导致政治僵化，乃至对立。三是过度安全化不利于对新形势和新环境适应，甚至阻碍改革。我们认为，应该将政治安全意识置于政治建设中，诚然需要必要的政治安全措施，但是不能过度安全化。

国家治理现代化应积极适应网络社会发展*

人类社会已经进入信息化时代,网络社会也在中国初步生成。2016 年 4 月 19 日,中央召开了网络安全和信息化工作座谈会,习近平同志发表了重要讲话,会议强调我国网信事业发展要适应我国发展的总要求和大趋势,在践行新发展理念上先行一步,推进网络强国建设,推动我国网信事业发展,让互联网更好地造福国家和人民。我们认为网络安全和信息化工作座谈会的召开,将进一步推动网络社会在我国的迅猛发展。当前,推进国家治理体系与治理能力现代化是中国政治发展重要内容之一。因此我们认为,随着网信事业发展,积极适应网络社会发展,应该成为国家治理现代化的重要组成部分,不仅要将之上升到实现中华民族伟大复兴高度来认识,而且还应该从构建人类命运共同体角度来把握,并在实践过程中切实提高我们适应与驾驭网络社会能力。

一、适应网络社会发展是国家治理现代化重要组成部分

所谓国家治理,是指国家处理与安排政治、经济、文化、社会和生态等建设中涉及公共事务部分的行为, 而所谓国家治理体系是指参与这些公共事务处理的各方面主体之间的制度化关系及其运行机制。所谓国家治理能力,就是基于国家治理体系与治理手段基础上所形成的对上述公共事务处理与安排的能力。由于在不同历史时期以及不同政治、经济、文化和社会形态下,

---

* 本文删节后以"执政党治理国家应积极适应网络社会发展"为题,刊发于《人民日报》-理论观察版,2017 年 1 月 8 日。

国家治理体系和治理方式都存在着差异,不存在所谓好坏问题,关键的问题在于是否相适应,能够做到适应,就能够做到有效治理,从而也就意味国家治理能力较强。

中华民族是最早进入国家形态并没有中断过自身文明进程的人类文明体之一,在古代与古典文明阶段,我们创造过辉煌的文明成果,并不断适应社会发展,在不同历史时期形成了不同的国家治理体系与治理方式,积累了大量治国理政经验与智慧。在古典文明向现代文明转型的过程中,中华民族历经苦难,最终在中国共产党的领导下,实现了民族独立与国家的基本统一,开启了中国特色社会主义现代化建设历程,也在此过程中,开始探索与之相适应的国家治理体系与治理方式。改革开放之后,我们经过近四十年的努力,作为现代国家治理的主体要素的现代市场、现代国家、现代政党与现代社会,不断生成与发展。由于这些要素是在较短时间内生成的,因此存在着两方面不足:一是这些要素功能尚未得到充分发展,二是要素之间内在有机化。为此,中国共产党召开了十八届三中全会,提出从整体现代文明形态发展高度进行所谓的顶层设计,通过全面深化改革,解决上述两方面问题,推动国家治理体系与治理能力现代化,以完善中国特色社会主义制度。

国家治理体系与治理能力现代化提出,从时代与社会的发展角度来看,是推动整个国家治理体系与治理能力适应现代社会的要求;从国家治理发展来看,是推动已生成的各个治理要素实现新的整合,建立适宜的治理体系,形成较高的治理能力,实现有效的治理效果。综合这两方面内容,我们可以得出以下判断,那就是国家治理体系与治理能力现代化的目的,就是推动我国现代国家治理方式与形态全面建立,并不断得以进一步发展,为可持续推动社会发展与建构社会秩序奠定基础。

改革开放以来,在推动现代国家治理体系与治理能力建构与发展过程中,我们实际上经历了两方面转型:一是市场经济建立所带来的基于制度创新而形成的社会转型,这一转型使现代市场、现代社会开始出现,由此促使了现代国家与现代政党的发展,使现代国家治理的主体要素在中国得以生成。二是网络社会生成所带来的基于技术创新而形成的社会转型,这一转型使人们的交往方式与生存形态以及现代市场、现代社会的运行方式都发生了重大变化,由此要求现代政党与现代国家也必须做出相应调整,这就意味着国家治理的实现方式需要发展。

上述两方面转型,虽然从时间上看,存在着相继性,但是从后果来看,却具有叠加性。因此,对于国家治理现代化来说,适应网络社会发展,不仅仅涉及单纯技术层面问题,而且已经关系了整体形态发展问题。这就意味着,积极适应网络社会发展要求,是国家治理现代化的重要组成部分。

二、国家治理现代化应该从四个维度适应网络社会发展

网络社会生成,不仅仅是单纯的技术运用问题,而是改变了人们的交往方式与生存形态,使社会运行方式发生了根本性变化,因此网络社会对国家治理提出的要求也是全方位的,不仅对国家治理各主体要素产生影响,而且还对国家治理各要素之间互动方式产生影响,即对国家治理体系与治理能力整体都产生影响。为此,国家治理现代化必须从全方位适应网络社会发展,一是要从主体层面上适应,二是要从机制上适应。由于机制贯穿着要素内部与要素之间,因此我们将从机制角度来分析。对于国家治理来说,推动国家治理体系有效运行,应该必须以技术、价值、制度与组织四方面机制要素做支持。这就意味着国家治理现代化也必须从这四个维度来适应网络社会发展。

从生产力影响维度来把握技术运用,推动国家治理现代化适应网络社会发展。从本质来说,网络社会到来是信息技术革命所带来的,是属于生产力发展所引发的结果。从这一维度来看,国家治理现代化适应网络社会发展,应该从两方面来把握:广义上的适应,是指国家治理现代化必须适应作为生产力的信息技术革命所带来的整个社会形态变迁;狭义上的适应,是指国家治理应该积极运用网络技术,来适应网络社会要求,从而实现国家治理能力的提升。不论是上述哪一方面都对国家治理各主体要素与各要素之间互动关系产生影响。

从文化生成维度来把握价值建构,推动国家治理现代化适应网络社会发展。互联网运用导致虚拟空间出现,在虚拟网络空间中人们交往方式呈现

全新的形态,这种变化还对现实物理空间中人们行为产生影响。由此导致的变化直接影响着人们对社会与世界的认知。所谓文化,是指人们的生活方式与行动方式的历史性沉淀;所谓价值,是指人们对行为方式与秩序内容的正当性的理解。因此,随着网络社会的到来,虚拟空间与现实空间的相互影响与相互建构,使新的交往方式与行为方式不断生成,进而导致人们的价值认同也不断发生变化,特别是所谓网络社会"土著"一代的成长,这种价值认同成为他们对世界与社会认知的一个基本形式与内容。由此对作为国家治理主体要素的社会、市场、国家与政党,在价值生成与配置上也必须与之相适应。同时,主体要素之间相互认知与互动表达,不论是在内容上,还是在话语与方式上都必须与网络社会要求相适应。

从秩序建构维度来把握制度发展,推动国家治理现代化适应网络社会发展。秩序建构必须在内外两方面同时推进,有效性才能得到实现。内是指人们内部的精神秩序,这就是所谓价值建构;外是指人们的行为秩序,这就是所谓制度建构。网络社会到来,不仅使人们在价值认知上发生新的变化,更重要的是现实的交往方式、行为方式与利益结构发生了新的变化,如何使这些变化了的内容在一个新的框架内相互适应,形成新的秩序,就成为制度建构的内容。这些制度建构的内容,不仅对贯穿于国家治理各主体要素的内部,而且还贯穿于国家治理各主体要素的互动关系之间。

从交往方式维度发展来把握组织创新,推动国家治理现代化适应网络社会发展。网络社会到来,使人们的交往方式、行为方式与认知方式都发生了变化,这种变化意味着,社会运作的权力运行方式与实现方式也开始发生变化,这就要求建构秩序的组织方式与组织形态也应该适应这一变化进行创新与调整。这就是为什么在市场领域中发生大量商业模式的创新与发展的现象,并且这种创新是颠覆性与迭代式的。网络社会对组织方式与组织形态创新的要求,不仅局限于市场领域,而且也存在于社会、国家与政党之中。同时,不仅停留于国家治理各要素之中,而且也对各要素关系之间的组织现象提出要求。

三、适应网络社会应该提升国家治理能力

从一定意义上说，上述四个维度实际上是为国家治理体系现代化适应网络社会规定了领域与方向，而要沿着这些方向与领域全面推动国家治理现代化，还需要通过努力，在现实能力上予以落实，也就是说，应该形成与网络社会相适应的国家治理能力。然而适应网络社会推动国家治理能力现代化将涉及方方面面。不过，我们应该可以从认识、实践与主体三方面来把握其中的重点。

一是应该密切关注全球网络技术与运用及其对社会、经济与政治等影响。信息革命出现以来，信息网络技术就不断处于快速迭代发展之中，而这些发展又迅速影响了社会的交往方式与组织形态。同时，技术与社会变化对经济与政治发展也带来了直接影响。因此，要推动国家治理能力现代化，就必须将关注信息网络技术发展及其所带来的变化的前沿问题上升到战略高度予以对待，并且积极做好应对的政策储备方案。同时，要将这些变化和影响以及紧迫性，通过各种方式让各级党政干部以及国家治理各方面参与主体都能够充分了解与意识到。

二是应该重视政策设计、组织变革与工作布局等前瞻性与整体性的研究与准备。国家治理是以有效处理公共事务为中心而展开的，因此适应网络社会变化，推动国家治理现代化，必须以实践为取向。这就要求我们必须做到，既要密切关注网络信息技术发展与影响的情况，又要积极将这些认识转化为政策设计与工作推动。而在这一转化过程中，既要重视这些变化对国家治理的当前与局部现实的影响，又要把握对未来与整体可能的冲击。因此，我们必须在政策设计、组织变革与工作布局等方面，都要做好前瞻性与整体性的研究，并将这些研究转化为相应规划，在此基础上将短期应对与长期发展统一起来，这样我们才能赢得主动。

三是应该重视青年人的作用发挥。网络信息技术的迭代性发展，使青年人成为最能适应网络社会这一快速变化的特征群体，再加上，网络信息技术使在工业化时代形成的将青少年区隔于主流社会之外的制度屏蔽开始被打

破，导致了青年人参与领域与空间被大大扩展了，许多社会权力开始向青年转移，从而使网络社会呈现青年化特征。由于在网络技术适应度与网络空间参与度上，青年人都成为网络时代的主要群体，因此我们认为，在适应网络社会，推动国家治理现代化时，应该特别重视青年人的作用发挥，不仅在技术上，而且在社会与政治上都应该如此。

四、应该着眼人类命运共同体构建来推动国家治理现代化

马克思主义认为，基于生产力发展与技术条件等变化，人们的交往方式也不断在发展变化，由此导致人的生存形态也不断获得自由与发展。从古代社会向现代社会的发展，就是生产力发展导致人们的交往方式的变化，而引起生存形态与社会形态发展与变化。这种变化，一方面体现在生存形态的自由进步，另一方面体现在人们交往空间的扩大，打破了孤立性与狭窄性，人们可以在更全面与更广大的范围进行交往与互动。

从一定意义上说，网络社会生成，是上述逻辑在新的技术条件下的一种演绎，互联网导致了虚拟网络空间的生成。一方面使人们交往空间从现实物理空间扩展到虚拟网络空间，这是一个质的变化；另一方面互联网使全球之间民众交往成本大大降低，同时也使全球的交往密切度极大提升，全球化程度获得了质的飞跃，由此导致了所谓地球村概念的提出。然而随着网络社会的到来，全球之间交往更加密切，同时也使人类发展所带来的负面影响以及传统或新兴的危险出现，也对全世界与全人类形成了共同的威胁，为此中国提出了构建人类命运共同体的概念，并在自己的实践中自觉贯彻这一理念。

要推进人类命运共同体构建，就必须推动全球治理。全球治理不是对传统的以民族国家为基础的治理理念的简单否定，而是一种超越。在网络化与全球化背景下，这种超越包括三方面内容：一是必须将网络空间治理与现实空间治理有机统一起来，二是必须将国家治理与全球治理有机统一起来，三是必须将上述两个维度有机统一起来。

从一定意义上说，在网络社会背景下推动国家治理现代化，不仅要考虑

国家内部的治理体系与治理能力，还必须考虑全球层面的治理体系与治理能力问题，以及国家治理与全球治理之间关系问题。正是基于此逻辑，网络主权与网络安全等概念就被提出。也就是说，我们必须从人类命运共同体构建的高度来推动国家治理现代化，这既是时代的命题，也是中国的责任。

做好应对网络社会的准备*

最近几天,全国多个地方发生出租车停运的情况。分析原因,多与"份子钱"过高以及"黑车"泛滥有关。但是今年年初,出租车停运开始出现了新的原因,网络打车软件公司推出的"专车"与传统"的士"的生意竞争逐渐上升为重要矛盾。

联系去年关于网络金融的争论,以及私人隐私泄露事件频发,可以得出判断:随着移动网络的普及,互联网对社会生活的影响与重塑开始进入集中爆发期。而我们对网络社会新常态的到来,不论是在制度规范上,还是在心理准备上,甚至在思维方式上,却似乎尚未做好充分准备。

制度是用来规范与建构人们的行为与秩序的,制度能够切实起作用,一方面需要有明确规范与现实制约,另一方面还需要人们的充分认同与积极践行。然而制度生成与发展,不是凭空而来的,而是在既有制度基础上,根据新的发展不断创新与调整的。

当今世界绝大部分的国家内制度与国家间规则,都是伴随着现代工业社会的发展而形成的,这些制度与规则,体现了现代工业社会条件下的交往方式、行为逻辑和社会结构。经过博弈、确定与实行,不论是制度规范或执行力量,还是人们心理认同或践行意愿,都已经趋于稳定和适应。

然而互联网的出现,特别是网络社会逐步生成之后,不仅出现了网络虚拟空间,拓展了空间内涵,而且还打破了工业化条件下的组织方式与交往方式,乃至社会结构,秩序建构的空间、逻辑与手段都发生了根本性变化。这就意味着在工业化条件下形成的制度与规范,需要自问如何适应网络社会。

---

* 本文刊发于《人民日报》,2015 年 1 月 13 日第 5 版。

改革开放以来，我们曾经历了两场巨大社会变革：一场是市场经济建立所带来的，基于制度变迁引起的社会结构转型；另一场是网络社会生成所带来的，基于技术革命引起的社会结构转型。两场变革时间上存在先后，但在影响过程上却产生着重叠。在制度创新上，我们首先围绕着如何适应市场经济而展开，也具有一些可借鉴的范本。而对于迅猛发展的网络社会，中国与世界却基本上是处于同步，我们并无像适应市场经济那样的参照，只能是在实践中，通过探索生成相适应的制度与规范。

西方发达国家是在市场经济充分发展基础上应对网络社会挑战的。因此可以遵循相对单一逻辑予以回应。中国却面临着市场经济深化与网络社会生成双重转型的叠加冲击。就如出租车市场，本身尚未完成符合市场经济规律的改造，却直接遭遇技术革新的新命题，老行业竞争不充分、出租车司机转型、新行业缺乏认定、客人权益需保护等问题交织缠绕。这凸显出旧规范与新发展的冲突，或者新发展无规范可约束。

习近平总书记曾经强调过，在提高国家治理能力上需要下更大气力。在新的历史条件下，我们的制度建构，无论是认同建构，还是形式与内容创设，都需要超越固有的单一程式，遵循复合逻辑的路径，以同时应对双重转型的要求，既要保证创新空间不受挤压以促进新的形态生成，又要协调多方利益以建构现实秩序。要想准确拿捏其中分寸，各级干部、各方面管理者都需要如中央领导要求的那样，尽快提高工作本领，用新思维和新智慧构建新型治理模式。

"专车新规"背后的治理转型*

　　昨天,交通运输部正式公布《关于深化改革推进出租汽车行业健康发展的指导意见》和《网络预约出租汽车经营服务管理暂行办法》,公众等待了快一年的"专车新规"终于尘埃落定,作为"互联网+交通"创新产物的"网约车"终于获得了中央政府部门的正式确认。

　　人们记得,作为一项地方性的探索,早在 2015 年 10 月 8 日,上海市交通委就已经宣布向滴滴专车平台颁发网络约租车平台经营资格许可证。出台一份管理办法,发放一张许可证,对于政府来说是件再平常不过的事,这是政府监管市场的重要手段之一。然而交通部出台的《网络预约出租汽车经营服务管理暂行办法》和上海市交通委给滴滴专车平台所发的这张经营许可证却是非同一般。

　　之所以不一般,不是因为这一管理办法与经营许可证是经过多方博弈后才获得的,而是其标志着"互联网+"出现后的社会与市场新秩序的建构在制度上得以了体现。从相当程度上说,它们具有里程碑式的意义。

　　一年多来,围绕该不该给"专车"颁发"准生证",实务界、学术界,尤其是出租车行业进行了颇为激烈的争论;"专车"与出租车的"新旧之争"也是舆论始终热议的话题。此类争论,不仅仅出现在出租车行业,而是弥散性地出现在社会各个领域。究其根本,是因为中国社会刚刚建立市场经济体制,就面临着网络社会的挑战。于是产生了一种"中国式纠结":究竟应该是线性地解决既有市场规范问题,还是应该跨越性地同时解决市场经济与网络社会的双重挑战?

＊　本文刊发于《解放日报》,2016 年 7 月 29 日。

实际上,答案在中央提出国家治理现代化与"互联网+"概念时就已经得到明确了。

马克思主义认为,生产力是社会发展最活跃因素,不论是生产关系还是上层建筑都必须根据生产力发展不断进行变革与调整,而社会就是在此过程中实现了进步与发展。改革开放以来,中国先后经历了两重社会结构转型:一是由于市场经济体制建立所导致的,基于制度变迁引起的社会结构转型;二是由于网络社会生成所导致的,基于技术创新引起的社会结构转型。前者从 20 世纪 90 年代开始,而后者却是从 21 世纪初开始,并且二者叠加效应在近年来开始出现。如今,这一内容已成为社会、经济与政治发展的一个新的重点命题。

为了适应双重社会结构转型,在遵循中国政治发展的自身逻辑基础上,中共中央提出全面深化改革,推动国家治理体系与治理能力现代化。国家治理现代化就是基于公共事务有效处理为中心,来重塑国家治理体系与治理能力。很显然,要做到这点,我们必须同时解决市场经济与网络社会所带来的叠加问题。

从技术逻辑上看,网络社会的出现,将从技术与生产力角度对社会与经济各方面产生根本性影响。因此,中央提出了"互联网+"的概念。"互联网+"的提出意味着,我们不仅要适应网络社会,而且还要自觉运用互联网逻辑来解决发展的问题。由此可知,"互联网+"提出,内在要求我们必须跨越性解决网络社会与市场经济所带来的叠加问题。

正是基于此,交通部出台的《网络预约出租汽车经营服务管理暂行办法》和上海交通委为滴滴专车平台颁发网络约租车平台经营资格许可证,其意义超越了单一工作本身,标志着政府开始顺应网络社会与市场经济的叠加效应,以跨越性方式在建构社会与经济秩序上迈出了第一步。

适应网络社会以建构社会秩序是一个全新的工作,不仅考验着社会,更是考验着政府。任务将是十分复杂与繁重的,不管怎样,我们毕竟迈出了第一步。虽然,这还仅仅是在交通领域。

"互联网+"打造综治升级版[*]

任何社会要得以长期维系都需要发展与秩序,由此,发展与秩序就成为了政治的两个使命。然而发展需要以秩序为基础,而发展又会打破旧的秩序,因此,平衡发展与秩序就成为了政治的一个核心命题。

在具体过程中,对于政治来说,一方面需要推动体制与机制改革,通过制度性创新,建构新秩序以适应发展,另一方面,又要在一定制度基础上,克服各方面消极性因素影响,为发展提供基本秩序。前者是广义的秩序建构,是为了推动发展,后者是狭义的秩序建构,是为了保障发展。

诚然,人们首先是关注发展,而秩序特别是基础秩序,只有到了其发生问题时,才引起重视。但是从社会正常运行来说,却是两者都不可偏废的,对基础秩序建构同样需要重视,并且还需要根据时代发展,在秩序建构的理念上和方式上,与时俱进。

社会综合治理就是建构基础秩序的一项重要工作,互联网+综合治理,就是在网络社会条件下,打造社会综合治理升级版的一个重要举措。

价值、制度与组织是政治运行的三个基本机制性要素,基础秩序建构也

---

　　* 本文是在 2016 年腾讯全球合作伙伴大会"分享·e 治理"专题研讨会上的发言稿,刊发于福建政法委微信公众号。福建政法综治系统立足"数字福建"基础优势,从破解部门信息孤岛、数据壁垒入手,以信息化推进治理能力现代化,构建全省信息资源共享体系,推进"互联网+社会治理"在社会治安、社会管理和公共服务等领域的广泛应用,以数据汇聚共享引领"e 治理"。就在 2016 年腾讯全球合作伙伴大会召开前夕,福建省委常委、政法委书记陈冬把"互联网+社会综合治理"在福建的创新实践简而言之为"e 治理",2016 年腾讯全球合作伙伴大会"分享·e 治理"因此得名。"e 治理"甫一提出,就引来"分享·e 治理"分论坛与会专家学者广泛点评热议。9 月 22 日至 24 日,2016 腾讯全球合作伙伴大会在福州举办。在 9 月 23 日上午大会"分享·e 治理"分论坛现场,参会嘉宾针对如何充分发挥"e 治理"在社会综合治理中的作用进行了热烈探讨。。

同样需要这三个要素予以发挥作用,并且彼此之间形成支持。

为了克服现代化建设对组织化诉求与传统社会一盘散沙特征之间的矛盾,建国之后,我们建立了以国家政权为主导的计划经济体制和以基层党组织为核心的单位社会体制。社会实现高度组织化,组织化力量成为了建构社会基础秩序的重要性机制,同时也使组织成为我国基础秩序建构中主导机制。

改革开放之后,计划经济体制和单位社会体制逐渐退出历史舞台,社会结构多样化开始出现。为了适应市场经济体制建立所带来的变化,在推进法治建设同时,我们提出了社会治安综合治理。在党委领导下,推动党委、政府、司法和群团的相关部门与组织参与,在建构社会基础秩序方面,进一步发挥组织作用,形成统一领导、齐抓共管与综合治理的局面。

随着全球化、市场化和网络化发展,社会多样性进一步发展,社会力量开始充分发育,在提出核心价值体系建设和进一步推进法治建设基础上,我们通过强化服务理念,发挥社会力量,使作为基础秩序建构的组织维度的社会综合治理,在理念与方式上都发生了新的变化。

社会综合治理,就是希望通过在党委领导下,通过多维度、综合性和体系化地发挥组织化力量,来通过提供有效服务与化解消极因素,从而为社会运行提供基础秩序。这就意味着,在建构社会基础秩序过程中,能够使信息与服务在组织之间以及组织与民众之间实现快速共享与运用,就成为推动社会综合治理及其体系构建的根据与目的之一。

在工业化条件下,我们主要是通过构建现实的组织体系,以政治和社会的权威与机制来实现上述目的,不过由于组织间以及组织与民众之间的协调、供给与反馈成本都很高,以及效率也较慢。随着信息革命到来,上述问题可以通过网络技术手段得以解决。为此,"互联网+社会综合治理"命题就被提出,并开始实施,标志着社会综合治理升级版打造的开始,福建在全省推开,更是符合互联网思维。

"互联网+社会综合治理"的提出与实施,在技术上,将克服社会基础秩序构建过程中的信息与服务的共享与运用的成本与效率问题。我们应该看到,"互联网+社会综合治理"提出与实施,是基于技术层面能够有效解决上述问题而被提出的，一是通过网络技术运用，将参与社会综合治理的组织与部门之间的信息共享与组织协调的程序与机制，予以刚性固化下来，从而较少了成本，提高了效率。二是通过网络技术运用，使社会基础秩序构建的组织体系与民众之间的信息与服务供给与反馈，能够得到快速流转，从而为构建密切党群关系与干群关系以及克服消极性因素，提供了有效性基础。

"互联网+社会综合治理"的提出与实施，在组织上，将倒逼社会综合治理参与部门与组织的思想观念、运行方式与组织结构的创新。由于"互联网+社会综合治理"的实施，将通过网络技术对社会综合治理的参与部门，就相关业务与工作内容，建立相对刚性的运行流程，并以信息公开方式对各个部门产生制约。同时，也将通过大数据技术运用，使各个部门对社会运行的许多情况可以做到相对精准的分析与预测。除此之外，"互联网+"还将会有更多新的要求提出。这就意味着，各个参与部门与组织必须与时俱进，进行全方位调整与创新。

"互联网+社会综合治理"的提出与实施，在形态上，将推动社会基础秩序构建适应网络社会条件下民众的交往方式与社会的运行方式。虽然，"互联网+社会综合治理"提出，是为了利用互联网技术以提高社会综合治理有效性，具有较强的工具性色彩。但是从根本角度来看，我们认为"互联网+社会综合治理"提出与实施，实际上，是国家治理与社会治理全面适应网络社会的一种努力，是网络社会条件下国家治理形态与社会治理形态的重要部分，是国家治理与社会治理现代化的重要内容。

虽然，"互联网+社会综合治理"提出，意味着社会综合治理发展已经到了一个新的阶段，是网络时代社会基础秩序建构的一种新的形态出现，具有十分重要的现实意义，但是，这一提出与实施，也还仅仅标志着新阶段和新形态的出现，仅仅完成了"从 0 到 1"，后面还有很多路要走，因为网络社会也仅仅是刚刚开始，社会基础秩序建构也还需要不断的"从 1 到 N"。然而不管如何，福建已经迈出了第一步。"千里之行，始于足下"，良好的开端，是成功的一半，祝贺福建，祝贺我的家乡。

未来30年上海全球城市治理模式发展研究*

随着全球化和信息化的不断扩展和纵深推进，上海作为处于改革开放前沿的国际大都市逐渐呈现更加明显的全球城市特征：第一，上海是一个经济业态最为丰富复杂的场所；第二，上海是一个各类人员大规模流动、各类物资实现全球和地区交汇的场所；第三，上海是一个各类前沿领域涌现、各类创新和技术快速应用和更新换代的场所。对于这样一个具有全球城市特征的国际大都市来说，一方面，上海作为改革开放的前沿，面对着城市规模大、需求多元化、流动性极强等各类社会治理问题的挑战；而另一方面，上海作为国际体系链条中的一环，还必须在国际体系中面向世界主动参与国际体系中的交流和互动。能否完成这两个方面的使命，是上海市能否在未来的全球化竞争中始终"有作为、有地位"并居于全球领先地位的重要方面。

当前，中国整体上处于社会转型的重要时期。而上海作为中国最重要的大城市之一，在全球化、市场化和信息化的趋势中走在全国的前列。但也正因为如此，上海面临着更加复杂和更为紧迫的社会治理难题，也面临着继续深化改革、先行先试，创新社会治理模式，努力在未来国家城市体系中占有关键地位的重要使命。因此，在了解上海现有发展态势的基础上，如何顺应时代发展的潮流和趋势，预测和判断上海未来发展的主要趋势和主要问题，并超前设计上海市的未来城市治理模式，对于上海全球城市的未来发展具有极其重要的意义。

---

　　* 该文系上海市政府"面向未来30年的上海发展战略研究之'未来30年上海全球城市治理模式发展'"研究课题的成果，由郑长忠任组长，李威利、张冬冬、杜欢、程文侠、束赟等参与执笔，2015年6月30日完稿。

从目前的城市发展态势来看,上海主要面临两个方面的城市治理挑战:第一,随着互联网和信息技术的发展,上海的城市社会形态将发生极其重要的变化,而上海现有治理体系将面临比较大的治理压力,在这一背景下,如何通过深化改革,创新社会治理模式,实现社会治理体系的转型对上海未来发展就具有重要意义。第二,作为重要的全球城市,上海不能仅仅被动应对国际社会的流动和输入,还应背靠区域发展,发挥城市核心竞争力,主动面向世界参与国际交流与互动。从这个意义上讲,上海更需要提前判断和形成具有超前性的城市治理模式,以适应时代变化和社会发展的需求。正是在这一意义上,本课题在对当前和未来 30 年上海发展态势分析和预判的基础上,提出未来 30 年上海城市治理的核心模式。

一、多维相向推进与社会超越性发展:全球城市发展的社会背景

全球城市是全球经济系统的中枢或全球城市网络体系中的组织结点。曼纽尔·卡斯特尔认为:"新信息技术正以全球的工具性网络整合世界。"网络时代是一个整合的时代,整合的过程和本质是现代市场资源,包括人流、物流、资本流、技术流和信息流在全球网络中的充分流转和合理配置。而这一切有赖于全球网络中的关键结点——全球城市作用的发挥。

全球城市概念与实践的形成与发展将成为诸多问题解决的一个新的切入口。而要理解现代社会的发展趋势、发挥全球城市的作用,首先有赖于对"多维相向推进"概念的理解。所谓"多维相向推进"是在现代社会发展中出现了一系列相对的趋势,例如全球化与本土化、社会的多元化与一体化、个人主义与共享主义、城市发展的集群化与内涵化等,这些看似相反、各有利弊的趋势在同时推进。这种相向运动现象是现代社会经济发展的结果,而随着新的技术的不断发展,对于这些相向运动,我们所应持有的态度不再是偏向于或"正"或"反"的其中一方,而是应该致力于在"合题"中解决问题,包容"多维相向推进"的正反两方面,使之在多维度中同时推进,实现"超越性发展"。

1.超越性发展的背景:信息技术将发生更加深刻变化,互联网物理化发展将更加充分

建设全球城市,最根本性的要求是要扩展该城市的外部联系,构建其与全球经济、政治、文化等各项功能性连接的流动空间,使其融入全球网络。如今要想完成这一任务,就必须跟上网络信息技术的最新发展趋势。

目前,信息技术已经发展到了一个新的阶段,大数据已经成为新的信息技术处理的方式。所谓大数据是指:"无法用现有的软件工具提取、存储、搜索、共享、分析和处理的、海量的、复杂的数据集合"。正是基于这个概念的基础上,人们引申和发展出"大数据技术""大数据产业"等一系列创新性的技术、产品、服务,并开始构建日益成熟的产业链。上海市是中国科技最发达的地区之一,也是新技术运用的前沿阵地,大数据时代下的新的治理方式必须在上海这个平台上得到充分的展开,并且为上海作为全球城市影响力的进一步提升奠定基础。习近平主席在考察互联网企业时曾经指出,数据与政治之间的密切关联,"在这样的海量信息中,你们拥有了最充分的数据,然后你们可以做出最客观、精准的分析。这个说明广大人民群众的一种趋态。这方面提供对政府的建议是很有价值的"。大数据是一个混合结构、半结构化和非结构化的数据,通过整合网站分析、社交数据、用户、本地数据等不同来源的数据,大数据可以帮助了解全面的情况。大数据分析较为容易,成本也较低,而且也更容易加速对目标事物的理解。大数据并不仅仅是大量的数据,它的真正意义在于根据相关的数据背景来完成一个更加完整的报告。应对大数据时代,将大数据技术运用到社会整合与政治发展中去,这既是一个实践的问题,也是一个理论的问题。

物联网是新一代信息技术的另一个重要组成部分,其包括两层含义:一是在互联网基础上的延伸和扩展的网络;二是用户端延伸和扩展到了任何物品与物品之间,进行信息交换和通信,也就是物物相息。利用局部网络或互联网等通信技术把传感器、控制器、机器、人员和物等通过新的方式联在一起,形成人与物、物与物相联,形成信息化、远程管理控制和智能化的网络。物联网既具有同一性、共享性,又具有个性化、私有化。其共享性表现在它涵盖了互联网及互联网上所有的资源,兼容互联网所有的应用;其私有性

表现在物联网中所有的设备、资源及通信等都是私人的、个性化的。上海作为全球城市,一方面其自身构成一个物联网,另一方面其又是世界物联网的一个节点。在物联网时代中的社会治理,上海的发展必须遵从物联网的规律,顺应其发展特征,在提供公共物品时应当考虑到共享性与私有性的并融。

2.多维相向推进之一:全球化进程与本土化发展

全球城市的概念本身就是全球化概念的一个衍生物。要建设全球城市首先必须对全球化的发展趋势有一个良好的预判。全球化是20世纪80年代以来在世界范围日益凸显的现象,是当今时代的基本特征。从物质形态看,全球化是指货物与资本的越境流动经历了跨国化、局部的国际化,以及全球化这几个发展阶段。货物与资本的跨国流动是全球化的最初形态。在此过程中,出现了相应的地区性、国际性的经济管理组织与经济实体,以及文化、生活方式、价值观念、意识形态等精神力量的跨国交流、碰撞、冲突与融合。值得注意的是,随着互联网技术的不断发展,全球化在20世纪发展的基础上有了更新的变化。伴随未来新兴经济体的崛起,世界格局将展开新一轮重组,全球化将增添新的动力和新的成员。伴随着新一轮生产力革命,全球生产关系和上层建筑也将发生变化,具体变化形式就是酝酿建立强有力的超主权机制。全球化的继续发展将凸显全球城市的重要性和战略意义,作为中国最重要的全球城市之一,上海未来的治理将产生巨大的影响力和示范效应。

要理解建设全球城市的战略意义,除了全球化本身,还必须理解与之相向的本土化发展的推进。本土化概念是与国际化、全球化概念紧密相关的,本土化应该理解成是一个过程而不是一个目的,是一个事物为了适应当前所处的环境而做的变化。本土化的实质,是全球化下的企业、文化、政治模式、治理方式等各个方面要能全方位融入各国政治、经济、社会中的过程。全球化与本土化是互相推进、共同发展的两个相向运动。只有将上海的国际化与本土化作用发挥出来,才能准确定位上海在全球城市中的发展进程。

3.多维相向推进之二:基于个人主义的市场化与基于共享主义的合作化

全球城市的产生及其发展主要是通过生产和消费高级、先进的服务及其促进该城市发展从而在全球网络中发生广泛的联系。因此,促成一个全球城市的建设和发展关键在于把握未来市场和消费的趋势。未来的市场发展将凸显"个性化",虽然传统企业所依赖的大规模定制、模块化设计目前仍是一个重要的环节。但是未来"个性化"将成为市场的主要诉求。这意味着个性体验的平台需要提供尽可能多样化的个性化选择,产品模块越多,个性化定制的元素就越多,最终产品的组合也就越多。将信息化、自动化、标准化与模块化建设结合,并由此形成一个自驱动、自优化的完整的智能制造体系是企业的智能化转型的关键。它是对传统既有体系的颠覆,是一种具有创新性的商业模式。

在基于个人主义的"个性化"市场与消费发展的同时,还有一种相向的基于"共享主义"的"产业共享"与"合作式消费"的趋势。无论是"产业共享"还是"合作式消费"都具有强劲的溢出效应和某些网络效应。"产业共享"可以促进产业群体的合作发展,也是一种有效的生产组织方式,可以成为塑造产业群体竞争优势的新利器。我国产业处于转型升级关键期,需要高度重视产业共享,可依托产业集群和产业平台强化产业共享,并围绕特定产业共享制定相应政策。基于共享主义的"合作式消费"更是一种全新的消费理念,英国学者雷切尔·布茨曼在《我的就是你的:"合作式消费"的兴起》一书中指出,"合作式消费"将给人们的消费模式带来革命性的影响。在互联网时代,共享首先表现在代码的共享(如 Linux);其次是生活的共享(如"脸谱网"),以及内容的共享(如"油管网")。"现在我们进入了第四个阶段,即现实世界各种离线资产的共享(如滴滴打车)。""共享经济"最大的价值不在于具体分享了什么产品,而是强调合作和参与的理念。互联网是促进合作和共享的重要工具,但共享与合作本身具有重要的价值,在有些地方,"合作"并不需要互联网,但已经创造了巨大的社会和经济效益。

4.多维相向推进之三:城市集群化与城市内涵发展

全球城市建构中必须面对的另一组相向发展趋势是城市的集群化和内涵化发展。所谓"城市集群化"是指许多大都市和城市在发展中逐渐扩张甚至彼此连接而形成的多核城市体系。表现为占地面积大、人口稠密、经济发达、交通方便、彼此联系密切的城市群。这是现代城市形态的一种新类型。我国在继长三角城市群、珠三角城市群之后,又批准通过长江中游城市群发展规划,中国城市化要走以特大城市、超大城市为依托,中小城市和小城镇依次围绕的城市集群发展的道路,这就必须重视城市的集群化发展。据预测,到2030年,我国有可能形成由长三角、珠三角、京津冀、长江中游、成渝地区等五个国家级城市群组成的中国城市发展基本格局,初步实现可持续发展导向的中国新型城镇化。城市集群化发展的优势在于该种发展模式一方面可以克服中小城市与小城镇脱离大城市依托在城市功能上的缺陷,解决可就业性、可服务性等问题,同时可以克服分散化发展导致的资源环境过度消耗;另一方面,可以克服巨型城市中心城区单中心的无限扩展,把过度集中的城市功能化解到周围的二级城市和中小城市中去,保留了城市功能混合、土地空间紧凑、人口密度合理的优点。以上海为中心的长江三角洲城市群是世界第六大城市群,包括上海市及江苏、浙江全境和安徽的合肥、马鞍山、芜湖、滁州、淮南共30个市,面积约30万平方千米,人口超过1.7亿。长三角是中国经济发展最活跃的地区之一,以极少的国土面积,集中了全国1/4的经济总量和1/4以上的工业增加值,被视为中国经济发展的重要引擎,是中国经济最发达的地区。这一城市群是上海建成全球城市的最重要依托,也是作为全球城市的上海发展最坚实的后盾。

在重视城市集群化发展的同时还必须注意城市的内涵型发展。特大城市须走内涵式发展的道路,这意味着需要加强城市治理,提升城市品质,转型升级发展现代服务业等产业,并合理控制城市人口规模。在城市内涵发展中,智慧型城市的发展模式也越来越受到重视。智慧城市是提高城镇化质量、实施内涵型城镇化的重要途径,城市要由重数量的外延式扩张到重品质的内涵式发展。建设智慧城市是经济增长的"倍增器"和发展方式的"转换器"。

5.多维相向推进之四:社会多元化与一体化加速

全球城市所要面对的最后一个挑战就是社会多元化与一体化相向运动的趋势。改革开放近四十年来,中国经济社会发生了极其深刻的变化,其中,多元化是最显著的特征之一。所有制形式多元化、利益主体多元化、社会思想文化多元化已经成为社会的一种常态。多元化是促进我国经济社会快速发展的强大动力,社会多元结构中的不同阶层对政府和决策者提出的要求就是怎样在不同的利益诉求中加以权衡做出选择,并尽量保证社会正义与分配公平。随着全球的多元化,中国深深融入了国际发展的大环境中,中国已成为世界中重要的一极,中国在世界各方面发展中的分量愈来愈重。中国社会在这种背景下,多元化程度也在不断加深。

在多元化发展的同时,社会的一体化也在进一步加深,全球社会也越来越体现出"一体化"的特征。其凝聚力在于:顺应地球人类生存发展的需要,体现人类的共同利益,团结一心,共同发展,保护人类生存环境,完成自然赋予人类的使命,实现人类的价值。此外,全球社会一体化的发展也为和平解决政治、经济、社会争端提供了条件。同时还能进一步使地球资源获得更合理流动,各地人民各得其所,共同奔向繁荣富足的未来,地球人类成为一种命运共同体。在这种大背景下,我国社会的一体化程度也会进一步加深,建立在多元基础上的和谐社会是我国未来社会的总体发展趋势。

二、多维超越发展趋势与城市治理颠覆性冲击:未来30年上海全球城市治理发展的新命题

一方面,多维相向运动给上海市全球城市治理发展提供了动力,但是也提出了如何纳入城市发展新因素、如何平衡各因素关系的新要求。另一方面,上海市实现全球城市治理跨越性发展的目标也增加了问题和挑战的迫切性。因此,我们认为,多维超越发展趋势给上海市城市治理带来的冲击将是颠覆性的。为了成功应对这种颠覆性的冲击,我们认为,上海市必须正视以下七个方面的挑战。

1.城市治理空间的挑战:在虚拟空间与物理空间之间

自改革开放以来,中国社会经历了两次转型。第一次是基于制度变迁所引起的社会转型,即计划经济体制向市场经济体制的转换,导致社会结构从单位社会向多元社会转型。第二次是基于技术革命所引起的社会转型,即信息技术革命导致人们生存空间从传统的单一的物理空间向现在的兼具物理空间和虚拟空间转变。由此,社会也由传统单一的物理空间社会向兼具物理空间社会和网络空间社会转变,并且网络空间社会对物理空间社会产生严重影响,甚至对其运行机制进行了重新再造。

自中国进入网络社会开始,互联网成为人们日常生活中重要的支持性

平台。由此,社会也开始由网下社会和网上社会两部分组成,并且网上社会不断在改造网下社会。网络社会使传统交往方式发生了革命性的变化,其即时性、跨区域和去中心化等特点不仅使人们可以利用网络平台建立起大量的话语交流的公共空间,而且也使人们可以基于某个原因实现快速和大范围的组织化,由此产生了大量基于网络而形成的以社会组织为核心的行动空间。网络社会的出现使政党及其各种外围组织面临全面挑战。即作为工业社会产物的、适应工业化社会交往方式的治理方式,如何或能否适应网络社会交往方式的命题被提出。这一命题是全球性的,然而对中国来说,挑战更为严峻。

应该说,为了适应网络社会的到来,上海市也进行了很多有益的探索,这些探索也取得了一定的成绩。然而与网络社会迅猛的发展势头相比,与上海建设全球城市的宏伟目标相比,仍然存在着一定的距离。上海需要进一步加强虚拟空间的建设,从而成为长三角区域和全球信息流的交汇点和枢纽,而与此同时,又要应对物理空间变化的新局面。

2.城市治理观念的挑战:在超大城市与超小社群之间

超大城市在国家治理中承担着重要使命:一方面,超大城市要引领地区和国家的现代化发展方向,另一方面,超大城市又要为国家治理贡献巨大的财政资源。为保证超大城市在国家发展和现代化中一定阶段的重要作用,上海生成了强大的管理权力。无论是公共秩序的维护,还是社会资源的配置,上海的管理能力都是强大的。随着打造公共服务型政府的深入,上海市治理观念也经历了深刻的变化。应该承认,上海市治理观念的先进性是走在全国的前列的。然而为把上海建设成全球城市,上海市必须要经历治理观念更进一步的、可能是艰难的变化。

一方面,超大城市规模大、人口多、人口密度大、节奏快。因此,有些领域中任何一点治理上的偏差都会被指数级的放大。最突出的例子是交通和传染疾病的防治。此外,超大城市对现代媒体的吸引力更是放大了大众对问题的感知,一旦不幸发生,势必损害这个城市的全球声誉。因此,上策是力图避免事故的出现。这样,在超大城市的治理中就不免把各项标准定得过高、过死;另一方面,超大城市又有复杂性、多样性和开放性的特点。除了地域、性别、年龄、贫富、阶层、种族或族群、宗教等构成的大群体之外,超大城市也存在由利益、兴趣和爱好等构成的各种各样的超小社群。这些超小社群差异化程度高且诉求比较强烈。如果治理观念只强调由于超大城市规模而产生统一性和高标准的话,如果治理观念不正视超大城市而产生的多样性和复杂性的话,势必不能有效地整合这些超小社群。此外,由于上海历史上长期形成的有效治理方式可能会导致一种观念上的思维定式,形成一种路径依赖,难以形成一种平衡统一性和多样性的治理观念。

摆在上海面前的挑战是,如何确立多维的治理理念。哪些方面需要保证治理的统一性,哪些方面需要适应治理的多样性,真正把为数众多的、潜力巨大的超小社群整合进超大城市的治理结构中,增强上海的竞争力,为上海在全球产业链分工中能够吸引和利用创新性的超小社群提供保障。

3.城市治理价值的挑战:在个人主义与共享主义之间

我国改革开放的进程是逐步建立、培育和完善市场的过程。而市场经济的一个最基本的前提要求是清晰界定产权。在实践中,清晰界定的产权要求一个明确的个人归属。因此,市场经济的发展也是个人主义价值观扩散的过程。进一步完善社会主义市场经济,让市场在资源配置中起决定性作用,在逻辑上提出了如何完善和推进个人主义的要求。我们市场经济体制的不完善使得在某些方面、某些领域这一任务显得特别的重要。

然而随着技术领域的革新,产生了与市场经济基本逻辑相异甚至相悖的因素。激烈的市场竞争和技术的进步使得有些产品和服务的生产的边际成本接近于零。这就带来了一个颠覆性的后果,即有些产品和服务是免费的。随着这一进程的加快扩散,共享主义的价值观念也逐渐深入人心。零边际成本现象已经破坏了传统的出版业、传媒业和娱乐产业的旧格局,越来越多的信息几乎以零边际成本的方式提供给数十亿受众。而这些数十亿的零边际成本的受益者逐渐把这一现象视为理所当然,共享主义价值观念也随之深入人心。共享主义本身不是一个全新的价值。在前现代社会,土地、水源、森林等资源一直是由人们共同使用的,所不同的是共享主义的技术维度,以及其带来的开放性和延展性。前现代社会的共享主义受到了天然的地理距离和团体身份的限制,而当今的共享主义已经打破了这种限制,共享变得更为开放和包容,因此作为一种价值也变得更为全面和深入。

今天的共享主义依托的是一个正在形成的全球性高科技平台,该平台的根本特点在于它可以优化共有模式的核心价值和运营原则,从而使这一历史悠久的价值重新焕发活力,并发扬光大。随着物联网的兴起,基础设施会以分散的形式配置,并促进协同共享效应,导致生产的全面优化和全球接入的效果。物联网平台会使每个人都成为"产消者",使每项活动都变成一种合作,把所有人都连接到一个全球性的社区中。

今天,上海作为长三角地区领头羊、中国经济的排头兵,承担着生产要素集散地任务,需要继续完善社会主义市场经济。此外,上海是中国联结全球的节点,全球流动性资源的共享也是上海需要进一步培育的功能。上海建设全球城市的宏伟目标,要求在城市治理价值取向上要平衡市场经济所释放出来的个人主义和新技术、新趋势所孵化出来的共享主义。只有同时驾驭个人主义的主体性和进取性力量和共享主义的协同性和合作性力量,上海才能在建设全球城市中取得丰硕成果。

4.城市治理手段的挑战:在制度创新和技术创新之间

随着移动网络的普及,互联网对社会生活的影响与重塑开始进入集中爆发期。而我们对网络社会新常态的到来,不论是在制度规范上,还是在心理准备上,甚至在思维方式上却似乎尚未做好充分准备。制度是用来规范与建构人们的行为与秩序的,制度能够切实起作用,一方面需要有明确规范与现实制约,另一方面还需要人们的充分认同与积极践行。然而制度生成与发展不是凭空而来的,而是在既有制度基础上,根据新的发展不断创新与调整的。

当今世界绝大部分的国家内制度与国家间规则都是伴随着现代工业社会以来的发展而形成的,这些制度与规则体现了现代工业社会条件下的交往方式、行为逻辑和社会结构。经过博弈、确定与实行,不论是制度规范或执行力量,还是人们心理认同或践行意愿都已经趋于稳定和适应。然而技术创新所带来的网络社会的生成打破了工业化条件下的组织方式与交往方式乃至社会结构,秩序建构的空间、逻辑与手段都发生了根本性变化。这就意味着,在工业化条件下形成的制度与规范需要自问如何适应网络社会。

改革开放以来,我们曾经历了两场巨大社会变革:一场是市场经济建立所带来的基于制度变迁引起的社会结构转型；另一场是网络社会生成所带来的基于技术革命引起的社会结构转型。两场变革时间上存在先后，但在影响过程上却产生着重叠。在制度创新上，我们首先围绕着如何适应市场经济而展开，也具有一些可借鉴的范本。而对于迅猛发展的网络社会，中国与世界却基本上是处于同步，我们并无像适应市场经济那样的参照，只能是在实践中，通过探索生成相适应的制度与规范。

西方发达国家是在市场经济充分发展基础上应对网络社会挑战。因此，可以遵循相对单一逻辑予以回应。中国却面临着市场经济深化与网络社会生成双重转型的叠加冲击。就如近来出租车停运事件所昭示的，市场本身尚未完成符合市场经济规律的改造，却直接遭遇技术革新的新命题，老行业竞争不充分、出租车司机转型、新行业缺乏认定、客人权益需保护等问题交织缠绕。这就凸显了旧规范与新发展的冲突，或者新发展无规范可循。

上海曾经是计划经济的重镇，计划经济制度形态在上海发育得最为成熟。因此，在新的历史条件下，上海的制度建构，无论是认同建构，还是形式与内容创设，都应超越固有的单一程式，遵循复合逻辑的路径，同时应对双重转型的要求。这些任务显得特别繁重。上海在创建全球城市的过程中，既要保证创新空间不受挤压以促进新的形态生成，又要协调多方利益以建构现实秩序。这就对上海在制度创新和技术创新所要求的城市治理手段方面提出了更复杂的任务。只有同时在制度创新和技术创新上取得突破性发展，并维持两者的平衡，上海才能在旧有的城市功能中创生出新的城市功能，提升上海在长三角的地位，加强上海联结全球的作用。

5.城市治理模式的挑战：在分散治理与整合治理之间

中国以政党主导的治理模式是为了克服社会的分散性与现代化建设的组织化诉求之间的矛盾而形成的。新中国成立之后，中国共产党选择以党的组织网络为基础来构建社会，由此形成了单位社会体制，从而为现代化建设奠定了组织化基础。然而这一社会治理模式能够为现代化建设奠定组织化基础，却不能为现代化建设提供持续的内在动力。于是中共中央决定实行改革开放，并建立市场经济体制，由此市场成为经济领域的组织化力量。同时，随着市场化和全球化的进一步推进，社会多元主体开始生成，特别是网络社会的崛起,使社会自主化现象开始出现。社会的分散化和多样化特性凸显出来。于是,将新兴社会力量进行有效整合,并使之转化为社会治理的建设性因素,以及使既有的各种社会治理力量与这些新兴治理力量实现有效合作,就成为新时期国家社会治理的一项重要任务。

在计划经济时期,人们依附于单位,不存在所谓的分散治理的问题。在市场经济初期,市场的契约原则使社会成员处于原子化状态;同时,所有制多元化导致单位社会衰微,党群关系所依附的传统社会基础和利益关系发生了变化,这就使治理模式构建的逻辑与原则需要调整与创新,建立与原子化社会成员的关系成为新型治理模式建构的重点。这就是所谓的分散治理。随着市场化、全球化与网络化的加剧,社会开始出现自我组织化力量,社会成员中单位化、原子化与自组织化三种生存形态并存,而与处于不同形态下的社会成员的行动逻辑具有较大差异,现有的治理模式要与这三种生存形态下的社会成员之间建立密切关系,就必须要再次进行调整,采取差异化方式,建立复合型的治理模式。而网络技术的兴起,一方面进一步放大了社会的分散化,另一方面也提供了整合治理的契机,网络技术使得各个社会群体、原子化个人能够在相同的平台持续互动和合作,网络技术的整合功能在商业上已经达到了成功的运用,如淘宝。

上海市必须针对社会成员生存形态差异化的需求,将既有的与新兴的社会治理力量都充分调动起来,建立新的具有包容性的治理框架与模式,使它们能够在这种框架和模式下实现有机合作,从而达到社会有效治理的目的。上海市的整合应该是面向长三角、面向全球的,只有把长三角内分散的行为主体吸引和整合进上海这个大平台,把在全球流动的资源吸纳进上海这个枢纽,上海才能在建设全球城市的过程中获得突破性发展。

6.城市治理维度的挑战:在全球治理与基层治理之间

全球化是我们当今这个时代的历史潮流。全球化给上海带来了信息、资本和人力资源的全球共享,提供了上海发展的契机。然而全球化也给上海带来了压力。上海市城市治理主体的行为一方面要面对全球价值和规范的评价,另一方面又要面对本土文化和当地价值的评价。

上海全球治理首先需要面对的是流动性的问题, 即如何吸引全球流动的信息、资本和人力资源为上海所用。全球化对传统的主权民族国家及国家间经济体系造成巨大冲击和影响的同时，对传统的民族国家及国家间政治体系也造成同样巨大的影响和冲击。具体而言，全球化改变了国家的地位和政府的实际角色，可能削弱或限制了政府的公共服务能力，可能会导致政府管理的空心化。上海市作为次国家治理主体当然也不能处于这种历史力量的影响之外。适应全球化的冲击，重新建构治理方式是上海在建设全球城市中的必然选择。

其次，随着计划经济体制下单位社会的瓦解，基层社会重新出现原子化、自组织化的态势。现有的基层治理主体（如村居委会）一方面要完成上级的行政事务，一方面要回应居民的自治需求，而现实情况更多的是"行政事务域"挤压了"自主域"。而且当前基层治理仍然是以街道办（乡镇）和居委会为主要决策主体，社区居民、社会组织基本没有参与到社区决策的过程中，也很难对基层政府的社会管理和公共服务职能进行有效监督。社区社会组织发育良莠不齐、参与渠道不畅，社区资源整合程度也不高，社区企事业单位掌握着丰富的资源，却并不与社区共享。基层社区作为与人们日常生活息息相关的领域，其地位、功能和作用日益凸显，在提供公共服务、反映公众诉求、激发社会活力、化解社会矛盾、协调社会关系、规范社会行为、应对社会风险、保持社会稳定等方面发挥着重要作用。因此，基层治理是畅通参与渠道、培育新型治理主体从而达到稳定社会秩序的功能。

所以上海在建设全球城市的过程中，存在着两个治理维度的张力：一方面要适应全球化，争取和利用全球流动性的资源；另一方面，又要适应基层社会结构转型的挑战，重新确立稳定的社会结构秩序。在治理的流动性和稳定性之间，上海面对着重大的挑战。

7.城市治理主体的挑战：在青年化社会与老年化社会之间

信息技术革命使互联网成为人们日常生活的一个十分重要的支持平台，它不仅改变了人们许多行为方式，而且还因此导致社会结构的变化，导致了社会权力在不同人群中发生转移。在农业社会条件下，土地是社会权力所依赖的基础，同时整个社会是以共同体化方式存在着，社会流动很少，知识和文化传承是以前喻方式进行的，社会权力主要掌握在自然权威的老年人手上,青年人完全依附于共同体,这时尚无青年概念。随着社会进入工业社会,资本和技术成为社会权力的基础。为了最大化获得资本增殖以及遵循技术积累的规律,从十七八世纪起,西方国家开始普遍建立各类学校,并提出了退休的概念,由此青年概念开始出现,青年作为后备军概念的独立主体开始生成。在工业社会条件下,青年人和老年人被制度化区隔在社会主流空间之外。在网络社会条件下,权力基础除了资本和技术之外还增加了信息。同时互联网空间所具备的无边界和去中心化的特点突破了工业社会中所形成的制度化区隔,使青年人和老年人得以进入社会主流空间之内。但是由于网络社会条件所具有的技术和信息快速更新等特点,导致了整个社会文化和知识传播特点从农业社会和工业社会中的前喻和并喻方式向后喻方式转变,从而使青年人成为网络社会中的最适应者和最主动参与者。由此,社会权力开始向青年人转移。因此,我们就可以将网络社会称为"青年化社会"。

由于经济发展阶段和计划生育政策的双重影响,使得中国即将步入老年化社会。而上海的超大城市特质和在中国现代化过程中的领先地位导致老年人群体在总人口结构占有相当大的比例,而且随着人均寿命的提高会越来越大。因此,一方面是随着网络社会的到来,导致社会权力向青年群体的转移,青年人的社会地位越来越高。另一方面,老年群体的规模越来越大,又形成了老年化社会。而老年人人口特征使得他们对医疗和社保等公共服务的需求强烈,在公共资源有限的情况下,如何平衡青年人的发展需求和老年人的消费需求,将是上海市在建设全球城市中的一个重大课题。此外,尊老和孝道是中国文化的核心观,而老年人的生命周期使得他们对网络社会适应困难。上海在欢迎青年人创新的同时,如何关注老年群体的行为特征,在建设全球城市中如何建构适应老年人行为特征的治理模式是一个困难的挑战。这不仅是有关城市发展的问题,更涉及社会的核心价值观的问题。

三、面向新型文明形态的城市治理：未来 30 年上海全球城市治理发展的新维度

全球化和互联网的不断发展，造就了城市在未来的建设和发展中也面临着新的机遇和挑战。在全球城市的建设过程中，如何面对被互联网全面渗透的物理世界，我们不仅需要从技术上不断创新，而且需要在制度上探索与新的文明形态相适应的治理手段，充分利用信息技术解决超大规模城市治理中遇到的各种问题，充分注重和发挥青年人在城市治理中的主力军作用，关注不同治理主体在新型治理模式中的互动与发展，重视区域和全球协作，构建新型治理模式。

1.适应互联网物理化，在技术上与制度上探索适应新空间理念的治理手段

随着经济社会的发展前进，互联网世界的技术创新、经济模式和人的行为模式正在深刻地影响物理世界，虚实两个世界的界限将会更加模糊，乃至交融。在社会经济发展中，互联网物理化对未来人们的工作生活所带来的影响表现在三个维度上：一是技术创新，二是重构经济生产要素，三是改变人的行为模式。一项基于"90后"的调查显示，在他们眼中，现实生活中的一切原本就与互联网世界密不可分。比起其他人，他们更期待实现更真实的三维互联网世界，而这也终将改变新生代人群的行为模式。

因此，在城市治理中，尤其是作为超大规模城市，且在全球经济发展中处于关键节点的城市治理中，不仅要鼓励技术上的创新，加大对科技创新投入的力度，鼓励人们尤其是青年人敢于创新、勇于创新、善于创新；鼓励和支持互联网行业的发展和超越，鼓励新产品、新系统、新软件的研发和推广；鼓励传统行业在现有技术水平上采取技术创新或使用新技术；鼓励人们在学习、生活和工作中学习、使用新技术。而且在城市治理的制度构建上，也要采取"互联网思维"，及时、迅速、有效地调整现有治理模式，以适应快速变化着的物联网技术和被互联网影响着的物理世界；要进一步采取促进互联网技术创新的治理手段，鼓励创新；要进一步构建基于互联网发展的网络安全保

障机制,防止在互联网发展的过程中出现信息泄露等安全事件。

2.运用信息技术解决超大规模城市治理中的信息不对称,并进一步解决整体治理与分散治理之间的整合问题

几乎所有的全球城市发展规划都注重信息技术的发展,积极打造智慧城市。作为人口规模庞大且构成复杂、城市经济与社会体系间互适性紧绷、社会阶层利益和需求矛盾激化、多元参与的社会治理机制已具雏形,但结构性问题突出的全球城市治理现状,信息技术手段的发展已成为特大城市社会治理机制创新的首要目标。作为在世界城市网络中的节点作用,全球城市不仅具有较强的集聚能力,更具有较强的辐射能力,能够对周边城市,甚至其他区域城市产生重大影响。因此,全球城市发展战略规划要关注信息化网络、数字化、智能化假设,积极打造智慧城市,在提高城市自身网络建设的基础上,提升作为全球城市的城市能级和辐射能力。

首先,要打造巨型城市群信息网络,强化全球城市群信息通信技能,构筑能有效发挥超大规模城市人口聚集优势的信息网络,要建设信息通信技术基础设施,包括建设更有竞争力的宽带网络、发展政府电子政务议事日程、推进宽带覆盖率、以电子信息来支撑城市商业发展、促进智能电器进入家庭和传统行业等措施,从而提高物流、服务、金融、信息的枢纽功能,促进城市内部各产业生产力和居民生活品质。其次,不仅要大力建设硬网络,即传统的陆海空"三位一体"的交通网络,而且还要充分利用网络信息技术,如互联网、手机网络、物联网等打造城市软网络,将其与周边城市紧密联系在一起。再次,要充分利用大学、社区、企业等研发资源积极打造科研网络,实现科研成果的最大化利用,从而推动产业发展和城市能级的提升。最后,还要构建城市内部网络,如网络化办公、街区、居民之间的网络等。通过构建一个具有信息自主收集与分析功能、给予共享平台、最终能实现预报预警的信息系统,全球城市的网络建设不仅提升了城市竞争力和吸引力,而且增强了其在世界城市网络中的节点作用,营造了产业发展的良好环境。

总之,在全球城市的建设中,信息技术的发展都是重中之重,注重以"智慧城市"建设为代表的信息产业发展及对其他产业的拉动作用,利用物联网、云计算、"三网合一""4G"无线通信等技术机遇,通过"智慧城市""云海计

划"等工程加快信息产业的发展,带动信息电子产品制造等制造业的发展,同时带动"智能电网""智慧医疗""智慧教育""智慧城管""智慧生活"等产业的发展,打造强大的包括网络金融、电子商务、电子通关、电子书、数字出版、动漫设计、软件开发、智慧交通、城市安全管理、智慧医疗、远程教育等产业的信息产业链,抢占未来战略性新兴产业发展的制高点并提供大量的就业机会。

3.把握共享主义与个人主义张力,运用好这两方面在新形态下超越性特点,建构新型治理机制,解决整体治理与分散治理之间整合的价值基础

在"新公共管理已经寿终正寝"以及数字化时代已然到来的背景下,整体性治理首先表现出的仍是对新公共管理改革所造成的碎片化、空心化政府的战略性回应。它以有效回应公众的整体诉求为核心价值取向,尊重公民权、民主治理和公民参与,主张简化和变革政府与公众之间的关系;重视政府服务的目标与结果,为组织设计提供了以顾客和功能为导向的创新策略;作为核心内容,它构建的整体性治理的网状结构经由三个层面(治理层级间、治理功能间、内外部组织间)整合关键活动完成;提倡充分运用现代信息技术,通过互动信息的收集、建立基于共享平台的数据库以及数据库升级获得监视和预测功能构建治理的智慧网络。整体性治理关心如何更为有效地处理公众最关心的问题,即以公民诉求为出发点。第一步,首先确立治理目标;第二步,立足于责任感的三个层次(宪法、法律、管理)实施治理层级的整合;第三步,作为公共管理范式的整体性治理将被制度化;第四步,一个具有信息自主收集与分析功能、给予共享平台、最终能够实现预报预警的信息系统将被建立起来,成为整体性治理的技术支撑与现实工具。

特大城市的社会治理直面日趋紧张的社会关系与日益严峻的社会风险,当突发事件频发已经成为治理常态,唯有以逆碎片化的思维,站在整体性治理的视角,全面整合社会治理全过程,才能变被动为主动,创造特大城市和谐发展的治理局面。

第一,要建立特大城市社会治理表达机制,要求政府、自治组织、私人部门、第三部门和公民共同参与利益表达,由政府提供拓展需求和利益表达的渠道,使多种治理主体参与到表达环节中来,改变过去由政府单方面"为民

做主"的情况。

第二,建立特大城市社会治理决策机制,通过建立公私部门之间积极有效的合作,共同形成公共权威和公共秩序,集合各类治理主体,实行自上而下和自下而上的双轨并行决策机制,确保特大城市社会治理决策的有效性、民主性和准确性。

第三,建立特大城市社会治理筹资机制,除了政府部门之外,应该采取积极措施,引导私人部门和国际组织参与到特大城市社会治理筹资活动中,如教育、医疗保健、社会救济领域等,有效地吸引社会资本能够进一步促进政府治理的创新。

第四,要建立特大城市社会治理生产机制,通过采取与私人部门合作的生产方式,与私人部门建立诸如特许经营权、托管制和政府采购等公私伙伴关系,以更好地满足社会多元化的需求。

第五,建立特大城市社会治理评估机制,将政府、自治组织、私人部门、第三部门和公民都引入到评估过程中,坚持公开透明的原则,建立科学有效的评估标准和评估程序,以保证特大城市社会治理中及时地反馈与纠偏。

第六,建立特大城市社会治理问责机制,根据整体性治理从结果到结果的方法,界定清晰问责范围,规范公共治理过程中的监督问题,建立多元主体之间相互制衡的问责机制。

4.适应青年化社会趋势,鼓励青年创新,充分重视青年社会治理的主体性特征与主力军作用

青年群体是社会发展和社会变革的重要力量,青年参与是实现青年价值的必然途径,是政党建设和国家发展的一项重要战略。随着全球化和互联网的发展,社会治理网络参与的成分在不断增多。在这种新的网络参与的过程中,大多数又是青年人群的参与。在新的治理体系的构建中,与以往社区参与中老龄化特征不同,青年人的政治参与在社会治理中越来越多地得到体现,尤其是在新兴的网络治理中。自2008年以来,我国青年自组织参与社会建设行动开始呈现普遍性增长的趋势。这种趋势主要体现在三方面:一是大量的青年自组织开始生成,并逐渐走出以往自组织"自娱自乐"的趣缘型结社形态,而开始介入诸如环保、慈善、公共安全、抗灾等相关社会建设领

域;二是在参与社会建设过程中,青年自组织形成了一套参与社会建设的动员体系,许多自组织周边都凝聚起了一批专注于某一事业的青年队伍,而且有的队伍已有相应规模;三是许多青年自组织正是通过社会建设形成了自身的专业领域视角,找到了自身关注重点,从而通过热情与专业的结合使之成为一种社会发展过程中的行动者,甚至被认为是一种决定未来发展的力量。如何发挥青年在社会治理中的主力军作用,成为新形势下社会治理的重要问题。

首先,要进一步加强党的青年工作。其次,要强化社会建设的项目对接。青年通过自组织参与社会建设是党、政府、企业和社会汇聚的结果,汇聚点就是工作的交互点,因此,要强化这几者之间的对接,如可借鉴目前商业组织 B2B(集体对集体)、B2C(集体对个人)的方式,搭建网络平台,使青年通过青年自组织参与社会建设实现有序化,避免资源浪费。再次,要对青年自组织进行"吸纳式"管理。当前的青年自组织还多是草根的形态,这一方面是社会活力的体现,但另一方面也对社会稳定具有一定威胁。因此要通过一定的方式对其进行有序管理,如组织相关协会、举办沙龙与其进行合作。最后,实行"阶梯式"的培育方法。对于青年组成的自组织,应该形成一套阶梯形流程,从对有意愿个体的培训开始,到尝试、孵化,再到登记、注册,最后到初期扶持性项目支持,从而培养出一批具有一定政治敏锐性、社会责任感,能够做大做强的青年自组织,以推进青年群体在社会建设中的主体作用。

5.关注青年化与网络化、全球化等多因素结合的新型社会交往与社会动员模式,推动既有各类政治组织、政府机构等组织形态与运行机制的创新与发展

在互联网和全球化的影响下,原有的社会交往和动员方式发生了巨大的变化,其最重要的特征就是公民,尤其是青年人的网络参与意识和能力不断增强。由于技术创新的脚步快于制度创新,在互联网普及的情况下,大幅度增加的网上政治参与也出现了不少的问题和矛盾。在这种情况下,如何适应变化了的形势,最大限度地促进社会稳定和社会和谐,急需构建政府有效治理和社会自治良性互动的复合治理格局。复合治理,主张治理主体的多元互补合作,资源的整合与组织的协同,治理空间的开放性,治理方式和成效

的共建共享性;强调构建国家主导、社会自主、公民积极理性的良性互动结构。在当前新的形势下,党的领导与公众参与的力量互动,政府规制同社会自治的合作互强,增能政府与赋权社会的机制互补,优化和创新社会治理的主体结构,推动各类政治组织、政府机构等组织形态与运行机制的创新与发展。

第一,党的领导与公共参与有机互动。中国共产党是中国特色社会主义事业的领导核心,也是政府进行有效社会治理的保证。在治理过程中,要把领导同公众参与的力量有机结合起来,党组织通过引导社会行为方式和价值取向,积极践行群众路线,通过积极有序地组织和引导群众参与公共事务活动,并逐步使自上而下的单向动员和组织转向官民交互影响,通过对群众路线的创造性转换,实现和参与使民主耦合协调发展,不仅有利于丰富群众路线的内涵和拓展公民参与的广度与深度,还能够形成良好的社会治理。第二,政府规制同社会自治合作互强。政府规制强调政府的权威和社会的服从,而为了实现动态的可持续稳定,需要控制与引导相结合。要建立健全社会运行状况的监测体系、预警系统及危机协调机制,切实提高政府社会治理的科学性、有效性和针对性,同时要引导社会成员通过合法的途径理性表达自己的利益诉求与愿望,健全政府回应和问责机制,形成权责明确、运转高效的管理体系,保持社会稳定和谐。第三,增能政府与赋权社会机制互补。即从转变、提高政府社会管理能力和增强社会自我管理能力两方面着手,政府将部分公共事务通过政府购买社会服务的方式交由社会组织承担,发挥社会组织、社会公众在处理自身事务上的主动性,形成政府与社会合作、多元主体共同治理的局面。

6.重视在全球化背景下推进区域合作和境内外合作来解决超大规模城市所带来的问题

在全球城市的建设中,诸如上海这样的超大规模城市,像早发全球城市伦敦、纽约和东京一样发展成为单一、独立的全球城市已经不可能,而更多地将成为与周边区域共同发展基础上的"核心城市"。也就是说,要在长三角区域共同发展的基础上,上海居于领头羊的位置,在这个基础上发展和建设全球性城市。而这样的发展模式也正好契合了全球城市在世界和本区域经济政治发展过程中的核心及辐射作用。

在我国的城市化进程中,区域的协调和发展一直存在诸多问题,如区域的重大基础设施铁路、公路、航运、航空等多种设施之间缺乏有效的配套与衔接,资源浪费与设施短缺并重;缺乏有效空间管制,空间开发和分工秩序不合理;区域政策缺乏衔接,尚未建立由市场和企业为主导的区域竞争协调机制等,都给城市治理和城市协调发展造成了严重的影响。在打造全球城市的过程中,在自身发展建设的过程中,同时要注重同周边城市的协调和互补。

第一,在全球城市的建设中,我国城市要注重发展在区域发展中具有优势的产业。要大力发展高端服务业,促进服务业能级提升,特别是要重点发展提供全球性服务和区域性服务的生产性服务业,建立面向亚太地区和全球的现代服务业中心和高级服务业生产基地。聚焦发展先进制造业的高端领域和高端产品,鼓励企业形成高端制造、制造服务和资本控制的能力,将工业投资重点从扩大产能转向产业链和软实力投资,使产业升级的重点从产品升级和技术升级转向产业链升级。大力推进产业融合发展,充分发挥上海信息化水平较高、市场容量较大、运行比较规范的综合优势,使上海成为新兴融合型产业集聚度最高、发展最快的地区。"以拓展能级为重点"发展总部经济,更多地推动城市功能向高端制造、金融、航运、贸易以及创新研发为一体的国际总部经济基地转型。

第二,要注重区域、产业之间的"网络联系"和联动发展,加强中心建设与区域经济之间的联动,城市各区县产业做好联动发展,充分利用当前发展面临的良好机遇,大力推进园区、社区、学区"三区融合",积极推进与大型国企、高校、科研机构的联动发展。作为现代化国际大都市的中心城区应做好与纽约、伦敦、东京、新加坡等全球城市,以及北京、深圳等国内先进城市之间的联动、比较发展,拓展发展的视野、标准和水平。在郊区和县做好产业、城市建设和交通的联动发展,利用新城建设大力发展现代服务业,尤其是生产性服务业,发展"地铁上盖经济",促进现代都市农业与城市化、工业化发展的联动融合。各区县产业做好与其他城市产业发展之间的联动、与国内外其他城市产业发展之间的联动,充分利用全球化带来的机遇,通过与区域和国内外其他城市的联动促进自身的发展。

四、对标未来发展趋势与判断治理发展方向：未来 30 年上海全球城市治理发展的新重点

从总体上看，未来全球城市发展更加强调社会各个方面的多维相向运动，这意味着社会个体的需求一方面朝更加个性化、多元化、本土化的趋势发展，而另一方面社会治理的供给朝着强调流动、沟通、互动、共享的定制化、规模化、参与化的趋势发展。上海未来的治理模式就要充分适应这个时代发展的趋势，在这种多维相向运动中，在全球城市治理的维度上达到平衡和统一。

（一）大数据与移动互联行业带来经济和社会形态的超越性发展

近年来，大数据在经济领域的应用和移动互联行业呈加速度发展趋势。必须指出的是，移动互联网的发展并不仅仅是个别行业的创新与发展，而是引领和开启了一个新的时代。可以预见，未来 30 年以移动互联为基础和支撑的商业形态将进一步塑造和改变社会形态，实现社会形态的超越式的发展。大数据与移动互联网给新时期的城市治理带来了一定的挑战：第一，移动互联网通过对大数据的应用，在社会服务层面提供了质量更高、更精确、更有效的社会服务，与高质量的经济社会服务相比，目前的公共服务和治理在反应速度和治理质量方面处于劣势。第二，随着经济和社会服务水平的提高，城市居民对公共服务的质量要求也随之升高，这进一步增加了公共服务和公共治理的压力。如果公共服务和治理的能力不随之提高，就会带来在个体体验和心理上的社会挫折感。这都给上海城市治理带来了巨大挑战。但是从另一个角度讲，挑战的另一方面是机遇。所谓国家治理体系现代化，对我国从根本上说就是构建一个能够应对社会多元发展和个性化需求的治理体系。虽然国家和各地进行了一系列创新性探索，但目前仍然未找到真正有成效的载体和抓手。移动互联时代的全社会数据化和相应的大数据分析技术能够和个体需求和行为习惯进行准确定位和分析。这也给政府的公共治理提供了重要工具。

(二)现有城市治理体系需要适应经济和社会形态变迁实现整体性重塑

因此,未来30年内,上海的城市治理体系能否在移动互联和全球化的时代更加有效地适应经济和社会形态的变迁,是一个极其重要的命题。在新的社会形态下,城市治理和公共服务应该是以服务需求为中心的。第一,这种需求是多元化的、个性化的,除了个性化、定制化以外,随着大数据的发展,这种需求还是随时随地与物理空间相结合的,未来城市公共服务也需要实现这方面的功能。第二,服务的方式应该是参与的、共享的、体验的。所谓参与的是指公共服务需要调动服务需求者和提供方的共同参与;所谓共享的是指公共服务需要是开放的而非封闭的;所谓体验的,意味着公共服务需要以需求者为中心,注重服务对象的个人体验。但不得不指出的是,当前的城市治理体系在此方面仍然存在着较大差距。现有城市治理体系仍然有很强的单位社会特征,单位制时期,社会治理主要依靠不同条线的单位资源来完成,提供的主要是与个体身份制度相结合的差别化服务。改革开放以来,随着社会形态的转型,国家通过一系列措施加强了针对城市居民的普遍化、一体化的公共服务,但是旧的城市治理体系越来越面临着转型难题:第一,现有的城市管理体系仍然是以部门对应和部门区隔为基础的,这使得既有的强行政、强管理的治理体系不能适应社会转型的需要。第二,城市治理目前仍然是以户籍和身份制度为基础的,因此总体上仍具有差别化的公共服务的特征。未来上海城市治理模式必须实现城市治理体系的整体性重塑。

(三)政党治理在新的城市治理体系中仍然发挥着至关重要的作用

从世界发达的国际化大都市的发展历史而言,大部分城市依靠着市场的推动力量,同时也有一部分城市得到了国家发展战略的引导。对于上海而言,在相当长的时期内,全球城市的治理所依靠的在很大程度上是政党的作用。政党的领导作用、组织力量和各项功能的发挥,都是作为中国的全球城市的上海在未来的重要治理力量,这也应当是上海城市治理模式有别于其他城市的重要基本特征。未来30年,在城市社会形态面临根本转型的背景下,政党组织在新的治理体系中应该发挥何种作用? 正如前所述,中国的城市治理体系仍然有着比较多的单位制特征,表现为以管理为导向,部门区隔化明显。这种部门区隔在城市治理中留下了治理缝隙,影响了城市治理的能力和质量。未来城市治理体系的转型,其关键一步就是通过体制内整合性力量实现政府部门的职能重塑和流程再造。而政党恰恰是体制内最重要的整体性资源。党组织在治理体系内的全覆盖和民主集中制的特征,使得政党有条件、有能力发挥资源整合、部门整合和进一步推进改革的重要作用。因此,在未来的城市治理体系中,政党体系仍然发挥着至关重要的作用。

(四)全球城市和新型城市治理需要社会多元力量发挥主体作用

在全球化、多元化、个体化社会背景下,城市治理已经不能够仅仅依靠政党或政府的单维度主体,而必须引领和鼓励更多的社会主体力量的参与,多元的需求只有通过多维度的服务提供方才能得以有效实现。因此,上海未来30年,就是多元社会主体在一个共同的平台上共同参与、互动和共享的30年。这种多元主体总体上说分为以下层面:

一是各类经济和社会组织。近年来虽然社会组织的数量增加很快,但社会组织参与公共服务和公共治理的渠道和质量仍然不高。未来的城市治理应该进一步重点开发社会组织参与公共服务和公共治理的渠道和模式。

二是政府组织。对于公共服务和公共治理来说,政府仍然必须是主导性的力量。但是政府发挥主导性作用的方式必须有所转变:政府首先应守好公共服务和公共治理的底线, 对社会无法自主提供的服务和治理问题进行解决,同时查处和惩罚各类违规违法行为。此外,政府要逐渐由"以我为主"的治理方式转变为"提供平台、多元治理"的治理和服务方式。

三是政党组织。政党组织要重点发挥好政治整合作用。这种政治整合不仅仅是指政党对社会力量的政治整合,同时也指政党对体制内单位化、部门化资源和主体的整合性作用。

四是国际组织。作为全球城市,上海未来要更多地参与全球范围内的区域和城市治理,而在全球城市的条件下,国际组织必然增多。

因此,就基本判断而言,必须预见到未来要对国际组织的影响进行充分估计,上海不仅要建立合理接纳外来国际组织的制度与规则,同时更应当注重发展由中国主导的国际组织，并积极利用国际组织的建设来提高上海与中国的国际影响力和全球治理的参与水平。

(五)智慧性的技术治理是上海全球城市治理模式的基本手段

从技术角度而言,网络技术的创新必然会深刻影响未来的发展。在这种情况下,网络技术一方面会深刻改变人们的社会交往方式,形成新型的社会交往方式和社会形态;另一方面也要求党与国家必须根据新的经济社会状况进行自身的组织形态与治理方式的再造。因此,就上海未来30年城市治理模式的发展来看, 城市治理体系的转型必须充分运用好大数据和移动互联行业的技术手段,进一步推动智慧城市建设,实现智慧性的技术治理。

第一,要通过移动互联技术的应用,充分获取社会各类数据和信息,并通过大数据的分析对不同类别的社会需求进行分析汇总。第二,通过智慧技术的应用,修正和开放政府数据,使政府数据更好地为社会公共治理服务。第三,通过智慧技术的应用,构建多元参与的公共服务平台,使各类社会主体和社会组织能够通过这一公共平台发挥服务功能和作用。第四,通过智慧技术的应用,逐步实现政府部门的职能整合和流程再造,为社会治理体系的整体性转型创造基础。

五、构建面向新型文明形态的城市治理模式:未来30年上海全球城市治理模式发展的新战略

据上述分析与判断,针对上海现有发展不足等问题,我们认为,2020—2050年,上海全球城市治理模式发展在具体战略选择上应该在以下五方面进行创新与突破。

(一)重构城市治理格局:上海全球城市治理模式发展的战略选择之一

以目前的全球化、市场化与网络化速度,以及2020—2050年期间可能的加速度法治情况来看, 我们认为作为全球城市的上海治理的空间与格局将发生根本性变化。为此我们认为,总体上首先应该在以下四方面重构城市

治理格局：

1.重构治理空间

上海作为全球城市的治理体系，在治理空间上不应仅仅局限于上海市自身，同时要立足开放合作的原则，重构国内与国际、上海与其他地区之间的空间关系。

第一，重构国际与国内治理空间的关系。随着全球化的加速，作为全球城市的上海，将成为连接国际与国内主要节点之一。这就意味着国际与国内在这里将实现高密度的交集。上海不仅要有自贸区这样的实验，而且还要有其他方面治理，在机制和制度上进行探索。一方面要形成能够跟上国际发达城市治理模式的机制与制度，另一方面要形成对外辐射能力。我们不能单纯地处于接受外来辐射的状态，而是应该要有对外辐射功能：一是要让尽量多的国际组织到上海来设立机构，甚至可以将大批国际组织总部设在上海，从而引进既有的对外辐射机制；二是要建立大批国际组织，具有对外辐射的自主性主体。

第二，重构上海市内、上海与长三角、上海与国内其他地区之间治理空间的关系。上海市内治理空间重构应该在中心城区与其他城区之间进行公共资源等合理安排以及功能再定位。上海与长三角以及上海与国内其他地区之间治理空间关系重构需要在两个维度上予以把握：一是治理主体关系，二是治理空间关系。前者重点应该推动政府间关系重构以及社会组织之间关系重构，后者应该充分应用互联网空间超越物理区域特征来实现空间关系重构。

第三，重构物理空间与网络空间关系。要实现上述两个方面的空间重构，就需要通过一定的方式让不同物理空间内实现交流融合。在此方面，互联网提供了很好的技术手段和工具。因此，治理空间的重构需要重视网络空间与物理空间的重构。主要包含两个方面内容：一是如何将上述四方面的物理空间关系在网络空间层面以有效治理为目标实现整合，二是在网络空间内对各类主体和各类对象进行整合构建新型的主体关系。

2.重构治理主体

在治理主体层面，现代社会治理主要趋势是多元主体的参与和互动，这主要是由现代社会的多元化需求而决定的。但从中国长期以来的治理模式来看,城市治理中仍然主要是以强政党或强政府为主的治理格局。因此,未来上海城市治理必须在治理主体的层面重构治理格局。

第一,构建政党、国家和社会三强的治理格局。综观世界其他国家的城市发展,一般是以政府与市场为主要博弈力量。而中国国家治理的最大特殊性在于治理主体是以政党和国家为中心来建构的。随着全球化和信息化的发展,未来中国的城市治理模式将更加重视社会的主体性力量,形成"政党、国家、社会"三强的治理模式。其中,以执政党为中心,发挥国家与社会在社会治理中的综合性作用。

第二,支持社会力量在城市治理中发挥主体作用。对于上海这样一个国际大都市来说,尽管社会组织等社会力量的数量和治理超过了国内大多数其他城市,但总体而言,社会力量参与公共治理的意愿、渠道和质量都仍然不足。未来上海城市治理模式的构建要通过一定的体制机制构建,鼓励社会力量参与公共治理和公共服务,特别是参与一些多元化、个性化、定制化的社会公共服务和公共治理。

第三,政党主要发挥整合性作用。一直以来,党的组织体系和组织力量在城市治理中实际上发挥着统筹全局与协调各方的作用,这在一定程度上决定了中国城市治理的发展在基本条件与逻辑上与世界其他城市存在相当大的区别。与此同时,中国城市治理体系的转型也需要政党发挥好引领和整合作用。所谓引领,就是政党要主动推动各类社会力量的调整以适应社会治理;所谓整合,就是政党在走向逐渐分化的社会治理格局中整合和重构主体间关系,保证社会治理体系的一体化。

第四,政府要守好城市治理的底线。在现代社会治理体系中,政府不再是单一的社会治理主体,但政府仍然必须扮演好两个层面的角色:一是做好社会治理的引导者和主导者;二是守好城市治理的底线,承担起非市场化、非商业化、非社会化,但同时又重要而必需的社会治理职能。

3.重构治理机制

这里主要是指对各类制度及机构设置等进行重构,包括以下方面:

第一,重点推进政府管理机制的重构。目前,政府部门在管理体制上仍然是以部门区隔为基础,其特点就是市、区、街镇三级部门同构,"上下一般宽"。但在治理职能上部门割裂,存在"三不管"的治理缝隙。未来城市的整体性治理除了要求社会层面多元力量的整合,其前提首先是要重新实现政府部门的整体性。改革以来,上海通过多次的职能和机构调整,通过个别区县和街镇的先行探索,已经积累了许多成绩和经验,但仍没有形成明显并可以普及的治理模式。在此方面,未来 30 年上海城市治理必须完成这一任务。

第二,构建开放性、参与性和合作性的平台型治理机制。要实现政府管理机制的重构,首先是要实现治理思维的转变。从原先的以政府管理为中心、以工作任务为中心转变为以服务需求和服务对象为中心。在此基础上,以政府部门整合和职能重构为基础,推动多元社会力量参与社会治理。这意味着未来上海城市治理模式应该是一种平台型治理模式,即由政府来搭建连接社会需求和服务提供方的平台,使参与社会治理的各类社会力量在治理平台上互动,并通过这一平台形成良性的互动网络。这一平台的特点是:①开放性,准入门槛较低,各类社会力量只要达到一定的资质都可以加入;②参与性,强调个体的参与,同时也强调个体的体验;③合作性,推动国际城市之间、区域政府之间、各类社会组织之间建构新的合作平台,形成一种新型的多层次内部合作性机制,以推动上海作为全球城市的国内节点辐射和吸纳功能。

4.重构治理手段

重点是指将互联网手段与传统手段结合起来运用。前期来看最重要的是开发互联网手段,突破一系列障碍,将这些手段用来改造传统政党组织形态和政府组织形态等。

第一,重视大数据与移动互联技术在社会治理领域的应用。目前来看,上海城市治理的转型,重点要运用大数据、数据可视化、云计算、移动互联等互联网技术。互联网技术及其未来发展也给城市治理模式的转型和重塑提供了工具和契机。值得指出的是,上海作为改革开放的前沿城市,移动互联等技术在商业领域的广泛运用为其进一步进入社会治理和公共服务领域提供了条件。目前,上海部分部门和区县也已经开始了有关探索。通过移动互联等技术,城市治理模式有机会和条件尽快实现从"以部门管理为主"到"以服务需求为主"的转型。

第二,注重互联网手段与传统手段的结合运用。不过,必须注意的是,互联网技术发展到当前阶段已经不仅仅是信息的快速流通和虚拟空间的交往互动行为。物联网、基于地理位置的移动互联网在各个方面的快速发展已经在网络虚拟空间与现实物理空间的结合方面展现出新的趋势。这同时也催生了一大波新兴产业和行业,并极大地推进了社会治理和社会服务的升级。因此,在治理手段和治理技术方面特别要注意互联网与传统手段的结合运动。

(二)创新政党组织形态:上海全球城市治理模式发展的战略选择之二

在中国国家治理体系中,政党具有很强的治理功能,政党领导与治理也是中国治理模式特点之一。为了实现"三强"模式目标,未来政党发展必须根据新的时代要求推动自身转型,对于上海来说,这种转型应据全球城市治理需要,推动党的组织形态重塑。具体来说有以下四方面对策:

(1)打破体制内组织区隔,重建政党整合社会的组织体系的整体性。应该着眼于有效整合社会力量,重建政党组织内部各个部门与党组织群团组织之间关系,推动党建带群建的实质性进展,分层次推动政党整体性重塑工作,对市、区与社区、与基层等不同层级的要差异化对待。

(2)打破组织间体制区隔,重建政党整合社会的治理体系的整体性。应该对分布于不同体制空间内,以及不同管理条块之间的党组织进行架构整合,推动区域化党建升级和发展。一是要提升其层次,比如可以上升到区一级或更高一级;二是扩大区域范围,比如不同城市之间;三是丰富区域化党建内部的机制与体制创新与发展,以适应不同层级、范围与对象。

(3)打破体制区隔,推动社会力量转化为政党建设与治理社会的力量。应该充分认识到,社会自我组织化速度与强度将进一步提升,如何将自我组织化力量有效进行整合以及将这些力量转化为政党服务民众与治理社会,乃至服务党员和激活党组织的资源、手段和机制。因此,需要设计能够有效整合这些组织力量以及将其转化为政党资源的新型组织形态。目前在共青团中已经有了一定探索,可以在此基础上进行发展与创新。

（4）运用互联网思维，重塑政党组织形态。随着网络化深入，互联网对社会影响越来越深广，它彻底改变了人类交往方式，并由此导致了人类生存形态的变化。政党是在工业化背景下形成的，适应工业化时代人类交往方式的政治组织，进入互联网时代之后，如何适应互联网背景下的人类交往方式而推动政党组织形态创新，将关系到政党可持续生存与发展问题。因此，我们认为应该根据互联网思维，重塑政党组织形态，在这方面共青团也有了一些探索，党组织应该充分关注。

（三）整合多元治理力量：上海全球城市治理模式发展的战略选择之三

全球化、市场化和网络化之间是相互激荡和相互促进的，在这一过程中，社会力量被急剧开发出来。在未来 30 年中，各类社会力量还将进一步被激发出来。然而不论是对中国还是对世界来说，未来 30 年将是两个逻辑的并存：一是社会多元力量加速迸发，二是对这些社会多元力量与既有各种社会治理力量与机制之间的融合将同时推进，并逐渐稳定，形成新的治理形态以实现秩序。为此，我们认为上海也应该同时重视两方面工作，即一方面推动更多社会力量得以涌现与发挥作用，二是推动多元治理力量的有效整合以构建新型治理形态。具体来说，以下方面是重要的：

（1）重视国内社会力量的发展。这种社会力量主要指个体力量与社会组织力量。个体化趋势加强背景下，个体力量通过网络将转化为一种组织力量，同时作为一般性个体力量参与对具体问题与政策的制定、落实都具有十分重要的作用。社会组织力量通过市场化、网络化与全球化推动，将继续迅猛发展，成为重要治理力量。

（2）重视国际组织力量的发展。随着全球化与网络化的提速，以及上海作为全球城市的发展，国际组织将对上海治理产生更大影响，这些国际组织除了政府间国际组织外，更多的将会是以某种功能为基础的一般社会性国际组织。这些组织背景复杂，影响也将具有两面性，关键在于我们如何去整合与互动。同时，随着上海全球城市地位的提升，我们也将具备走出去的功能。因此，我们也将建立各类具有国际性影响和网络的社会组织，我们认为应该将这一工作上升到战略性层面予以对待。

（3）重视对多元社会力量的整合机制构建。多元社会力量发展是一个重要趋势，未来 30 年，上海除了要继续创造让这些力量良性发展的环境与条件外，很重要的一项工作，就是构建有效整合这些多元力量的机制，使其与国家力量与政党力量形成有机衔接。这一任务完成，需要在三方面下功夫：一是构建相应对接机制，二是推动国家机构与机制转型与创新，三是推动政党组织形态转型与创新。

（四）适应网络社会治理：上海全球城市治理模式发展的战略选择之四

网络技术更新换代日新月异，异常迅猛，网络社会不仅改变了人们生活方式，而且也改变了人们交往方式与生存形态。未来 30 年这一趋势更是明显，虽然无法对此做出准确判断，但是趋势还是可以把握的。网络技术迅猛发展，将使现在已经出现的网络社会进一步成熟，新一代人将完全成为网络社会的原住民。为此，适应网络社会治理将成为上海全球城市治理模式发展的重要战略。虽然我们无法对未来做法和模式提出具体对策，但是我们基于对未来判断和分析，对于未来一段时间内应该重视的工作提出建议：

（1）对新一代网络社会及其"原住民"进行充分研究。一是应该加大对网络社会基本特征与运行逻辑的研究，并转化为现实运用。因为从进入 21 世纪以来，网络社会初步生成，其内在运行、内在规律已经基本呈现，可以通过研究予以把握，并作为指导实践与创新的依据。二是应该持续跟踪互联网前沿技术发展，以及对社会治理等可能产生的影响会是哪些进行充分预测。三是应该加大对出生于互联网时代的社会成员特性进行研究，以把握其行动和思想逻辑，以及可以对社会治理提出哪些新的要求。

（2）吸纳各类网络社会组织与个人力量参与社会治理。网络社会出现，不仅生成了网络空间，而且也对网下空间产生影响。在网络社会背景下诞生的大量网络社会组织与网络达人们，是适应网络社会条件下的人们交往方式的，因此应该在社会治理中充分吸纳这些组织与个人参与。因此，探索有效的吸纳机制是目前就应该启动的工作。

（3）推动国家与政党适应网络社会，全面推进转型。网络社会的到来改变了人们交往方式与参与方式等，因此国家机构与政党组织的形态也应该进行转变与适应。在这一方面,网络技术和网络社会治理需求正好可以从技术上推动国家与政党组织形态的转变和转型。

(五)定型中国民主法治:上海全球城市治理模式发展的战略选择之五

民主与法治是现代国家治理的要素,但是如何实现及实现方式如何,却需要根据不同国家与不同时期的条件作为支撑。市场化、全球化与网络化的深化,不仅是中国治理模式需要改变,而且西方发达国家的治理模式也需要转型。包括民主与法治的实现形式。对于未来30年上海发展来说,民主与法治建设同样需要发展。具体来说,我们认为以下方面是需要重视的:

(1)推动协商民主的发展与深化。随着全球化、市场化与网络化的深入,在现代政治实践中代议制民主的局限也愈发凸显, 协商民主发展就被提上了议事日程。对于上海未来30年来说,基于治理有效性,我们认为应该加大开发协商民主空间,全方位推动协商民主在体系层面、多维空间和参与主体等方面发展。一是在体系层面,应该加大协商民主多层次的体系建设。二是在空间层面,不仅局限于物理空间,也同样应该在网络空间内展开,并且应该将网络空间内协商民主发展作为重点之一。三是在参与主体上,应该让尽可能多的主体参与进来。

(2)提高政党整合民意能力。在互联网条件下以及个体化表达日益普遍条件下,西方多党制局限也愈发明显。然而政治意见最终还是需要得到整合的,因此,中国共产党领导与长期执政的优越性就得到凸显。不过要能够使这一优点得以实现,还需要政党予以创新与发展,其中关键之一就在于能够提升其整合民意的能力,具体来说,以下三点是重要的:一是发挥群团组织整合民意作用,二是利用大数据以及其他网络技术实现有效整合民意,发挥智库等作用,实现对民意的整合,三是有效整合不同社会组织对不同群体的利益表达。

(3)推动法治进一步发展与完善。党的十八届四中全会提出,全面推进依法治国,标志着中国已经进入国家治理形态定型阶段。未来30年,依法治国将成为重要的政治运行方式。上海全球城市治理模式发展许多内在方面需要通过依法治理,这就要求在法治方面进一步完善,使完善法治为有效治理提供保障。对于上海建设全球城市这一目标与特点来说,法治建设发展在以下三方面是重要的:一是处理好地方法治实践探索与国际具体法治方面的对接问题,二是上海法治建设能够支撑上海治理发展对法律制度的需要,三是将行之有效的实践经验上升为法律制度。

中华民族伟大复兴需要推动家庭建设发展*

  在今年春节团拜会讲话中,习近平总书记重点强调两方面内容:一是全面深化改革和完善中国特色社会主义对中华民族伟大复兴的意义,二是家庭建设对国家发展、民族进步、社会和谐的意义。由于是在全面深化改革元年后的第一个春节,总书记借中华民族最重要的传统节日将二者结合起来阐述,那么我们可以得出一个判断,那就是在中央看来,中华民族伟大复兴,除了需要进行全面深化改革得以最后实现外,还需要通过推动作为社会基本细胞的家庭建设的全面发展。

  马克思主义认为,一定历史时代和一定地区内的人们生活于相应的社会制度,一方面受劳动与经济的发展阶段的制约,另一方面受家庭的发展阶段的制约。人类文明形态的发展,就是通过不断推进上述两方面的进步而获得的。因此,作为马克思主义政党,中国共产党在成立之日起,就以立志在中国推动上述两方面发展,在实现中华民族伟大复兴过程中,实现人的自由而全面发展为己任的。

  中华民族是世界上唯一没有中断过自身历史的文明体。在长期历史进程中,文明渐进发展的特点,使一个阶段发展总是以上一个阶段发展成果为基础的,并且文明各要素之间也形成了内在的有机化。农耕文明使原始社会后期出现的基于血缘的家庭,成为社会整合的根本力量与基本形式,以及影响社会与政治制度的基本内容与重要因素。正是以此为基础,中华民族创造了非凡的古典文明。

  随着现代化浪潮对中国的冲击,古典文明开始在中国衰落。如何建构现

---

  * 本文刊发于光明网–理论频道,2015 年 3 月 18 日。

代文明以实现中华民族伟大复兴，就成为一百多年来中国发展的核心命题。现代文明与古典文明之间存在着质的差异，为了使现代文明能够快速生成，中国选择了通过革命来排除传统力量的干扰，这就是所谓的"推翻旧社会，建立新社会"。这种革命不仅是政治革命，而且还包括经济与社会的革命。由于在古典文明条件下，与传统社会相契合的家庭起着基础性作用，因此社会革命很重要的一个方面就是对传统家庭形态的改造。我们所熟悉的老一辈作家巴金的《家》等小说，就是从文学角度对此进行反映的。

在中国共产党领导下，中国运用政治力量快速实现了政治革命和社会革命。在此过程中，家庭成员的权力关系与权利关系也都发生了较大变化，从而推动了家庭形态的发展。如果说在改革开放之前家庭形态变化，更多的是政治力量推动所导致的话，那么改革开放之后的家庭形态变化，就是国家政策力量与社会变迁力量双重推动而引起的。计划生育和市场经济的共同作用，使家庭的少子化以及家庭成员主体意识获得了进一步增强，这就使家庭形态进一步发生了变化。这种变化既有积极的一面，也带来了许多负面内容。

全面深化改革和国家治理现代化提出，标志着现代政治形态已经基本形成，并进入了定型的阶段。现代政治的定型需要有现代社会的成熟予以支持，而家庭是社会的基本细胞，因此推动家庭建设发展就成为当前一项重要任务。然而在现在家庭建设中却面临着一对急需处理的历史性和根本性的问题：

一方面，虽然在现代化逻辑推动下，在形态上家庭已经具有现代特征，但是家庭形态的现代内涵却尚未充分形成，如权力与权利结构发生了变化，但是女性、儿童和老人等权利保障问题依然严重。

另一方面，革命逻辑不断演绎，再加上市场经济逻辑的发展，数千年累积下来的家庭建设的经验和智慧与当下不再适应，从而使家庭应有的基本功能发挥不足。

任何文明都需要解决发展与秩序的问题，不仅要体现在整个社会的宏观层面上，而且还应体现在家庭的微观层面上。建构现代文明以实现中华民族伟大复兴也同样必须完善这两方面的发展与秩序。因此，如何做到既强化家庭基本功能以实现秩序，又能够推动现代家庭形态生成以保证发展，就成为下一步家庭建设发展的一对核心命题。具体来说，就是习近平总书记在讲话中所概括的：

> 家庭是社会的基本细胞，是人生的第一所学校。不论时代发生多大变化，不论生活格局发生多大变化，我们都要重视家庭建设，注重家庭、注重家教、注重家风，紧密结合培育和弘扬社会主义核心价值观，发扬光大中华民族传统家庭美德，促进家庭和睦，促进亲人相亲相爱，促进下一代健康成长，促进老年人老有所养，使千千万万个家庭成为国家发展、民族进步、社会和谐的重要基点。

第三部分　建构新型现代文明形态的价值基础

长征，唤醒与重塑民族精神基因的伟大创举*

——学习习近平同志在纪念红军长征胜利 80 周年大会讲话

在纪念红军长征胜利 80 周年大会上，习近平同志指出："'石可破也，而不可夺坚；丹可磨也，而不可夺赤。'理想信念的坚定，来自思想理论的坚定。认识真理，掌握真理，信仰真理，捍卫真理，是坚定理想信念的精神前提。"作为主体意志体现的理想信念与作为理性能力体现的思想理论，是人的精神的很重要的两方面内容，也是民族精神的重要内容。

对于中华民族来说，自进入文明起，我们在不断创造辉煌文明的同时，也不断形成了我们民族的理想信念与思想理论，并转化为民族精神的重要基因。然而随着人类社会进入现代以后，我们开始落后。鸦片战争之后，落后就要挨打的局面，一方面唤醒了民族觉醒，另一方面也要求推动民族精神内涵的发展。正是在这样的背景下，作为马克思主义指导下的中国共产党诞生了。

马克思主义指导，不论是在理想信念与思想理论上，都对发展民族精神给予了现代的面向未来的新的内容。如何将这一新的内容与中国实际相结合，对民族精神的发展有着强烈的现实意义。然而这一结合过程并不顺利，其中最惨烈的结局就是，由于"左"的影响导致的第五次反围剿的失败，红军被迫进行长征。

然而也正是长征，一方面使民族精神既有内容得以彻底被唤醒，另一方面也从组织上、精神上使民族精神再次实现重塑与锻造，使马克思主义在理想信念和思想理论上深深融入到中华民族精神之中，同时还形成了能够很好落实与承载这一民族精神的领导核心与组织队伍。由此，中华民族开始走

---

　*　本文以"理想信念坚定来自思想理论坚定"为题，刊发于《光明日报》，2016 年 10 月 22 日。

向了一个又一个胜利,使古老的中华民族精神再次焕发光芒,积蓄了力量,推动了中华民族的伟大复兴。

　　长征唤醒与重塑的民族精神基因,不是一个过去式,而是一个现在进行时,因为这一伟大创举创设了一个推动民族精神发展的范式,我们可以遵循这一范式,在每一次新的长征中不断发展民族精神,使中华民族在永远的长征中不断发展壮大。

"中国梦"着眼人类共识　表达中国意志[*]

自从习近平同志提出"中国梦"之后,不论是在凝聚国内共识上,还是在增强国际话语权上,"中国梦"提法都收到了很好的效果。任何措施的有效性获得,都不是偶然与凭空的,而是有其内在必然性的。"中国梦"之所以会有如此效果,从整体来看,"中国梦"的提出契合我国意识形态建构新阶段的内在要求;从具体来看,"中国梦"的提出符合新时期意识形态建构的内在逻辑。这就意味着,"中国梦"的提出,标志着我国意识形态创新进入了一个新阶段。

一、"中国梦"提出标志着我国意识形态进入了政治意识形态整体建构阶段

在人类历史上,中华民族是唯一一个没有中断过自身文明发展的文明体。曾经,我们创造过非凡的古典文明,从而使中华民族在数千年中整体上处于繁荣昌盛的状态。鸦片战争爆发,标志着现代化浪潮开始对中国的冲击,随着古典文明的崩溃,作为古典文明承载体的中华民族也由此走向衰落。洋务运动、戊戌变法与辛亥革命等一系列努力,虽然都失败了,但是也因此开启了通过植入现代文明以推动中华民族复兴的历程。最终,历史选择了中国共产党来承担这一使命,并以党建立国家与推动社会的方式来完成这一任务。

现代化对组织化内在诉求与中国传统社会"一盘散沙"状况之间的矛

＊ 本文写于 2015 年 1 月 6 日,以"中国梦着眼人类共识表达中国意志"为题,刊发于光明网–理论频道,2015 年 3 月 6 日。

盾，使中国共产党选择了以计划经济体制与单位社会体制来建构社会与组织社会，其中党的组织体系成为建构社会的基础性力量，党的组织逻辑成为整个国家与社会的建构逻辑。在这样的情况下，党的意识形态建构统合了国家与社会的意识形态，所谓"一元即一体"，不论是在组织形态上，还是在意识形态上，国家与社会的自主性都尚未获得充分发展。

计划经济体制与单位社会体制虽然能够为现代化建设提供组织化基础，却不能为现代化建设提供可持续发展的内在动力。为此，中共中央做出改革开放的决定，在政治上实施以党政分开为主要内容的政治体制改革，在经济上实施以市场经济为主要目标的经济体制改革。政治体制改革使国家系统得以发展，由此也导致国家主体性开始生成。经济体制改革使市场经济得以发展，由此也导致社会主体性开始生成。

为了配合改革开放发展，中国共产党在意识形态与党的理论上进行探索与创新。中国特色社会主义道路的提出，标志着党的政治纲领创新取得了突破性的发展，一是发展了马克思主义，二是发展了最高纲领内涵及其实现路径，三是明确了中国特色社会主义建设与发展的最低纲领，四是创新了从最低纲领走向最高纲领的道路与机制。"三个代表"重要思想的提出，意味着党适应市场经济发展而推动自身创新的举措，标志着党的组织纲领的创新与发展。"科学发展观"的提出标志着党找到了从政治纲领有效落实到政策的机制。不过我们认为，上述三个方面的创新实际上都是局限在政党自身意识形态创新范围内的。由于第一阶段的改革主要是由党组织推动的，国家与社会力量相对来说还处于生成阶段，参与力度和作用发挥都较少，因此党组织自身意识形态创新就成为意识形态建设的重点。

随着改革开放的深入，特别是网络社会的生成，在社会主体性进一步增强的同时，社会意识形态多元化倾向也愈发严重。虽然党的意识形态不断得到创新与发展，但是它也只能是一元的。一元的政党意识形态与多元的社会意识形态之间冲突就会不断加剧。为此，建构国家意识形态的命题就被提出，以达到通过国家意识形态建构，实现贯彻党的意识形态与凝聚社会意识形态有机统一的目的。正是在这样的背景下，践行"中国梦"与社会主义核心价值观就被提出。

因此，我们可以得出三个判断：一是"中国梦"与社会主义核心价值观的提出，其主要任务在于建构国家意识形态；二是"中国梦"与社会主义核心价值观的提出，标志着我国意识形态发展从局限于政党意识形态创新，向整个政治意识形态创新方向发展；三是"中国梦"与社会主义核心价值观的提出，标志着现代文明整体性地在中国基本建立的意识形态的反映。

二、意识形态建构的"核聚变"方式："中国梦"凝聚国内共识的机理分析

作为国家意识形态建构的内容与途径，"中国梦"与核心价值观实际上是从两个不同维度与不同逻辑上对国家意识形态的不同环节与内容进行建构的，但是二者之间又形成相互呼应与有机统一的结构。"中国梦"主要是从宽化维度，以聚合方式对国家意识形态进行建构的，以完成民族国家建构的意识形态建设任务；核心价值观主要是从窄化维度，以生发方式对国家意识形态进行建构，以完成现代国家建设的意识形态建设任务。本文重点对"中国梦"凝聚国内共识的机理进行分析。具体如下：

一是在意识形态结构上，"中国梦"是以建构国家意识形态为重点而展开的对整个政治意识形态的建构。之前，中国政治意识形态建构是以政党意识形态建构替代整个政治意识形态建构。"中国梦"考虑的是通过将政党、国家和社会三方面意识形态有机统一起来，从而推动整个政治意识形态的发展。

二是在意识形态建构方式上，"中国梦"是通过聚合与凝聚方式实现对国家意识形态进行建构。之前意识形态建设强调的是意识形态灌输，即将党的意识形态配置到国家与社会之中。习近平同志强调，"中国梦"既是民族的梦、国家的梦，也是每位中国人的梦。因此，"中国梦"是通过聚合方式将存在于每一位中国人心目中的价值追求凝聚起来，一方面调动了每个人的积极性，另一方面使国家和社会的凝聚与秩序也有了群众及个体的基础。

三是在意识形态建构时间跨度上，"中国梦"是通过对民族复兴角度来强调的，而中华民族是有五千年历史的。历史大跨度叙述，一方面可以让人们对共同起源、文明与文化产生认同；另一方面可以将历史上的意识形态要

素进行创造性利用。同时，还可以对海内外的中国人进行整合与凝聚，特别是对两岸关系处理上有了更多可用资源。

四是在意识形态建构手段上，"中国梦"强调民族复兴，并以此为目标设定，这种目标是状态性目标，一方面可以给人以奋斗动力，另一方面即使实现了，依然还会作为激励和鞭策要素。因此，"中国梦"不仅是一种整合机制，而且还是一种激励机制。

五是在意识形态建构目的上，"中国梦"实际上是建构了国家意识，并使这一国家意识成为将多元社会意识铸造为一体，从而为国家意识形态整个建构提供了外在模子。从历史作用来看，"中国梦"的提出既是一百多年来民族国家意识生成的逻辑延续，同时也是民族国家意识最后完成的标志。

三、着眼人类共识以表达中国意志："中国梦"增强国际话语权的机理分析

随着中国经济快速发展与综合实力不断增强，中国在国际上地位日益提升，我们应该如何有效实现对世界的引领以及与国际进行对话，这里涉及理论说服力与话语主导权的问题。我们认为，"中国梦"的提出，实际上已经在国际话语主导权方面做了探索。从目前来看，效果还是比较好的，如果究其根本经验和机理的话，我们认为，"中国梦"的成功之处可以用一句话概括，那就是"着眼人类共识以表达中国意志"。具体机理如下：

一是着眼于人类共识以表达中国意志。人人都有梦，有梦才有希望，有希望才有未来。对未来，人人可以憧憬，不仅是个人，也可以是群体。不仅是小的群体，也可以是大的民族。不仅是民族，也可以是整个人类。因此，许多国家都提出过自己国家的梦，比较典型的有"美国梦"。由于用梦来对未来憧憬以激励与凝聚人民，是各个国家共识，而对梦的具体含义与价值起点可以由不同国家与民族自己定义，只要是有利于本国，无害于世界，那就是一种自由。因此，"中国梦"的提出也同样符合上述逻辑与机理。因此，很快就获得了国际的认同。

二是去意识形态化以实现文明交流。在二战之后的半个多世纪内，世界进入了冷战时期，东西方之间被意识形态所建立的"铁幕"所隔开，彼此无法

沟通,世界文明及东西方之间不同民族与国家之间文明也无法交流。在历史等因素作用下,对中国,西方世界至今还是带有冷战时期形成的态度,如何在新的时期突破"冷战"后遗症,并使我们能够在民族复兴之后获得对世界的主导权以及实现文明交流,就需要在话语上进行创新。"中国梦"实际上就是着眼于人类共识,以去意识形态化方式,实现话语创新,从而为文明交流与实现主导奠定基础。

三是实现文明交流以彰显主体意志。如果我们无法参与文明交流,我们的实践就无法转化为人类共同经验。同时,如果我们的话语无法得到人们的理解与认同,我们就无法使我们的意志得到更多民族与国家的认同与接受。这是时代命题,是中华民族伟大复兴后的任务。因此,我们认为"中国梦"的提出实际上已经在这一方面进行了探索,积累了经验。更重要的是,"中国梦"将中国自身文明内涵通过国际能够理解的方式进行表达,已经开始彰显我们的意志。

四、"中国梦"的提出与党的理论创新

"中国梦"的提出不仅自身对党的理论创新做出了贡献,而且还开启了党的理论创新的新维度和新机制。

"中国梦"的提出,是响应我国政治发展到一个新的历史时期对新的意识形态方式与内容的需求而产生的,其提出本身就具有创新性意义。这方面内容在上述三点中已经做了详细阐述,这里主要对其推动理论创新的新维度与新机制中重点做一点说明。

从"中国梦"提出来看,特别是其对外话语权获得的机理来看,我们认为,下一步在党的理论创新上,应该将那些西方理论无法解释的中国实践问题上升到最基本原理高度来分析与把握。这样我们的经验就可以解释。反过来,我们用基于自身实践和经验的理论来对西方经验进行解释,从而最终发展成既可以解释中国也可以解释西方的现代政治与经济等理论。这样我们最终才在基本理论上获得了话语权,或者说我们才能获得理论解释权。这方面的工作要上升到战略高度来认识。

社会主义核心价值观建构与国家治理现代化*

政治建设具有两大使命：一是推动社会发展，二是建构社会秩序。

发展是目的，秩序是保障，任何时期与社会的政治建设都需要通过建构秩序从而服务发展。意识形态建设是建构秩序与推动发展的一个重要手段与机制，因此能否根据社会变化来推动意识形态发展，将关系到社会秩序能否有效建构，从而影响到社会发展。改革开放以来，中国社会发生了巨大变化，市场化、网络化与全球化使社会成员交往方式、生存形态以及价值认知等多样化趋势不断加强。为了适应社会发展需要，我们提出了社会主义核心价值观，并全面推进核心价值体系的建设，初步形成了与当前社会发展和秩序建构相适应的价值基础。作为价值基础建构，核心价值观建构不仅直接面对社会，而且还贯穿国家治理体系与治理过程之中，成为国家治理现代化的一个重要组成部分。同时，国家治理现代化以及政治发展的内在规律，也决定了核心价值观的具体构建与现实落地，需要通过多维机制予以落实。

一、社会主义核心价值观建构的政治功能

马克思主义政治学认为，政治形态包含两方面结构：一是主体结构，是指具有相对自主又相互联系的，在政治形态中起到主体作用并具能动特性的政治权力要素，所形成整体性的相对稳定的关系结构；二是机制结构，是指政治形态中起到连接不同主体要素并实现有机互动的，并贯穿各要素内部的机制，所形成的具有相互支持的相对稳定的关系结构。对于现代政治形

---

* 本文写于 2016 年 5 月 11 日。

态来说,主体结构包含以下三个主体要素:政党、国家和社会(现代社会又包含狭义的社会与市场);机制结构也包含三个机制要素:价值、制度与组织。

这就意味着,政治形态实际上是在上述两大结构相互作用下得以发展的,对于主体结构来说,每一主体要素与他者互动时都需要通过机制结构各要素来实现。如果从国家治理角度来看,上述主体结构就是现代条件下的国家治理的主体要素体系,而机制结构就是国家治理的机制要素体系。因此,所谓国家治理现代化,实际上就是根据时代与社会发展要求,推进上述两个结构,以及彼此之间在各自要素充分开发基础上实现关系与运行的有机化与有效化的过程。

诚然,国家治理现代化需要国家治理的机制结构的三个要素都必须发展,不过我们也可以从其中一个机制要素入手进行考察。关于核心价值观建构分析,就是从价值这一机制要素的视角,对国家治理现代化进行考察。由于国家治理的主体要素体系与机制要素体系的各自功能,必须在彼此交互作用过程中才能得以实现,因此考察核心价值观构建的问题,也可以从主体要素体系与机制要素体系两个维度入手进行考察。

从主体要素体系角度来考察,我们认为核心价值观建构命题的提出,是通过发展国家意识形态,来推动国家治理现代化。

作为后发国家,在中国政治自身历史逻辑、现代政治发展逻辑与共产主义运动逻辑共同演绎下,我们选择了以政党领导人民建立国家的现代政治建设逻辑。1949年以后,为了解决现代化建设对组织化诉求与中国社会"一盘散沙"特征之间矛盾,在以计划经济体制与单位社会体制为主要内容的社会主义现代化建设基础建设阶段的逻辑作用之下,政党成为整合与组织社会的主导力量,整个社会被建构成"一元一体"形态,国家与社会尚未获得充分发展,政党意识形态成为建构国家与社会秩序的唯一价值基础。

改革开放特别是市场经济体制建立之后,政治体制改革使现代国家开始在中国全面发展,同时经济体制改革在推动市场经济发展同时,也使现代社会在中国生成。市场化、网络化和全球化使中国社会结构发生了巨大变化,社会成员在交往方式与生存形态发生重大变化的同时,价值认知也呈现多样化倾向,由此意味着呈现多样性的社会意识形态开始生成。

为了实现社会的多样性与一体化的有机统一，除了其他手段之外，很重要的一个战略性措施就是通过发展国家意识形态，一方面是推动政党一元化意识形态与多样化社会意识形态，在国家意识形态层面上达成了共识，从而使整个国家治理体系中意识形态结构实现内在有机化；另一方面是推动国家要素的成长，通过凝聚多方共识的国家意识形态构建，实现对多样化社会意识形态的整合，从而在价值构建上实现多样性与一致性统一，在国家建设上实现多样化与一体化的有机统一。以社会主义核心价值观为重要内容的核心价值体系建设的提出，实际上即是推动国家意识形态发展的重要举措与主要内容。

从机制要素体系角度来考察，我们认为核心价值观建构命题的提出，是通过发展共识价值内涵，来推动国家治理现代化的。改革开放之后，作为现代国家治理要素的现代政党、现代国家和现代社会基本生成，从而标志着现代国家治理体系的要素生成阶段的完成，但是存在着两方面问题：一是各个要素的功能发育不够充分，二是各要素之间的有机化不足。为此，党的十八届三中全会提出了基于顶层设计，全面深化改革，推进国家治理体系与治理能力现代化，推动中国特色社会主义制度完善。这就意味着国家治理现代化就是必须推动国家治理体系各要素的功能完善与各要素之间实现内在有机化。

功能完善就是指国家治理体系的各要素的功能发展，而各要素之间实现内在有机化就是指国家治理体系的各因素之间能够实现相互之间联系、互动与支持，能够做到既符合整体发展需要，又能够遵循自身原则，还能够相互反映。对于前者来说，各要素功能的定位与发育都需要有基本的价值与方向。对于后者来说，有机化就要求各要素之间、各要素与整体之间以及各要素内部，都需要在价值上形成有区别又彼此支持的价值内容作为基础。因此，社会主义核心价值观的提出实际上就是通过凝聚共识满足了上述两方面要求。

二、社会主义核心价值观建构与国家治理现代化的价值逻辑

以上，我们从学理角度对社会主义核心价值观建构与国家治理现代化之间关系进行分析，以阐明社会主义核心价值观构建的政治功能；以下，我们将结合中共中央办公厅印发的《关于培育和践行社会主义核心价值观的意见》，从具体内容角度，对社会主义核心价值观构建促进国家治理现代化的机理进行分析，以说明国家治理现代化的价值逻辑。《意见》指出：

> 培育和践行社会主义核心价值观，是推进中国特色社会主义伟大事业、实现中华民族伟大复兴中国梦的战略任务。党的十八大提出，倡导富强、民主、文明、和谐，倡导自由、平等、公正、法治，倡导爱国、敬业、诚信、友善，积极培育和践行社会主义核心价值观。这与中国特色社会主义发展要求相契合，与中华优秀传统文化和人类文明优秀成果相承接，是我们党凝聚全党全社会价值共识作出的重要论断。

从这一段话中，我们可以得出以下三个判断：一是社会主义核心价值观是在中国特色社会主义发展实践基础上，承接中华优秀文化和人类文明优秀成果的结果，是对古今中外优秀文化与文明成果的凝聚与共识，这是内容的特性。二是社会主义核心价值价值观是在新的历史条件下，凝聚全党全社会价值共识，而后将之转化为国家意识形态的成果，这是主体的特征。三是社会主义核心价值观是党为了推进中国特色社会主义伟大事业、实现中华民族伟大复兴中国梦的战略任务而主动建构的，是推动国家治理现代化中的政党推动价值建构的成果，这是建构的特征。《意见》还指出：

> 富强、民主、文明、和谐是国家层面的价值目标，自由、平等、公正、法治是社会层面的价值取向，爱国、敬业、诚信、友善是公民个人层面的价值准则，这 24 个字是社会主义核心价值观的基本内容，为培育和践

行社会主义核心价值观提供了基本遵循。

由此可知,社会主义核心价值观由国家、社会与个人三个层面的共识价值内容组成。在现代文明背景下,不论是国家与社会都是以相对独立的公民个人为基础的。因此,从国家治理现代化角度来看,强调这三方面的价值内容,实际上是对国家治理中的国家要素、社会要素及其共同基础的公民个人要素的价值内容与基本功能的强调, 即从价值维度推动国家治理现代化的要素功能。

《意见》还对具体培育和践行社会主义核心价值观做出了具体部署,要求在国民教育、经济生活、国家法治、社会治理与党的建设等方面贯彻落实社会主义核心价值观。

一是"把培育和践行社会主义核心价值观融入国民教育全过程",使公民个人从小就接受并践行。

二是在"确立经济发展目标和发展规划,出台经济社会政策和重大改革措施,开展各项生产经营活动,要遵循社会主义核心价值观要求",使市场与经济发展能够贯彻之。

三是"要把社会主义核心价值观贯彻到依法治国、依法执政、依法行政实践中,落实到立法、执法、司法、普法和依法治理各个方面,用法律的权威来增强人们培育和践行社会主义核心价值观的自觉性。"

四是要"把践行社会主义核心价值观作为社会治理的重要内容,融入制度建设和治理工作中,形成科学有效的诉求表达机制、利益协调机制、矛盾调处机制、权益保障机制,最大限度增进社会和谐。"

五是"各级党委和政府要充分认识培育和践行社会主义核心价值观的重要性,把这项任务摆上重要位置,把握方向,制定政策,营造环境,切实负起政治责任和领导责任。把社会主义核心价值观要求体现到经济建设、政治建设、文化建设、社会建设、生态文明建设和党的建设各领域,推动培育和践行社会主义核心价值观同实际工作融为一体、相互促进。"

从上述具体措施要求中,我们可以发现,这些措施,实际上是通过共同培育与践行社会主义核心价值观,使个人、市场、国家、社会与政党有机联系起来,而政党更是作为推动与建构的力量在发挥作用。也就是说,国家治理主体要素之间通过社会主义核心价值观实现了有机化。

三、国家治理现代化与社会主义核心价值观多维建构机制

作为推动国家治理现代化机制结构的一个价值要素,社会主义核心价值观一方面可以推动国家治理现代化的发展,另一方面也同样受到国家治理现代化内在规律所决定,其中一个表现就是,作为价值机制的实现,除了自身作用外,还要通过制度与组织两个支持才能得以落实。这一判断,我们从《意见》的具体内容中可以得到印证。

《意见》在部署培育和践行社会主义核心价值观具体落实方案中,主要措施有以下方面:一是"把培育和践行社会主义核心价值观融入国民教育全过程",二是"把培育和践行社会主义核心价值观落实到经济发展实践和社会治理中",三是"加强社会主义核心价值观宣传教育",四是"开展涵养社会主义核心价值观的实践活动",五是"加强对培育和践行社会主义核心价值观的组织领导"。

从大的方面来看,上述五大措施中,第三点措施与第四点措施是相对纯粹的价值维度的行为,而其他三点实际上都是价值、制度与组织的机制同时推进才能做到。然而如果对第三点与第四点做进一步分析的话,我们还是发现,也并非只是完全是价值性的行为,同样也存在着制度与组织的机制在起作用。具体如下:

在"把培育和践行社会主义核心价值观融入国民教育全过程"中,一是要求"把社会主义核心价值观纳入国民教育总体规划"等,这就是制度机制运行。二是要求"完善学校、家庭、社会三结合的教育网络,引导广大家庭和社会各方面主动配合学校教育,以良好的家庭氛围和社会风气巩固学校教育成果,形成家庭、社会与学校携手育人的强大合力",这就是组织机制的运行。

在"把培育和践行社会主义核心价值观落实到经济发展实践和社会治

理中",更是强调制度与组织作用,比如"确立经济发展目标和发展规划,出台经济社会政策和重大改革措施,开展各项生产经营活动,要遵循社会主义核心价值观要求",再比如《意见》明确强调"法律法规是推动社会主流价值的重要保证"。这些就是强调制度机制的作用。同时,企业组织、国家组织和社会组织都是作为培育与践行核心价值观的主体,它们发挥作用,实际上就是组织机制的运行。

在"加强社会主义核心价值观宣传教育"与"开展涵养社会主义核心价值观的实践活动"中,也同样强调制度与组织的作用。比如"把社会主义核心价值观学习教育纳入各级党委(党组)中心组学习计划,纳入各级党委讲师团经常性宣讲内容",就是一种制度机制的运行,而在此过程中强调各类宣传机构与组织的参与与创新,实际上就是一种组织机制的运行。

在"加强对培育和践行社会主义核心价值观的组织领导"中,更是将制度与组织两方面作为组织领导的具体手段与载体来推进的。

面向新型文明建构高校意识
形态工作的新常态*

  高校是知识生产与知识配置的最重要场域。这种知识不仅包括自然科学知识,而且还包括社会科学与人文科学的知识,而社会科学与人文科学的知识生产及其配置是意识形态工作的重要内容。同时,高校还是培养作为国家与社会未来精英的重要场所与机制。这就意味着,高校意识形态工作,不仅对当时的人们精神秩序建构具有重要影响,而且对未来的国家与社会秩序建构也具有相当大的潜在作用。因此,国家与社会对高校意识形态工作都是十分重视的。然而高校意识形态情况不是固定不变的,而是随着社会发展与变化,不论是在内容上,还是机制上都将发生变化,如何适应这种变化不断进行调整,就成为意识形态建设中一项重要工作。日前中央办公厅下发的《加强和改进新形势下高校宣传思想工作的通知》,就是适应社会变化,推动高校意识形态工作发展的一个重要举措。

  在现代政治的发展逻辑与中国政治的历史逻辑共同演绎下,中国选择了由中国共产党领导人民建立现代国家和推动现代社会生成与发展的路径。这就意味着中国共产党所具有的意识形态对中国政治和社会发展具有十分重要的作用。1949 年之后,在传统社会主义理论指导下以及现代化逻辑作用下,我们建立了计划经济体制与单位社会体制,从而为现代化建设奠定了组织化基础。为了使现代化建设获得可持续发展内在动力,中国共产党做出了改革开放的决定,并不断用中国实践来丰富马克思主义和社会主义的内涵,形成中国特色社会主义理论体系,以及理论与实践有效互动机制,推

---

* 本文刊发于光明网–理论频道,2015 年 2 月 27 日。

动了党的意识形态创新。

从结构来看，现代政治意识形态由政党意识形态、国家意识形态与社会意识形态等三部分组成。在计划经济时期，计划经济体制与单位社会体制使政党原则成为建构社会单一秩序力量，政党意识形态也就成了整个政治的意识形态。随着改革开放的深入与市场经济体制的建立，国家与社会的主体性开始生成与发展，国家意识形态与社会意识形态的建设与发展的命题就不断被提出。不过，在推动现代国家要素与现代社会要素生成过程中，首先需要解决的是党的意识形态创新与发展问题。

然而随着全球化、市场化和网络化进一步发展，社会以及社会意识形态多样化日趋严重，社会意识形态主体性不断增强。如何使一元化的政党意识形态能够有效整合多元化的社会意识形态就成了新时期政治意识形态建设中的重要命题，为此，我们提出了社会主义核心价值观建设以及中国梦。这一做法标志着国家意识形态构建工作启动，同时也意味着我们采取了通过构新中国成立家意识形态方式来达到勾连政党意识形态与社会意识形态的目的。由此，我国意识形态建设就从单纯推动政党意识形态创新阶段向推动整体政治意识形态创新阶段转变。

由于高校是意识形态工作最重要场域之一，因此上述意识形态建设的发展的内在逻辑也同样在高校中得以演绎。然而高校内部意识形态建设又有其自身的逻辑性。这就意味着高校意识形态建设必须同时遵循整个政治意识形态建设逻辑与高校自身意识形态建设逻辑。

高校意识形态工作分为两部分：一部分是从事社会科学与人文科学的研究者，包括教师与研究生，他们直接参与意识形态具体内容生产；另外一方面是其他研究者与高校一般学生，他们是接受各类意识形态的影响。在计划经济时期，参与意识形态具体内容生产的研究者们，更多的是按照政党意识形态要求对其具体内容进行诠释或体系化。改革开放之后，社会科学的许多学科开始被恢复或被引进，使社会科学或人文科学的研究，在话语体系和研究方法上有了相对自主性，对许多新的现象有了更多样的研究视角与研究成果，从而为丰富中国特色社会主义理论体系内容做出了贡献。

随着全球化、市场化与网络化深度发展，中国社会多样化和复杂化也进一步加强，这就更需要利用社会科学与人文科学的专业知识对此进行分析与研究。然而这些专业性理论知识更多的是从西方引进的，这就意味着这些知识是基于对西方国家现代化经验的抽象，因此直接应用于中国问题解释时就可能存在着视角差异等问题，从而导致对中国现象与问题的质疑或争论。高校不仅具有生产知识功能，而且还具有知识配置与传播功能，这种争论就会通过配置与传播机制予以放大，从而对整个社会产生影响。因此，如何做到既保证知识生产过程的相对自主性以服务新的历史条件下意识形态生产需要，又能够使意识形态生产中为准确反映中国现实和生产过程所产生的争论而不对社会秩序建设产生负面影响，就成为新时期意识形态工作中一项十分重要的任务。

另外，高校意识形态具体生产过程中之所以存在着许多争论，除了与专业理论来源与视角差异之外，还与社会多元化在高校学者研究中的反映有关。由此，一元化政党意识形态与多元化社会意识形态之间的张力，就体现为一些学者研究成果与党的意识形态要求之间存在一定的不一致性。这就意味着处理好这对关系就成为新时期高校意识形态建设中另一项十分重要的任务。从一定意义上说，上述两项任务实际上是互为表里的。

随着意识形态建设从政党意识形态创新阶段进入整体政治意识形态创新阶段之后，高校意识形态工作也应该发生变化。我们认为，最重要的目标就是要克服上述两对张力，在建构核心价值和共圆中国梦的过程中，推动整体政治意识形态发展，进一步丰富中国特色社会主义理论体系，打造与中华民族伟大复兴之后新型文明形态能够相匹配的政治意识形态。对于高校来说，就必须遵循中央文件的"坚持标本兼治，重在建设"的精神，在以下方面下功夫：

一是要在创造上下功夫，加强具有中国特色、时代特征的高校哲学社会科学学术理论体系和学术话语体系建设，在充分吸收西方现代文明基础和理论体现基础上，将中国经验上升为理论，使之不仅能够更好地反映中国实践，并且还能够为人类知识存量做出贡献。

二是要在凝聚上下功夫，充分吸纳各方面学者观点，将之转化为丰富中国特色社会主义理论体系的素材或要素，并在巩固共同思想道德基础，加强社会主义核心价值观内涵,使社会主义核心价值观在凝聚过程中,转化为全体师生的价值追求和自觉行动,为中国梦实现做出贡献。

三是要在负责上下功夫,在知识配置和传播环节中,应该引导教师做到对政党、国家、社会与学生负责的意识,历史与辩证地分析社会与政治上的现象,以培养学生和民众的责任意识。

高校应成为培育与践行
社会主义核心价值观的重要基地*

任何社会与任何时期都需要有与这一社会和这一时期相匹配的意识形态，否则，社会秩序就可能因此而崩溃或失范。意识形态的核心内容，既是逐渐生成的，又是不断建构的。意识形态的配置方式，既需要倡导，又需要自觉。在本阶段，社会主义核心价值观的培育与践行是我国意识形态建设的重点任务，而高校作为文化知识生产与配置以及社会精英培养与输送的主要场所。再加上大学阶段是人们价值观生成与定型的关键时期，这就决定了高校在社会主义核心价值观培育与践行中将具有基础性与战略性的作用。比较于过去意识形态建构，社会主义核心价值观的内容与机制都有其新的特点，这就要求，高校在培育与践行社会主义核心价值观的具体方法与方式上也应该有所创新。

一、培育与践行社会主义核心价值观是新时期我国政治意识形态建设的重要任务

意识形态作用在于建构人们的内在精神秩序，使人们能够因此认同现实社会秩序以及接受每一时期政治和社会发展的重点任务，按照著名经济学家诺斯的讲法就是，可以达到社会运行的"交易成本"最小化。

现代化建设对组织化诉求与传统中国"一盘散沙"社会特性之间的矛盾，导致了中国选择了党建国家模式来实现现代国家建设。由此，1949 年之

---

* 本文刊发于光明网－理论频道，2014 年 6 月 16 日。

后,党的意识形态就成了整个政治意识形态主要内容。由于在"什么是社会主义,以及怎样建设社会主义"的问题上认识不清,中国社会主义建设在取得了巨大成就的同时也遇到了巨大挫折。改革开放之后,一方面推动经济与社会改革,另一方面也在推动政治建设与意识形态建设的创新。政党主导的特征,使意识形态创新首先是推动党的意识形态创新与发展。在与经济社会改革与发展互动过程中,党的意识形态创新也取得了一系列成果,形成了邓小平理论、"三个代表"重要思想以及科学发展观。

深入改革开放使国家与社会的主体性逐渐生成与发展,由此政治结构也进一步发展为党、国家与社会三部分。随着社会结构与社会生活的多样化,社会的意识形态也日益多样化,从而导致党的意识形态一元化与社会意识形态多样化之间形成了一种张力。为此,需要通过加强国家意识形态建设,以挂钩党的意识形态与社会意识形态。于是,社会主义核心价值观建设就被提出。意识形态建设任务也由此从单纯推动党的意识形态创新,向以建构国家意识形态为重点的推动整体政治意识形态建设与发展转变,标志着意识形态建设进入到了一个新的阶段。由此,培育与践行社会主义核心价值观,就成为新时期意识形态建设的重要任务与主要内容。

二、高校是培育与践行社会主义核心价值观的重要基地

任何意识形态建设都包括三个环节:一是提出与生产、二是配置与传播、三是接受与内化。同样,社会主义核心价值观建构、培育与践行也包括上述三个环节。上述三个环节功能实现都需要相应的机构与机制予以承接与落实,这些机构涉及政治与社会的各方面组织和载体,不论是根据学术研究,还是根据现实实践,都认为高校作为机构与机制,同时兼具意识形态建设三个环节的功能。

高校是意识形态生产的最重要机构与机制之一。意识形态生产需要大量具有人文与社科知识的人员参与,并且还需要有交流与研讨的机制和条件。在中国,人文社科的人才,80%是在高校,同时高校具有交流与研讨的传统与机制。这就意味着高校具有支持意识形态生产的人才与机制的基础。因

此，高校应该成为深化和丰富社会主义核心价值观内涵的重要基地。

高校是意识形态配置的最重要机构与机制之一。意识形态配置与传播是需要相应途径与场所的，同时，这种传播还需要有一定的密集度。作为知识传播传统的主要场所，高校是培养大学生的地方，而大学生又是未来社会精英，同时高校在整个社会中处于知识发布源头。这就意味着高校具有支持意识形态配置与传播的人才与渠道优势。因此，高校应该成为培育与传播社会主义核心价值观的重要基地。

高校是意识形态接受的最重要机构与机制之一。意识形态被接受与被认同是意识形态建设的目的，而使意识形态被接受并内化，是需要相应途径与方法的。大学阶段是人生价值观发展与定型阶段。因此，这一时期如果意识形态教育得法的话，可以收到事半功倍的效果，并且具有长期影响的效果。这就意味着高校是意识形态产生影响的重要场所。由此，高校应该成为培育与践行社会主义核心价值观的重要基地。

三、培育与践行社会主义核心价值观应重视发挥高校师生的主观能动性

社会主义核心价值观，围绕国家、社会与公民三方面，通过对我国现有社会多样意识形态进行凝聚，并在党的意识形态指导下而形成的，从而起到凝聚各方以及融入党的意识形态与社会意识形态的作用。这就意味着，社会主义核心价值观在生产和建构过程中，既要重视党的意识形态指导作用，也要重视对社会各种意识形态的凝聚。凝聚各方面社会意识形态，意味着相关内容已经存在于社会之中，需要通过人们参与并将其表达出来，这样才能使社会主义核心价值观内涵与体系得以进一步丰富与完善。而要做到这一点，就必须调动社会成员的积极性。

高校作为社会主义核心价值观的生产、配置与内化的重要机构与机制，其中的科教人员更是直接参与生产与配置工作，同时他们也是最了解的群体社会各种意识形态。因此，调动教师积极性就成为高校参与社会主义核心价值观建构的关键之一。另外，在新的历史条件下，高校学生既是社会主义

核心价值观的接受者,同时也是生产者。可以从两方面对此加以说明:一是大学生是对时代发展感受最敏感的一个群体,因此对于核心价值观如何有效落实及其实现方式是最有发言权的;二是大学生观念是随着社会发展而不断发展的,他们既接受着他人的影响,同时也在影响着他人。

因此,我们认为,由于社会主义核心价值观所具有的新特征要求我们必须调动高校师生的积极性和主观能动性,必须将之贯穿核心价值观建构的全过程,不仅体现在生产环节,而且还应贯穿在配置与接受环节。

四、要重视创新高校培育与践行社会主义核心价值观的机制与载体

要能够在培育与践行社会主义核心价值观过程中,有效调动高校师生的主观能动性,提高培育与践行效果,就必须推动高校在意识形态建构方面的机制与载体的建设。具体建议如下:

第一,要改革高校内部有关体制与机制。重点包括两方面:一是要加大高校智库建设,一方面可以推动高校人文社科的科研成果向政策以及社会传播的力度与效果,另一方面也可以推动大学科教人员对现实的关心与研究,从而对党、国家与社会的意识形态情况更加了解。二是要加大课题项目的管理与激励制度改革,应该加大力度向青年教师倾斜。一方面可以鼓励青年教师能够尽早参与现实社会问题研究与思考,达到既能够较早参与研究与生产,又能够在此过程中得到教育。另一方面,也可以使科研经费真正落到有生产力的年轻教师身上,从而达到培育后备的作用。

第二,要创新高校思想政治教育与党团工作。高校两课教学以及党团工作都应该根据学生新的发展情况进行针对性创新与调整。特别是要在调动学生积极性上下功夫,从而不仅提升价值配置与接受效果,而且还能提升价值生产效果:一方面要转变具体的工作方法,另一方面要推动党团组织形态的创新。

第三,要重视学生社团作用的发挥。学分制实行等因素使传统班级功能受到了严重削弱,而作为自组织化结构的社团开始蓬勃发展,这就导致大学

生生存状态从班级化生存向兼具班级化与社团化生存转变。社团是基于学生兴趣而建立起来具有一定专业性特点的学生组织,同时,每个社团都基于一定价值基础,这些价值通常体现现代青年和社会成员的某种认同。在这样的条件下,我们认为,社团可以为校园内培育与践行社会主义核心价值观提供良好的载体。

第四,要重视校园媒体特别是新媒体的作用发挥。校园媒体特别是新媒体对大学生有较大影响。因此,我们应该重视发挥其作用,为社会主义核心价值观培育与践行提供微观舆论环境。

校园媒体是培育与践行
核心价值观的重要载体*

任何国家和社会对高校都非常重视。很重要原因之一，就是高校在意识形态建设中扮演着十分重要的角色。在中国目前意识形态建设中，培育与践行社会主义核心价值观是其中最重要的任务与内容，因此高校应成为培育与践行社会主义核心价值观的重要基地。作为高校意识形态建构的重要载体，校园媒体承担着校园内意识形态配置与传播的职责，由此决定了校园媒体应成为培育与践行社会主义核心价值观的助力器。

一、高校是培育与践行核心价值观的重要基地

秩序是人类社会存在与发展的基础。而秩序能够得以持续获得，必须实现两方面的统一，即内在的精神秩序与外在的行为秩序有机统一。在国家条件下，前者转化为意识形态，而后者转化为法律制度。这也就意味着，意识形态以建构内在精神秩序为根本目的，法律制度以建构外在行为秩序为根本目的。要保证这两方面秩序的有效实现，需要相应组织来推动与落实。因此，价值、制度与组织就形成了政治的机制性结构。由此可知，意识形态建设是保证一个国家与社会正常运行与发展的基础性工作，是政治生活中不可缺少的一个环节。

党建国家的历史逻辑，使党的意识形态成为新中国成立之后政治意识形态的主要内容。由于在"什么是社会主义与怎样建设社会主义"问题上的

---

* 本文写于 2014 年 7 月 2 日。

认识不清,使社会主义建设取得巨大成就的同时,遭遇了巨大挫折。为此,中共中央在做出改革开放决定的同时,开始推动党的意识形态创新,并先后取得邓小平理论、"三个代表"重要思想以及科学发展观等成果。随着改革开放的深入和市场经济的建立,社会主体结构多样化开始出现,由此导致社会意识形态呈现多样化倾向,并与一元化党的意识形态之间形成了一种张力。正是在这样背景下,社会主义核心价值观的建设被提出。从政治学角度来看,必须通过构新中国成立家意识形态来对接党的意识形态与社会意识形态,由此使整体政治意识形态之间各部分实现有机化。这就意味着,社会主义核心价值观的建设,一方面标志着我们已经开始着手构建新中国成立家意识形态,另一方面标志着我国已经开始从单纯的党的意识形态创新阶段进入整体政治意识形态创新与构建阶段。

由于社会主义核心价值观构建是在党的意识形态指导下,围绕国家、社会与公民三个层面,通过有效对社会多样意识形态的凝聚而形成的。同时,社会主义核心价值观建设,除了凝聚与生产之外,还需要配置与传播、接受与认同等多个环节。在中国,高校聚合了80%左右的意识形态主要生产主体——人文社科学者,另外,高校是意识形态配置与传播的高地,同时还是培养精英人才的场所。这就意味着,高校同时兼具意识形态的生产与建构、配置与传播以及内化与认同等三个环节的综合功能。因此,我们认为高校应该是培育与践行社会主义核心价值观的重要基地。

二、校园媒体应该成为高校培育与践行核心价值观的重要载体

意识形态建设分为提出与生产、配置与传播以及接受与认同三个环节。对于整个意识形态建设来说,我们认为,提出与生产环节是意识形态建设的核心,配置与传播环节是意识形态建设的关键,接受与认同环节是意识形态建设的目的。从这三个环节来看,配置与传播是意识形态建设中的中介性环节。诚然,意识形态建设能否最终让人们接受与认同,最核心和最重要的在于意识形态生产及其本身的内容,但是从营销学以及传播学角度来看,作为

中介的配置与传播环节却起到了关键作用。作为当前最重要的意识形态建设任务，核心价值观建构也应该遵循上述规律，除了我们必须凝练好核心价值观内容及其内涵之外，还必须重视其配置与传播的方式与手段。

高校在核心价值观构建中具有整合性功能，扮演着十分重要的角色。除了在核心价值观的内涵生产与发展上，高校起到十分重要的作用外，在配置与传播核心价值观上，高校也具有不可替代的地位：一是高校处于意识形态配置与传播源头；二是高校是集中培养社会精英——大学生的场所，具有当下与长期影响社会意识形态的功能；三是高校配置与传播意识形态的手段最为齐全。从最后一点来看，校园中具有配置意识形态功能的载体很多，并形成了多载体相互呼应的场域空间。具体来说，包括思想政治课、党团活动、校园文化建设以及校园媒体等，从课堂内到课堂外，从理论学习到校园生活，都贯穿着意识形态的配置与传播。总之，高校是通过构建多维意识形态配置与传播方式，使学生浸润于其中的。

在立体与多维的意识形态配置与传播载体而建构成的意识形态场域空间之中，校园媒体在其中起着十分特殊的作用，从一定意义上说，它们起到的是传播性与弥漫性作用。如果说学校即社会，那么随着媒体在现代社会中作用日益凸显，校园媒体在学校中特别是在高校中的作用也愈发重要。因此我们认为，在高校中培育与践行社会主义核心价值观，应该重视校园媒体，并充分发挥其应有的特殊作用。

三、校园媒体具备培育与践行核心价值观的功能与机制

虽然意识形态建设有生产、配置与接受的三个阶段，但是，如果对其内在过程与机制做进一步分析的话，我们会发现，在意识形态配置与传播的环节中，其实质上也包含着第二层面的生产环节。这一生产环节区别于意识形态整体建设中第一层面的生产环节，因为以下两方面：一是，它是将意识形态生产的内容予以呈现，是最基础的智力生产的延续，从而是生产的一个环节与组成部分，这主要是从与第一阶段直接联系来看，具有连续性。二是，它更主要的是从如何将具体内容转化为传播产品上下功夫，即生产直接的配

置与传播产品,属于再生产,这是从与第二阶段区别来看,具有独立性。

从社会主义核心价值观建设来看,不论是内容还是机制,都有一个十分突出的特点,就是通过凝聚多元主体意识以及意识形态而得以实现,在此过程中,十分重视对主体意志的尊重。这一特点不仅存在于其内容生产过程,而且贯穿于核心价值观生产、配置与接受的意识形态建设全过程。这就意味着,核心价值观建构的全过程都是不断再生产过程,是以发挥多方主体主观能动性为前提的。核心价值观建设的上述特点与校园媒体的特点十分吻合,从而使校园媒体具备能够很好履行培育与践行社会主义核心价值观的功能。具体如下:

第一,校园媒体的受众最重要主体之一就是学生,而校园媒体的管理与参与的主体也是学生,双方比较了解对方,因此校园媒体能够有效把握受众心理需求,从而有利于整合与凝聚校园内的思想意识,有利于培育与践行社会主义核心价值观。

第二,校园媒体的管理与参与者本身就是不断流动的学生,他们参与校园媒体工作,实际上是参与了社会主义核心价值观再生产化的配置与传播过程,在此过程中,参与者本身也接受了教育,从而有利于社会主义核心价值观对这些人的影响。

第三,社会对校园媒体越来越重视,从而使校园媒体的配置与传播功能得以放大,原因有三:一是许多已经毕业的校友对母校信息以及母校学生活动、文化等动态都非常重视,以复旦大学为例,这些内容除了口口相传外,许多内容是通过校园媒体获得的,如《复旦》《复旦青年》所刊载的文章与信息常常在校友的微信圈被大密度转发。二是新型媒体的出现,使校园媒体的传播力度得以进一步放大,如上述所谓校园媒体文章在微信圈转发。三是校园具有意识形态配置源头地位,是校园媒体日益受到社会关注的重要原因。

第四,在类型上,目前校园媒体已经出现多种类、立体性和融合性,可以多维度产生影响,从而能够为社会主义核心价值观培育与践行提供工具性手段。

四、有效培育与践行核心价值观需要校园媒体的创新与发展

要达到有效助推社会主义核心价值观在高校中培育与践行的目的,我们认为还必须推动校园媒体的创新与发展,具体来说有五个方面的建议:

一是在核心价值观配置中需要进行整体设计。应该在学校层面对核心价值观的每一部分内容,根据政治营销原理,对不同配置与传播的载体的实现形式进行整体设计,同时校园媒体也应该有意识地对其配置与传播方案与方式进行整体设计,而不是生硬地和无策略地应付性进行。

二是校园媒体要重视进一步推动学生参与,特别是社团的参与。校园媒体的管理者与参与者大部分是学生,但是从目前现状来看,存在着封闭性参与,而不是开放性参与。因此,我们建议应该建立相应机制,从选题开始以及实现方式呈现等过程都应该吸纳学生参与,特别是各类学生社团参与与合作。

三是要重视网络作用,特别是要发挥自媒体以及大数据技术作用。这是适应时代和技术发展要求,提高配置与传播水平的有效途径。同时还应该重视大数据技术,提高配置与传播的精准性。

四是推动校园媒体融合发展,重建校园宣传整体性。一方面要重视发挥各类校园媒体形式的各自优点和作用,另一方面又要重视推动各类校园媒体的融合性发展,达到相互补充与支持的目的。

五是提高专业能力。毕竟校园媒体也是媒体,而媒体建设具有其本身的专业性,而校园媒体管理与参与者大部分都是流动的学生,因此专业能力提高是很重要的。

精神秩序建构的新型组织化基础*

——培育发展社会公益组织与构建社会主义核心价值观

意识形态的功能,究其根本,就在于建构人们的精神秩序。作为广义文化的一个组成部分,意识形态的生成、配置和渗入,都需要通过相应的组织和机构支持才能实现。作为国家意识形态建构的中心任务,社会主义核心价值观的生成、配置和渗入,也同样需要相应组织体系予以支持。然而之所以要构建社会主义核心价值观,就是为了应对市场经济建立之后社会多元化。这种多元化不仅体现在价值观念上,也同样体现在组织机构上,这就意味着,社会主义核心价值观建构过程中所需要的组织支持模式也应该区别于计划经济时期。在市场经济发展过程中,为了克服市场经济所带来的负面影响,社会内部就开始生成以社会公益组织为主要主体之一的对治机制。因此,政党在推动社会主义核心价值观的配置和渗入过程中,应该很好地根据变化了的社会建构组织的基础情况,发挥社会公益组织的正面作用,并在此基础上构建以政党为领导的多元合作的意识形态建构的组织支持体系。

一、意识形态建构与组织体系支持

英国著名学者吉登斯在《社会学》一书中提到:"社会学家们提到文化时所关心的是人类社会那些通过学习而非遗传获得的方面。……一个社会的文化既包括无形的方面——信仰、观念和价值,这是文化的内容,也包括有形的方面——实物、符号或技术,它们表现着文化的内容。"人们获得这些文

---

* 本文写于 2013 年 4 月 19 日,刊发于《中国党政干部论坛》,2015 年第 2 期。

化内容以及在此基础上养成相应生活方式的过程,就称为社会化,而"社会化机构是社会化的重大过程发生的群体或社会背景。"家庭、同辈群体、学校、各类组织、媒体等是社会化的主要机构。从一定意义上讲,这些社会化机构也可以称为社会化的组织体系支持。由于意识形态是作为文化的一个重要组成部分,因此意识形态的生成、配置和渗透,即推动意识形态社会化过程中,也同样需要相应的组织体系予以支持。

二、社会主义核心价值观建构与组织支持模式创新

在计划经济时期,意识形态建构模式与社会、政治建构模式是处于一种同构状态。不论是政党意识形态,还是国家意识形态以及社会意识形态都是相同的,即以政党的一元化意识形态贯穿国家与社会之中。同时,为了克服中国传统社会"一盘散沙"的特征与现代化建设的组织化诉求,中国共产党在宏观上建立了以国家权力为资源配置中心的计划经济体制;在微观层面建立了以政党组织为领导建构核心的单位社会体制,以国家力量和政党组织作为社会建构的主导力量,由此政党组织成为贯穿于社会所有单位的具有支配性的组织体系。因此,政党及其外围组织成为意识形态建构的唯一性组织支持体系。

随着市场化、全球化和网络化进程推进,经济所有制的多元化以及社会结构的多元化,导致了经济领域和社会领域开始生成自我组织化力量,并在此基础上社会层面的价值观也出现了多元化。这就意味着,计划经济时期生成的社会层面的一元化的意识形态和组织模式已经受到了一种挑战。为了使政党的一元意识形态与社会多元意识形态能够获得共存,并还能够对国家整体性不构成冲击,中国共产党就凭借其执政党的角色开始推动国家意识形态的再造过程,这就是所谓的构建社会主义核心价值观。希望通过凝聚社会之间以及社会与政党之间的共识,形成相对稳定的、能够为多方接受的国家意识形态。在社会多元组织力量存在条件下、在社会建构模式发生根本性变化的背景下,以及社会主义核心价值观构建的诉求作用下,继续沿用计划经济时期的意识形态的一元化组织支持模式,显然已经不可行了。

三、社会公益组织特性与社会主义核心价值观建构

市场经济虽然对推动经济和社会发展具有强大的推动作用，但是市场经济固有特性也给社会发展带来许多负面影响，比如，可能将经济领域内的逐利原则扩展到社会领域，从而使社会中出现利己主义等现象，这就使社会中的弱势群体受到忽视以及趋利忘义、诚信丧失等。面对这些市场经济所导致的消极影响，在社会中自然也产生了一种对应性机制，其中一个重要内容就是社会公益组织的出现。社会公益组织的服务对象是团体之外的某些特定的社会群体，它所提供的是公共物品或称为社会物品，是具有一定社会公共功能的组织。这些组织以倡导公益和志愿服务等为诉求，通过开展一系列活动，组织和推动人们关注公益，参与志愿服务，救济市场经济对社会所造成的冲击。党的十八大报告提出的倡导富强、民主、文明、和谐，倡导自由、平等、公正、法治，倡导爱国、敬业、诚信、友善，积极培育社会主义核心价值观，分别从国家、社会和个人三个层面予以强调。分析与社会公益组织所追求的价值内涵，我们发现，它们与党的十八大关于核心价值观所强调的内容存在着较大程度的交集。这就意味着，社会公益组织可以作为社会主义核心价值观配置和渗入的支持性组织体系的一个组成部分。况且这些社会公益组织是内生于社会的，将这些组织纳入社会主义核心价值体系的支持组织，相较于官方组织更为灵活，甚至更容易让民众接受，至少可以让参与者更容易认同。

四、推动公益组织影响互益组织

随着市场经济发展和网络社会生成，各类社会组织快速生成。这些组织除了上述的公益组织外，还有两类社会组织：一是互益型组织，其服务对象仅仅限于团体成员，这种社会团体是自我服务的，工作紧紧围绕成员的利益开展，它所提供的是"俱乐部物品"，是自娱自乐的社会组织，如交友类组织和兴趣类组织。二是公益-互益型组织。一般来说，凡是参与公益类组织的青

年或多或少一定程度上都满足了个人兴趣。但这类组织之外,确实还有一类组织,主要是理念文化类组织,参与者既有明显的个人兴趣和价值的追求,同时又传播文化、帮助他人。这类组织可以单列为公益–互益类组织,如学术类组织、文化类组织和宗教类组织。在这两类社会组织中,单纯互益型组织,不一定具有公益诉求,但是从公益–互益型组织发展情况来看,其中相当一部分是从互益型组织逐渐转变而来的。这就意味着,如果能够以公益型组织影响互益型组织的话,许多互益型组织是能够转化为公益–互益型组织的。即使未能将许多互益型组织转变为公益–互益型组织,但是如果能够推动公益组织与互益组织有效互动的话,那么许多公益性的价值观念甚至社会主义核心价值观的内容也能够因此而渗入互益组织,况且作为互益组织,其组织特征决定了这些组织内部存在着大量信任、友善、公平与和谐的因素。在数量上,互益型组织远远大于公益性组织。因此,从一定意义上说,推动公益组织影响互益组织是推动社会主义核心价值观支持组织体系发展的重要策略之一。

五、建构以党组织为领导的多元合作的组织支持体系

建构社会主义核心价值观的目的是通过凝聚社会内部以及政党与社会之间的价值层面的共识,以建构国家意识形态。因此,社会主义核心价值观的构建涉及政党、国家和社会三方面,这就意味着,作为其组织支持体系,也同样需要涉及政党、国家和社会三方面。由于中国共产党在中国具有领导和执政的两方面职能,因此不论在整合社会意识形态,还是建构国家意识形态,还是推动政党与社会的意识形态之间达成共识,中国共产党都应该在其中起到领导作用。由此,作为支持社会主义核心价值观建构的组织体系,同样也必须以中国共产党作为领导核心,并在此基础上将国家相关机构和组织,以及社会中的各类社会组织特别是社会公益组织整合进这一体系中,进而形成以中国共产党为领导的多元合作的组织支持体系。对于社会公益组织来说,在这一组织支持体系中,在逻辑上,应该作为社会中代表性的力量发挥作用。在现实中,中国共产党应该主动发挥其正面作用,推动其对组织

内成员，以及对互益社会组织、经济性组织和一般个人产生有效影响。同时，也应该在共同践行社会主义核心价值观过程中，使其自身以及在其影响下的其他组织和个人对中国共产党之间产生认同。这样就将意识形态建构与组织认同之间有机统一起来了。

中国应为世界哲学社科理论发展做出贡献*

习近平同志在哲学社会科学工作座谈会上指出："历史表明，社会大变革的时代，一定是哲学社会科学大发展的时代。当代中国正经历着我国历史上最为广泛而深刻的社会变革，也正在进行着人类历史上最为宏大而独特的实践创新。这种前无古人的伟大实践，必将给理论创造、学术繁荣提供强大动力和广阔空间。"①这就意味着，中国特色社会主义实践不仅反映了中国社会的发展特征，还反映了人类社会发展规律；其实践成果既体现了中国人民智慧，又丰富了人类社会发展经验。因此，从人类社会发展规律角度来把握中国实践经验，不仅关系到对中国自身经验理论的总结，还关系到对世界哲学社科理论发展应有的贡献，服务人类命运共同体建设。

一、中国实践为世界哲学社科理论发展提供了经验基础

马克思主义认为，作为人们认识世界与自身的系统性成果，哲学社会科学理论始终是以客观世界与人类实践作为根基的。基于不同实践经验，对人类社会的认识就可能存在差异。因此，要对人类社会发展的规律有更准确、更完整的认识，就必须尽可能多地把握人类社会多样的实践经验。

在历史上，中国曾创造过辉煌的古代文明，并留下大量对人类社会发展产生重要影响、富含高度智慧的典籍。但由于现代化起源于西方，现代社会

　＊　本文写于 2015 年 12 月 10 日，修订于 2017 年 2 月 9 日。
　①　习近平：《在哲学社会科学工作座谈会上的讲话》，新华社，http://news.xinhuanet.com/politics/2016−05/18/c_1118891128.htm。

科学理论也是在西方最早发展起来的，因此不论是对现代社会的人文性思考，还是社科性研究，西方理论都具有相对优势。然而西方哲学社科理论更多是对其自身社会发展过程中的实践经验的总结与提升，这就在客观上导致了所谓"西方中心主义"。再加之由于西方国家较长时间内在现代化进程中处于领先地位，这就使基于西方实践经验的理论在全球处于主导地位。

由此导致认识上和现实中的两方面影响。在认识上，一是不能全面认识整个世界与人类的现代社会发展的内在规律，二是对中国等非西方国家的现代社会发展规律缺乏有效认识。在现实中，现代化先行的相对优势使基于西方理论被作为一种"教条""强加于"非西方国家的现代化发展，从而导致理论解释的局促和实践的困境。因此，从世界哲学社科理论发展来看，迫切需要全面与系统地把握世界各国的实践，而作为发展中大国，中国特色社会主义实践，可以为世界哲学社科理论发展提供新的经验。

二、从人类社会发展规律角度来把握中国经验

中国实践可以为世界哲学社科理论发展提供经验基础，但这并不意味着这些经验就已经或者可以直接转化为理论，成为世界哲学社会科学的一部分。要实现这一转化，对于中国理论工作者来说，急需开展三方面工作：

一是坚持从中国实践出发，把握中国经验的内在发展逻辑。近代以来，现代化发展逻辑开始在中国演绎，这就意味着，对中国近代以来发展，特别是中国特色社会主义实践进行客观与深入的研究，不仅有利于深化对中国发展的研究，还有利于丰富对世界现代化发展内在规律的认识。正如习近平所指出的那样："当代中国正经历着我国历史上最为广泛而深刻的社会变革，也正在进行着人类历史上最为宏大而独特的实践创新。这种前无古人的伟大实践，必将给理论创造、学术繁荣提供强大动力和广阔空间。"①这就要求我们必须"从我们党探索中国特色社会主义历史发展和伟大实践中，认识

---

① 习近平：《在哲学社会科学工作座谈会上的讲话》，新华社，http://news.xinhuanet.com/politics/2016-05/18/c_1118891128.htm。

和把握人类社会发展的历史必然性，认识和把握中国特色社会主义的历史必然性"。①

二是坚持并发展马克思主义，从人类社会发展规律角度来把握中国经验。正如习近平所强调的那样："坚持以马克思主义为指导，是当代中国哲学社会科学区别于其他哲学社会科学的根本标志，必须旗帜鲜明加以坚持。我国哲学社会科学的一项重要任务就是继续推进马克思主义中国化、时代化、大众化，继续发展21世纪马克思主义、当代中国马克思主义。"②一方面，我们不仅要将包括中国实践在内的世界各地不同时期实践经验来丰富马克思主义现实内涵；另一方面，我们还要充分吸收现代哲学社会科学对人类社会发展内在规律研究的新成果，从而丰富马克思主义的理论内涵。

三是充分吸收西方哲学社科理论成果，并以中国经验发展现代哲学社科理论。中国经验作为人类社会发展的重要部分，要立足人类社会整体发展，将中国经验转化为世界哲学社会科学理论的重要组成部分，促进世界哲学社会科学的进一步丰富和发展。也就是说，要"按照立足中国、借鉴国外，挖掘历史、把握当代，关怀人类、面向未来的思路"，来构建中国特色哲学社会科学，并"在指导思想、学科体系、学术体系、话语体系等方面充分体现中国特色、中国风格、中国气派"。③"加快构建中国特色哲学社会科学学科体系和教材体系，推出更多高水平教材，创新学术话语体系，建立科学权威、公开透明的哲学社会科学成果评价体系，努力构建全方位、全领域、全要素的哲学社会科学体系。"④

三、在贡献人类理论发展的过程中推动人类命运共同体构建

中国为世界哲学社科理论发展做出贡献，包含以下两方面战略性意义：

---

① ② ③ 习近平：《在哲学社会科学工作座谈会上的讲话》，新华社，http://news.xinhuanet.com/politics/2016-05/18/c_1118891128.htm。

④ 新华社记者吴晶、胡浩：《习近平：把思想政治工作贯穿教育教学全过程》，http://news.xinhuanet.com/politics/2016-12/08/c_1120082577.htm。

一是为提升中国话语权奠定基础。要获得话语权,必须在增强话语能力上下功夫,既要能够让人们听到、听懂中国故事,也要让国际社会能够理解和接受中国经验。前者要求我们在形式上与技巧上提高讲故事的能力,后者则需要发展世界哲学社科理论。因此,以中国经验丰富世界哲学社科理论,不仅可以使人们在理论上更好地理解与接受中国的实践,还能够将中国经验转化为一种理解现代世界的重要范式之一,提升世界哲学社科理论的整体解释能力,为中国提升话语权奠定理论基础。

二是为构建人类命运共同体创造条件。如何在新的时代背景下,着眼构建人类命运共同体这一命题,推动文明包容与世界和谐,事关重大。中国在实践与理论上能够为世界发展提供经验以及理论上的贡献,开启以尊重各国发展逻辑、建构容纳差异化文明成果的包容性共识的机制,将在文化与理论上为人类命运共同体的构建奠定基础。

四、中国学者应该为推动世界哲学社科理论发展做出贡献

当前,中国已经在经验上为世界发展做出了贡献,而要将这些经验转化并上升为理论,推动世界哲学社科理论发展,就需要由学者来完成。正如习近平所指出的那样:"这是一个需要理论而且一定能够产生理论的时代,这是一个需要思想而且一定能够产生思想的时代。一切有理想、有抱负的哲学社会科学工作者都应该立时代之潮头、通古今之变化、发思想之先声,积极为党和人民述学立论、建言献策,担负起历史赋予的光荣使命。"[①]

长期以来,我们习惯于借西方学者的观点来为中国经验背书,归根到底还是我们的理论研究尚未提升到一个高度所导致。其中最重要的原因,一是熟悉现代西方理论的学者,许多不了解中国实践;而了解中国实践的人,又往往不善于用相应理论来表达。二是理论自身的局限,这对全世界理论工作

---

① 习近平:《在哲学社会科学工作座谈会上的讲话》,新华社,http://news.xinhuanet.com/politics/2016-05/18/c_1118891128.htm。

者提出了新的命题。中国学者具有了解中国实践的独特优势,如何遵循中国自身发展逻辑,而不简单地以西方理论视野来认知中国,将是中国学者的重要责任和使命。

在具体对策上,我们认为应该在以下五个方面下功夫:

一是重视机制建设,推动学者全面而深刻理解中国实践。比如,要充分认识与运用智库建设在中国人文社会科学原创性知识生产中的机制性作用,推动智库成为学者参与理解实践的"旋转门"。建立相应机制,让从事哲学社会科学的中青年学者到党政部门与社会组织等机构挂职,使其有机会参与现实中国的具体实践。在政策上,要引导学者对中国实践的研究。

二是重视人才队伍建设,推动学者队伍的整体知识结构优化。比如,要从战略高度对留学归国学者与本土培养学者的予以同等重视,并从机制与政策上一一体现。纠正一些大学的哲学社科专业与院系片面强调引进留学归国学者,歧视国内培养博士生的现象。

三是重视国际交流,推动东西方学术与实践的交流。比如,可到海外设立各类中国问题研究机构,同时推动海外学者来中国研究等。建立相应的研究机制,与海外研究机构合作,扩大规模,推动到国外留学的学生,在其海外导师指导下研究以学位论文方式,对中国经验开展研究。推动来华留学生在中国导师的指导下,对中国经验进行研究。

四是重视学术阵地建设,推动学术话语权基础的构建。比如,主动推动建立各类国际性学术组织,以及出版国际性学术期刊等。要有计划地增加以我为主场的国际会议的次数,并鼓励举行小型的、有深度的国际研讨会,能够让海外学者充分了解中国经验与中国学者的话语与思路。

五是重视原创意识确立,推动理论话语权源头的构建。比如,可以多维度推动与跟踪理论前沿,重新审视基础理论,着眼于用中国经验来发展理论,走出单纯某种理论的"中国验证"的阶段,要"提出具有主体性、原创性的理论观点"。

第四部分　政治生态重塑与国家治理现代化

政党纯洁性建设的新发展*
——群众路线教育实践活动与"新的伟大工程"建设

将群众路线教育实践活动放在以政党建设与国家发展为高度、以改革开放以来为宽度的政治发展的坐标系中来分析，我们就会发现这次活动实际上承担着政权建设和民族伟大复兴中一个十分重要的政治功能，即提升执政党纯洁性建设的水平。从内容来看，这是"新的伟大工程"建设的一个重要组成部分；从提出时机来看，是"新的伟大工程"自身发展的逻辑必然。因此，群众路线教育实践活动不仅是一次阶段性党的建设活动，还对政党建设与国家发展具有根本性影响。

一、在"新的伟大工程"建设的历史维度下充分认识开展党的群众路线教育实践活动的重大意义

在现代条件下，任何国家政治建设要取得成功，都必须符合三个逻辑：一是必须遵循政治发展的一般逻辑，二是必须遵循现代政治发展的具体逻辑，三是必须遵循本国政治发展的历史逻辑。

在现代政治发展的具体逻辑与中国政治发展的历史逻辑共同演绎下，中国社会最终选择了以党建国家的方式来推动现代政治在中国的发展。然而不论何种政治实现形式，要能够有效运行，都需要一个基础条件，那就是政权和执政主体必须得到人民的认同和支持，这是政治发展的一般逻辑所决定的。

---

* 本文刊发于《瞭望·东方周刊》，2014 年 7 月。

党建国家的逻辑和中国共产党在中国的核心领导地位决定了中国政治要能够有效和顺利运行,从而为中华民族伟大复兴的"中国梦"实现奠定领导和组织基础。这一逻辑成立的前提是党与人民群众之间必须建立密切联系,并获得人民群众的认同和支持。在党群关系构建中,党组织处于相对主动的一面,因此对于党组织来说,就应获得群众的支持和认同:一方面必须根据社会和群众的变化和发展,调整自身与群众之间关系以及有效互动的方式与途径;另一方面还必须根据现代政治建设要求,不断强化自身建设,在特性、德行和能力上下功夫。

　　改革开放政策实施特别是市场经济体制的建立,使中国社会发生了巨大变化,群众的利益关系、生存形态和思想认识都与计划经济时期有了明显不同。如何适应这一变化,并推动党的发展,成为中国政治建设中一项重要任务。为此,党的十四届四中全会将党的建设上升为"新的伟大工程"。党的十四届六中全会做出决定通过开展"三讲"教育活动,探索以不搞运动方式来实现整风目的,以推动党的建设和发展。"三讲"教育活动实际上是市场经济背景下政党建构认同的第一次全面探索尝试。在"三讲"过程中,"三个代表"重要思想被提出,这实际上是政党建构认同进入了深化阶段,是"新的伟大工程"进入了实质性推动阶段。

　　"三个代表"的提出和先进性教育活动,回答了在社会转型背景下"建设什么样党以及如何建设党"的问题。在科学发展观提出之后,党的十六届四中全会又提出了执政能力建设的命题。先进性和能力建设既要体现在整个政党建设中,又必须体现在基层党组织和每一位党员身上,只有如此才能使群众有直接体会,并得到群众认同和支持。为此,2010年我们开展了"创先争优"活动。从一定意义上说,先进性建设和执政能力建设更多的是回应社会转型对政党性质和能力上的新的要求所做出的进取性和创新性的努力,然而如果政党只是在适应性和创新性上下功夫,而忽视保障性和防御性内容的话,也可能因此导致政党基础受损。而保障性和防御性中最重要的内容之一就是纯洁性建设。因此,党的十八大提出了要从今年开始用一年时间开展以"为民务实清廉"为主要内容的群众路线教育实践活动。

二、开展党的群众路线教育实践活动是把握执政党纯洁性建设规律的有益探索

这次群众路线教育活动主要包括三方面：一是为民，二是务实，三是清廉。这三方面内容实际上都是围绕着公共权力而展开的。

"为民"是指公共权力使用的目的，即正当性；"务实"是指公共权力使用的效果，即有效性；"清廉"是指公共权力执掌者自身不以权谋私，即纯洁性。因此，群众路线教育实践活动实际上是对传统的党的建设中关于纯洁性理解的一种发展，使纯洁性从狭义的公共权力执掌者的不以权谋私拓展到整个公共权力的正当性、有效性和公共性建设上，体现"权为民所赋，权为民所用"的马克思主义权力观。因此，群众路线教育实践活动在对象上是以县处级以上领导机关、领导班子和领导干部为重点，在内容上是以贯彻"八项规定"与反对形式主义、官僚主义、享乐主义、奢靡之风"四风"为重点。

分析群众路线教育实践活动的对象和内容的重点，我们发现，相关要求在党的建设的日常过程中都已经强调和开展了。同时，再对之前几次集中教育实践活动进行分析后，我们也发现了同样的现象。然而如果我们从"新的伟大工程"提出至今的全过程进行分析的话，我们会发现，虽然每次开展的党建活动许多已经包含在日常和传统党建工作之中，但是通过集中开展主题性党建活动，却产生了一些明显的效果：一是有针对性解决每个时期党建工作中重点和难点，二是根据社会发展的新要求做出新的探索，三是丰富了对这些要素和内容内涵和机理的认识。一方面正是通过这些集中性教育活动，使我们深化了对社会转型背景下党的建设的内在规律的认识，提高了党的建设科学化水平；另一方面遵循事物运动内在逻辑，经过二十年的多次集中党建活动的探索，以政党自觉而建构人民认同的逻辑和机制也因此基本形成。为此，党的十八大对党的建设主线进行了概括，并将之定位为"加强党的执政能力建设、先进性和纯洁性建设"。

从上述分析中，我们可以知道，群众路线教育实践活动实际上具有两方面功能：一是针对当前干部队伍中所存在的"四风"问题，通过这次活动予以

克服和扭转,这种功能是阶段性的工作性功能。二是深化公共权力纯洁性的内涵,探索有效提高公共权力正当性、有效性和公共性,从而使人民群众对党的领导和执政产生认同和支持,这种功能是具有根本意义的规律性功能。因此,我们认为,在这次群众路线教育实践活动中,各级党组织在开展活动时应该做到既要重视解决问题,还有重视总结经验,使本次活动所形成的经验具有规律性的价值。

三、党的群众路线教育实践活动的成效将推动"新的伟大工程"进入新的发展阶段

"八项规定"和反对"四风"的提出,很快就收到了相应的效果,随后群众路线教育实践活动的开展,更是将这一效果进一步扩展。然而正是在效果明显之际,却也开始出现一些担忧之声,不论是媒体还是群众,在肯定的同时,也纷纷提到,这些措施和做法,是否也只是一阵风,能不能长期坚持?

这一担心是有理由的:一是这次群众路线教育实践活动的具体内容,在单项上,在过去党的建设中都强调过,或是以活动甚至运动方式整肃过,但是运动或者活动过后,所反对的现象又反弹了,所谓"一阵风"。二是群众路线教育实践活动的主要内容所触动的是当政者的切身利益和思想观念,在活动期间,领导干部可以克服,但是长时间的持续性问题如何克服,经验证明,难度将相当大。三是一些人担心经常这样暴露党的领导干部中存在的问题是否会影响到党的威信, 或是经常集中力量抓党的建设是否会影响到其他工作?

这些担心,从一定意义上说是有道理的,上述这些理由在过去党的建设中也存在过,但是我们认为,在新的政治形势和社会环境下,上述担心可能成为一种多余,我们的理由和分析如下:

一是政党纯洁性建设关系到中华民族伟大复兴的中国梦的最后实现,因此,历史逻辑将使中央和人民都能够充分意识到这一关键点。综观世界,现代大国崛起,在其最后一个阶段如果不能有效解决政权纯洁性问题,必将影响其政权合法性。一旦解决好这一问题,国家就能够较好实现相对自主性

以及政治稳固性,从而为最后成为大国奠定政权的认同基础,美国就是一个最典型的案例,在 19 世纪 70—90 年代快速发展的"镀金时代",其腐败程度是相当严重的。进入 20 世纪之后,在政府、媒体和社会三方面力量共同努力下,经过二十年左右时间,美国腐败现象被较大范围控制,从而为美国最终成为世界超级大国奠定了国内认同基础。而对于中国来说,目前已经处于世界经济总量第二位,下一步要能够更好发展,也同样需要解决发展与腐败关系问题,特别是执政党纯洁性问题,如果没有解决好,随着社会进一步复杂和经济进一步发展,这一问题可能就更难办了,历史逻辑演绎已经到中国共产党必须面对这一问题的时刻了。从新一届领导集体的认识、举措和成效来看,我们可以得出判断,中共中央已经充分认识到这一问题的重要性,将作为政治建设中的重要问题来对待。因此,我们有信心认为,政党纯洁性建设将不可能随着群众路线教育实践活动的结束而停止,它将成为"新的伟大工程"新阶段的工作重点之一。

二是社会环境和技术条件可以为政党纯洁性建设的长效机制提供社会和技术条件。从 2013 年年底八项规定提出之后,中央和地方处理了一批存在严重"四风"问题的人与事。从这些问题的情况来看,除了一些是相关部门直接发现外,许多是通过网络举报或者直接将这种现象发到微博上而后被处理的。由此,我们可以得出一个判断,那就是在网络社会下以及在群众主体性日益提升的背景下,作为现代政治的最重要监督力量的社会监督通过网络技术的放大,已经成了最为直接的民主监督力量。从一定意义上说,社会监督机制已经完全具备,从而有别于过去任何一个时代。再加上中央提出的"八项规定"和反对"四风"实际上已经成为一个共识,由此,党组织与社会之间已经形成了一个联合互动的净化机制,从而使群众路线教育实践活动所形成的成果的长效性和持续性有了刚性的机制保障。

三是政党与社会在认识和技术条件具备的情况下,政党纯洁性建设将内化为领导干部和人民群众的基本意识和行为规范。这就可以使政党自身纯洁性建设的成本大大降低,不但不会影响到其他工作,而且还能够使政党可以将过多的时间和精力放在其他工作上,同时也可以使国家制度运行和行政管理的成本降低,群众对政权的认同度提高,最终将服务于国家和社会。

综上所述，我们认为：如果将其放在以政党建设与国家发展为高度、改革开放以来的历史阶段为宽度的政治发展坐标系中来分析的话，我们就会发现，党的群众路线教育实践活动承担着政权建设和民族伟大复兴中一个十分重要的政治功能，即提升执政党纯洁性建设的水平，从内容来看是"新的伟大工程"建设的一个重要组成部分，从提出时机来看，是"新的伟大工程"自身发展的逻辑必然。

如果对其内容进行分析的话，我们将会发现，这次群众路线教育实践活动还发展了政党纯洁性建设的内涵，这些内容实际上与现代政权建设紧密联系在一起，具有很强的科学性。如果对其社会与技术的环境进行分析的话，我们还会发现，这次群众路线教育实践活动是在全球化、市场化和网络化背景下进行的，群众主体性和网络公开性等使社会监督的主体力量和技术手段已经具备，从而为这次群众路线教育实践活动成果的长效性和持续性创造了社会和技术条件。

因此，群众路线教育实践活动不仅是一次阶段性党的建设活动，而且还对政党建设与国家发展有根本性影响，将有可能产生长期和持续的效果，标志着"新的伟大工程"建设的第一阶段结束和一个新的阶段开始。

高压反腐*
——中国政治的新常态,抑或阶段工作的短部署?

党的十八大之后,中国共产党加大了反腐败工作力度,不论是在数量上,还是在层次上,都是举世瞩目的,甚至有媒体评论说,这是改革开放以来反腐力度最大的一个阶段。在长时间等待所谓"大老虎"过程中,社会舆论就以各类"你懂的"的心理,对党的十八大以来的高压反腐工作进行了各种评论,有期待,也有质疑。随着中央对徐才厚与周永康的腐败问题处理决定作出之后,社会舆论似乎已经不再对所谓"你懂的"的各类事情感兴趣了,而开始对所谓高压反腐是否可持续以及高压反腐工作是否有一节点的问题进行争论。我认为,随着反腐进展而导致人们所关心内容发生变化,是符合事物发展变化规律的,同时,也说明党的十八大以来中央所推动的反腐工作似乎有其特殊之处。因此,我认为有必要对反腐新阶段人们所关心的问题进行分析,一方面有利于帮助人们对当前高压反腐工作深层次意义的理解,另一方面也有利于为党和国家进一步推动反腐败工作提供一些理论上的思考。至于具体内容将在下文进行分析,这里先提出初步判断,那就是高压反腐既是阶段性工作部署结果,也是中国未来政治的新常态。

一、关于高压反腐的两种观点

当前,对于高压反腐,社会舆论有着多种评论,涉及方方面面。对这些评论,可以从多个维度予以分析,不过,我认为以下两个观点是具有典型性意

---

* 本文以"中国政治新常态:高压反腐"为题刊发于"澎湃"新闻,2014 年 8 月 15 日。

义的。这两方面观点差异，不仅体现为对当前反腐工作的理解上，而且体现在对中国政治发展的把握上。由此，其所围绕的问题，就成为关系当前反腐工作的核心问题。

第一种观点认为，随着周永康和徐才厚等"大老虎"被揪出后，高压反腐工作将告一段落，即以高压态势推进反腐败工作，更多只是一个阶段性工作部署，而不是长久战略。虽然持这种观点的人各有各的理由，但是概括起来，不外乎以下方面：

一是高压反腐是新一届领导集体为了巩固权力和地位而采取的一种战术性举措，一旦权力和地位巩固之后，反腐的高压态势就会减弱，"大老虎"被揪出，标志着这一任务基本完成。

二是目前腐败现象十分严重，如果不断推进高压反腐，就可能引起重大反弹，新一届领导集体为了政治稳定起见，将会有所节制，所谓"见好就收"。

三是从中国历史上看，高压反腐或是不能长久，或是后果不好，前者有人举明朝朱元璋例子，后者有人举清朝嘉庆例子，因此高压反腐都是阶段性工作。

四是从改革开放以来的情况来看，虽然也长期强调反腐，但是都不是很彻底，运动式反腐也常常随着运动结束而结束。

五是用政党力量反腐只能是运动性的，现代国家反腐应该是以法治为基础的，而一旦强调法治反腐，这种高压性反腐方式自然就会结束。

第二种观点认为反腐败工作的高压态势不会随着周永康和徐才厚等"大老虎"被揪出后而告一段落，高压反腐将长期存在。理由如下：

一是民众对腐败现象深恶痛绝，一年多来的高压反腐获得民众高度认可，而腐败现象并未获得根本抑制，以及腐败分子也未获得充分惩戒，在这样的情况下，突然停止反腐败的高压态势，民众将感到失望，反而对新一届领导集体权威不利，因此，高压反腐将长期推进。

二是腐败现象既有领导干部个人因素造成的，也有制度和体制因素导致的，而且二者之间还形成了相互建构的态势，因此为了保证全面深化改革的成功推进，一方面必须从战术上打掉基于腐败而阻碍改革的现象，另一方面必须从战略上建立减少腐败土壤的制度与机制。总之，必须加大反腐败力度,才能为全面深化改革保驾护航。

三是中央领导人以及中纪委已经在 2014 年年初的中纪委三次会议上做出了明确表态,将持续推动反腐工作,争取到 2020 年,腐败现象严重的局面能够得到基本扭转。因此,高压反腐将持续推进。

二、理解反腐工作需要历史逻辑思维

如果独立地来看,上述两方面观点的每个理由,似乎都有其合理性,然而分析上述观点的理由,我们发现存在着三种比较明显的分析思路:一是单纯权力斗争的分析思路,二是抽象政治原理的分析思路,三是就局部问题谈局部问题的孤立的分析思路。正是上述三种分析思路导致了各自以一定合理性的理由为依据,而得出来的判断却形成了针锋相对的观点。这种矛盾现象告诉我们,如果我们要对当前高压反腐工作做本质上的理解,就必须遵循历史唯物主义与辩证法,以历史逻辑思维来对之进行把握,并在此基础上对下一步反腐工作可能发展方向以及应该采取的措施提出我们的见解。具体来说,我们认为把握当前高压反腐现象,必须放在中国政治文明转型以及现代国家建设整体进程中来把握。

中华民族曾经创造过辉煌的古典政治文明。鸦片战争爆发,标志着现代化浪潮开始冲击中国,导致古典政治文明逐渐走向崩溃,进而使作为其承载体的中华民族也因此走向衰落。戊戌变法与辛亥革命,标志着中华民族通过植入现代政治文明来实现民族复兴努力的开始。它们的失败标志着单纯性制度植入是无法完成现代政治文明在中国建立的。最终,历史选择了以党建国家方式来实现现代政治文明在中国的建立。由此也决定了政党应在中国政治中起到十分特殊与重要作用。

中华人民共和国建立之后,为了克服中国社会"一盘散沙"特征与现代化建设对组织化诉求的矛盾,中国共产党建立了宏观上以国家权力为主导的计划经济体制,微观上以政党组织为核心的单位社会体制。然而计划经济体制与单位社会体制能够为现代化建设提供组织化基础,却不能为现代化建设提供可持续发展的内在动力,为此,中共中央做出了改革开放的决定。

经过一段时间复原与改革，党的十四大提出了建立社会主义市场经济体制,标志着现代社会基因开始在中国确立。党的十五大提出了依法治国,标志着现代国家建设进入了实质性阶段。党的十六大提出的"三个代表",标志着党的建设开始全面适应现代政治文明发展。党的十七大在提出科学发展观的同时,提出了和谐社会建设,标志着现代社会在中国出现。至此,作为现代政治文明结构要素主体的现代市场、现代社会、现代国家与现代政党都已宣告生成。

对于现代政治文明建设来说,只有使各要素之间形成有机化,才能宣告其最终建成,并以此作为内在力量长时间推动中华民族发展。这就需要着眼于整体政治文明结构发展进行顶层设计,全面深化改革,这就是党的十八届三中会的任务。正是在这一意义上,中共中央认为全面深化改革是中华民族伟大复兴中国梦实现的一个关键举措。

然而这些要素生成是一个渐进与培育的过程,由此导致两方面结果:

一是各要素功能都有待于充分发展与完善,同时各要素之间尚未形成有机呼应,保证各要素充分发展的机制与体制也都不完善。

二是由于市场是后来嵌入的,并通过国家来培育的,同时,为了推动改革和发展,在相当长的时间内,中央是通过分权方式来调动地方积极性的,而地方为了推动经济发展,就需要加大资本合作。这两方面都导致寻租或其他方式腐败空间的存在,并使权力与资本之间建立利益链关系成为可能。这种利益链关系的存在就导致许多既得利益者不愿意使现代政治文明结构要素之间的机制与体制进行调整与理顺。

为了推动现代政治文明结构有机化和基本定型以及为了中华民族伟大复兴的中国梦最后实现,中国共产党在做出全面深化改革决定的同时,也开始加大了反腐败力度,并形成了高压反腐态势,明确提出了反腐败要为全面深化改革保驾护航。既然要反腐,相应的斗争就是必要的。

三、国家治理现代化与反腐工作新逻辑

现代政治文明基本定型可以有一系列标志, 不过其中两个是具有根本

性意义的:一是认同性,即民众对国家治理体系的认同性。二是有效性,即国家治理体系内部关系有机化,外部治理有效化。前者是任何时期政治发展都需要的,而后者即是所谓国家治理体系与治理能力现代化的表现。对当前与未来中国反腐败工作发展来说,与这两方面都有直接关系。

民众对于公共权力认同主要基于三方面:一是公共权力为民性,二是公共权力有效性,三是公共权力纯洁性。正是基于此,党的十八大之后所开展的群众路线教育实践活动就将主题确定为"为民、务实与清廉"。在这里,为民性是认同的价值性规定,有效性是认同的工具性规定,而纯洁性是认同的基础性规定。因此,在全面深化改革和推动国家治理现代化过程中,加大反腐败力度,除了上文所谓服务全面深化改革的目的之外,还有很重要的一面就是能够为全面深化改革以及推动国家治理现代化之后所形成的具有中国特色社会主义现代政治文明形态提供认同基础。从大国发展规律来看,在现代政治文明最后定型阶段,反腐败是建构民众认同关键之一,美国国家成长经验可以作为例证。在经历内战后镀金年代的严重腐败,进入20世纪,美国即开展了持续20年的高压反腐,不仅使美国从全世界最腐败国家之一变为相对比较廉洁的国家,从而也为其度过经济危机并最终成为超级大国奠定了体制认同基础。

反腐败可以为全面深化改革以及国家治理现代化后的现代政治文明形态奠定认同基础,相反,全面深化改革与国家治理现代化也同样可以为反腐败工作现代化提供条件。正是基于此,党的十八届三中全会《决定》就将纪检体制改革单独列为一章。从一定意义上说,只有遵循全面深化改革与国家治理现代化的逻辑来推动反腐败工作,才能在结果与方式两方面都得到民众的认可。

从机理上说,所谓国家治理现代化,是指国家治理体系要素——政党、国家和社会遵循现代政治运行原则,并通过价值、制度与组织等机制,形成相互反映与相互支持的有机关系,从而实现对各类事务进行有效处理的体制与能力。从理论上说,反腐败工作同样属于国家治理现代化范围内容,因此反腐败工作也必须遵循国家治理现代化的逻辑。

党建国家逻辑使中国共产党在中国政治中处于领导核心地位,其中党管干部原则是党的领导具体规定之一，由此，以政党为主的反腐败模式就成为中国特色政治形态下反腐败工作的本质规定体现。随着作为国家治理结构主体要素的现代社会与现代国家生成，党的领导方式创新就被提出，相应地，反腐败实现方式也应该做出改革。

由于反腐败实现方式创新的问题相当复杂，不可能在此做具体阐述，但是一些原则性问题还是可以提出：一是应该遵循强政党、强国家和强社会原则来推动反腐败实现方式创新与发展。二是应该充分考虑依法治国原则，强化国家法治力量在反腐败工作中的作用，并在国家反腐的体制机制上做出实质性创新。三是应该充分考虑人民当家做主原则，强化社会力量在反腐败工作中的作用，将社会监督机制化和制度化。四是应该充分考虑党的领导原则，强化党的反腐败工作作用，创新反腐败体制与机制，推动国家廉政体系建设，在机制、体系与制度上有效发挥国家与社会作用。

四、高压反腐既是阶段性工作部署，更是中国政治新常态

从上述分析中我们可以做出以下判断：

第一，高压反腐既是阶段性工作部署，更是中国政治新常态。这里所谓阶段性，是指党的十八届三中全会所提出的整个全面深化改革过程，即到2020年，而不是一些舆论所称的从党的十八大到周永康和徐才厚等"大老虎"被揪出之后这一阶段，随后就将告一段落。因为反腐败是直接服务于全面深化改革的，所以说这是与全面深化改革阶段密切相关的工作部署。如果现在就减弱反腐力度，可能就会导致全面深化改革进程严重受阻，因此不可能出现所谓"见好就收"的局面。所谓中国政治新常态，是指今后反腐败将长期处于高压状态，进而使整个政治生态发生根本性变化，使公权力系统内的人员，特别是新进人员，感到廉洁从政是理所当然，并切实体会到所谓"高压电"的存在。只有如此，中国特色社会主义现代政治文明形态才能为民众所认同，中华民族伟大复兴事业才不会毁于一旦。

第二，反腐高压态势将长期存在，只是这种高压的力量将从单一政党力

量推动向政党、国家和社会三方面力量共同推动转变。高压反腐既是服务于全面深化改革和国家治理现代化，同时全面深化改革与国家治理现代化也要求反腐败工作必须创新与发展，国家治理现代化内在要求作为治理体系的主体要素的政党、国家与社会的功能都应该得到充分发挥。这就意味着，在反腐败实现方式中，除了党的领导要素发挥作用外，国家法治要素与社会监督要素的作用也应进一步增强。因此，这种高压反腐将是党、国家与社会三方形成合力的结果，从一定意义上说，目前反腐工作已经呈现这方面趋势。这将导致两方面结果：一是使反腐工作更大程度上纳入法治轨道，从而克服运动式反腐的波动性；二是由于是三方面力量叠加结果，反腐力度将进一步加大。

第三，现代政治文明条件下，高压反腐将走出传统政治文明条件下的反腐不可持续的困境，使反腐败工作真正成为政治文明自身发展的免疫系统。在社会舆论中，有人将当前高压反腐工作与明朝朱元璋时期与清朝嘉庆年间的反腐败进行比较，说明反腐的不可持续性以及越反越腐的可能性。我认为这种比较忽略了一个最大因素，就是时代和政治背景。明、清时期的中国是处于传统政治形态背景下，政治系统相对封闭，因此反腐只能靠官僚体系内部力量封闭性进行监督，因此，在动力与监督上都缺乏可持续机制。而当前中国是处于现代政治形态建构与发展阶段，社会力量已经形成并处于开放状态，特别是国家治理现代化内在要求社会力量的发挥。因此，社会对国家与政党的监督就成为可能，而现代政治本质之一就在于社会能够对国家进行监督。由此，反腐的动力与机制都有一个开放来源。同时，网络社会的到来，使社会对国家的监督在技术上成为可能，再加上中华民族伟大复兴的使命使中国共产党也决心反腐，这样就为反腐败创造了有别于传统政治的新型的有机运行机制，从而使高压反腐持续发展成为可能。

走向整体性的高压反腐*

——国家治理现代化的要求

在中央对周永康与徐才厚的腐败问题作出处理决定之后，社会舆论开始对高压反腐是否将告一个段落展开了争论，有观点认为高压反腐只会是一个短期的阶段性行为；有观点认为高压反腐将长期存在。随着近期对一批厅局级干部腐败行为的处理，特别是日前一天之内山西省委两名常委被查处，说明了周、徐等"大老虎"被揪出，并不意味高压反腐告一段落，而是将继续推进。根据研究，我们认为高压反腐不仅是阶段性工作成果的表现，而且将成为中国政治中的一种新常态。同时，我们还认为中国反腐不仅将长期处于高压状态，而且还将进入整体性反腐阶段。

通过对当前中国反腐败工作的分析，我们认为，不能从所谓的权力斗争等视角去理解，而是应该将其放在中国政治文明发展的历史逻辑与国家治理现代化的政治逻辑中予以把握。

在古典政治文明向现代文明转型过程中，历史选择了中国共产党作为领导力量。为了克服传统社会的"一盘散沙"特征与现代化建设的组织化诉求的矛盾，新中国成立后，我国建立了计划经济体制与单位社会体制。为了给现代化建设提供可持续发展的内在动力，中国共产党做出了改革开放的决定。经过一段时期的复原与改革，党的十四大决定建立社会主义市场经济体制，标志着现代社会基因的植入；党的十五大提出依法治国，标志着现代国家建设进入全面推进阶段；党的十六大提出"三个代表"，标志着党开始根据现代国家和现代社会发展需求进行创新；党的十七大在提出科学发展观

---

* 本文写于 2014 年 9 月 15 日。

的同时还提出了和谐社会建设,标志着现代社会基本生成。由此,作为现代政治文明的四个主体性要素基本生成。然而这些要素是逐步生成的,由此导致,这些要素功能尚未充分发挥,同时,各要素之间尚未形成有机互动。为此,党的十八届三中全会就决定,要按照国家治理现代化要求,进行顶层设计,全面深化改革,一方面推动各要素功能充分发展,另一方面推动各要素之间建立有机联系。这就标志着现代政治文明进入最后发展与定型阶段,也是中华民族伟大复兴的冲刺阶段。

正是由于中国现代文明各主体要素生成是渐进的,如市场是通过国家培育而成,由此导致权力与资本之间存在着寻租空间,以及制度不完善等原因所导致的其他腐败问题出现。因此,为了推动国家治理现代化,就必须加大反腐力度。一方面,只有加大反腐力度,才能扫除基于腐败而阻碍国家治理体系现代化的力量;另一方面,只有加大反腐力度,才能使人民对党和国家以及国家治理现代化后形成的定型的中国特色现代政治文明形态产生认同;再一方面,只有加大反腐力度,才能形成一种政治生态,使现有官员不敢贪,也使未来新加入的官员认为廉洁从政是理所当然的。这就意味着,高压反腐将成为中国政治中的一种新常态。

既然是国家治理现代化内在要求,那么高压反腐就必然贯穿着国家治理现代化的内在逻辑。这就意味着高压反腐既是服务于国家治理现代化,同时,国家治理现代化反过来也将使反腐败工作现代化,其标志性特征就是走向整体性的高压反腐,具体来说,我们认为应该体现在以下两方面:

一方面是推动反腐工作主体由政党单一力量向政党、国家和社会力量三者有机合作转变。其中,党管干部原则决定了反腐工作中党的领导地位应不可动摇,依法治国发展决定了国家法治力量作用应有实质性增强,网络社会生成决定了社会监督力量应起到根本性作用。

另一方面是反腐败工作中的治标与治本内容都应进一步加大,其中,在治标方面,惩处现有腐败现象的力度不仅不应减弱,而且还应该进一步加大;在治本方面,既要推动政府权力清单设立以减少政府干预市场的制度安排,以及推动司法独立等国家制度完善外,还应该推动国家廉政体系全面发展。

为塑造廉洁与安全的政治生态构筑法治基石*

最近一段时间以来，高压反腐成为中国政治生活中的一个重要现象。由此，围绕反腐败这一中心议题，人们开始对反腐败方式以及从政生态等相关内容展开了讨论。其中，关于匿名信等现象也成为人们关注的对象之一。这些讨论的出现，说明高压反腐已经开始产生重大社会效应了，同时，也说明我们对进一步的反腐工作也到了需要做出深入思考的时候。我们观点是治标性的反腐目的在于建构一种政治生态，而要最终塑造廉洁与安全的政治生态，一方面需要整体政治发展，二是需要加大法治建设。

一、从政：当前最危险的职业？

党的十八大之后，随着"八项规定"出台，在作风建设与反腐败工作上，中央都开始加大了整肃力度，不论是在数量上，还是层次上，都是改革开放以来之最。一时间，人们对中央的这一举措纷纷叫好，普遍拥护。不过同时我们也在这些声音中听到如下感慨，那就是"当前，在中国，从政是最危险的职业之一"。细究起来，人们之所以会将从政看成是当前最危险的职业之一，原因有四：

一是中央的措施严厉。"八项规定"以及相关配套政策可以说是招招击中要害，都是针对老百姓不满，而官场中似乎是司空见惯的行为下手的。而实际上，这些要求曾经在党内也不同程度上强调过，但是任何一次都不如党的十八大以来的措施如此坚决，力度如此之大。同时，对腐败零容忍的态度，

---

* 本文刊发于《国家治理周刊》，2014 年 10 月 8 日，原标题为《法治是政治生态安全的基石》。

更是前所未有的。这些"高压电"的存在，就使人们感到从政是当前"最危险"的职业之一。

二是官场陋习已经形成太久了。"八项规定"以及相关配套政策的内容，实际上都是针对官场陋习而定的，这些陋习甚至腐败现象，一方面有其传统根源，另一方面也是改革开放以来由于打击力度不够大，或是无法做到持续打击而滋生起来的。当沾染上官场陋习后，不论是观念上，还是行动上，一时都很难改过，于是就提高了所谓"中弹"的概率。由此从政就使人感到是"最危险"的职业之一。

三是权钱交易的制度空间太大。由于中国市场经济发展是由政府培育与推动下发展起来，因此在此过程中，就存在着权力与资本同谋的空间与可能。然而制度完善不可能在一夜之间就能实现，因此如何抵御制度性不完善所带来的腐败诱惑，就成为考验官员，特别是职务上存在着权钱交易便利的官员的一项内容。所谓"常在河边走，哪有不湿鞋"，由此，从政就成为"最危险"职业之一。

四是官场竞争太激烈。古今中外，官场都是竞争相当激烈之场域，原因很简单，因为官场是以权力为运行机制的，而从政者皆为权力而来的。因此，官场竞争既有明的斗争，也有暗的较量。其中，匿名信就成为一种官场竞争的手段。它既是政治场域中相互制约的一种手段，同时也是一种陋习。如何扬长避短，成为完善反腐败工作内容之一。然而不管如何激烈的官场竞争，从政依然成为"最危险"的职业之一。

二、廉洁与安全的政治生态：政权、民众与官员多赢的基础

一年多来，"八项规定"颁布与高压反腐推进，一大批官员或是因违纪，或是违法而倒下。虽然，贪官被揪出，大快人心，"老虎"与"苍蝇"一起打，让人服气，但是归根到底，这些都是令人痛心之事。

一是这些官员都是党和国家多年培养、付出成本的，出事了，让人痛心。

二是这些官员都是在一定位置上，是干部队伍中的一员，许多地位还不

低,如果大批出事了,使党的形象和官员形象受到影响,让人痛心。

三是这些官员也有其家人和朋友,出事了,受到惩罚,是应该的,但是对其家人朋友来说毕竟是难过的,让人痛心。

虽然暴风骤雨式的高压反腐可以起到"刮骨疗伤"的多种效果,但是毕竟还是让人感到痛心。由此反观,我们可以得出一个判断,那就是,一个廉洁与安全的政治生态是政权、民众与官员共赢的基础。

廉洁与安全的政治生态,对于党和国家来说,有以下好处:一是可以为赢得人民支持与认同奠定基础,人们对政权的理解不是抽象的,很大一部分是基于对掌权者的认同,廉洁与安全的政治生态可以保证绝大部分从政者廉洁。二是可以防止因为官员腐败带来的全局性或地方性的政局动荡。三是可以减少因为官员腐败给国家和社会带来的损失。

廉洁与安全的政治生态,对民众来说有以下好处:一是可以有一个持续的清廉政府。二是可以有一个持续为人民服务的政府。三是可以不用担心个人利益因为腐败而受损。

廉洁与安全的政治生态,对官员有以下好处:一是自己的德性提升有了外在环境支持,使自己可以不被腐败诱惑或干扰。二是可以使自己不用担心被各种匿名信所干扰。三是可以使从政成为能够实现自己理想而又不是充满危险的安全的职业。

三、定型政治形态以走出运动式反腐:国家治理现代化的要求

中央之所以要下决心加大反腐力度,形成高压态势,究其根本,不是为了反腐而反腐,而是为了塑造廉洁与安全的政治生态。

第一,腐败生态已形成,要扭转局面,塑造廉洁与安全的政治生态,就必须"刮骨疗伤",通过加大反腐力度,对既有腐败现象与问题进行清理。

第二,通过高压和持续反腐,使想腐败的人不敢腐,同时也使新进入公共权力领域的人接受廉洁从政是理所当然的观念,从而为廉洁与安全的政治形态的最后形成奠定基础。

从一定意义上说,上述两方面内容还只是就反腐谈反腐,尚未将反腐与整个国家政治建设深层次原因联系起来。从根本上说,高压反腐,不仅是为了塑造廉洁与安全的政治生态,而且也是国家治理现代化的内在要求。

为了走出古典政治文明崩溃而导致的民族危机,中国选择了党建国家方式来构建现代政治文明。新中国成立之后,为克服一盘散沙社会特征与现代化建设组织化诉求矛盾,中国共产党建立计划经济体制与单位社会体制,从而为现代化建设奠定了组织化基础。

为了给现代化建设提供可持续发展的内在动力,中国共产党做出了改革开放的决定,并在党的十四大上决定建立市场经济,进入了现代政治文明主体要素生成阶段;党的十五大提出依法治国,标志着现代国家建设全面推进;党的十六大提出"三个代表"重要思想,标志着政党开始根据市场经济发展而全面创新和发展;党的十七大在提出了科学发展观的同时,也提出了和谐社会建设,标志着现代社会的生成。

然而现代市场、现代国家、现代政党与现代社会,作为现代政治文明要素生成是渐进的,各要素功能并未得到充分发展,各要素之间也尚未形成有机化。正是如此,也导致了腐败空间的存在。由此,党的十八届三中全会就着眼于现代政治文明形态的整体发展,进行顶层设计,全面深化改革,推进国家治理现代化。

为了推动国家治理现代化,实现中国特色现代政治文明定型,并推动中华民族伟大复兴的中国梦的最终实现。一方面要推动现代政治文明各要素功能得到充分发展以及推动各要素之间形成有机化,推动国家治理现代化;另一方面,还必须推动反腐败进程。

一是将阻碍国家治理现代化力量打掉,因为这些腐败是基于制度的不完善而形成的,这些既得利益者可能为了维护利益而阻碍改革。

二是加大反腐败力度,使民众对国家治理现代化后的定型的中国特色现代政治文明产生认同。

三是能够做到持续反腐,既是为国家治理现代化服务的重要手段,也是国家治理现代化的重要组成部分。

这就意味着,反腐败既是阶段性任务,更是中国政治新常态。这就要求,反腐败不能仅仅是运动式的,而应该是可持续的、制度化的。

四、走向法治反腐:为塑造廉洁与安全的政治生态而构筑法治基石

无论是为了塑造廉洁与安全的政治生态,还是为了推进国家治理现代化,都应从内部要求反腐败工作能够做到可持续与制度化。从国内外成功经验以及现代政治文明发展规律来看,走向法治反腐是一条必经之路,治本之道。

反腐法治化,不单单是制定一两部法律文件的问题,而是一个系统工程,大致来说包含以下方面:

一是推动政府改革。包括推动政府职能转换与职能实现方式改革,以及建立政府权力清单两方面,并在法治程序上予以保证。前者可以使政府职能从某些直接对微观经济主体等管理中退出,以及其他方面管理和落实过程中,有多主体参与与监督;后者可以使政府权力有了相应边界。由此,可以使权力寻租空间在制度上予以压缩。

二是推动国家廉政体系全面建立与发展。政党纪检部门除了要加大反腐力度外,还要推动国家廉政体系全面建立与发展,充分调动国家力量与社会力量在反腐败以及监督中的作用,并使之法治化、制度化与机制化。

三是加大反腐败的法律体系建立。要进一步订立与发展反腐的法律法规,除了对上述两方面内容予以法治化外,还应该针对具体反腐败内容订立相应法律法规,包括规范举报等,一方面使其能够受到法律惩处,另一方面也可以有效保护官员。

政治生态重塑的多维建构逻辑*
——基于国家治理体系与治理能力现代化的视角

党的十八大以来,高压反腐成为中国政治的新常态。通过高压反腐方式来重塑政治生态,已经初见成效。然而随着政治生态重塑任务的进一步推进,立即面临着两个问题的追问:一是好的政治生态究竟是什么样的?难道仅仅是清廉的内容吗?二是高压反腐是建构政治新生态的唯一手段吗?是否还应该有其他手段或内容?我们认为,当人们开始追问这些内容时,这就意味着政治生态重塑任务开展进入了一个新阶段。理由有二:一是说明以高压反腐为手段打造清廉的政治生态已经初见成效,深得民心。但正是这一工作取得了突破,有了成效,才使人们对政治生态整体建设开始思考。二是说明高压反腐为手段打造清廉的政治生态,如果没有其他手段配合上去,所取得成果也很难转化为推动整体政治生态重塑的一种动力。那么政治生态究竟是什么?高压反腐与政治生态重塑关系是什么?政治生态重塑究竟需要哪些手段?政治生态重塑任务新的阶段基本特征究竟是什么?要回答这些问题,就必须要求我们从国家治理现代化视角进入,对政治生态建构内在逻辑予以分析。

一、国家治理现代化与政治生态重塑:中国的逻辑

政治的本质在于通过建构与运用公共权力来创造有序的公共生活,其使命在于推动发展与实现秩序。由此,在把握政治形态时,我们就有了两个

---

* 本文刊发于《紫光阁》,2015 年第 3 期,原标题为《多维度重塑政治生态》。

维度：一是以公共权力为着眼点来把握政治形态，二是以公共生活为着眼点来把握政治形态。因此，当我们追问什么是好的政治时，由于着眼点的差异，我们所得出的判断就存在着差异。党的十八大提出国家治理体系与治理能力，实际上就是以公共生活为着眼点进入来把握政治形态的。所谓国家治理体系与治理能力，即基于国家内各类公共事务与公共生活有效处理所需要的各类权力关系体系安排，以及所形成的能力。而所谓国家治理体系与治理能力现代化，是指在新的社会和历史条件下，既有的权力关系安排与能力水平已经不相适应了，需要做出调整。

我们国家治理体系与治理能力是伴随着现代政治形态在中国建立与生成过程中，不断生成与发展的。在不同历史时期，我们所面临的发展任务与社会经济情况不同，从而导致存在着不同的国家治理体系与治理能力。新中国成立之初，为了克服现代化建设对组织化诉求与传统社会"一盘散沙"的矛盾，我们建立计划经济体制与单位社会体制，国家治理力量主要由国家政权与政党组织所组成。改革开放之后，随着市场经济体制建立以及多元社会力量的出现，为了更好地处理公共事务与建构公共生活，就必须将这些力量有效整合进国家治理体系中来，以提高治理能力。这就要求国家治理体系与治理能力进行调整：一是在国家治理体系中应该将这些新出现的治理力量有效整合进来，二是既有的国家治理主体性要素，即国家与政党必须根据这一要求进行自我改革与发展。

改革开放以来，一方面受市场化、全球化与网络化影响，中国社会结构发生了巨大变化；另一方面随着这一变化，国家治理形态也不断处于调整之中。前者变化导致两方面后果：一是社会成员的交往方式和生存形态发生变化，二是社会权力主体出现多元化以及社会权力运行逻辑发生了变化。后者变化也导致三方面后果：一是公民主体意识提升以及对国家不同治理参与主体有不同期待；二是国家治理参与主体增加，对党和国家干部产生了多方面复杂影响；三是国家治理参与主体增加导致国家治理形态内部关系进一步复杂化，不同参与主体遵循着不同运行逻辑，参与主体之间关系也需要重新构建。

生态学认为，所谓生态就是指一切生物的生存状态，以及它们之间和它与环境之间环环相扣的关系。借用上述概念，我们可以认为，前者导致了社会生态发生变化，后者导致了政治生态发生变化。由此，我们还可以对社会生态与政治生态做出如下定义：所谓社会生态是指以社会成员生存形态与生存状态，以及整个社会中不同社会成员之间交往方式和不同社会权力主体之间关系等为主要内容，而形成的对所有社会成员都产生影响的一种客观的系统状态与力量。所谓政治生态是指以政治系统内部的成员生存形态与生存状态，以及整个政治系统内不同成员之间交往方式和不同政治参与主体之间关系等为主要内容，而形成的对所有政治系统内的成员都产生影响的一种客观的系统状态与力量。

从一定意义上说，改革开放以来，国家治理体系与治理能力都处于不断调整状态。如果说从改革开放到党的十八届三中全会之前，这种调整更多是国家治理主体要素不断生成与创新的，那么党的十八届三中全会之后的调整就是在主体要素已生成，国家治理形态基于顶层设计而开展的全面深化改革，一方面推动各主体要素功能得到充分发展，另一方面推动主体要素之间实现有机化。这就意味着，党的十八届三中全会之后的调整就是国家治理形态整体实现有机化的阶段。从政治生态来说，国家治理现代化的提出也意味着政治生态进入了整体重塑阶段。

二、政治生态重塑需要多维建构：现代政治的本质规定

现代政治存在着两个结构：一是主体结构，二是机制结构。从主体结构来看，现代政治由政党、国家与社会三部分组成，其中社会包括市场与狭义的社会。从机制结构来看，现代政治运行机制包括价值、制度与组织。价值是建构内在精神秩序，制度是建构外在行动秩序，组织是使上述两个秩序得以落实的物质性基础。政党、国家与社会要能够得到有机互动，就必须通过价值、制度和组织贯穿于彼此之间。

改革开放以来，政治主体要素处于不断生成与发展之中，作为新的主体性要素，市场与社会的生成，从以下两方面对政治生态产生影响：一是对社会成员的交往方式与生存形态产生了影响，社会成员主体意识和契约意识

快速提升；二是经济领域和社会领域都开始生成了区别于党与国家力量的自我组织化力量。同时，作为既有的主体性要素，政党与国家在适应新的主体要素过程中，也不断调整与变化。上述四个要素生成与调整基本到位后，就需要基于整体进行顶层设计与全面深化改革，推动国家治理体系与治理能力现代化，以实现中国特色社会主义制度基本定型。综合这两方面，我们认为，一方面政治主体要素的生成与调整过程，实际上就是政治生态不断重构的过程；二是国家治理体系与治理能力现代化，实际上就是政治生态进行整体重塑并最终定型的阶段。

由于政党、国家、社会与市场的要素之间有机化是通过价值、制度与组织等机制予以实现。因此，我们认为在推动国家治理现代化以重塑政治生态并实现最终定型的过程，同样也需要通过价值、制度与组织三个维度的重塑来实现。通过价值重塑，使已经存在的四个主体要素之间彼此认同和尊重成为一种常态；通过制度重塑，使这些要素的权力与权利得到充分与有效的实现；通过组织重塑，使这些要素的有机互动能够有相应渠道与网络。

三、高压反腐：政治生态重塑的突破口与基本点

国家治理的主体要素在中国的生成顺序：政党→国家→市场→社会。在计划经济时期，政党与国家是建构经济与社会的主导力量，改革开放之后，通过政党与国家力量来培育市场，而后通过政党、国家与市场力量共同推动社会生成。从现代国家治理现代化目标来看，国家治理主体要素及其内部关系应该满足两方面要求：一是各主体要素的功能要得到充分发展，二是各主体要素之间要形成有机化。这两方面要求实际上就是意味着，各主体要素以及彼此之间关系都应该是健康的。但是国家治理要素生成的上述顺序导致市场与社会是由政党与国家力量培育出来的，从而使政党与国家力量对市场与社会存在主导与控制的可能，而各要素之间的有机化尚未生成，并且尚不清晰。由此，具体掌握公共权力的个体就存在着寻租的空间，从而导致了腐败的出现。

大面积腐败出现，就可能导致两种后果：一是政治系统内的政治生态发

生扭曲，人们正常交往方式与各权力主体之间互动发生都不再遵循政治应有的逻辑，而是遵循了腐败逻辑。二是腐败力量为了使自身腐败能够"可持续发展"，希望长期维持这种扭曲的政治生态，就成为一种阻碍深化改革力量。由于政党与国家在中国处于主导地位，因此这种基于公权力的腐败所带来的结果，从国家治理角度来看，就是从根本上拒斥新生成的市场与社会力量，以及民众力量履行应有权力与权利，同时也使政党与国家的领导能力和权威受到严重削弱。因此，当前在中国，打击腐败现象，就不仅具有维护公共权力廉洁的一般意义，而且还具有保证国家治理现代化顺利推进的特殊意义。

由于腐败现象在中国的出现有着复杂原因，诚然，我们应该对此进行系统整治，但是我们能否快速去除堵在国家治理现代化进程中这一"血栓"，就必须采取断然手段，否则就可能带来"血管栓塞"的"中风"现象。基于党管干部的政治现实，因此通过组织性机制来推动高压反腐就成为了一项必然选择。由此可知，高压反腐是重塑政治生态的突破口与基本点。只有保持高压反腐，才能实现以下两方面目的：一是保证国家治理现代化顺利推进，二是保证政治生态长期健康发展。从这个意义来说，高压反腐将成为中国政治的一种新常态。

四、政治生态重塑的多维建构逻辑：框架与重点

从上述分析中，我们可以得出以下判断：高压反腐是重塑政治生态与建构良好政治生态的一种消极手段，它具有治疗功能与明确边界功能，但并不代表政治生态的建构的全部内容。健康的现代政治生态重塑与建设的主要内容，还应该回到国家治理现代化具体目标上，即推动国家治理要素的功能充分发展，以及推动国家治理要素之间形成有机化。因此，我们认为下一阶段，重塑政治生态的视野，不能只是停留在高压反腐上，而应该将高压反腐与整个全面深化改革统一起来思考，一方面将组织化的高压反腐作为政治生态重塑的突破口和基本点，另一方面还应该把全面深化改革作为政治生态重塑的系统工程来理解，并使之成为高压反腐成果维系和提升的基础。

具体来说，基于国家治理现代化视角，遵循政治生态建构逻辑，我们认

为政治生态重塑与建构应该分以下阶段：

第一阶段，从党的十八大到十八届四中全会。在这一阶段，我们认为主要是以组织化高压反腐为突破口，并同时提出全面深化改革的整体方案，启动政治生态重塑逻辑。这一时期主要是从价值与组织两方面推动上述工作：首先是通过提出了"中国梦"、强调党的群众路线以及"将权力关在制度笼子里"等，从价值上启动了对政治生态重塑，随后，从组织上启动了两方面工作：一是提出"八项规定"，同时加大组织反腐力度。二是召开党的十八届三中全会，提出了全面深化改革以推动国家治理现代化的总方案。

第二阶段，从党的十八届四中全会到2020年。我们认为应该继续保持高压反腐，落实全面深化改革的各项措施，并将高压反腐有机融入全面深化改革之中，全面推动政治生态的重塑。这一阶段，重点应该是推动国家治理各主体要素功能充分发展以及推动彼此之间的有机化。在价值上，进一步推动核心价值体系的构建与中国梦的内涵发展；在制度上，遵循党的十八届四中全会部署，全面推进依法治国，使国家要素的功能得到充分发展，以及推动法治与制度成为联接各主体要素主导性的机制内容，推动组织化与制度化反腐有效衔接；在组织上，重点在于推动党的组织形态创新，使社会力量能够得到有效整合和发挥作用，同时，在干部选拔与激励机制上要有较大创新，使反腐的规划与激励的推动相得益彰，从而为政治系统内提供正面的动力机制。

第三阶段，从2020年到2050年。我们认为，应该在适应基本定型的国家治理形态方面，充分发挥国家治理各主体要素功能以及国家治理形态整体功能，推动高压反腐从治疗性功能向保健性功能转化，实现健康政治生态的可持续发展。这一阶段，虽然国家治理形态与政治生态相对定型，但是价值、制度与组织等机制还需要适度调整，以回应新的变化。在这一阶段，最重要一点是需要考虑互联网发展对人类生活的重大影响，也许这才是一个真正的新常态到来的阶段。因此，这一阶段的政治生态构建可能需要有一个全新的思维，我们也许应该开始思考了。

开启全面从严治党新征程*

——访复旦大学政党建设与
国家发展研究中心郑长忠主任

一、全面从严治党是我国政治发展到特定阶段凝聚政党组织人民的必然需要

辽宁日报记者：首先请您谈谈党的十八届六中全会公报有哪些亮点？如何评价？

郑长忠：我认为有两大亮点：第一个是公报首次出现"以习近平同志为核心的党中央"提法，明确习近平总书记的核心地位；第二个是审议通过《关于新形势下党内政治生活的若干准则》（以下简称《准则》）与《中国共产党党内监督条例》（以下简称《条例》），充分体现两个特点，即"全面"和"从严"。《准则》与《条例》是净化党内政治生活与改善国家政治生态系统工程的两份重要文件。

辽宁日报记者：这次全会聚焦全面从严治党，在公报中"全面"和"从严"分别得到怎样的体现？

郑长忠："全面"要从两个维度来理解。第一个维度，党内政治生活的全面，涉及党内政治生活的方方面面。这里同样包含两方面，一个是对建设良好党内政治生活及净化党内政治生态的历史和经验进行总结，一个是针对当前全面从严治党面临的新形势新问题提出有针对性的具体要求。这既是

---

* 本文刊发于《辽宁日报》，2016 年 11 月 2 日理论版。

一种总结和继承,也是一种创新和发展。因此,从目前来看,这是对党内政治生活比较全面的规定。第二个维度,制定《准则》同时修订《条例》,前者是对健康党内政治生活内容作出规定,给党员以遵循准则与要求,让每个党员进行自我约束、自觉遵守,强调的是内在的根据和规定,属确立规矩;后者是对保证党内政治生活健康发展的监督内容予以规定,是一种他律,强调外在约束的力量,属明确监督。前者可以为党员自我约束提供根据;后者可以为党的组织整体净化提供保证。从这两个维度来看,公报可以说体现了"全面"。

"从严"是基于历史经验总结并结合新的发展需要提出的要求。从政党角度来讲,中国共产党发展到现在,需要推动政党整体建设从严从实。更主要的是,目前中国政治已经发展到需要整体建设和推进的关键时期,即实现中华民族伟大复兴的关键时刻以及全面建成小康社会的关键阶段,这就要求全党拧成一股绳,有效地将人民组织起来,形成合力以实现冲刺。历史逻辑使中国共产党承载起历史使命,也要求中国共产党必须遵循规律行事。对于政党建设来说,就是必须能够有效组织社会与赢得人民,不断加强自身建设,后者是为前者服务的,二者是有机统一的。正是这样一个过程,要求政党建设整体从严。可以说,"全面从严"和"确立核心"是中国政治发展到特定阶段两方面需要的体现。

辽宁日报记者:从这份公报中,能否梳理或勾勒出新形势下推进全面从严治党的理论逻辑和实践逻辑?

郑长忠:从理论上讲,中国共产党作为以马克思主义为指导的新型无产阶级政党,一个最大特点就是坚持民主集中制。民主集中制虽然是组织原则,实际上也是政党内部运行的权力关系的体现。一方面强调民主,体现的是每个党员积极的作用和意志的聚合。另一方面强调集中,体现组织的整体作用和统一意志。党员作为分散的个体要形成统一的整体,就需要有组织原则。民主就是每个人意志的充分表达,发挥大家科学决策的自主意志,形成鲜活的政治生活,集中就是形成合力。由此,党的民主集中制就形成了一种张力,党组织的整体发展和党员的个性作用发挥形成具有内在有机统一的机制。在这种张力中,党组织必须对党员形成约束,没有约束、没有纪律,政党自身就凝聚不起来,在关键时期,作用就发挥得不那么有效。因此,全会强调，"办好中国的事情，关键在党，关键在党要管党、从严治党"。这一论断，不仅是对党内政治生活历史经验的总结，也是对中华民族实现伟大复兴内在规律的表达。这也意味着，全面从严治党是要强调党的组织性，发挥每个人的作用和全面从严治党没有矛盾。中国共产党在发展过程中，既强调发挥个人的主观能动性，又强调政党的组织性和纪律性。越是在关键时刻，越是需要对党员的约束和对纪律的强调，也越需要党内民主。只有党自己工作做得好，党员作用发挥好，同时自我约束好、纪律执行好，才能赢得人民的认同。因此，每个时期我们能不能抓好党的工作，表面看起来是形成党内组织力，但同时更主要的是对人民进行有效的整合，把人民组织起来，把人民作用发挥出来，其前提就是得到人民的认同。因此，整肃政党、建构良好的政治生态，是为了让人民认同，赢得人民的拥护，并有效地组织人民。因此，这是党的自身建设的理论，也是群众路线的理论。

从实践角度来看，自中国共产党成立以来，我们党就十分重视党的建设工作，每个历史关键时期和转折点，都突出对纪律的强调、对群众路线作用的强调。目前，我们处在实现中华民族伟大复兴的关键时刻，特别需要得到人民的认同，需要组织的强化，需要纪律的强调，也特别需要讲党内民主。党的十八届三中全会强调，通过顶层设计全面深化改革，推动国家治理体系和治理能力现代化，实际上就是建构新型政治形态，在现代政治形态中，推动政党、国家、社会、市场这四大要素的功能充分发展、彼此之间实现有机化，这个推动力以及联系四大要素之间的力量，归根结底靠党的组织、党的制度以及国家法律制度。因此，强化党的建设，一方面把制度确立起来，另一方面把政治生态建构好，这对即将走向成熟定型的政治形态具有重要意义。

二、《准则》《条例》构成的系统化规定是对新形势下新问题的一次有针对性的解决

辽宁日报记者：这次全会审议通过了《准则》，为什么党内政治生活如此受到重视？为什么需要制定这个新的准则？修订《条例》的必要性在哪儿？

郑长忠：对于中国共产党来说，党内政治生活一直受到重视，我们要过

组织生活,开民主生活会,这是新型无产阶级政党区别于其他政党和政治组织最重要的表现。首先,这是马克思主义政党自身性质所要求和强调的。其次,新中国成立之后,作为执政党,党的建设不仅关系政党自身,而且关系国家政治生活和社会政治生活。因此,强调党内政治生活,对执政党来说,不仅是中国共产党自身的要求,而且是政党、国家、社会整体建设对中国共产党提出的要求。再次,1980年专门制定《关于党内政治生活的若干准则》,是出于认真总结党内政治生活正反两方面经验,特别是"文化大革命"的惨痛教训,以恢复党的本来特性的目的。现在,旧的准则已经不适应新的形势,需要发展。此外,这次系统化地建构规定,实际上是对改革开放以来党内政治生活做法的一次总结和继承,也是对新条件下面临新问题的一次回应和创新。更主要的是,现在到了实现中华民族伟大复兴的关键时刻,需要整体性的整顿。因此,制定新《准则》既是作为马克思主义执政党的本来要求,也是针对改革开放以来所形成新现象的整体性规定和总结,特别是对中华民族伟大复兴关键时刻面临新问题的一次新的有针对性的解决。因此,这个系统性的文件具有多方面含义。《条例》也是同样的道理,新的条件、新的发展情况,不论是内容、对象,还是方法、手段,都要求与时俱进,随时修订。

辽宁日报记者:《准则》把坚定理想信念作为开展党内政治生活的首要任务,这种设计的深层考量是什么?

郑长忠:我们看到,党内政治生活的第一条规定就是坚定理想信念,实际上就是价值追求,对党的宗旨的坚持。第一,从一般性制度角度和政治生活、组织生活的角度来看,制度有两个规定性,一个是价值理性,一个是工具理性,如果只强调单纯的制度约束力,实际上就是只从工具理性方面来强调,那么一定会出问题。第二,中国共产党的政党特点,在于是面向未来的马克思主义政党,不是为了少数人的利益而聚合起来的,也不仅是为了当下的秩序建构而建立的,是为了实现共产主义理想而产生的,也是为了有效地将中国人民组织起来而形成的一个领导核心。因此,是中国工人阶级的先锋队,同时是中国人民和中华民族的先锋队。实际上,对价值的强调,不论是对政党建设来讲,还是对国家法律建设来讲,都是没有矛盾的。我们是社会主义国家,这个性质决定了强调理想信念与国家法律制度及治理现代化是没有矛盾的。以理想信念为基础组织和建构起来的党内政治生活乃至国家政治生活，实际上就是将其贯彻成为人们的内在价值。况且制度的作用空间是有限的，不可能对生活作全面规定。人的道德约束，也是内心的一种制度，是内心自我规范的一种力量。最后，党的领导和依法治国是有机统一的，两者强调的是不同的逻辑空间，一个是政治结构空间，一个是国家结构空间。理想信念实际上是强调政治结构空间，特别是党的组织内部结构空间的约束。

辽宁日报记者：您认为当前党内监督相对薄弱的环节是什么？

郑长忠：薄弱的恰恰是把《条例》的这些内容有效地实实在在地准确地逐项落实，落实问题是长期以来一直不容易解决的难题。实际上，所有的制度和规定都存在这个问题。当然，任何制度都很难做到百分之百地落实，完全落实确实是理想化的状态。但不得不承认，我们说的落实问题更多的是因为相关利益"中梗阻"，党的内部是有干扰因素的。因此，全面从严治党要继续强力推进，落实的效果才能更好。

辽宁日报记者：这次全会将产生怎样的影响？

郑长忠：这次全会将带来深远影响：第一，将锻造中华民族伟大复兴需要的坚强领导核心。第二，将从政党角度，推动面向未来的政治形态走向成熟定型，构成党的建设新的伟大工程的重要组成部分，必将在中华民族伟大复兴史与中国共产党党史上写下重重的一笔。

全面从严治党与国家长治久安*

习近平同志在中国共产党第十八届中央纪律检查委员会第七次全体会议上指出："管党治党不仅关系党的前途命运，而且关系国家和民族的前途命运，必须以更大的决心、更大的气力、更大的勇气抓紧抓好。只有把党建设好，我们才能带领人民成功应对重大挑战、抵御重大风险、克服重大阻力、解决重大矛盾，不断从胜利走向新的胜利。"这就意味着，全面从严治党不仅关系中国共产党自身的发展，而且关系国家的长治久安。这既是中国政治发展历史逻辑所决定的，也是现代政治文明发展规律的体现。

一、中国共产党与现代文明发展

中华民族是人类最早进入文明阶段的文明体之一，并且从来没有中断过自身文明发展过程。在古代与古典时期，中华民族创造过辉煌的古代与古典文明，为人类文明发展做出了巨大贡献。然而进入近现代，中华民族没有快速跟上这一文明转型步伐。在现代化浪潮冲击下，伴随着古典文明的崩溃，中华民族也开始衰落。清王朝的崩溃，标志着古典政治文明的制度化与组织化力量退出了中国历史舞台。由此，中国社会也陷入了"一盘散沙"的境地。为了推动现代化建设与中华民族的伟大复兴，就需要用一种适应现代社会与现代政治发展的组织化力量来承担起组织与领导的使命。最后，经过历史与人民的选择，这一历史使命就落在了中国共产党身上。由此，中国共产党建设就成为现代文明在中国建设与发展的逻辑起点与重要任务。

---

* 写于 2017 年 1 月 24 日。

在中华民族历史逻辑、现代文明发展逻辑与共产主义运动逻辑的共同演绎下,中国人民在中国共产党领导下取得了革命斗争的胜利,成立了中华人民共和国,从而为现代化建设与中华民族伟大复兴奠定了政治基础。为了克服"一盘散沙"的社会状况与现代化建设对组织化诉求之间的矛盾,新中国成立之后,作为执政党的中国共产党就以新成立的国家政权与自身的政党组织作为组织化力量,通过建立计划经济体制与单位社会体制,实现对社会的快速组织,完成了社会主义现代化建设基础阶段任务。为了使社会主义现代化建设获得可持续发展动力,中国共产党进行了改革开放,经过40年的努力,作为现代文明主体性结构要素的现代市场、现代社会、现代国家与现代政党,在中国基本生成。党的十八大之后,中国进入了现代文明整体形态发展阶段,以及中华民族伟大复兴的关键时期。

由此可知,中国共产党既是现代文明在中国建立过程以及中华民族伟大复兴征程中的产物,也是关系现代文明在中国顺利发展与中华民族得以伟大复兴的关键性与轴心性因素。

二、从严治党与中国共产党发展

作为中华民族伟大复兴与现代化建设的领导核心,中国共产党的自身建设,直接关系民族复兴与现代化建设的成败。反过来,中国共产党也必须顺应民族复兴与现代化建设发展需要,推动自身建设。从政党发展逻辑与机理来看,不论是中国共产党的自身性质,还是政党使命对中国共产党的要求,以及中国共产党自身历史经验,都要求中国共产党必须从严治党。

从政党性质来看,作为新型无产阶级政党,中国共产党是以民主集中制为组织原则,一方面强调发挥每个党员的作用,另一方面也强调党组织的整体作用,并且强调用制度与纪律来保证政党对内进行有效整合与对外实现有效领导,只有这样才能实现其政治使命。因此,从严治党,强调党内纪律与规范党内生活,就成为中国共产党组织的一个基本特征。

中华民族的伟大复兴与现代化建设,都需要社会实现有效组织化,正是在这一逻辑作用下,中国共产党才在中国得以建立与发展。这就意味着中华民族伟大复兴与现代化建设的使命，内在要求中国共产党必须能够完成对中国的领导与组织，而要完成这一任务，中国共产党对内就必须从严治党。

作为中华民族伟大复兴与现代化建设的领导核心，中国共产党必须从严治党，而作为新型无产阶级政党，中国共产党具有从严治党的基本特性，由此，中国共产党不仅能够适应每个历史时期政治任务对其组织建设的要求，而且能够做到自觉进行从严治党。这就意味着，从严治党，既是中国共产党完成历史使命内在要求与自身特性的基本表现，而且也是中国共产党自身发展的一个内在机制。

三、中国政治发展逻辑与全面从严治党

作为中华民族伟大复兴与现代化建设的领导核心与组织力量，中国共产党要发挥其领导与组织功能，一方面必须通过从严治党强化自身建设，另一方面必须通过自身组织与不同时期的其他组织性力量建立关系，实现对其有效领导和合作，进而实现对人民的领导与组织。要达到后者目的，就必须推动前者发展，而要推动前者发展，同样也必须根据后者变化而调整。对于中国共产党来说，要完成不同时期的历史任务与实现对其他组织化力量的有效领导与合作，首先必须通过从严治党以推动自身建设为前提。

在革命年代，中国共产党建设必须与时代任务联系在一起，为了领导革命，一是必须领导与组织人民，二是必须领导与组织军队。而要领导人民一方面必须由政党自身来直接组织。另一方面必须与已经组织起来的各类组织化力量进行合作。由此，就有了所谓的统一战线、武装斗争与党的建设。也就在这一时期中国共产党将对党的建设称之为"伟大工程"。能否从严治党直接关系革命成败。

新中国成立之后，中国共产党就必须处理好与国家和社会关系。为了克服"一盘散沙"的社会与现代化建设对组织化诉求之间的矛盾，我们建立了以国家政权为配置资源主导力量的计划经济体制与以基层党组织为领导核心的单位社会体制，从而实现对社会与经济的组织。改革开放之后，随着现代市场、现代社会发展，党组织又要开始与具有相对自主性的市场与社会建

立新型关系,一方面要能适应这一变化,另一方面要改进领导市场与社会。当前随着中国现代政治文明从要素生成阶段向形态整体发展阶段转型,中国共产党不仅要与市场、社会以及国家之间建立新的关系,实现有效领导,而且还要推动现代政治整体形态发展与定型,由此就需要通过推动全面从严治党来保证这两方面任务的完成。

四、全面从严治党与现代政治文明中国形态发展

政治本质就是通过建构与运用公共权力,来处理公共事务,以实现社会的发展与秩序,从而使政治成为文明发展中一个重要因素。对中国来说,由于现代文明在中国确立与发展,是通过政治力量推动而实现的,因此现代政治文明发展对现代文明的中国发展来说,就成为一个关键因素,而在现代政治文明生成与发展中,中国共产党起到核心领导作用,这就使党的建设直接关系现代政治文明与现代文明的发展。

1949年之后,中国现代政治形态的各个要素,是在中国共产党领导与推动下,不断生成与发展。这一历史逻辑与政治逻辑,决定着中国共产党与国家、社会与市场以及其他政治力量之间,一方面有着密切关系,另一方面在这一关系之中,中国共产党处于领导与主导地位。随着中国现代政治形态从要素生成阶段向整体形态发展阶段转型,中国共产党基本完成了推动政治形态各个要素生成任务,需要通过"顶层设计"、通过深化改革,基于有效处理公共事务,来安排与完善各个要素之间关系,推动国家治理体系与治理能力现代化,使现代政治形态得以定型与完善。由此,中国共产党能否有效推动深化改革,以及中国共产党准备以怎样的状态与质量定型于新阶段的政治形态之中,就成为考验中国共产党当前两项重大政治任务。

要完成上述两项政治任务,对于中国共产党来说,都必须全面推进从严治党。一是党管干部原则决定着,通过全面从严治党可以使各级干部更加有效执行中央精神,推动各项改革。二是中国共产党领导地位决定着,通过全面从严治党可以使党内政治生态得以扭转与明朗,展现反腐败的决心,使人民群众拥护党以及整个政治体系。三是中国共产党在整个政治体系中处于

核心位置决定着，通过全面从严治党可以使中国共产党的素质得以提升，保证与其他要素关系以及整体形态在定型后的健康发展，而不是"豆腐渣工程"。

五、现代政治文明中国形态发展与国家长治久安

作为中国特色社会主义的总任务，实现中华民族伟大复兴与社会主义现代化建设，两者关系密切。只有实现社会主义现代化，才能实现中华民族伟大复兴。社会主义现代化建设，很重要的一方面就是推动国家治理体系与治理能力现代化，就是推动现代政治文明形态在中国实现定型与成熟。因为只有现代政治文明中国形态才能得以确立与发展，才能保证社会主义现代化建设持续发展以及国家长治久安。现代政治文明中国形态是在中国共产党领导下建立而成的，而目前又处于现代政治文明中国形态实现定型的关键时刻，在这样一个关键时刻，需要全面从严治党。这就意味着，当前中央推动的全面从严治党，将关系现代政治文明中国形态定型，关系中华民族伟大复兴与国家的长治久安。

强化党内监督是
中国共产党性质与使命决定的*

党的十八届六中全会,总结了我们党开展党内政治生活的历史经验,分析了全面从严治党面临的形势和任务,认为办好中国的事情,关键在党,关键在党要管党、从严治党。习近平同志在会上指出:"党内监督是党的建设的重要内容,也是全面从严治党的重要保障。"学习六中全会文件与习近平同志讲话的精神,我们认为,在新的历史条件下强调从严治党与党内监督,既是形势发展需要,同时也是中国共产党政党性质与历史使命所决定的。

一、强调党内监督是新型无产阶级政党重要特征

马克思主义认为,在古代社会,人们是以共同体方式存在的,社会成员依附于家庭、家族等共同体,因此以血缘或其他纽带为基础的共同体,一方面内部实现了有效组织化,使社会管理在很大程度上是由社会共同体自身得以完成的,另一方面国家等政治生活更多由这些社会共同体领袖或者代表性人物参与,同时这些共同体还承担着相当一部分国家政治职能,即社会与国家尚未完全分离。在国家与社会开始分野的同时,个人开始与社会共同体脱离依附关系,形成了马克思所谓的原子化个体。为了将原子化个体有效组织起来参与国家政治生活,在经过一段时间的博弈之后,到 19 世纪中叶开始出现了所谓现代意义上的大众性政党。虽然这时候政党的重要功能在

    * 本文删节版以"推进全面从严治党,锻造坚强领导核心"为题,刊发于《经济日报》,2016 年 11月 24 日理论版。

于组织民众参加选举，但是这种利用政治纲领与政治组织手段实现对原子化个体有效组织的方式，使基于利益与阶级等为基础的新型现代政治组织开始形成了，现代政治形态也由此走向了稳定形态，由此政党也就成为现代政治形态的核心要素。

作为内生性政党，最早出现的政党是资产阶级政党，是在现代国家与现代社会基本生成背景下出现的，其功能主要是为了获得执政权而组织民众参与选举，政党组织发展是服从于选举需要，其组织发展是逐渐生成与发展的，并非一开始就有整体设计的。随着资本主义的发展，在资产阶级政党出现与发展的同时，无产阶级政党也开始建立与发展。然而与资产阶级政党不同，在马克思主义指导下建立的无产阶级政党是以改造旧世界为目的的。作为外生性政党，无产阶级政党建立之初，即基于明确政治纲领，着眼于组织整体性发展，强调组织的内部凝聚力与外部组织力，因此无产阶级政党就特别重视党的自身建设。这就意味着无产阶级政党比资产阶级政党更强调自身组织化，强调组织整体性作用的发挥，通过自身建设实现对群众的有效组织。

在共产主义运动发展的过程中，在列宁主义指导下，一方面强调要推翻资产阶级统治，建立无产阶级专政国家，为此就需要对无产阶级政党进行改造，建立具有高度组织化，从而能够承担起领导人民推翻资产阶级国家任务的新型无产阶级政党，就成为一项必然选择。另一方面，作为在资本主义发展相对落后的国家建立社会主义与无产阶级专政国家，内在地对组织化具有强烈诉求，由此建立具有高度组织化的新型无产阶级政党，也就成为一个现实需要。作为新型无产阶级政党，共产党政治任务要求其必须更加追求整体性与组织化，这就意味着不论是从内部权力运行还是外部权力影响，都要求对党内各级掌握权力者与组织参与者。根据政党纲领与章程要求进行严格与有效的监督，才能使党的权力运行的有效性得以保证，同时才能使群众对党产生认同，从而在自身能力与群众认同两方面使其政治目的得以实现。

作为新型无产阶级政党，中国共产党从其建立之初，就历史地与逻辑地具有了新型无产阶级政党的基本特征，这就意味着强调党内监督就是中国共产党的一个组织基因。

二、重视党内监督使中国共产党能够履行坚强领导核心职责

在古代与古典时期,中华民族曾经创造过辉煌的文明,并在此过程中形成了与之相匹配的政治文明。然而鸦片战争之后,现代化浪潮开始对中国产生冲击,伴随着古典文明的崩溃,中华民族也陷入了危机。辛亥革命之后,为了克服以传统小农生产为基础的"一盘散沙"社会与民族独立、国家统一以及现代化建设对组织化诉求之间的矛盾,中国共产党作为具有现代性与组织化的政党登上了中国历史舞台。中国国民党由于自身原因导致了其未能完成应有的任务,领导中华民族伟大复兴与实现现代化的光荣使命就历史性地落到中国共产党的身上。为了完成这一任务,中国共产党,一方面必须推动自身建设以提升自身组织化能力,另一方面必须做到有效组织群众以提升推动事业发展的能力。这就要求中国共产党必须根据每一历史时期的政治任务,不断激活自身基因,与时俱进地通过强化监督,以提升自身能力并赢得人民认同。

毛泽东同志认为,在民主革命时期,要取得革命胜利,中国共产党需要"三大法宝",即统一战线、武装斗争与党的建设,其中党的建设是组织保证与基础。而党的建设,必须坚持"三大作风",即理论联系实际、密切联系群众以及批评与自我批评,并且通过组织化方式来落实这些作风,从而使党的能力与人民认同得以实现。因此,不论是"三大法宝"还是"三大作风",也不论是"三大作风"内容还是保证"三大作风"的措施,都体现着党内监督与从严治党要求。正是基于此,民主革命在中国共产党领导下取得了成功。

为了构建现代化建设的组织化基础,新中国成立之后,中国共产党成为执政党,在党的领导下,宏观上建立了以国家政权为主导的计划经济体制,微观上建立以基层党组织为核心的单位社会体制。由此党组织成为领导与组织国家与社会的核心力量,党的干部与党员的作为,不仅对党组织,而且对国家与社会都将产生重要影响。因此,1949 年之后,中国共产党就不断开展各类针对党员与党员干部的监督活动,既包括党内监督,也包括国家与群

众监督,有力服务了社会主义建设。由于社会主义建设以及执政党的建设经验不足,在开展这些监督活动过程中,没有把握好秩序保持与监督开展之间关系,也为后来正确处理好监督工作与推动执政党建设积累了经验与教训。

三、推动党内监督制度化与实现国家治理现代化

计划经济与单位社会能够为现代化建设奠定组织化基础,却不能为现代化建设带来可持续发展动力,为此中共中央做出了改革开放的决定。改革开放政策的实施,对内实行改革,对外实行开放。改革包括经济与政治两方面,经济上是以市场经济为诉求的经济体制改革,政治上是以党政分开为诉求的政治体制改革。党政分开,一方面推动党政职能分开,实现政治形态复原;另一方面推动国家建设的法治化,政党建设的制度化。在法治化背景之下,包括党内监督在内的监督工作也开始走向了制度化,在1980年,就订立了《关于党内政治生活的若干准则》,随后重新修订了党章,并以党章为基础,制定一系列党内规章与制度。

社会主义市场经济体制的建立,标志着现代社会基因开始植入中国,社会成员原子化状态与社会结构多样化现象开始出现,为了使党适应市场经济发展,中共中央将市场经济背景下党的建设上升为"新的伟大工程"来对待。在推动制度化建党的同时,实践上还探索了一条既能实现有效监督,又能保证正常秩序,还能促进发展的党内监督道路。为此,以"三讲"为起点的基于不搞运动方式来推动党内监督的"教育实践活动",在实践中被不断践行与完善着。由此,在执政背景下,中国共产党,一方面在制度上形成了与国家建设法治化相匹配的制度化从严治党与有效监督的经验,另一方面从实践上探索出了一条既能保证正常秩序与促进社会发展,又能实现有效监督与从严治党的道路,标志着党内监督在与国家治理形态发展的互动过程中开始走向成熟。

市场经济体制的建立标志着现代市场的确立,依法治国的提出标志着现代国家建设进入全面发展阶段,"三个代表"的提出标志着政党适应现代国家与市场发展而推动自身创新与发展,和谐社会提出标志着现代社会开

始在中国生成。到了党的十八大之前,作为现代政治形态与国家治理形态的主体要素的现代市场、现代社会、现代国家与现代社会基本生成,但是每一个要素功能却尚未充分发展,各要素之间内在有机化尚未形成。为此,党的十八届三中全会提出了全面深化改革,推动国家治理体系与治理能力现代化,开发这些要素功能与推动要素之间有机化生成。由于中国共产党在整个国家治理形态中处于领导核心地位,因此国家治理现代化提出的首先要求就是党的建设必须与国家治理现代化整体要求相匹配,同时与其他要素之间的关系也必须具备内在有机化特征,由此党的自身建设制度改革也被提出了。随后,党的十八届四中全会提出全面依法治国,一方面将改革成果以法治化方式固化下来,另一方面也推动现代国家进一步发展,同时还推动了党的规章制度与国家的法律法规之间有机衔接,由此使包括党内监督在内的党的制度建设与整个国家法治建设形成了有机关系,标志着党的监督工作进入了一个新的时期。党的十八届六中全会出台了《关于新形势下党内政治生活的若干准则》与《中国共产党党内监督条例》就是在这一背景下,在总结历史经验、针对现实问题的基础上而形成的,是与国家治理现代化发展要求相匹配的从严治党与强化监督的制度性准则与条例。

四、强化党内监督:锻造民族复兴 坚强领导核心的组织逻辑

作为后发国家,中华民族实现伟大复兴与实现现代化都需要具有高度现代性与高度组织化的政党作为领导核心,而作为新型无产阶级政党的中国共产党具备上述要求,由此中国共产党就历史地承担起了领导中华民族伟大复兴与推动社会主义现代化建设的使命。强调党内监督这一新型无产阶级政党的基本特征,也作为一种基因保证了中国共产党能够不断在价值层面保持现代性与先进性,在工具层面保持组织化与有效化,从而使中国共产党作为民族复兴与现代化建设各项事业领导核心的职责能够得以履行。

不论是从人类社会发展的一般历史规律,还是从党自身发展经验来看,在重要历史转折点都需要有坚强领导核心来保证对民众进行有效组织与抵

御各种干扰。由此就需要强化纪律与强调监督。当前，我们比过去任何一个历史阶段都更加接近了中华民族伟大复兴，这就意味着中华民族伟大复兴进入了冲刺的关键时期。不论是团结全国力量，还是抵御各方面风险与干扰，都要求我们必须强调从严治党与强化党内监督。因此，党的六中全会强调从严治党与强化党内监督，实际上是遵循历史与政治规律，顺应中华民族伟大复兴内在要求所采取的一项重要措施。

同时，我们还必须看到，伴随中华民族伟大复兴，现代政治文明形态也同时开始走向定型，我们应该将怎样的一种政治生态植入定型后的中国现代政治文明形态之中，将关系中华民族伟大复兴之后中国能否持续发展的问题。因此，强调从严治党与强化党内监督，实际上是一个通过打造清朗的政治生态，以铸造高质量的中国特色社会主义政治形态，从而服务于中华民族伟大复兴与持续发展的一项具有历史意义的战略举措。

第五部分　国家治理现代化与党的组织发展

有机政治建设的政党使命*

——中国共产党发展的本质规定

　　围绕公共权力建构和运行而形成的结构称为政治结构，而称得上完善和成熟的政治结构的一个重要标志就是其组成要素之间的高度有机化，因此我们就将处于这种状态下的政治称为有机政治。人类社会发展到现代社会，政治结构最终分化为政党、国家和社会三个结构性要素，其中，政党是现代政治结构实现有机化的关键要素，而社会是决定要素。以英美为代表的原发性现代国家，现代政治结构要素生成顺序是社会—国家—政党或国家、社会胶着发展而政党最后出现。然而作为后发国家的中国从古典向现代转变过程中，现代政治结构的要素生成顺序是政党—国家—社会，政党不仅成为连接国家和社会之间的中介性力量，而且成为国家建设和社会建设的领导力量。随着改革开放深入，现代社会在中国的迅速崛起，不仅对现代国家建设和发展产生了冲击和推动，而且也对中国共产党领导提出了新的要求。因此，能否有效适应这一变化，重建党与社会关系，从而在现代政治结构要素在中国全面生成过程中，推动中国政治实现有机化，不仅成为中国共产党面临的一项全新的历史性政治任务，而且也成为中国共产党自身发展的本质性规定。由于从 21 世纪初开始，网络社会开始在中国快速出现，使现代社会发展呈现加速趋势，这就意味着社会发展不仅在内容上而且在时间上都对中国共产党提出要求，而对于中国共产党来说，就必须快速回应这一要求，在未来十年必须全面提升自身能力，迅速推进自身发展。

---

　　* 本文刊发于《当代世界与社会主义》，2013 年第 6 期。

一、走向有机政治：中国政治发展的方向

政治结构有机化是政治形态成熟和完善的基本标志，对于现代政治来说，就是政党、国家和社会之间形成一种有机互动关系。现代政治发展逻辑和中国政治历史逻辑决定了当代中国政治结构需要经历要素主体生成、要素相互磨合和要素有机互动三个阶段，从目前来看，中国政治已经初步完成了第一阶段任务，开始进入第二阶段。因此，以有机政治为目标并尽量缩短和顺利度过第二阶段，就成为下一阶段中国政治发展的具有方向性的战略内容。

（一）有机政治：现代政治的本质规定

作为协调和管理社会共同体的非强制性公共权力随着人类诞生而出现了，这时围绕着公共权力构建和运行就形成了政治结构，不过这时政治结构与社会结构是同构的，但在逻辑上存在着区别。随着私有制出现和阶级矛盾激化，一部分非强制性公共权力就开始向强制性公共权力转变，围绕着强制性公共权力而形成的虚幻共同体即国家就诞生了。这时政治结构与国家结构、社会结构开始分野，政治结构空间包涵了国家结构与社会结构，国家诞生之后在社会共同体内部另一部分的非强制性公共权力就转化为社会权力，并被保留在社会共同体内部，公共权力就由强制性公共权力即国家权力所专有。在政治结构中，只要是围绕公共权力构建和运行所产生的权力关系，就被称为政治权力关系。这就意味着社会权力一旦进入政治结构空间就被转化为一种政治权力，国家权力由于其本身就是公共权力，自然就是政治权力。

虽然在国家诞生之后政治结构就分野为国家与社会两个要素，但是在古代社会，这种分野并非十分清晰，强制性公共权力也并非由国家完全专属。在西方，随着绝对主义国家的出现，强制性公共权力才开始被国家逐渐收回。同时，随着资本主义发展，具有相对自主的市民社会开始出现，因此到了十七八世纪，政治结构的国家与社会二元分野才逐渐明晰。然而国家与社

会分野的明晰化也带来了国家与社会进一步的疏离与对抗。从18世纪末到19世纪中期，在缓解这种矛盾的过程中，作为连接国家与社会的中介性力量的政党就被催生出来。这时，政党、国家与社会作为现代政治结构的要素主体就全部生成了。随后经过近一个世纪的磨合，西方主要发达国家的现代政治结构要素互动开始实现相对有机化。

从原发性现代国家发展的历史逻辑和基本规律情况来看，现代政治结构需要经历要素主体生成、要素相互磨合和要素有机互动三个阶段，而政党、国家和社会之间有机化是现代政治结构完善和成熟的重要标志和本质规定。

(二)当代中国政治结构变迁的历史逻辑

辛亥革命的爆发，标志着在现代化浪潮冲击之下日益衰微的中国古典国家的最终完结。在现代国家建设过程中，"一盘散沙"的社会特征与民族独立、国家统一和现代化建设等三大任务对社会组织化诉求之间矛盾，导致中国社会内在地对组织力和现代性的追求。在经过短期的军阀政治之后，以国民党为代表的具有高度现代性和组织力的政党就成为创新中国成立家的领导力量，由此中国进入了党建国家的历史进程。但是国民党阶级基础及其组织先天缺陷，使其无法承担起应有的使命，历史最终选择了中国共产党。

中华人民共和国的成立标志着民族独立和国家统一任务的基本完成，但是现代化建设任务尚未开始。为了克服现代化建设对组织化的诉求与传统社会特性之间的矛盾，新中国成立之后，中国共产党就在宏观上建立了以国家权力为基础的计划经济体制，在微观上建立了以基层党组织为核心的单位社会体制，使社会获得高度组织化，从而为现代化建设奠定了基础。由于对组织化的单纯追求以及对社会主义理解的失误，导致了中国共产党对国家和社会的简单统合，使刚刚建立的国家功能被政党所替代。高度组织化虽然可以为现代化建设提供组织化基础，却不能为现代化建设提供可持续发展的动力，为此中共中央作出了改革开放的决定。

改革开放之后，中国共产党同时推动政治体制和经济体制的改革，前者以党政分开为诉求,后者以建立市场经济为目的。通过推动以党政分开为主要内容的政治体制改革,具有相对自主性的国家主体开始恢复,人大、政府开始获得实质性发展,法律成为协调社会关系的主体规则。市场经济体制建立之后,首先是多元的经济所有制在中国出现,单位社会体制开始衰微,社会成员与职业共同体之间也开始从传统依附关系向契约关系转变,随着21世纪网络社会的到来,大量的话语公共空间和行动组织空间开始出现,由此标志着在利益上、行动上和逻辑上具有相对自主性的社会基本生成。至此,作为现代政治结构三大要素的政党、国家和社会在中国基本生成。

(三)政党、国家与社会的有机互动:中国政治发展的方向

虽然中国现代政治结构要素与西方原发性现代国家的生成顺序上存在着较大差异,但是这并不因此否定现代政治结构整体发展的内在规律,即需要经历要素主体生成、要素相互磨合和要素有机互动等过程。正如在要素主体生成顺序上中国与西方原发性现代国家之间存在着较大差异,我们也同样可以得出判断,在要素相互磨合和要素有机互动的具体实现方式上,中国也将会有自身的特色。

随着现代政治结构要素主体基本生成,中国政治结构也将进入要素相互磨合期,即政党、国家与社会之间将会发生许多彼此适应和磨合阶段。由于现代社会刚刚生成,现代国家也处于初步发展阶段,而政党刚从一元化统合阶段发展过来,政治结构从整体上来看是不成熟的。因此,在政治结构要素相互磨合阶段,将可能出现许多冲突和矛盾。这就决定着,按照有机政治建设内在要求,尽量缩短政治结构要素相互磨合期,顺利进入政治结构要素有机互动阶段,将是下一阶段中国政治发展的最重要任务。

由于在中国现代政治结构要素中政党是最早产生,而其他两个要素是在政党推动和建构下发展起来的,因此政党不仅扮演着国家和社会的中介角色,而且还承担建构国家和社会的职责。在这一逻辑作用下,如果政党能够在继续发挥双重优势过程中不断根据国家和社会发展要求推动自身发展,那么中国政治结构要素相互磨合期就有可能以有别于西方原发性现代国家的方式得以快速和顺利度过,并最终形成具有中国特色的有机政治模式。

二、有机政治建设的领导力量：中国共产党的定位

政党是有机政治建设的关键要素是现代政治发展的一般规定，然而对于中国政治发展来说，党的领导成为有机政治建设的关键，却是通过现代政治发展规律、社会主义原则和中国政治历史逻辑共同演绎得以最终实现的。不过，中国共产党要能够承担起有机政治建设的领导任务，还必须根据国家和社会的要求推动自身发展。

（一）政党：有机政治建设的关键要素

政党、国家和社会是现代政治结构的三个基本要素，从现代政治结构发展逻辑及其内在机理来看，我们认为，政党是促进现代政治结构有机化的关键要素。具体理由如下：

从生成逻辑来看，现代政党是在现代国家与现代社会处于严重疏离和剧烈对抗阶段，为了缓和这一矛盾从而维护现代政治结构发展而诞生的一种制度性安排。因此，政党作为现代政治结构有机化的关键性要素是历史和逻辑相统一的本质规定。

从政治功能来看，现代政党的最基本特征就是以获得或参与国家政权为目的的政治组织，而现代政党与传统宗派的最大区别就是政党是以"作为整体的部分"代表社会来寻求国家政权，在表达社会利益的同时使国家相对自主性得以维护成为可能，从而能够承担起连接国家和社会的职责。

从组织特性来看，政党作为现代政治组织，为了实现其获得或参与国家政权的目的，首先必须通过对社会的动员和整合从而获得社会民众对它们的支持。因此，政党就在与国家和社会互动过程中逐渐发展出能够最大限度地深入社会的功能和结构，并在此基础上有效嵌入国家结构，从而使政党成为最具组织力和渗透性的现代政治组织。

从具体经验来看，在现代政党诞生之后，政党政治就成为现代政治结构的一个基本规定。虽然当今世界绝大部分国家都有政党，但是并非所有国家政治都处于稳定和有机状态。同时，在所有原发性现代国家的发展历程中，

也并不是在所有时期政治都是处于稳定和有机状态。诚然,影响政治发展因素是复杂和多样的,但是从国内政治结构因素来看,政党是一个关键性要素。如果我们倒过来考察,就会发现现代国家中政治处于相对稳定和有机状态时,一定是其政党制度及其具体运行模式与社会结构和国家结构比较吻合,同时政党也是处于有为状态。

(二)党建国家与社会主义原则:党的领导的历史规定与价值规定统一

马克思主义认为资本和劳动是现代社会中一对具有轴心意义的规定力量,资本和劳动的人格化集合就是资产阶级和工人阶级。为了维护自身利益并获得矛盾性发展,在传统和现代力量较量过程中,现代社会矛盾性力量也开始进一步分化。作为社会力量的政治代表,在资产阶级政党诞生不久之后,工人阶级政党也在国际共产主义运动推动下诞生和发展。由此,作为经典原发性类型的两种现代政党在同一个历史时期相继诞生。除了阶级基础差异之外,由于资产阶级政党是作为缓和资本主义初期国家和社会矛盾的制度性安排,因此对于原发性现代国家中的资产阶级政党来说,从其诞生起就更多地被赋予了连接国家与社会中介性、整合性的使命;而对于工人阶级政党来说,其诞生的目的就在于改造既有世界,实现人类解放,因此逻辑和现实都赋予其先革命、后建构使命。这就导致在工具层面上双方虽然都具有现代的政治组织力和动员力,但是工人阶级政党较资产阶级政党来得更强。

随着现代化浪潮涌进中国,作为现代政治的典型组织的政党也传入中国。在古典帝国崩溃之后,政党所具有高度组织力和强烈现代性的特征使其成为现代国家建构的主导力量。由于政党在中国诞生时首先面临的是革命传统落后力量以及建构现代国家和现代社会的任务,而不是像西方原发性现代国家政党出现的目的主要是为了勾连国家和社会,因此高度的革命性和建构性特征使工人阶级政党特别是列宁主义政党契合了后古典国家的中国社会和政治发展的需求。这就导致按照列宁主义政党方式改造后的中国国民党和本身就是工人阶级政党的中国共产党成为大革命时期的主体政治力量,但是中国国民党阶级基础和先天缺陷导致其不论是在革命性方面,还是在组织力方面都无法承担起领导中国建构现代国家和现代社会的使命，因此历史使命最终落到中国共产党身上。

虽然中国政治历史逻辑和现代政治发展逻辑导致现代国家和现代社会的建构使命由中国共产党来承担，但是在具体执行的过程中，中国共产党却遵循着社会主义原则和共产主义运动逻辑。马克思主义认为人类社会遵循着从低级向高级发展的规律，在从资本主义社会向共产主义社会跨越的过程中需要经过社会主义阶段，为了保证社会发展的共产主义历史方向，在社会主义阶段需要由马克思主义政党来领导，并利用共和国这一国家形式，通过国家力量来改造社会和发展社会，最终实现共产主义。因此，中国政治历史逻辑和现代政治逻辑使中国选择了中国共产党作为建构现代国家和现代社会的领导力量，也就意味着同时选择了社会主义作为自身发展的价值内容和发展道路。不论是中国政治历史逻辑和现代政治发展逻辑，还是社会主义原则和共产主义运动逻辑都决定了中国共产党必须承担起现代国家和现代社会的建构和领导的任务，这就是党的领导的历史规定性与价值规定性的有机统一的具体内容。

（三）政治结构有机化的领导力量：党的领导的理论规定与现实规定统一

党建国家的历史逻辑，决定了中国共产党在中国的现代政治结构的要素生成阶段扮演着领导者和推动者的角色，现代社会发展和现代国家建设的逻辑还将决定，在政治结构要素磨合阶段乃至有机互动阶段，中国共产党依然起着领导和推动作用。

围绕着应该建设什么性质的国家，中国共产党与中国国民党进行了长期的争论和较量，最终，中国政治发展的历史逻辑选择了中国共产党的方案，并在中国共产党领导下成立了中华人民共和国。然而国家的成立并非意味着国家的完善，因此在推动国家制度完善和发展中，中国共产党依然还在扮演着领导者和推动者的角色。同时，在社会要素构建上，中国共产党也扮演着领导者和推动者的角色。新中国成立之初，为了克服"一盘散沙"社会状态与现代化建设对组织化追求的矛盾，中国共产党通过建立计划经济体制与单位社会体制，实现了社会组织化。然而计划经济体制与单位社会体制能够为现代化建设奠定组织化基础，但是不能为现代化建设提供可持续发展的内在动力。为此，中国共产党做出了改革开放的决策，并建立了社会主义市场经济体制，使具有相对独立性的现代社会在中国生成得以可能。

现代社会的生成标志着现代政治结构的三个要素，即现代政党、现代国家和现代社会，在中国已经全面生成。同时，这也意味着中国政治结构发展进入了一个新的阶段，即政治结构要素磨合阶段。在磨合阶段中，我们认为中国共产党依然还必须起到领导和推动的作用：一是对社会必须起到整合和引领的作用。社会多元化是现代社会的一个重要标志，而多元社会不能得到有效整合就有可能产生社会严重冲突乃至分裂，这就使对多元社会进行有效整合成为必要。在现代社会和现代政治发展的一般经验来看，这种整合必须通过价值、制度和组织三个维度意义实现。而要实现这三个维度的整合，从现实力量以及成本对比来看，由中国共产党来完成这一使命，都是最为现实、最为合适以及最为有利于社会发展的选择。二是推动国家建设和发展的领导作用。现代政党之所以会出现，就是因为现代社会已经发展了，而国家还跟不上这一发展，为了缓解社会与国家的疏离和对抗而诞生的一种政治组织。从本质上来说，政党就是通过不断反映社会来推动国家发展的一种制度性安排。随着现代国家在中国生成，如何使其能够不断回应社会而发展自己，除了国家自身的自觉外，还必须通过中国共产党来领导和推动。因此我们认为，在政党、国家和社会三者之间实现相互磨合的过程，要缩短并顺利渡过这一过程，中国共产党就必须成为一种现实的领导力量和推动力量。我们同样有理由认为，在经过磨合期之后进入有机互动期，为了维护政治结构的有机化，依然还需要根据上述原理，由中国共产党来领导和推动。

（四）有机政治建设与政党发展：中国共产党使命实现的组织逻辑

任何事物在与他者互动的过程中，一定是相互起作用的。当政党推动国家和社会发展，国家与社会也将对政党提出新的要求。由于整个中国政治结构是在中国共产党领导和推动下生成与发展的，因此随着国家和社会的发展，相应地发展了的国家与社会也对政党提出了新的要求。这就要求政党必须根据国家与社会不断提出的要求，推动自身不断发展。由于中国政治结构要素的生成经历了一个发展过程，因此政治结构发展对中国共产党发展要求不是一次性提出的，而是根据政治结构每一个要素生成后所引起的整体政治结构变化而不断提出的。对于中国共产党来说，要实现每一阶段的历史使命，就必须根据这些要求调整自己、发展自己。然而这种调整和发展不是局部和零星的，而是系统和整体的，正是在这一意义上，毛泽东同志将党的建设称为"伟大工程"。从一定意义上说，根据政治结构变化而不断推动自身发展，对于中国共产党来说，不仅是在政治结构要素生成阶段应该如此，而且还应贯穿着政治结构磨合阶段和有机化阶段，即整体现代政治发展的全过程。

三、重建党与社会关系：未来十年中国政治建设的重点

目前中国政治形态所处阶段的状态可以从宏观和微观两个角度来分析，从宏观角度来看，中国处于政治结构要素生成阶段结束和政治结构要素磨合阶段开始的时期；从微观角度来看，目前处于政治结构中社会要素生成之后的时期。对于宏观整体来说，政治结构中的三个要素之间彼此将进行相互磨合；而从微观的具体内容来看，这种磨合重点将是在政党与社会之间进行，因为政党与国家之间互动已经在社会生成期间初步完成，而社会与国家之间互动也必须通过政党中介作用来完成，并且国家与政党之间进一步互动也将在政党与社会互动过程中实现。因此，对于中国共产党来说，在政治结构整体进入要素磨合阶段的相当一段时间内，政党与社会之间互动，并建立新的关系，将成为中国政治发展和建设的一个重点内容。

（一）从"党政分开"到"新的伟大工程"提出：在政治复原与政治创新之间

虽然中华人民共和国的建立标志由中国共产党领导人民所创建的现代国家在中国诞生了，但是现代国家诞生并未就意味着现代国家建成，而是还需要一个成长过程。在现代政治发展逻辑和中国政治历史逻辑共同作用下，现代国家在中国的成长，需要解决两方面问题：一是国家自身发展问题，二

是政党与国家关系问题。其中,后者是前者的保证。

为此,1954年国家颁布了宪法,标志着以宪法为基础的现代国家建设开始启动,1956年党的八大随之提出了执政党建设命题,开始着手构建现代国家制度背景下的政党与国家关系。然而1957年之后的"反右"和"文革"中断了这一进程。"文革"结束后,中共中央决定重启这一进程,1980年提出要进行党和国家领导制度的改革,其中重点之一就是解决"反右"之后所导致的"党政不分"和"以党代政"等问题,推动"党政分开"。随后经过了多次以职能转变为中心内容的党政机关的机构改革、人大建设以及其他制度建设等,使建立在宪法基础上的国家结构体系不断发展,作为政治结构要素的国家结构基本生成。同时,在此过程中,党政关系也逐渐理顺。2002年党的十六大再次提出了执政党建设命题,标志着现代国家制度背景下的政党与国家关系已经基本建立。

改革开放之后,理顺党政关系,推动现代国家发展,中国共产党是将之放在两个维度中进行,一是政治体制改革,二是党的建设,前者是从整体政治发展角度予以把握,后者是从领导力量与关键要素角度予以强调。实际上,在党政不分条件下,推进理顺党政关系与推动国家成长的关键,当然在于改革政党领导方式和领导制度。因此,理顺党政关系既是整体政治改革问题,同样也是党的建设问题。为此,党的十四届四中全会将党的建设上升为"新的伟大工程",并且认为这一工程是"以邓小平同志为核心的第二代中央领导集体开创的"。不过,改革开放后党的建设问题,除了与国家关系变化而调整自身之外,还包括与社会发展而调整自身的内容。在改革开放初期,整体来说,国家和社会都处于复原状态,而社会主体性尚未生成,重点在于通过政党自觉来调整政党与国家关系,使国家得以发展。而到了党的十四大之后,由于改革开放已经对社会发生了一定影响,并做出了建立市场经济体制的决定,因此社会变化因素对国家和政党都将产生巨大影响。所以党的十四大之后,政党建设和政治建设问题,就必须同时考虑政党、国家与社会三者之间互动。

（二）"新的伟大工程"与中国政治结构发展：全面创新政治形态的政党逻辑

党的十四大之后，市场经济体制不断完善和发展，以公有制为主体的多元经济体制也开始生成，加入世贸组织使全球化对中国的影响进一步加大，社会成员的主体意识日益增强，作为政治结构要素内容的社会开始初步生成和发展。社会在生成过程中不断对政党与国家提出新的要求，面对这些要求和挑战，中国共产党围绕着"新的伟大工程"的总体目标，开始有步骤地推动自身发展和创新，并在此过程中，推动了中国政治形态的整体发展。

一是通过提出"三个代表"思想和强调执政能力建设，开始推动政党组织功能从新中国成立初期和计划经济时期的建立国家制度和组织社会力量为主，向运行国家制度和表达社会意志为主的方向转变。

二是通过提出和谐社会建设的任务，开始推动政党整合社会模式从传统以政党一元化整合模式向以政党为主导的多元合作整合模式转变。

三是通过提出科学发展观以及社会主义核心价值体系，标志着政党开始在价值层面上对不断获得自主性的个体以及日益获得独立性的社会予以肯定，并开始全面探索与转型后社会发展相适应的价值体系，以及着手探索国家意识形态的构建。

（三）市场经济深化与网络社会生成：具有相对自主性的社会生成

如果说"新的伟大工程"的提出是在市场经济体制建立之初，政党为全面适应市场经济体制可能造成的一系列社会和政治上的变化，而在组织形态发展方面所做的一项战略部署的话，那么要在新时期全面深化落实这一部署，就必须对随后社会结构变迁情况进行整体和深入的把握。改革开放以来，中国社会实际上经历了两次转型，第一次是由市场经济体制建立所引起的基于制度变迁而导致的社会结构变迁，第二次是由网络社会形态到来所引起的基于技术革命而导致的社会结构变迁。市场经济建立和网络社会生成使具有相对自主性的社会在中国快速崛起，从而使现代政治结构中的社会要素得以生成。

第一次社会结构转型导致两方面后果：一是使经济所有制多元化，社会在经济领域开始形成基于市场经济体制的自我组织化力量，由此改变了计划经济时期形成的基于单位社会体制的以政党作为组织化基础的社会组织模式。二是市场经济体制建立和全球化浪潮冲击，使社会成员基于市场的契约原则，一方面进入了原子化生存状态，另一方面主体意识也因此日益高涨。

第二次社会转型也导致了两方面后果：一是互联网技术使社会的空间存在从传统的单一的物理空间向现在的兼具物理空间和虚拟空间转变，从而导致人们的交往方式发生了巨大变化。二是互联网技术还导致人们可以基于兴趣、价值或利益而在网络中去中心、及时性地实现跨区域的大范围自我组织，形成了以话语交流为内容的新型公共空间以及以现实行动为诉求的新型组织空间，从而使市场经济所造成的原子化社会成员因此而自我组织起来。

（四）重建党与社会关系：未来十年有机政治建设的战略重点

中国共产党是一个高度自觉的政党，这种自觉性不仅体现在政党领导人的智慧上，更体现在政党组织运行机理上，其中政党纲领发展的内在机制就充分体现了这一机理。中国共产党纲领包含有政治纲领和组织纲领两部分，一旦一个时期的政治纲领发生变化，组织纲领也相应予以调整，从而保证政党组织形态能够与每个时期政治任务要求以及由此所造成的社会变迁相适应。因此，随着市场经济深化和网络社会生成所导致具有相对自主性的社会快速崛起，从政党自身建设来说，中国共产党就必须根据社会成员新的交往方式和社会结构的新的特征，对自身的组织形态予以调整，重建中国共产党与社会之间关系。

其实，这里还包含着一个十分重要的政治命题，这就是政党是在工业社会背景下适应工业社会中人们交往方式的政治组织，当人类社会进入网络社会之后，政党应该如何调整自身和推动自身发展，不仅是中国共产党的命题，而是世界各国所有政党共同面临的问题。从这一角度来说，重建政党与社会之间关系，既是中国命题，也是世界命题。

另外，从有机政治建设角度来看，作为政治结构中最后生成的要素，具有相对独立性的社会生成之后，就要求除了政党要主动与之产生有效互动外，而且还要求国家与之形成有效互动。由于中国共产党是中国的执政党，因此要推动国家与社会之间实现有效和有机互动，首先要求政党必须与社会之间建立有机关系。因此，不论是基于中国共产党的自身发展，还是基于中国政治的整体发展，重建中国共产党与社会之间关系，就成为未来工作中十分重要的政治任务。

由于政治发展基本上以十年为单位，更重要的是在市场化、全球化和网络化三重驱动下，现代社会将会以加速度的方式在中国发展，如果政党与国家不能快速予以回应，将会放大政治结构要素的磨合期中既有的不适应因素，从而对整个政治发展产生破坏性后果。因此，我们认为重建中国共产党与社会之间关系应该成为未来十年中国政治中最重要的战略任务。

四、全面提升党的能力建设：未来十年中国共产党发展的战略

以重建党与社会关系为支点，实现全面推进党、国家与社会之间相互合作、有效互动的有机政治生成，对于中国共产党来说，本质上就是要推动社会的力量和社会逻辑成为政党建设与国家建设的动力和逻辑依据，并在此过程实现自身发展，从而使党成为平衡国家与社会的根本支撑力。然而发挥社会力量作用，并非意味着对政党和国家的否定或是削弱它们的作用，而是要求党和国家根据社会逻辑进行调整与发展，使自身的作用能够得到有机和合理的发挥。这就意味着，在有机政治条件下，党、国家和社会之间既要有机联系，还应充分发挥各自功能，即党、国家和社会应该是处于"三强"基础上的有机联系状态。中国共产党在中国政治体系中的核心地位，决定了要达到这一目标，根据社会发展要求和国家建设逻辑来提高党的能力建设就成为这个战略发展的枢纽性选择。

(一)领导能力建设与有机政治发展

中国共产党具有两重身份：一是领导党，二是执政党。领导党身份主要是体现在政治结构空间中的政党的行动逻辑中，执政党身份主要是体现在国家结构空间中的政党行动逻辑中。前者是后者的基础，后者是前者的保证。不同身份决定了中国共产党在完成相应使命时，在逻辑上和现实上都需要相应的能力予以保障。领导党角色决定了中国共产党必须通过适应社会发展要求进行创新与发展，使党领导国家和社会的能力得到了提升，从而为党的领导使命完成奠定基础。我们认为，未来十年党的领导能力建设重点应该在以下三个方面下功夫：

第一，在坚持社会主义道路的基础上，提高理论创新能力，发展党的政治纲领，解决党的领导和执政所面临的合理性问题。一是要解决社会力量发展条件下，党、国家和社会之间关系的定位和互动机制问题，并对新的历史条件下政治发展应有状态予以把握，初步实现对中国特色社会主义政治发展模式及其内在规律的揭示，以期做到既为我们坚定走中国特色社会主义道路提供信心，也为丰富人类政治发展规律提供新的内容。二是要解决国内社会阶级状况变化条件下，如何根据党的性质和国家建设逻辑，从理论上和纲领上进一步明确党和国家的阶级基础与整体社会发展之间关系的问题，并在具体政策体系中予以体现。三是要解决在社会发展条件下中国特色社会主义理论体系的意识形态功能不足问题，全面推进该理论体系的发展，使其能够成为党建构国家意识形态的核心性资源。

第二，在坚持党的领导基础上，创新党领导社会的组织体系和运行机制，提升整合社会能力，解决党领导社会所面临的有效性问题。一是多元社会力量出现和社会阶级结构变化，要求党在领导社会的组织结构上必须从单纯依靠党组织力量向全面开发党整合社会组织体系功能转变，在强化党整合社会组织体系的整体性和互补性的同时，要突出工青妇等党的群众组织在整合社会中的作用。二是以数量巨多的社会组织为主要载体的社会自我组织力量生成，要求党整合社会模式必须从党组织直接整合社会向党组织主导的多元合作转变，通过建立相应运行机制和创新组织形态，推动社会组织成为党整合社会的一个有机组成部分，并在有效整合社会多元力量过程中，使党成为社会发展的轴心。三是多元社会力量存在和社会交往方式变化，要求党自身建设必须走向开放性，要善于将社会力量从作为整合对象向将作为党建资源转变，在构建党组织主导的多元合作社会整合模式过程中，提升党组织自身活力。四是社会力量多元化和社会工作专业化，要求党在社会建设人才供给方式上，要从传统干部培养方式向专门培养和社会选拔相结合转变，既要重视整个社会的社会建设人才的培养，又要打破体制门槛，让社会组织中的优秀社会工作者可以成为党的社会工作者，使党领导社会的人才具有专业性和实战性能力。

第三，在坚持以人为本理念基础上，进一步改进工作方式和工作作风，强化联系群众能力，解决党领导和执政所面临的合法性问题。一是继续坚持以人为本的领导和执政理念，并将之贯彻在各项政策和工作中。二是分析和把握社会转型所带来社会各阶层特别是工人和农民阶层生存与发展的形态，采取相应政策来回应这些变化所提出的挑战，同时还在这些群体中加强和改善党组织和工青妇等组织的建设。在充分整合的基础上，发挥社会力量其应有的服务功能，使处于新形态下的工人和农民具有相应的政治支持和社会支持。三是关注民众对各类政治和社会问题的意见和利益表达，特别是要重视网络空间的各类意见，完善与社会不同群体之间沟通和回应的渠道和机制。四是强化党内作风建设，推动党委和政府特别是基层党组织和基层政府工作作风的转变，并建立联系群众的制度。

（二）执政能力建设与有机政治发展

所谓执政就是政党依据宪法掌握并运行国家。因此，作为执政党，在社会力量不断壮大和发展的背景下，中国共产党执政能力建设从本质上来说，就是要遵循国家建设逻辑和社会运行逻辑，在提高自身驾驭国家的能力基础上，使国家能够回应社会要求，推动国家和社会发展。根据研究，我们认为推动国家意识形态建立和发展国家制度应该作为未来十年党的执政能力建设的重点内容。

第一，以完善社会主义核心价值体系为目标，增强党推动国家意识形态生成的能力,为建构国家认同、宪法认同与制度认同提供价值基础。社会多元化以及交往全球化,导致社会意识形态呈现多元化倾向,这就使计划经济和单位社会时期形成的以党的意识形态一元化建构社会的模式逐渐不能适应社会发展需要。为此,国家意识形态建构任务客观上就被提出了。国家意识形态建构的目的就是以推动国家认同、宪法认同和制度认同为核心,通过凝聚党的一元化意识形态和社会的多元意识形态之间的共识,为整个国家公民提供一个具有一般性和共同性意义的价值体系。从一定意义上说,社会主义核心价值体系的提出,就是建构国家意识形态的一种尝试,虽然这一尝试取得了一定成果,但是目前更多是在党的一元化意识形态基础上做增量性调整,而没有认识到国家意识形态作为一种共识,实际上具有相对自主性。因此,国家意识形态建构工作应是一项基于党的意识形态和社会意识形态,而又超越它们的一项综合性创新。这就意味着,作为执政党的中国共产党应该进一步增强建构国家意识形态的能力。其中,以下三点是关键的:首先,要实现建构视角从政党逻辑向国家逻辑转换;其次,要发展中国特色社会主义理论体系,强化其意识形态功能,使之切实成为国家意识形态建构的核心资源;再次,要充分研究多元社会意识形态的共识之处。

第二,以开发社会主义制度体系为目标,增强党推动国家法治建设和制度建设的能力,为制度化民主推动国家发展提供组织基础。社会主义制度体系是在中国共产党推动中国政治、经济和社会发展过程中逐渐形成的,是中国民主和法治建设的制度化成果。在社会交往模式和政治互动模式发生巨大变化的背景下,要能够使社会主义制度体系成为国家建设和社会建设的基础性保障力量,对于作为执政党的中国共产党来说,还必须在以下三个方面下功夫:一是推动制度进一步发展和成型;二是推动社会进一步发育和壮大,并实现对多元社会力量的有效整合;三是开发制度功能,使以民主和法治精神为主要特征的社会主义制度体系得以切实有效运行起来。这就要求党必须提高以下三方面能力:一是在法治体系和制度体系空间内运行政治的能力,二是引导社会理性参与政治的能力,三是驾驭民主的能力。

(三)党的自身建设能力提高与有机政治发展

不论是领导,还是执政,党的自身建设都是基础,否则领导和执政就失去了主体支持。这就意味着,随着社会建设逻辑和国家建设逻辑的变化,党如果不能因此而进行发展和创新,切实提高自身建设的能力,就会导致党的领导和执政能力的削弱。因此,在社会力量不断壮大和发展的条件下,我们认为未来十年,中国共产党在自身建设方面应该根据新的社会和政治发展逻辑,重点提高以下三方面能力和水平:

第一,在坚持民主集中制基础上,全面推进党内民主,提高党的建设科学化和民主化水平。中国共产党党内民主有两个维度:一是集体领导,其目的是通过发展领导集体运作的民主机制,实现领导决策的科学化;二是党员权利的实现,其目的是通过推动基层党员的民主权利实现,强化党员对党组织的认同。总之,党内民主就是在坚持民主集中制的基础上,通过强化党内民主意识和民主行为,达到激活党组织的目的,从而为党有效团结党员、整合社会和推动国家民主政治发展提供组织性基础。未来十年,我们认为党内民主发展重点有两方面:一是推动党内民主制度化;二是在进一步完善集体领导制度基础上,重点推进党员权利实现的制度运行。

第二、在坚持政党主导反腐基础上,全面推进有效吸纳社会参与的国家廉政体系建设,提高执政党防止政权病变的能力。反腐是任何政权都必须坚持的一项具有根本性意义的工作, 中国政治发展逻辑导致了中国反腐工作是由中国共产党主导, 党管干部原则使这一模式具有较强的合理性和有效性。然而随着国家建设逐步到位和社会力量日益强大,我们认为,党组织除了要承担具体反腐工作外,还应加大国家廉政体系的建设力度,通过吸纳社会参与和健全制度,提高反腐倡廉工作的针对性、有效性和合法性,从而提升了党反腐败的能力。

第三,在坚持完善党的组织体系基础上,创新党的基层组织形态,提高党整合社会的组织能力。政党是工业社会背景下出现的政治组织,而中国共产党又是在战争年代和计划经济时期成长起来的。因此,如何适应市场经济建立和网络社会生成所导致的社会结构和交往方式, 就成为中国共产党面临的一个根本性问题。我们认为，在未来十年，中国共产党除了要整体发展党的组织体系外，创新基层组织形态应该成为组织建设的重点，特别是以下两个方面要成为重中之重：一是探索政党网络化组织运行方式，二是探索能够有效整合社会组织力量的组织形态。

五、结论

政治结构主体要素之间处于相互反应和有效互动的有机化状态是政治形态成熟的标志，我们将处于这种状态下的政治称为有机政治。政党、国家和社会是现代政治的主体要素，三者之间的有机化是现代政治的本质规定，而现代政治发展的内在逻辑又决定了政党是其走向成熟的关键要素。随着市场经济深化和网络社会生成，具有相对自主性的现代社会在中国快速崛起，标志着现代政治主体要素在中国已经基本生成，有机政治建设成为下一步中国政治发展的重要目标。现代政治发展规律和中国政治发展逻辑的共同演绎，决定了重建政党和社会之间关系，成为中国建设有机政治的一个重要任务，也是未来十年中国政治发展的战略重点，而中国共产党领导和执政的地位决定了提高党的能力建设成为了这个战略发展的枢纽性选择。

"学习型、服务型、创新型的马克思主义执政党"*
——中国共产党自我认识的新境界和先进性建设的新要求

政党是以政权为诉求的政治组织。要能够顺利获取政权或有效运行政权,政党就必须对社会和国家进行有效领导。而要实现有效领导目的,政党就必须对其自身和环境有清晰和明确的认识,并在此基础上,不断建构自身的先进性,使社会和国家能够对其产生认同。因此,政党自我认识以及在此基础上建构自身先进性内涵,就成为政党诉求实现的关键之一。中国共产党自从建立以来,就是在不断自我认识,并不断建构自身性进行过程中取得一次又一次胜利。正是在这样一个完成中,政党自我认识和建构先进性的内在逻辑获得呈现,党的十八大将党定位为"学习型、服务型、创新型的马克思主义执政党",就是这一逻辑在新的历史条件下的演绎结果,使党的自我认识和先进性建构提升到一个新的境界。

一、政党自我认识与中国共产党先进性建构:历史逻辑与内在机理

历史唯物主义告诉我们要理解当前事物的本质,必须从该事物发展的历史与逻辑系统的角度予以把握。为了把握当前中国共产党对自我认识的内在本质,我们对历次党代会主要文件进行研究。

通过分析我们发现,自建党以来,中国共产党对自身认识是处于不断发展过程的,这种发展主要是围绕着政党的性质、功能和特征等三个要素而展

---

* 本文写于 2013 年 5 月 10 日。

开，其中，政党对自身功能定位起到了关键作用，其他两个要素特别是特征的内容变化是以其变化而变化。

同时，我们还发现，中国共产党自我认识发展，是根据不同时期党的有效领导所需要的先进性要求的变化而变化的，是政党在与环境互动过程中不断加深和发展的，是动态的和指导实践的。因此，政党自我认识的过程，也是政党不断建构和生成自身先进性的过程。"实践是检验真理的唯一标准"，这就意味着中国共产党不断取得胜利的时候，也是政党自我认识与时代对其先进性要求是一致的时候，在这样的时期中，我们就可以认为，党的先进性内涵体现在党的自我认识之中。

二、"学习型、服务型、创新型的马克思主义执政党"：中国共产党自我认识的新境界

自从党的一大将自身名字确定为"中国共产党"之后，在中国共产党的自我认识中，共产党所具有的性质就一直没有变化过，即认同自身为马克思主义的无产阶级政党。但是在不同历史时期的具体表述中所侧重的内容是不同的，改革开放之前我们侧重于无产阶级政党的提法，而改革开放之后特别是党的十四大之后侧重于马克思主义政党的提法。

在功能上，中国共产党的自我认识有着较大变化，主要是围绕着革命的功能和执政的功能而发生变化。在党的八大之前主要强调革命的功能，党的八大第一次提出中国共产党已经是"领导全国政权的党"，即执政党。但是在党的九大和十大上，我们不再提执政党了，而是认为中国共产党是"无产阶级专政下继续革命的""无产阶级先锋队"。直到党的十二大，才再次提出"执政党"的概念，不过到在党的十七大上，才将马克思主义执政党作为固定提法确立下来。

在特征上，中国共产党的自我认识有着比较大的变化，主要体现在两方面：一是对政党的组织特性的认识存在不断丰富的过程，二是对政党的组织特性侧重点不断发生变化。在党的十七大之前，对党的特征更多是做描述性的说明，直到十七大，第一次用"学习型政党"这样一个上升为形态的概念来

界定中国共产党的特征。

由此可见,党的十八大将中国共产党定位为"学习型、服务型、创新型的马克思主义执政党",是中国共产党遵循自我认识的规律,在总结建党以来特别是改革开放以来的经验,在坚持党的十七大对党的性质、功能和特征的认识基础上,对新时期党的特征所做的新的概括,将政党特征从"学习型"扩展到"学习型、服务型、创新型",使党的自我认识提高到一个新的境界。

三、"三型"特征与新时期党的先进性建构:中国共产党发展的新命题

政党的自我认识是实践性的,不是为了认识而认识,而是为了指导实践而不断对自身进行认识的。正是有着这种认识,并在这一认识指导下,使其性质、功能和特征转化为其领导的合理性和有效性,进而转化为政党整体的先进性。倒过来,政党要保持其整体的先进性,就必须推动政党自我认识的科学性。

从根本上来说,中国共产党的先进性首先来源于其马克思主义政党的性质,作为指导思想的马克思主义理论先进性和作为阶级基础的无产阶级使命先进性决定了中国共产党的先进性,但是这种先进性只是作为潜在的先进性,要能够将其转化为现实先进性,还必须根据政党在不同时期的功能,通过其特征内涵的发展来达到这一目的。

这种特征内涵既要有对过去成功的经验进行总结,也要有对新的发展需要进行创新。毛泽东同志在党的七大政治报告中指出:"以马克思列宁主义的理论思想武装起来的中国共产党,在中国人民中产生了新的工作作风,这主要的就是理论和实践相结合的作风,和人民群众紧密地联系在一起的作风以及自我批评的作风。"这三方面特征"是我们共产党人区别于其他任何政党的显著标志"。分析党的十八大对中国共产党政党特征所概括的"学习型、服务型和创新型",我们作出一个判断,那就是"三型"中的"学习型"和"服务型",实际上是在对上述三大标志中的两个特征——"理论与实践相结合""和人民群众紧密联系在一起"的继承和发展基础上所做的新概括,而

"创新型"是政党在全球化、市场化和网络化影响的进一步深入条件下，对党的建设和任务所提出新的挑战的一种回应，是政党特征内涵的具有实质意义的创新。

因此，我们可以得出一个结论，那就是"学习型、服务型、创新型的马克思主义执政党"的提出，是中国共产党在继承基础上通过有效创新进而实现建构与时代相适应的党的先进性的目的的一个重要举措，其具体内容也体现着新时期党的先进性的具体内涵。

四、政党"三型"特征与中国国家发展：作为执政党的中国共产党使命

党的十八大将党的特征内涵定位为"学习型、服务型和创新型"，既是基于政党传统经验的总结，也是基于时代发展要求的界定。而作为中国的领导党和执政党，中国共产党的建设不仅关系到政党自身发展，而且还关系到国家和社会的发展，正是在这一意义上，党的十四大将党的建设上升为"新的伟大工程"的高度来认识。因此，政党三个特征内涵不仅是对中国共产党自身建设具有规范性意义，而且对国家建设和社会建设也就具有指导性意义。具体来说，将体现在以下三个方面：

一是推动各级党组织及其领导干部切实做到理论联系实践，并推动国家各级机关和公务人员也同样必须做到理论联系实践，使马克思主义理论能够切实成为做到实践的指南，同时，还通过学习现代化建设所需的新知识，推动其与中国实际相结合。在此基础上，通过政党组织和国家力量的有效引导和推动，使社会各种组织和成员形成学习氛围，并将之转化为现代化建设的内在动力。

二是推动各级党组织及党员和干部以及国家机关以及公务人员密切联系群众，以服务为基本价值和诉求，并由此达到社会以及群众与党组织和国家之间建立密切联系以巩固党的领导和执政基础的目的，同时也为社会中强调相互服务以构建和谐社会创造示范。

三是推动各级党组织根据社会发展而创新和发展自身组织形态和运行

逻辑,推动国家机关根据经济和社会发展而调整政策,引导企业创新发展和转型升级,创新社会管理体制和社会服务模式。

让党建与民主政治良性互动[*]

"这一次党的群众路线教育实践活动基本结束了，但贯彻党的群众路线、保持党同人民群众的血肉联系的历史进程永远不会结束。"习近平总书记在党的群众路线教育实践活动总结大会上的讲话，凸显了教育实践活动不仅事关党的自身建设，更和中国整体政治发展息息相关，而这也是社会主义民主政治建设的必然要求。

中央领导多次强调的"权为民所赋，权为民所用"，是马克思主义的基本要求。新中国成立之后，反对官僚主义以保证国家的人民性，就成为中国共产党努力追求的目标之一，而党内历次集中教育活动的成功经验，也成为此次教育实践活动的基础和背景。在实现"两个一百年"奋斗目标、实现中华民族伟大复兴中国梦的关键时刻，教育实践活动以政党建设方式，推动社会主义民主政治建设发展，破解了一系列难题，获得了一系列成果，标志着中国特色社会主义民主政治建设进入一个新阶段。

教育实践活动首先体现为对人民当家做主的发展。此次活动以"为民、务实、清廉"为主要内容，其中"为民"为的是让权力服务对象落实在人民上，而不是少数掌权者，保证公共权力的正当性；"务实"为的是权力运用能够有效满足人民群众的需要，而不是停留在形式上，保证公共权力的有效性；"清廉"为的是权力使用不异化，不以权谋私，保证公共权力的纯洁性。

在监督手段上，教育实践活动主要是发挥党组织与民众两方面的作用，实现对党员领导干部的有效监督，并获得了一系列行之有效的成果。在实现方式上，教育实践活动也有一系列探索与创新。如运用新的手段来推动党的

---

* 本文刊发于《人民日报》，2014 年 10 月 13 日第 5 版。

传统群众路线工作方式的落实；推动扩大民众参与的民主探索，从而达到有效表达与科学决策；推动制度创新，结合教育实践活动反映出来的问题，对党的自身建设制度以及国家各项制度进行清理和创新，等等。

对社会主义民主政治建设遇到的一些困境，教育实践活动也进行了有效破解。以往的实践表明，在群众参与、依法推进和坚持党的领导方面，往往很难做到全面兼顾，而教育实践活动初步提供了破解这一困境的经验。比如，通过党的领导与推动，同时以法治手段和法治方式发动群众参与，实现了群众参与与秩序建构的有机统一，并探索出了一套在新的历史条件下党与民众有效合作的方式与制度。通过党的作风建设，对领导机关与领导干部进行有效监督，不对国家法律产生冲击以及不干扰正常国家制度运行，从而使现代国家建设中政党起到联系国家与社会，并代表社会对国家进行监督的作用，又不影响国家的正常秩序。

教育实践活动一方面使政党自身找到了有效领导与参与社会主义民主政治建设的方式，另一方面也推动了社会主义民主政治发展，以及整个国家治理体系与治理能力现代化。教育实践活动有期限，践行群众路线无尽期。坚持这种发展中的新型民主实践，就能实现党的建设与整个政治发展良性互动，源源不断地给予社会主义民主政治生机和活力。

党的群众路线教育实践活动是
社会主义民主政治建设的新探索*

对党的群众路线教育活动的理论意义,可以从两个维度予以把握:一是党的自身建设,二是中国整体政治发展。由于中国共产党在中国社会中处于领导与执政地位,因此这两种维度有着内在关联性。本文将上述两个维度结合起来,并统一于社会主义民主政治建设命题,以此来对党的群众路线教育实践活动予以考察。

一、社会主义民主政治建设本质规定及其在中国探索

恩格斯在马克思《法兰西内战》的 1891 年单行本导言中写道:"以往国家的特征是什么呢? 社会为了维护共同的利益,最初通过简单的分工建立了一些特殊的机关。但是随着时间的推移, 这些机关——为首的是国家政权——为了追求自己的特殊利益,从社会的公仆变成了社会的主人。这样的例子不但在世袭君主国内可以看到, 而且在民主共和国内也同样可以看到。"而巴黎公社实践就在于通过"打碎旧的国家政权而以新的真正民主的国家政权来代替","防止国家和国家机关由社会公仆变为社会主人"。因此,社会主义民主政治建设的本质之一就在于 "防止国家和国家机关由社会公仆变为社会主人",切实保证人民当家做主,做到习近平同志所谓的"权为民所赋,权为民所用"。

然而正如恩格斯所谓的 "国家再好也不过是在争取阶级统治的斗争中

---

* 本文写于 2014 年 8 月 2 日。

获胜的无产阶级所继承下来的一个祸害；胜利了的无产阶级也将同公社一样，不得不立即去除这个祸害的最坏方面"。因此，在苏维埃政权建立之后，列宁就明确提出要反对官僚主义。同样，在中华人民共和国成立之后，反对官僚主义以保证国家的人民性，也成了中国共产党所努力追求的目标。不过，如何消除"这个祸害的最坏方面"，却是社会主义民主政治建设中的一大难题。新中国成立之后，中国共产党的做法是希望通过群众运动的方式来达到对"国家与国家机关"的监督与制约。然而以运动的方式来监督与制约，一是容易导致政治失控，二是容易使法治失效。因此，最终导致了"文化大革命"的爆发。

即使如此，新中国成立之后的实践依然是社会主义民主政治建设的一个重要环节，其经验与教训依然是十分宝贵，成为我们进一步实践的基础。概要来说，这些实践告诉我们，以下方面对发展社会主义民主政治来说是重要的：一是社会主义民主政治发展必须在党的领导下有序开展，这既是社会主义民主政治内在要求，也是现代政治的一般规定。二是社会主义民主政治建设，必须以人民当家做主为根本目标，并充分发挥人民群众的监督和制约作用。三是社会主义民主政治建设，必须以促进国家发展和法治完善为目的，以及政治生活的制度化与规范化。这三方面后来就被中共中央概括为党的领导、人民当家做主和依法治国的有机统一。

二、群众路线教育实践活动与党的自身建设发展

任何事物发展都有自身的逻辑。社会主义民主政治建设发展，也同样具有自身发展逻辑。这一发展逻辑包括三方面内容：一是社会主义民主政治发展具有内在结构性要素，二是社会主义民主政治各个组成要素具有自身发展逻辑，三是这些要素之间以及其各自发展逻辑之间互动最终构成了社会主义民主政治发展的整体逻辑。同时，我们还认为，任何事物发展不仅是结构内各要素的互动过程，而且也是一个不断发展的历史过程。因此，我们将从各要素历史发展与各要素互动两方面来把握社会主义民主政治建设的内在逻辑，并在此过程中把握群众路线教育实践活动在这一逻辑空间中的作

用,从而揭示其作为党的理论创新的定位与内涵。从上述分析来看,我们认为社会主义民主政治结构主要包括党、国家政权与人民三方面要素,以下我们将分别从这三方面来考察群众路线教育实践活动的作用与意义。我们应从党的建设角度来分析。

为了克服现代化对组织化诉求与传统中国社会"一盘散沙"的特征矛盾,建构之后,中国共产党通过宏观上建立以国家权力为基础的计划经济体制,微观上建立了以政党组织为核心的单位社会体制。然而这种体制能够为现代化建设提供组织化基础,却不能为现代化建设提供可持续发展的内在动力,为此,中共中央做出了改革开放的决定。

党的十四大提出了建立市场经济体制,标志着改革进入了实质性阶段,为了适应市场经济所带来的社会变化,中国共产党将新时期党的建设上升为"新的伟大工程"来认识。随后,根据社会发展,推出了一系列党建举措。首先是开展以"讲学习、讲政治、讲正气"为主要内容的"三讲"教育活动,开始探索以不搞运动方式来实现对党内的整风,重点是处以上领导机关与领导干部,标志着推动党的全面创新发展的开始。"三个代表"思想的提出,标志着党在新的历史时期重建先进性取得了实质性成果。为此,全党开展了以学习"三个代表"为主要内容的保持党员先进性教育实践活动。在提出科学发展观的同时,中央还配套提出了执政能力建设,围绕新时期科学发展与能力建设,中央决定在处以上领导机关与领导干部中开展以践行科学发展观为主要内容的教育实践活动。随后,在党员与基层党组织中开展了以"创建先进党组织、争当优秀党员"为主要内容的"创先争优"教育实践活动。党的十八大之后,我们又在处以上领导机关与领导干部中开展了以"为民、务实、清廉"为主要内容的教育实践活动。

从上述活动情况来看,我们认为"三讲"教育是整体探索性提出的,先进性教育是解决党的先进性建设问题,科学发展观教育实践解决的新时期党的能力建设的执政有效性问题,创先争优活动是将上述二者结合起来落实到基层的举措。而群众路线教育实践活动解决的就是纯洁性建设问题。由此,经过近二十年的努力,围绕着党的先进性、有效性与纯洁性而展开的建设基本完成。

从这一政党建设的历史逻辑来看,党的群众路线教育实践活动,标志着作为一个周期完整内容的"新的伟大工程"第一阶段已经结束,随后,"新的伟大工程"将进入一个新的阶段。同时,从本阶段来看,作为"新的伟大工程"中党的纯洁性建设环节,党的群众路线教育实践活动的实践,具有重大理论与实践创新意义。这一意义不仅体现在对党的建设贡献上,更重要体现在对政权建设上。

三、群众路线教育实践活动与政权建设发展

党的群众路线教育实践活动,是以"为民、务实与清廉"为主要内容,同时,对象主要是处以上领导机关与领导干部。如果从政权建设角度来分析的话,我们会发现群众路线教育实践活动不仅是关系党的自身建设,而且更为根本的是关系政权建设。

中国共产党作为执政党以及党管干部的原则,决定着中国共产党干部一部分是在党的组织内,另一部分是在政权内,这两部分干部的作为与形象都对政权产生影响。因此,党的群众路线教育实践活动不仅对政党有影响,而且还影响到政权建设。另外从对象来看,处以上领导机关与领导干部,在中国政治体系中,是处于地方政权以及对地方政权有影响的党的领导机关与领导干部,因此,是公共权力主导力量。

如果从公共权力的角度,对群众路线教育实践活动以及反对"四风"的内容进行分析的话,我们发现,"为民"是解决公共权力的"合法性"问题,即所谓"权为民所赋,权为民所用",因此要反对"官僚主义"。"务实"是解决公共权力的"有效性"问题,因此要反对"形式主义"。"清廉"是解决公共权力的"纯洁性"问题,因此要反对"奢靡之风、享乐主义"以及各类腐败行为。

如果说,从党的建设角度来看,群众路线教育实践活动标志"新的伟大工程"第一阶段的结束与完成,那么从政权建设来说,群众路线教育实践活动却是标志着一个全新阶段的开始。即从过去单纯强调公共权力纯洁性建设向同时强调"合法性、有效性与纯洁性"并举的转变。如果我们再结合党的十八届三中全会所作出的各项改革措施内容,如国家治理现代化,以及当前

反腐败的做法,并从现代国家建设以及大国崛起的国际经验来看,我们更有理由判断,我们国家的政权建设开始进入了一个全新的发展阶段。

四、群众路线教育实践活动与人民当家做主实现方式发展

根据马克思主义观点,社会主义民主政治建设的本质之一就在于"防止国家和国家机关由社会公仆变为社会主人",切实保证人民当家做主。分析这一次党的群众路线教育实践活动的内容与做法,我们认为,基本上是围绕人民当家做主而展开,形成了一系列成果。具体如下:

在建构内容上,群众路线教育实践活动是以"为民、务实、清廉"为主要内容的。所谓"为民",解决的是权力的使用对象上是落实在人民上,而不是在少数掌权者身上,保证了公共权力的合法性。所谓"务实",解决的是权力运用能够有效满足人民群众的需要,而不是落在无用的形式上,保证公共权力的有效性。所谓"清廉",解决的是权力使用不异化,不以权谋私,使权力为民性质不发生变化,保证公共权力的纯洁性。因此,从内容来看,本次活动主要是以"防止国家和国家机关由社会公仆变为社会主人"而展开的。

在制约手段上,群众路线教育实践活动主要是通过党组织与民众两方面的合作,实现对掌握公共权力的处以上领导机关与领导干部进行有效监督,所谓去除国家"这个祸害的最坏方面"。从党的方面来看,一是通过党组织领导与部署,集中性对存在问题进行整治与监督;二是通过党组织内部领导干部之间通过批评与自我批评的民主生活会方式,来达到微观层面的组织自我监督;三是通过党组织内党员对领导干部的监督;四是通过党内纪检部门和组织部门以及新的巡视制度等方式对领导机关与领导干部进行监督。从人民群众方面来看,一是通过领导干部主动征求意见和走访等方式,将民众意见有效收集;二是通过传统媒体与新兴媒体等,实现对领导机关与领导干部的监督;三是通过民众向有关部门的主动反映实现民众意见表达,同时也实现了领导机关与领导干部的监督。

在实现方式上,群众路线教育实践活动也有一系列探索与创新。一是运

用新的手段来推动党的传统群众路线工作方式的落实。二是推动协商民主探索民众的民主参与，从而达到有效表达与有效监督。三是推动制度创新，结合群众路线教育实践活动反映出来的问题，以及党的十八届三中全会要求，对党的自身建设制度以及国家各项制度进行清理和创新，并提出要实现国家治理体系与治理能力现代化，充分吸收各方面社会力量参与党的建设与国家治理。

五、群众路线教育实践活动破解了社会主义民主政治建设中的困局

从既往实践来看，社会主义民主政治建设存在着以下困境和不足：一是强调群众参与时，却容易导致秩序失控与法治失效；二是强调党的领导时，却容易导致以党代政或以党代社；三是强调法治时，却容易导致对党的作用以及民众作用的忽视。正是如此，中共中央才提出党的领导、人民当家做主与依法治国之间要形成有机统一。我们认为这次群众路线教育实践活动，初步破解了上述困境，具体情况如下：

一是通过党的自觉领导与推动，同时以不搞运动的方式来发动群众参与，实现了群众参与与秩序建构有机统一的目的，并探索出了一套在新的历史条件下党与民众有效合作的方式与制度。

二是通过党的作风建设，对领导机关与领导干部进行有效监督，同时又不对国家法律产生冲击以及不干扰正常国家制度运行，从而使现代国家建设中政党起到联系国家与社会，并代表社会对国家进行监督的作用，而又不影响国家的正常秩序，达到了马克思主义所谓的去除国家"这个祸害的最坏方面"的目的。

三是通过党的自身建设，一方面使政党自身找到了有效领导及参与社会主义民主政治建设的方式，另一方面也开始推动了社会主义民主政治发展以及整个国家治理体系与治理能力现代化，实现了党的建设与整个政治发展良性互动。

党的群众路线教育实践活动之所以能够起到破解社会主义民主政治建

设困境的作用，一方面是长期以来社会主义民主政治经验与教训使然，另一方面也是中国政治发展到了一个阶段，整体发展已经到了从量变到质变阶段所导致。这就意味着，中国政治发展已经到了创建既符合现代政治一般规定性，又具有自身特色的新型现代政治形态的阶段。从这一角度来说，党的群众路线教育实践活动，一方面标志着政党适应性转型的"新的伟大工程"第一阶段的结束，另一方面标志着社会主义民主政治建设进入全面定型阶段的开始。

筑牢党建的制度根基[*]

中央政治局刚刚审议通过的《深化党的建设制度改革实施方案》(以下简称《实施方案》),可以从三个维度来理解:一是实现中华民族伟大复兴"中国梦"的历史逻辑,二是国家治理体系与治理能力现代化的政治逻辑,三是中国共产党自身建设的行动逻辑。

从历史逻辑看,中华民族曾经有过辉煌的过去,但在近代以后经历了"落后就要挨打"的外来冲击。大浪淘沙,在无数次探索失败之后,历史选择了由中国共产党承担起创建现代政治文明,复兴中华民族的重任。经过数十年的努力,党带领人民不仅实现了民族完全独立和国家基本统一,并且取得了国内生产总值总量世界第二的瞩目成就。

今天我们比过去任何时候都更加接近中华民族伟大复兴中国梦的目标,在这一冲刺阶段,要做好全面工作,最重要的一点就是加强和改进党的建设,这也是由党的领导地位决定的。顺应时代要求,通过深化改革党的建设,才能增强党的领导能力,提升党的科学执政、民主执政、依法执政水平,完成伟大的历史使命。

从政治逻辑来看,政治文明的成熟定型包括主体要素生成与整体形态成熟定型两个环节。现代政治文明包含政党、国家、市场与社会四个主体要素。伴随着改革开放的步伐,中国全面启动了现代化建设。从建立社会主义市场经济体制,到提出依法治国基本方略,再到全面落实经济建设、政治建设、文化建设、社会建设、生态文明建设五位一体总体布局,中国特色现代政治文明要素或者说国家治理的主体要素基本生成。

---

[*] 本文刊发于《人民日报》,2014 年 9 月 4 日第 5 版。

当然,这些要素的生成是渐进的,各要素的功能尚未得到充分发展,彼此之间关系尚未实现有机化。而党的领导是中国特色现代政治文明的核心要素。党的领导核心地位决定着党一方面要领导国家治理现代化,推动各要素功能进一步开发;另一方面,只有通过深化改革党的建设,才能使党与政治文明中发生变化了的其他要素相互匹配,形成内在有机化,推动中国特色现代政治文明形态的更加成熟。由此,党的建设也开始进入一个新阶段,即从单纯适应市场经济发展要求等阶段,进入到全面适应国家治理现代化要求阶段。

从行动逻辑来看,政治是通过价值、组织与制度三个机制得以运行的。其中制度是关键,现代政治文明走向整体形态成熟定型,制度化是其中一个重要标志。这就意味着,在党的建设新的伟大工程的新阶段中,党的自身建设制度发展,就成为党的建设重点内容。《实施方案》秉承了十八届三中全会的具体部署,不仅标志着党建伟大工程新的阶段正式启动,而且还有实施方案与具体对策。接下来的关键,就是按照《实施方案》要求,细化措施、有效实施。

中国的进步和发展,在于党能不能发挥坚强的领导作用。只要《实施方案》能够被科学地认真贯彻执行,中国政治发展与党的建设就会面貌一新,我们党就顺应了历史、政治和行动三层逻辑,有望最终在建党 100 年之际,达到"在各方面形成一整套更加成熟定型的制度"的伟大目标。

国家治理体系和治理能力现代化与
党的建设制度发展[*]

所谓国家治理体系，是指国家共同体内，基于公共事务的处理而形成的，围绕公共权力运用的相关参与主体要素之间有效互动的相对稳定的关系。而所谓国家治理能力，是指在特定国家治理体系基础上，国家共同体有效处理公共事务的能力。由此可知，所谓国家治理体系与治理能力现代化，就是指基于现代政治一般规律以及现代化建设发展需要，国家治理体系与治理能力所应采取的创新与发展。在现代政治条件下，政党是国家治理体系中一个重要的主体要素，并在国家治理体系中起到领导作用。而中国政治发展逻辑决定了政党不仅影响国家治理体系的运行与发展，还承担着建构国家治理体系并不断推动其现代化的使命。现代政治的本质规定决定了政党对国家治理体系与能力具有重大影响，反过来，国家治理体系与治理能力现代化也对党的建设提出了新的要求，根据现代政治发展规律，以及依法治国本质规定，其中一个重要内容就是推动党的建设制度化以及推动其制度改革。由于篇幅限制以及研究重点问题，本文将主要围绕国家治理体系和治理能力现代化背景下，党的建设制度发展的基本逻辑、主要框架以及改革原则等进行说明。

一、国家治理体系的主体要素、逻辑空间与运行机制：现代政治的本质规定

马克思认为，进入文明之后，人类社会经历传统、现代和后现代三个阶

---

* 本文刊发于《江西社会科学》，2015 年第 4 期，成文于 2014 年 12 月 2 日。

段,而后现代即所谓共产主义阶段。根据经济基础决定上层建筑原理,马克思认为,在不同阶段,基于社会基础差异,作为上层建筑的政治也将发生变化,并呈现本阶段发展特色。相应地,作为政治形态重要体现的国家治理体系,在现代社会条件下也将具有其规律。

马克思主义认为,当人类诞生之后,基于劳动分工与发展,公共权力就出现了。随着私有制出现、发展,社会内部矛盾出现了不可调和的时候,国家就诞生了。这时,公共权力就不仅服务于管理职能,而且开始服务于统治职能,于是国家与社会的分离就开始了。然而在传统社会条件下,国家与社会之间的界限并不清晰。人类社会进入现代之后,国家与社会分离就比较彻底。不过在现代社会初期, 这种分离也带来了国家与社会之间的紧张与冲突。为了缓和这一矛盾,作为一种制度性安排,政党就诞生了。作为连接国家与社会之间关系的桥梁,政党成为代表社会驾驭国家的一种力量与手段。由此,政党、国家与社会就成为现代国家治理体系的三个主体性要素。其中,社会要素还可以分为市场与狭义上的社会。

由于国家是人类创造出来的掌握自身命运的最重要的手段之一,因此不论是传统社会还是现代社会,在国家治理体系中,国家要素都是最重要的内容。同时,在国家发展的历史中,也不断丰富了其控制社会以建构秩序与推动发展的文明成果。于是,在国家治理体制中,实际上就存在着两个层面的逻辑结构空间:

第一层面是国家治理体系为整体的, 以影响公共权力建构与运用为重点的政治结构空间,在现代政治条件下,包括政党、国家与社会等三个主体要素。政治结构空间是以权力互动为原则的。

第二层面是以国家治理各要素为中心而形成的逻辑结构空间, 即要素结构空间,包括政党结构空间(或称为党的组织空间)、国家结构空间和社会结构空间。政党结构空间(党的组织空间)是以政党组织原则为基础,国家结构空间是以法治原则为基础的,社会结构空间是以伦理原则为基础的。

不论是在政治结构空间内,还是在要素结构空间内,各主体要素内部运行、主体之间互动以及公共权力有效实施, 都需要相应机制予以连接与保证。我们认为,不论是在古代还是现代,作为政治运行机制的要素,都包括以下三方面：一是价值，二是制度，三是组织。价值是建构人们内在精神秩序的，制度是建构人们外在行为秩序的，组织是推动上述两个秩序得以实现的物质力量和载体。由于在不同历史时期，上述三个要素具体的内涵与实现方式都存在差异，同时，起到轴心作用的要素也存在着差异。

二、党的建设与国家治理体系发展的关系变迁：中国的逻辑

在不同历史条件下与不同国家中，现代国家治理体系生成的路径与模式存在着差异。中国是现代化后发的国家，另外，中国还是社会主义国家，因此历史逻辑与本质属性都决定了现代中国国家治理体系生成的路径与模式，与现代化原发的西方国家以及其他非社会主义的发展中国家的情况存在着不同，具有自身特点。其中，一个重要特点就是中国共产党在国家治理体系中具有核心性支配作用。这就决定着，中国共产党建设与国家治理体系发展之间有着密切联系，一方面党的建设决定着国家治理体系发展，另一方面，国家治理体系发展也对党的建设产生影响。

在中国古典政治文明崩溃之后，民族独立、国家统一与现代化建设对组织化诉求与传统中国社会"一盘散沙"特点矛盾，使中国选择了以政党领导人民建立国家的所谓"党建国家"的路径。这就意味着政党在推动国家治理体系生成上，具有原发性的创建作用，从而导致了政党自身建设对于国家治理体系生成具有决定性意义。因此，在民主革命时期，毛泽东同志将党的建设作为取得革命胜利的"三大法宝"之一。

1949年之后，在党的领导下，我们颁布了宪法，建立了以人大为权力机关的国家体系，作为现代国家治理体系的国家要素初步生成。党的八大提出执政党建设，开始推动党的建设适应国家要素初步生成而调整自己。同时，在经济和社会建设上，建立了以国家权力为基础的计划经济体制，以政党组织为核心的单位社会体制。然而由于现代化对组织化诉求逻辑的演绎，不仅带来了经济与社会层面的组织化加剧，而且在政治上也导致了党政不分和以党代政的后果。最终，不论是现代化建设，还是政治建设，都陷入了危机。

为了使政治得以复原与现代化建设获得可持续发展动力，中共中央做出了改革开放的决定。在政治上，推动了以党政分开为主要内容的政治体制改革，使国家要素得以重新复原；在经济上，推动了以建立市场经济为主要诉求的经济体制改革，使人民积极性得到了调动。1992年党的十四大提出建立社会主义市场经济体制，标志着现代社会基因植入了中国社会；1997年党的十五大提出依法治国，标志着现代国家要素进入全面生成阶段；2002年党的十六大提出"三个代表"，标志着政党开始适应市场经济进行创新；2007年党的十七大提出和谐社会建设，标志着现代社会基本生成。至此，作为现代国家治理体系的主体要素，现代市场、现代国家、现代政党与现代社会基本生成。与此同时，在社会主义市场经济体制建立之初，中国共产党就提出了建设新的伟大工程，要求根据市场经济建立与发展，推动党的建设创新与发展。

为了推动现代国家治理体系各主体要素功能得到充分发挥，以及国家治理体系内部实现有机化。于是，党的十八届三中全会提出要进行顶层设计，全面深化改革，推动国家治理体系与治理能力现代化，标志着现代国家治理体系进入了全面发展与定型阶段。对于党的建设来说，十八届三中全会提出了要推动党的建设制度改革任务。

由上可知，在中国现代国家治理体系生成与发展过程，党的建设总是伴随发展。不过，如果对上述过程进行分析的话，我们会发现，这一过程可以分为三个阶段：第一阶段是以党创新中国成立家治理体系阶段，党建是唯一基础。第二阶段是以党建推动国家治理主体要素生成阶段，党为推动力量，党建与国家治理体系发展相互影响。第三阶段是国家治理体系将走向定型阶段，党建应该更多适应于国家治理体系发展要求。

三、国家治理体系和治理能力现代化与党的建设制度发展：理由、维度与内容

国家治理体系和治理能力现代化提出，将使以下三方面内容得以强调：一是现代国家治理体系各主体要素功能将得到充分发展，二是国家治理体

系各要素之间将进一步有机化，三是国家治理体系将走向定型。首先，党的建设与国家治理体系发展之间有着密切联系，因此国家治理体系和治理能力现代化就相应地对党现代化进行创新与发展，提高领导与执政有效性。其次，党与发展了的国家、社会之间应该建立更为密切联系，通过创新价值、制度和组织等互动机制，使彼此之间能够形成充分相互反应又相互促进的有机关系。再次，党与国家、社会之间关系以及整体国家治理体系将形成稳定关系，要求党建适应这一发展进行全面推进。

国家治理体制与治理能力现代化内在要求依法治国，这就意味着，法治将成为国家治理体系建构中的一个主要纽带和基本基石，从而使制度机制成为国家治理体系中轴心性机制，价值与组织将围绕其展开。由此，不论是国家治理体系现代化导致党与国家、社会之间形成有机与稳定关系，还是依法治国需要，都内在要求党建必须围绕制度建设展开，一是要重视党的建设制度化，二是要对不符合国家治理体系和治理能力现代化要求的党的建设的制度进行改革，三是形成与国家治理体系和治理能力现代化要求相匹配的党的建设制度体系。

根据上文关于国家治理体系的逻辑结构空间分析，我们认为党的建设制度发展，需要从以下两个维度、四个方面展开：

党的建设制度发展的第一个维度是在国家治理体系的政治结构空间范围内展开，主要是指党的领导制度。所谓党的领导，是指在政治结构空间内，政党以自身组织为基础，通过有效整合社会力量与意志，实现对国家公共权力建构与运行以及对社会事务有效治理，从而达到其政治目的的过程。相应地，使党的领导目的实现的制度安排，就称为党的领导制度。它包括党对国家的领导制度、党对社会的领导制度以及党对党组织自身的领导制度。

党的建设制度发展的第二个维度是在国家治理体系的要素结构空间范围内展开。由于国家治理体系包括国家、社会与政党三个要素，因此相应地，政党的领导在不同逻辑结构空间内必须遵循相应原则而展开，从而使党在进入不同要素的逻辑空间后，就有着不同运行机理与实现方式，由此也导致了有不同制度安排。党的建设制度发展在国家结构空间内展开，主要是指党的执政制度发展；党的建设制度发展在社会结构空间内展开，主要是指党的治理制度发展;党的建设制度发展在政党结构空间(党的组织空间)内展开,主要是指党内管理制度发展。

四、完善党的领导的制度基础:政治结构空间内党的建设制度改革

在政治结构空间内, 党的建设制度发展主要体现为党的领导制度改革与发展。对党的领导制度发展的把握,可以从领导中权力主体关系以及权力运行机制两个维度来把握。

(一)基于领导的权力主体关系维度的党的领导制度改革与发展

从领导的权力主体关系维度来看, 党的领导制度主要包括党领导国家制度、党领导社会制度以及党领导自身制度。党的领导制度有广义与狭义之分,广义的党的领导制度,是指整个政治结构空间内的实现党有效领导的各方面制度安排, 不仅包括在政治结构空间内但在要素结构空间之外的政党影响要素主体的制度安排, 而且还包括政党在要素结构空间内发挥作用的制度安排。狭义的党的领导制度,是指在政治结构空间内但是在要素结构空间之外而又能够影响要素主体发展的党运行的制度安排。由此定义,那么党领导国家、社会和党自身的制度,也有广义与狭义之分。对于党领导国家制度来说,广义的包括党的执政制度,而狭义的就不包括执政制度。对于党领导社会制度来说,广义包括党的治理制度,狭义则不包括。对于党领导自身制度来说,广义包括党的自身管理制度,狭义则不包括。由于党在要素结构空间内作用的制度,将在随后详述,那么在这一部分中,所谓党的领导制度,我们主要是指狭义部分。

党领导国家制度是指党以自身组织为基础,整合社会力量与意志,实现对公共权力建构与运行产生影响的制度性安排。它包括党对国家领导的整体性制度安排,以及党对国家政权各组成部分的领导制度。其中后者包括党领导立法制度、党领导行政制度、党领导司法制度以及党领导军队制度。下一步关于党领导国家的制度改革, 我们认为应该基于尊重国家运行原则的

逻辑,围绕依法治国落实,强化科学与民主原则,来推动党领导国家制度改革与发展。

党对社会领导制度,包括党对市场领导以及党对狭义社会领导的两方面的制度安排。党对社会领导制度改革,我们认为应该主要着眼于保持社会主义国家性质以及为政权巩固建构认同而展开。

党对自身领导制度,主要是指党对整个政党整合社会的组织体系的领导,包括其对党组织自身领导、政党性群团组织以及统战性群团组织领导。党对自身领导制度改革,应该着眼于提高政党组织体系有效整合社会而展开。

(二)基于权力运行机制的党的领导制度改革与发展

中国共产党认为,党的领导主要包括政治领导、思想领导和组织领导三方面,由此,我们认为这三方面领导,实际上就是党的领导具体的运行机制。因此,我们可以认为,基于权力运行机制的党的领导制度可以分为政治领导制度、思想领导制度和组织领导制度。其中,政治领导制度中最重要的应该是重大事项的决策制度。

国家治理体制和治理能力现代化提出,标志着国家治理体系要素功能将进一步发展,以及国家治理体系整体形态将进一步有机化。这就意味着,党对国家和社会领导应该更加重视国家和社会运行的新的逻辑原则。因此,在相应权力运行机制上,也应该重视国家和社会运行机制。一方面,要更加重视与国家和社会运行原则与机制的对接;另一方面,在党领导运行机制中,要重视国家与社会的主体要素力量和作用的吸纳。这两方面改革原则将贯穿党的政治领导制度、思想领导制度和组织领导制度中。

五、规范执政有效性的制度安排:国家结构空间内党的建设制度改革

党的建设制度发展在国家结构空间内展开,主要是指党的执政制度发展。所谓党的执政制度,是指党依照宪法规范,以执政党身份进入国家体系以及国家机构内部,使党的意志得以在国家政权内实现的制度安排。随着国

家治理体系与治理能力现代化提出,特别是在全面推进依法治国的背景下,依宪执政成为党在国家结构空间内重要原则。因此,我们认为在这一背景下,党的执政制度建设需要解决以下三方面内容:

一是保证党的意志能够有效转化为国家意志。由政党力量来运行政权,承担执政任务,是现代政治本质规定之一。而所谓政党就是以获得或参与国家政权为主要诉求的政治组织。政党之所以希望获得或参与国家政权,最重要的目的就是希望将其意志转化为国家意志。因此,党的执政制度建设首先需要解决的,就是要通过建立并完善相应制度来保证党的意志能够有效转化为国家意志。这就意味着,在立法、行政和司法以及军队内部都应该通过相应制度,使党的意志能够转化为国家意志。

二是保证党在国家政权中运行与宪法、法律要求之间制度安排相适配。党的执政受两个逻辑所规定,一是政党逻辑,二是国家逻辑。保证党的意志能够转化为国家意志,是党的执政中政党逻辑所要求的。同时,为了避免党政不分,以党代政现象,就要求党在国家政权中运行必须与宪法、法律要求相适配。这就意味着党必须建立相应制度使之能够得以实现。

三是保证党的力量能够成为推动国家政权有效运行的主导力量。政党要能够将自身意志转化为国家意志,需要两方面保障:其一,建立相应制度与机制,使党的决策与国家决策对接。其二,在国家政权机关内部需要政党性力量予以具体落实,包括政党成员或由政党推荐的成员、政党相应组织形式,作为具体落实党的意志的微观载体。前者已经在前文中予以说明,而要做到后者,必须通过建立相应制度予以落实。从现实工作来说,体现在两方面:一是对国家机关党员与党组织发挥作用的制度发展,二是对党组织派出的国家机关党组的作用发挥的制度发展。在国家治理体系与治理能力现代化背景下,上述两方面制度改革重点在于,使党在国家政权中发挥主导作用与推动依法治国相统一。

如果说,从改革开放以来政治体制改革一直围绕着以党政分开(党与国家政权)为主要内容,克服党政不分为重点的话,那么在国家治理体系和治理能力现代化背景下, 政治体系改革就进入了规范党与国家政权关系为重点的阶段。由此,在这样背景下,我们认为,下一步也应该将保证党在国家政权中有效运行与宪法、法律要求之间制度安排相适配,推动依法治国与依宪执政发展,作为党的执政制度建设与发展的重点来展开。

六、重构整合有机性的制度体系:社会结构空间内党的建设制度改革

党的建设制度发展在社会结构空间内展开,主要是指党的治理制度发展。所谓党的治理制度,是指党组织通过有效嵌入社会,发挥自身组织优势和整合社会多方力量,实现社会事务有效处理和社会和谐有机达成,从而服务于党的领导与政权实施的制度安排。当前,社会结构空间内,需要推动党的治理制度发展的领域主要有三方面:一是城乡社区,二是经济组织,三是社会组织。在推进国家治理体系和治理能力现代化背景下,我们认为党的治理制度发展重点需要解决以下四方面问题:

一是开发政党社会功能,实现政党有机嵌入社会。由于在计划经济时期,单位社会是以基层党组织为核心而建构起来的,社会成员依附于单位,由此党组织对单位与社会成员就有着较强影响力。然而市场经济建立导致单位社会衰微,市场和社会具有了自我组织能力,社会不再是以政党为核心而建构的,党组织在社会领域内,其传统的社会与经济功能开始丧失,从而使党组织嵌入社会的机制缺乏了。为了实现党组织能够重新嵌入社会,或是使已经嵌入社会的党组织有效性得以提升,就要求党组织必须根据社会不同领域要求,开发其新的社会功能,并在此基础上,以制度化方式予以确定下来。

二是打破组织内体制区隔,重构政党有机嵌入社会的组织体系。政党要做到有机嵌入社会,除了需要开发自身社会功能之外,很重要一个方面就是必须有效发挥群团组织作用,使差异化联系群众具有相应的组织网络。然而基层党组织虽然名义上重视群团组织作用,但是在现实中,群团组织在党的整体工作中却存在着边缘化倾向。为此,要求我们必须创新党建带群建的制度安排,推动基层走出部门区隔,从党的整体性出发,加大发挥群团组织的作用,重构政党整合社会的组织体系,从而达到党有机嵌入和有效整合社会

的目的。

三是创新基层政党组织形态,整合多元社会力量使之转化为党建资源。目前,我们基层党组织形态是在计划经济时期形成的,虽然改革开放后有所发展,但是与市场经济和网络社会要求之间依然存在着相当不适应之处,其中表现之一,就是在组织形态上较难做到能够吸纳多元社会力量。因此,我们认为,在基层党组织形态创新上,需要通过制度创新,在机制运行等方面进行改革,根据市场经济和网络社会背景下的城乡社区、经济组织和社会组织各自特点,以及贯通城乡社区、经济组织和社会组织,克服领域与地域局限,通过组织形态重构,使政党基层组织能够整合市场、社会和技术力量,并将之转化为党建资源,从而服务于党对社会的领导。

四是强化政党治理能力,服务党的领导与社会建设。要充分意识到,中国共产党与西方政党的区别之一,就是中国共产党不仅具有表达社会和影响国家的功能,而且中国共产党基层组织自身就具有很强的治理功能。从目前来看,基层党组织的治理功能,已经开始从国家治理体系要素生成阶段的具有保证社会转型的权力不断裂的承转功能,向当前的推动社会权力关系有机化功能转型,这就要求我们必须推动基层党组织制度创新,推动新时期政党治理能力类型转型,进而达到提升政党治理能力的目的。

七、打造组织整体性的制度空间:党的组织空间内党的建设制度改革

党的建设制度发展在政党结构空间(党的组织空间)内展开,主要是指党内管理制度发展。党内管理制度是党组织保持政党整体性与有效性的制度基础,是党内权力关系制度基础。在国家治理体系和治理能力现代化背景下,党内管理制度发展主要需要解决以下三方面问题:

一是强化党章的权威,推动党内管理的制度化。政党是在党章基础上而形成的政治组织,因此党章在党内具有最高权威的,其他所有党内法规与制度都应该以此为根据而订立的。为了维护党章权威,内在要求党组织内部的运行与管理必须走向制度化,这样党章权威才能获得落实和体现,从而为保

证政党整体性奠定了制度基础。另外,在全面推进依法治国背景下,法治和制度成为国家治理乃至社会秩序建构的基础,而政党需要与它们进行互动,于是政党内部运行与管理走向制度化,也就成为一个内在需要。因此,我们认为下一步,党内制度建设应该在推动管理制度体系建设上下功夫,将维护党章权威与适应变化统一起来,不断推进党内管理制度发展。在必要时,应该根据新形势修改党章,也让党章能够跟上时代要求,以维护党章权威。

二是适应依法治国要求,推动党内管理法规与国家宪法、法律衔接性。中国共产党承担着领导与执政使命,在全面推进依法治国背景下,中国共产党除了政策需要与国家法律相衔接外,党的内部管理的法规与制度同样也需要与国家宪法、法律衔接,并且还应比法律更为严格。这样才能为党与国家政权关系(即党政关系)实现有效规范提供制度基础。对此可以从两方面来说明:一方面,领导和执政地位使党在党政关系中处于主导地位,而党领导与执政是通过党员与干部作用发挥来实现的。只有通过强化党内制度并与国家宪法、法律相衔接,才能有效约束党员与干部行为,从而实现依宪执政,推动党政关系规范。另一方面,领导与执政使命要求,党的意志必须能够转化为国家意志,为了保证这种转化能够稳定和持续进行,也需要党组织内部相应制度安排必须与国家宪法、法律能够相衔接,从而做到在转化为国家意志之前,各级党组织意志形成过程中,就已经做到科学与民主,有利于党的意志转化国家意志。

三是顺应市场经济与网络社会新要求,推动党的组织形态创新与发展。市场经济建立和网络社会的生成,分别从制度变迁与技术革命两个维度推动了社会结构与社会形态发生变革,这种变革是两种力量的叠加后形成的。然而政党是诞生于工业化社会条件下,而中国共产党建立于革命时期,发展于计划经济时期。因此,顺应市场经济和网络社会要求,推动自身组织形态创新,就成为在新的历史条件下党组织有效领导社会的重要前提。党的组织形态是通过党内部管理制度予以支持的,因此创新党的组织形态内在就要求改革党内管理制度,比如党员管理制度、基层干部选拔制度以及其他党内生活制度。

八、结论

现代国家治理体系由政党、国家与社会三个主体性要素构成,在其中政党具有领导功能,社会主义原则与党建国家路径使中国共产党在中国现代国家治理体系建构中更是起到了核心推动作用。这就意味着党的建设决定着国家治理体系和治理能力发展,反过来,国家治理体系和治理能力发展也对党的建设提出新的要求。随着国家治理体系逐步走向定型以及全面推进依法治国的提出,使法治与制度建设成为国家治理体系和治理能力现代化的重要内容,由此决定了党的建设也必须在制度化以及根据新的要求进行制度改革上同时推进。根据现代国家治理体系发展内在规律,我们认为,国家治理体系和治理能力现代化背景下,党的建设制度发展应该从政治结构空间和要素结构空间两个维度入手,推动党的领导制度、党的执政制度、党的治理制度,以及党内管理制度等四方面制度的改革与发展。

锻铸全面建成小康社会组织基础的重要举措[*]

通过构建现代文明,以推动中华民族伟大复兴,是中国社会发展的内在规律使然。经过中国人民的选择,中国共产党承担起了这一历史重任,成为推动中华民族伟大复兴的领导力量与组织基础。由此,中国共产党自身建设,不仅关系到其自身发展,而且关系到中华民族的伟大复兴。在中国共产党的领导下,现代文明在中国已基本生成,并且中华民族伟大复兴也进入最后冲刺阶段,其中全面建成小康社会就是其中的关键目标。越是到关键时期,党的领导以及党组织作用的发挥,就越发显得重要。而"两学一做"学习教育,就是其中一项提升党的领导与党的建设有效性的举措,因此我们可以认为,"两学一做"教育是全面建成小康社会组织基础的重要举措。

一、全面建成小康社会需要党的坚强领导

在传统社会条件下,中华民族曾经创造过辉煌的古代与古典文明。随着现代化浪潮对中国冲击以及古典文明崩溃,中华民族开始走向衰落。因此,建立现代文明以推动中华民族伟大复兴,就成为中国社会发展之必然路径。为了克服现代国家、现代社会建设对组织化诉求与传统社会"一盘散沙"的矛盾,中华民族选择了政党,并形成了以政党力量领导人民、驾驭军队、建立现代国家,推动现代社会发展的现代文明构建路径。经过人民选择,最后由中国共产党承担起了这一使命。由此,党的领导与建设,就与现代文明构建以及民族复兴联系在一起。

---

　　[*]　该文删节后以"党建适应治国理政的必然选择"为题,刊发于《人民日报》理论版,2016 年 8 月 14 日。

在中国共产党领导下，中华民族在扫清内外阻碍民族独立与现代化发展的力量之后成立了新中国。新中国成立之后，为了进一步满足现代化与工业化对组织化的诉求，中国共产党凭借新建立的国家政权力量与既有的政党组织力量，建立了计划经济体制与单位社会体制。在完成了社会主义现代化建设的基础阶段后，为了寻求现代化建设可持续发展动力，中国共产党决定实施改革开放。改革开放，一方面使现代化建设获得可持续发展动力，另一方面也使现代文明的结构性要素在中国全面生成，由此使中华民族伟大复兴的速度得以加快。为了适应改革开放特别是市场经济建设带来的社会与政治发展，中国共产党开始全面推动自身创新与发展，并将之上升到"新的伟大工程"高度来认识。

改革开放以来，在中国共产党领导下，作为现代文明要素的现代市场、现代国家、现代政党与现代社会在中国基本生成，在此过程中，中国人民也不断摆脱了贫穷与落后，在实现了温饱以及全面推进小康社会建设的基础上，我们提出了全面建成小康社会的目标，并且将之作为实现中华民族伟大复兴的关键一步。不论是历史经验、现实需要，还是中国社会发展的内在逻辑，都要求我们在全面建成小康社会过程中，必须更加重视党的政治领导与党的组织保障的作用。因为在这一时期，现代文明形态要走向定型，要提升各要素功能与推动各要素形成有机化，就需要全面深化改革，一方面要涉及重大利益调整，另一方面还进行整体推进，既要"啃硬骨头"，又要"齐步走"。这就使党的政治领导与党的组织保障成为关键，关系着最后冲刺能否成功。

二、"两学一做"是新时期推动党的建设重要举措

党的领导与党的建设关系到现代文明构建，关系中华民族伟大复兴，这是现代中国政治发展逻辑所决定的。在推动现代文明形态定型以实现全面建成小康社会的关键时期，强化党的领导与推进党的建设，就成为政治建设中一件重要任务。党的领导，包括政治领导、思想领导与组织领导，由此，党的建设也围绕这三方面而展开。党的十八大以来，以习近平同志为核心的党中央提出了一系列治国理政新理念、新思想和新战略，成为新时期党的政治

纲领性内容,这些内容在习近平同志系列讲话中得到了系统阐释。因此,贯彻这些政治纲领成为坚持党的领导与加强党的建设最为重要内容,是维护党的政治领导首要体现,思想领导与组织领导也围绕其而展开,同样党的建设也是以此为目的的。

为了推动党的领导与党的建设适应新的历史时期发展要求,党的十八大之后,先后开展了群众路线教育实践活动、"三严三实"教育实践活动,以及当前正在开展的"两学一做"学习教育。其中,党的群众路线教育实践活动以"为民、务实、清廉"为主题,针对党与群众关系为重点而展开,以解决群众认同与接受党的领导问题。"三严三实"教育实践活动是以"严以修身、严以用权、严于律己,又谋事要实、创业要实、做人要实"为主题,针对党的领导干部而展开,以解决领导干部作风问题。"两学一做"学习教育以开展"学党章党规、学系列讲话,做合格党员"为主要内容,针对的是全体党员,以进一步解决党员队伍在思想、组织、作风、纪律等方面存在的问题。由此可知,上述党建措施中前者是解决政党与群众,后两个是解决政党内部的,而解决政党内部也是由领导干部到全体党员,因此,这些举措是有着内在逻辑性的推动政党建设的系统工程。"两学一做"就是系统工程的一个组成部分,因此就成为锻铸全面建成小康社会组织基础的重要举措。

然而对其具体内容进行分析,我们会发现,"两学一做"实际上又有着自身内在逻辑与特点。对于中国共产党来说,政治纲领决定组织纲领,组织纲领必须服从政治纲领,每一次重大战略举措做出后,都要通过组织手段予以落实,"两学一做"学习教育就体现了上述原理。"学习党章党规",就是要求全体党员明确基本标准、树立行为规范,坚定理想信念,对党绝对忠诚,在政治上、思想上、组织上、行动上与党中央保持一致,从而使党的政治纲领转化为党员自觉行动。"学习系列讲话"是指学习习近平同志系列讲话,而习近平同志的讲话是对以习近平同志为总书记的党中央提出了一系列治国理政新理念、新思想和新战略为主要内容的新时期政治纲领的系统性阐述。因此,"学习系列讲话"就是了解与理解政治纲领的措施。而"做合格党员",就是将上述两方面统一在党员的个体实践之中,从而为组织化推动新时期党的纲领得以落到实处奠定基础。

三、应该将"两学一做"成果转化为实现全面建成小康社会的动力

对于中国共产党来说,党建工作不是为了党建而党建,而是为了推动党组织更好发挥作用而推动党组织建设的,即作用于功能开发而推动结构发展的。同样,开展"两学一做"学习教育,也不是为了学习而学习的,而是为了将其成果转化为实现全面建成小康社会的动力来源与组织基础。具体来说,我们认为应该有以下三方面成果:

一是在思想上应该对新时期以习近平同志为核心的党中央关于治国理政新理念新思想新战略的具体内容理解与认同,一方面在宏观上了解中国目前发展阶段的基本任务,坚定理想信念。另一方面在中观和微观上要结合每个党员的具体行业与单位甚至岗位,理解这些新理念、新思想与新战略的指导意义。同时还应该切实了解党章具体内容,并充分体会各方面规定对党员意义以及对全党意义,特别是在推动现代文明发展的意义。

二是在政治上应该自觉接受新时期以习近平同志为核心的党中央关于治国理政新理念新思想以及以此为指导形成的政策,转化为在各自行业与岗位中的具体行动与对策。同时,自觉遵循党章规定要求自己,自觉接受党组织的政治领导。

三是在组织上将自觉接受新时期以习近平同志为核心的党中央关于治国理政新理念新思想与自觉遵循党章统一起来,做合格的党员。

同时,我们还应该看到,要将上述成果从潜在转化为现实,必须在具体实践过程中,在制度上、体制上予以创新,这样才能使党章的"不变"与治国理政的新理念新思想新战略的"变"之间的张力,在党员身上得以统一,从而赋予"做合格党员"的时代意义。

面向未来的政治整合新战略[*]

日前,中共中央召开了中央统战工作会议。本次会议有许多新亮点,从政治发展角度来看,其中有两方面内容值得关注:一是会议明确"三类人"将成为新的重点团结对象,即留学人员将成为"统战工作新的着力点""新媒体中的代表性人士"将列入"巩固发展最广泛的爱国统一战线"的重要团结人群,以及重视非公有制经济人士特别是年轻一代;二是中共中央决定在会议召开当天开始实施之前由中共中央政治局通过的《中国共产党统一战线工作条例(试行)》。这两方面内容的提出,一方面在内容上,体现了统战工作对象与统战工作方式的新发展;另一方面在机制上,形成了统战工作的适应性与稳定性关系的新范式。总之,从这两方面内容中,我们可以得出一个判断,那就是,在国家治理现代化背景下,本次会议所部署的内容将具有面向未来的政治整合新战略的意义。

在现代条件下,政治结构由政党、国家与社会三个要素组成,其中政党处于领导地位。所谓政党领导是指政党通过整合社会力量以推动国家的建构与运行,其中政党整合社会,包括政治性整合与社会性整合,政治性整合是围绕国家建构与运行的合法性而展开的,社会性整合是围绕社会建构与治理的有效性而展开的。在中国,政党的政治性整合,其中很重要的一部分功能是通过党的统一战线工作来实现的,即通过对在政治与社会中具有影响性与代表性的组织与人物进行整合与吸纳,从而使国家公共权力的建构与运行能够得到这些组织与人物以及通过受到他们影响与联系的社会成员的支持与认同。

---

* 本文刊发于光明网–理论频道,2015 年 6 月 1 日。

作为"三大法宝"之一，统一战线工作在民主革命时期，就成为中国共产党进行有效政治整合以达到最大化聚合同盟军的机制之一，并最终在此基础上，完成了革命任务以及实现了"协商建国"成立的目的。由此，统一战线就成为中国共产党领导的一种实现形式以及中国政治运行的一个重要机制。作为支持国家建构与运行的重要机制之一，统一战线工作在新中国成立之初，不论是在国家建设还是社会改造上，都起到了非常重要作用。随着改革开放特别是市场经济体制的建立，如何在社会结构多元化所带来的社会意识等多样化基础上实现国家与社会建设的一体化与一致性，就成为一项十分重要的政治命题。因此，作为政治整合重要机制的统一战线工作的重要性就再次得以凸显。

马克思主义认为交往方式与生存形态差异将影响人们思想意识与政治认同等，因此有效实现对处于不同社会结构部分中的人们进行整合以引导其认同，就将关系政权基础的稳定性以及政权运行的有效性。由于在不同历史条件下，社会结构总是处于不断变化之中，从而使人们的交往方式与生存形态也处于不断发展之中，其中，每一时期都有一些新的并具有典型性和发展性的组织与人物的出现，这就要求我们必须快速并有效地将这些组织与人物中有代表性的对象进行整合。

改革开放以来，中国社会经历了两次社会结构转型：第一次是基于制度变迁所导致的，市场经济建立所引起的社会结构转型。第二次是基于技术革命所导致的，网络社会生成所引起的社会结构转型。前者使市场化出现，后者使网络化出现，两者结合再加上对外开放政策实施，就出现了对于中国来说的所谓全球化。对外开放与全球化使我们有大批人员出国留学，市场化使我们出现了大批非公企业，网络化使新媒体成为一种主流。随着全球化、市场化与网络化的进一步发展，大批留学人员出国与归国，非公企业经济人士与新媒体从业与参与人员就成为一种具有典型性的新兴社会与政治力量。因此，实现对这些人员的有效吸纳与整合，就成为新时期统战工作的重点。而留学人员与新媒体从业或参与者大部分是青年人，另外非公企业经济人士的年轻人员，不仅是这些新兴社会结构中的人员，而且还是其中代表未来的新力量。因此，对这些人员的整合，就具有双重面向未来的含义了，这就是中央统战工作会议为什么要将这三类人员作为重点团结对象的重要原因。

国家治理现代化的提出,标志着中国特色社会主义政治文明形态,从要素逐个生成阶段开始向形态整体发展阶段转型。要素逐个生成阶段,是以"摸着石头过河"的方式来推动政治要素的生成与发展,而形态整体发展阶段,是以"顶层设计"的方式来推动政治形态的整体发展。在形态整体发展阶段,更加重视各要素之间的制度化互动和整体形态的有机化。统一战线工作作为联系政党、国家与社会的重要机制之一,在政治形态整体发展阶段,统战工作也同样必须进入制度化发展阶段。为此,中共中央政治局就审议通过了我们党关于统一战线工作的第一部党内法规——《中国共产党统一战线工作条例(试行)》,从而将党的统战工作制度化推向一个新的阶段,也标志着统战工作可以用制度化方式稳定性应对未来的形势与社会发展。

吸纳与整合新兴类型的年轻人与统战工作的制度化,前者体现的是统战工作的适应性,后者体现的是统战工作的稳定性。从一定意义上说,适应性与稳定性之间存在着张力,就像改革与法治之间存在着张力一样。面对这一问题,党的十八届四中全会提出了解决的对策,即在法治空间内为改革提供法治基础,如自贸区实践就是一个例子。虽然,我们尚未读到《中国共产党统一战线工作条例(试行)》的全文,不过想必《条例》中也会有类似的机制设计。否则,《条例》还应该继续完善。因为只有如此,我们才能从内容与机制上真正确立了面向未来的政治整合的新战略。

复合型党群关系建构的政治逻辑[*]
——打造内涵型大党建格局以重构党与社会关系

  政党、国家与社会是现代政治的三个结构性要素。这就意味着,在现代政治条件下,三者不能缺一,否则政治就可能发生结构性危机。虽然在不同国家中,三者生成顺序以及具体运行逻辑可能不尽相同,但是有一原则却是共同的,那就是政党必须与社会之间建立密切联系。这种联系可以是为了建立和完善国家的需要,也可以是为了政党有效和持续执政提供认同的需要。然而社会是处于不断变化之中的,政党与社会之间要保持密切联系,就要求政党必须根据社会变化情况,不断进行自我调整。社会是整体的,也是具体的。作为具体的社会由不同人群组成,而基于不同生存形态,不同人群的行动逻辑存在着差异性,这就要求政党与不同人群之间的关系建立也必须采取差异性的手段和方式。从中国政治发展角度,我们常常也将作为政党联系对象的社会,理解为人民群众,诚然人民群众与社会概念之间存在着许多规定性差异,但是在当前背景下,从关系构建的工具性角度上看,我们可以将其二者作为基本相同的概念予以对待。作为中国改革开放的标杆性的区域之一,上海经过几轮改革和发展,不仅经济上得到了迅猛发展,而且社会上也有着巨大进步,并且在适应社会发展过程中,上海在党的建设上也做出了许多创新。然而随着市场化、全球化和网络化的进一步深入,上海在党建所受到的挑战,在全国范围也将是最深刻和最前沿,这也就意味着上海的经验具有典型性意义。因此,本文将以上海实践为例,就新时期党群关系构建并以此为基础,推动党的基层组织形态创新的内在逻辑进行分析,以期从一个

  * 本文写于 2013 年 5 月。

角度对新的条件下进一步推动"新的伟大工程"建设提供一些理论思考。

一、建构复合型党群关系以重构党与社会关系：中国共产党的新命题

长期以来，我们党在群众工作中有一个重要经验就是分类指导，按照毛泽东同志的讲法就是所谓"抓两头，促中间"。应该说，这种方法是具有很强指导性意义的，在新的形势下，这种工作方法依然是我们做好群众工作的重要方法。不过我们认为，还必须在这种方法基础上，遵循历史唯物主义，对人民群众中不同群体以及不同群体的行动逻辑进行分析，而后针对性建立具体的差异化的党群关系，这样才能从另一个纬度将群众工作科学化。虽然在我们过去工作中，也强调要有针对性地开展群众工作，但是这种具体性常常陷入无规律性可循，以至于只能凭经验才能把握。这种方法也是必要的，但是却很难以此作为党的组织形态创新的依据，只能是作为一般性方法。为此，我们必须寻求一种既能够具有针对性，又能够具有规律性的工作方式，并以此为基础推动党的基层组织形态创新。

（一）改革开放、技术革命与多元社会生成：中国的逻辑

从改革开放以来，中国社会实际上经历了两次社会化转型：

第一次是以市场经济建立为标志的基于制度创新所导致的社会结构转型。为了克服现代化建设对组织化的诉求与中国传统社会的"一盘散沙"之间的矛盾，新中国成立之后，中国形成了宏观上以国家权力为核心的计划经济体制，微观上以基层党组织为核心的单位社会体制，从而为现代化建设奠定了组织化基础。计划经济体制和单位社会体制可以为现代化建设提供组织化基础，却不能为现代化建设可持续发展提供内在动力，为此，党中央作出了进行改革开放决定。经过一段努力，1992年党的十四大正式作出了建立市场经济体制的决定。市场经济体制的建立，使传统单一公有制向以公有制为主体的多元所有制并存转变，同时市场经济契约原则也成为经济领域组织化机制，传统单位社会体制由此逐渐衰微。

第二次是以网络社会生成为标志的基于技术革命所导致的社会结构转型。20 世纪 90 年代，互联网技术就出现在中国社会，进入 21 世纪，宽带普及使互联网开始成为人们日常生活的重要支持平台，由此网络社会在中国生成了。网络社会生成使人们可以借助网络实现跨区域和去中心的快速组织，并形成了以交流为诉求的公共领域和以行动为诉求的社会组织。网络成为人们自我组织化的一种机制和手段。网络社会形成使人们生存空间从传统单纯的物理社会扩展为现在同时在物理的网下社会和虚拟的网上社会。这两次社会转型，虽然在开始时间上，前者相对略早几年，但在整体效应来看，对中国社会的影响却是同样重要的，特别是像上海这样处于市场化、全球化和网络化影响最前沿和最集中的标杆性区域来说，社会双重转型所带来的冲击也愈发凸显。

（二）社会结构多元化与群众生存形态多样化：马克思主义的视角

在《1857—1858 年经济学手稿》中，马克思有过这样一段表述："人的依赖（起初完全是自然发生的），是最初的社会形式，在这种形式下，人的生产能力只是在狭小的范围内和孤立的地点上发展着。以物的依赖为基础的人的独立性，是第二大形式，在这种形式下，才形成普遍的社会物质变换、全面的关系，多方面的需要以及全面的能力的体系。建立在个人全面发展和他们共同的、社会的生产能力成为从属于他们的社会财富这一基础上的自由个性，是第三个阶段。第二阶段为第三阶段创造条件。"这就是马克思关于人类社会发展的三阶段理论的集中性的经典表述。从这段话中，我们可以了解到，马克思实际上是从交往形态的历史演进与人的发展和社会发展之间联系起来进行考察的，也就是说，交往是人类的基本存在方式和人的社会性的本质体现，交往形态发生变化也将导致社会形态发生变化。由此我们就可以得出一个基本判断，那就是在不同交往形态下的人的生存形态也将不同，其行动逻辑也将不同。

在单位社会背景下，社会成员的利益实现与党组织之间有着高度相关性，社会成员完全依附单位组织和基层党组织。我们将处于这种状态下的社会成员称为"单位化社会成员"。市场经济体制建立，使多元所有制开始出现,同时也使单位社会体制开始衰微。社会成员与职业共同体之间关系就由原来的依附性向契约性转变，马克思将处于这种状态下的人称为原子化社会成员。随着市场经济的发展,处于原子化状态下的社会成员,基于共同兴趣、价值或利益,开始寻求在职业共同体之外聚合的机会。恰好在这一阶段,信息革命浪潮涌进了中国，互联网开始成为中国人日常生活的一个重要工具和交往平台。网络社会出现,使人们可以利用互联网,打破了需要在物理空间内接触的传统限制,在虚拟空间内快速地实现跨区域的交往互动,并形成多样化的话语公共空间和行动组织网络，从而在虚拟空间中形成基于全新交往方式的社会组织模式。我们将这种处于自组织状态下的青年成为自组织化社会成员。从纵向来看,改革开放以来,单位化社会成员、原子化社会成员与自组织化社会成员的这三种生存状态的社会成员类型先后在中国社会中出现。但是从当前横向情况来看,这三种社会成员状态却是在社会中同时并存,然而由于是三种状态并存,彼此之间存在着相互影响,甚至在一个社会成员身上可能同时存在着两种状态。

（三）建构复合型党群关系以重构党与社会关系:党的建设的新命题

以交往方式为核心的生存状态决定了人们的行动逻辑，因此处于不同生存状态下的社会成员行动逻辑就存在着较大差异。所谓社会成员行动逻辑差异主要体现为社会成员在不同生产状态下基于广义上的利益而与职业(学习)共同体、政治组织、社会组织之间互动原则的差异,或者反过来说,也可以指后者对社会成员的影响可能和程度。具体来说，对于单位化社会成员、原子化社会成员和自组织化社会成员来说,他们有着以下的行动逻辑:

单位化社会成员主要是处于传统政治和经济形态和力量占支配性地位的职业(学习)共同体中,他们的利益实现与职业共同体之间相关度较高,同时与这些共同体内的党团等政治组织之间也存在着较大利益相关度。由此,职业(学习)共同体及其中的党团组织对他们具有加大影响力。原子化社会成员主要处于非公企业之中，他们与职业共同体之间的利益关系主要是基于契约基础,同时与党团组织之间的利益相关度较低或没有直接利益相关。因此,职业共同体对他们存在着有限度的影响力,而党团组织对他们的微观影响力较低甚至没有。但是由于与职业共同体之间只是契约化关系,因此原子化社会成员中相当部分缺乏应有的社会性网络支持,缺乏相应的归属感。自组织化社会成员除了一部分以专职或半专职从事社会组织的人员之外,绝大部分的参与者都是单位化社会成员或原子化社会成员。他们之所以主动参加基于兴趣等为基础而形成的自组织,或是希望能够获得相对自主的行动空间,或是获得相对平等的尊重空间,或是获得相对温情的归属空间,或是基于现实利益需求。这些社会成员对社会组织是十分认同;对政治组织的态度比较复杂,既有排斥一面,又有渴望得到支持和认同的一面;对职业共同体的态度主要以互相不影响和不干预为原则。

对于政治组织来说,它的存在和发展的目的就在于能够对相应群体的社会成员发生影响,从而使其功能得以实现。而要达到这一目的,对于政治组织来说,就需要与社会成员建立关系,这种关系可以是宏观层面的,即基于价值性认同而形成的认同关系,不一定需要直接的具体接触性或网络性的微观层面的关系作为基础。但是这种宏观层面的关系要能够得以巩固,并转化为现实物质性力量,就需要微观层面的关系作为支持和维护。由此,我们就可以得出以下判断:政治组织与社会成员之间关系的建立,需要价值认同和关系网络两方面作为支持,只有前者比较虚幻,后者比较功利。同样,党组织与社会成员(群众)之间要建立密切关系,同样也要在价值认同和关系网络上下功夫。然而生存状态和行动逻辑的多元化导致社会成员在价值认同和关系网络需求上存在着差异性,从而要求党组织与不同生存状态的社会成员之间的关系构建上需要基于不同逻辑和原则而展开,这就意味着党群关系在具体类型上应该是复合的,而不应该像单位社会时期那样以单一类型来构建党群关系。

二、再造组织形态以提升政党整合社会能力:区域化大党建格局构建的诉求

为了回应社会发展所带来的挑战,在党中央的"新的伟大工程"建设的整体框架下,全国各地都开始探索基层党组织在新时期功能实现的组织形

态,2004年上海市委做出了构建区域化大党建工作格局的决定。经过数年的实践和探索，区域化大党建工作格局在回应社会发展过程中取得了许多成果,为构建新型的党群关系和推动社会整合奠定了组织基础。

(一)计划经济的条块区隔体制与单位社会的政党建构逻辑:基层党组织传统形态生成的根据与特征

当前党的基层党建的创新主要针对的是在计划经济时期所形成的基层党的组织形态，而这种组织形态也是为了解决当时社会和政治所面临的问题而形成的。作为后发国家,中国开始进行现代化建设时社会是以平铺化和分散化的农村小农经济为基础的,而现代化建设内在需要社会的组织化。因此,新中国成立之后,为了克服上述这一矛盾,中国共产党就在宏观上以国家行政权力为基础建立了计划经济体制，在微观上以党的基层组织为基础建立了单位社会体制,从而实现了社会组织化的目的。在组织社会过程中，计划经济体制和单位社会体制相互建构和相关支持，从而使建构单位社会的基层党组织也在此过程中具有了明显的计划经济体制特征。

计划经济体制基本特征之一就是以条块分割进行行政管理，并配以相应的行政级别,由此就导致不同两个方面的后果:一是条块之间相互不隶属，各自按照自身管理权限和管理范围予以负责；二是同一地区基层单位存在着不同级别,由于级别差异以及隶属关系不同,导致保持之间较难互动。为了配合计划经济体制，作为建构单位社会的基层党组织也必须遵照计划经济体制的上述特征和原则予以构建自身组织形态。这就使基层党组织具有了以下特征：一是同一地区内不同单位内的基层党组织隶属于不同系统的党的组织领导,并与其所在单位相匹配拥有着相应的行政级别,基层党组织对本单位具有领导责任,同时对所属上级党组织负责;二是由于组织的隶属关系原因,同一地区内不同单位中的基层党组织之间整合性互动较难,若需要进行深入互动需要通过各自上级组织之间才能实现。这就意味着,基层党组织之间存在着以条块分割为基础的体制性区隔特征。

（二）再造组织形态与打破体制区隔：区域化党建工作格局建设的逻辑
与措施

随着市场经济发展和网络社会的生成，根据新时期基层党组织功能的
要求，计划经济时期形成的基层党组织的组织形态特征的局限性就显现出
来，集中起来体现为社会多元化要求在社区层面需要有一个自身具有高度
整合性的党组织来提供组织化整合的基础。然而在现实中，同一社区内的基
层党组织却存在着条块分割的体制性区隔，这就意味着从整个政党来说是
具有高度组织化和整合性，但是在基层党组织之间处于一种离散性状态中。
可见，如果继续保持这种组织形态和工作格局的话，基层党组织就很难承担
起整合社会的职能，因此发展这一组织形态，创新党建工作格局就成为基层
党建的一项具有战略性意义的选择和任务。

为了破解新时期基层党组织功能实现要求与传统基层组织形态之间的
矛盾，从 2004 年起，上海市委开始系统着手对社区党的组织形态和工作格
局进行改革和创新，2004 年 12 月上海市委八届六次全会做出了《关于加强
社区党建和社区建设工作的意见》，提出要构建社区党建新格局，"要进一步
加强社区（街道）党组织建设，充分发挥其在社区各种组织和各项工作中的
领导核心作用。要按照社区行政组织、居民区、驻区单位三条线，理顺党的组
织设置，形成全覆盖的组织、工作体系。要在社区（街道）党组织领导班子中
适当增加行政组织、居民区、驻区单位党组织成员，使其在成员构成上更具
有代表性，更具有统筹各方的能力。要选好配强社区（街道）党的领导班子，
尤其要选好书记"。同时要"完善驻区单位参与社区党建工作的机制。社区党
建工作事关党的执政基础的巩固，社区所有党组织包括驻区单位党组织都
负有重要的政治责任。要坚持和完善由社区（街道）党组织牵头、驻区有关单
位党组织参加的党建工作协调机制。社区（街道）党组织要增强为各类驻区
单位服务的意识，以共同需求、共同利益、共同目标为纽带，调动驻区单位参
与社区建设的积极性。驻区单位要确立社区党建的意识，在社会性、群众性、
公益性工作中自觉接受社区（街道）党组织的指导和协调。驻区单位在发展
党员、选拔任用干部时，应注意听取居住地党组织的意见。社区（街道）党组

织要进一步加强新经济组织和新社会组织的建党工作,领导、指导、协调新经济组织和新社会组织开展党的工作。对暂不具备单独建立党组织条件的,可以依托商务楼宇、商贸市场、商业街、园区等载体建立联合党组织。要在新经济组织和新社会组织中积极、有效开展工会、青年、妇女工作。"

(三)打破体制区隔与有效整合社会:区域化党建工作格局建设的功能与成效

区域化党建工作格局建设对于上海建设来说,有以下三方面功能和成效:

第一,重新定位社区层面,通过强化区域性意识,拓展城市基层共同体建构的资源空间。从 20 世纪 90 年代中期开始,上海进入了全面推动社会转型阶段。经过十多年发展,社会转型初步到位,城市基层社会建设的任务就开始从保证社会顺利转型向推动社会共同体建设的任务。区域化党建工作格局正是为服务这一目的而提出的。推动城市基层社会共同体建设,首先必须根据资源支持和社区治理的充足性和方便性来确定其层次和范围。区别于全国其他地方,上海市将作为城市基层社会共同体的社区确定在街道层面,同时也就成为区域化党建工作所涉及的空间范围,并要求各驻区单位党组织要增强服务社区的意识。将社区确定为街道层面和范围,具有以下三个方面好处:一是保证资源的充足性,街道范围内具有各类组织和个人,相对于居民区来说,有利于社区治理的资源获得;二是有利于共同体治理的方便,街道范围区域空间不会太大,相对于区一级来说更便于共治或自治的实施;三是有利于对街道组织的改造,街道办事处是在社会转型期为了保证转型获得行政化的支持性力量而不断强化的政府派出机构。因此,改革街道层面的组织是下一步城市建设内容之一, 将社区定在街道层面有利于为下一步改革做准备。

第二,创新基层组织体系,通过打破传统体制区隔,实现政党组织体制内部的有机整合。从一定意义上说,所谓社区共同体就是指在一定区域内不同主体之间的权力关系处于一种有机化状态。社区共同体内部的有机化可以通过以下三个路径获得整合:一是制度推动路径,即通过建立自治或共治制度,使社区内产生有机互动;二是自然演进路径,即社区成员通过长时间基于各种因素而发生互动实现彼此关系有机化；三是组织嵌入路径，即通过嵌入相关组织，利用组织内部自身有机化来推动社区各成员之间的有机互动。区域化党建工作格局就是基于组织嵌入的思路的。不过，要保证通过组织嵌入实现社区有机化，首先要求组织内部必须是有机整合的。然而在传统体制下，一个区域内的基层党组织之间是存在着条块或单位的区隔关系的，这就意味着政党在基层的组织体系内部有机化不足。为了克服这一矛盾，区域化党建工作格局在强化社区意识外，还通过创新基层党组织体系，组建"1+3"的社区层面党组织体系，打破传统体制区隔，以区域为范围将社区内各类党组织进行有效整合。

第三，开发政党整合功能，通过推动组织全面覆盖，奠定社会有效整合的组织化基础。通过组织嵌入方式推动社区共同体建构的一个很重要的前提就是要有相应的党的组织网络存在，虽然通过创新基层党组织体系，初步实现了对社区内各类党组织的整合，但是由于市场经济条件下社会建构原则变化导致大量新建立的经济组织和社会组织内没有建立党组织。这就意味着，社区内部只有组织化建构的框架，而缺乏组织化嵌入的主体。因此，在推动区域化党建工作格局构建时，加大"两新"组织党建工作作为其中一项重要任务。在"两新"组织中建立党组织，看起来是党组织与这些组织建立联系，但是从本质上来说，实际上最重要的是党组织与这些组织中处于原子化状态的社会成员建立关系，特别是在非公企业中更是如此。同时，还提出网格化党建机制，使组织化嵌入提供了现实工作机制。通过加大组织建设和机制建设，使政党整合社会的功能得以有效的开发，为社区共同体组织建构奠定了基础。

三、建构复合型党群关系与深化区域化大党建格局：重构党与社会关系的新要求

打造区域化大党建格局，是上海市为了重建党与社会之间关系，在组织形态上的一种探索与创新，并取得了一定成效。但是经过近十年的探索，我们发现在现有的区域化大党建格局构建中也存在着一些不足，这种不足既

有观念性原因,表现在一些基层党员干部不能适应新的工作方式;也有机制的自身局限性,主要是体现在现有党建格局中还主要是局限于解决市场经济体制建立所带来的问题,对于网络社会挑战回应不足。如果我们从党群关系构建角度来看,现有区域化大党建格局尚未充分体现复合型党群关系的内在要求。因此,从我们认为下一步应该根据建立复合型党群关系的要求,通过构建内涵型大党建格局以升级城市基层党建的组织形态。

(一)"尚未打通气脉的努力":现有区域化大党建格局的不足

从目前区域化党建工作格局建设情况来看,主要存在三方面问题和不足:

第一,部分社区党的领导对区域化党建功能理解不深,导致工作格局形式化运作,使政党整合功能开发不足。一些街道党的领导还停留在社会转型初期党的建设的思维,还没有意识到城市发展已经进入到构建社区共同体的阶段了。因此,不能很好理解区域党建工作格局的本质功能,于是对利用这一工作格局作为平台来整合社会资源和构建社区共同体不能很好运用,导致工作格局被形式化运用。同时,在两新组织的党建也还只是停留在为建党组织而建党组织的层面,不了解和不善于将之作为整合网络。政党整合功能没能很好的得以开发。

第二,现有区域化党建工作格局中更多是从构建党的基层组织体系方面下功夫,尚未从党整合社会的组织体系上下功夫,导致党的既有群团组织功能开放不足,影响了政党整合功能的开发。虽然在区域化党建工作格局中也强调要做好群团工作,但是在社区层面许多党组织并未很好开发好群团的整合作用(工会除外,因为工会法使然),究其原因在于目前区域化党建格局更多是着眼于对党组织功能发挥,而对现代社会运行逻辑认识不深,因为现代社会条件下,更多的政治性工作应该通过社会化手段得以实现,而共青团、妇联等群团组织相对来说社会性更强,更适合于社会化方式来开展整合性工作。

第三,现有区域化党建工作格局主要是着眼于打破政党体制内区隔,尚未从打破体制区隔来构建政党整合社会的组织体系,导致未能对新兴社会组织化力量实现有效整合。随着网络社会的到来,城市社会中出现了大量跨区域的社会组织,这些组织大部分不是传统意义上的社会组织,更多是通过网络生成的组织。从一定意义上说,这些社会组织是自组织化社会成员生存形态的支持性载体。这些组织数量庞大,但是在我们现有区域化党建工作格局中,更多是以政党直接嵌入方式对区域内相对固定的经济组织和社会组织进行整合,而对于这些新生成的具有一定流动性的社会组织却尚未有相应对策,甚至在一些地方还受到排斥。这就意味着,我们尚未寻求到一种与自组织化社会成员之间建立有效关系的方式和载体。

(二)复合型党群关系建构与党的组织形态创新:一个分析视角

究其本质,所谓组织,实际上就是按照一定组织原则构建起来的权力关系的密集空间。这种权力关系既包括组织内部的权力主体关系,也包括组织与组织之外的权力主体之间的关系。因此,我们可以将围绕着组织权力为核心所形成的整体的组织生活内容成为组织形态,它包括组织权力、组织结构、组织运行与组织价值四个部分。组织形态是受组织内外权力关系所决定的。政党作为政治组织,上述的组织原理也同样适用。因此,我们认为政党同样也包括党内的权力关系和政党与组织之外的权力主体之间关系两部分,而党群关系就是政党与组织之外的权力主体之间关系的一个重要组成部分。同样,政党组织形态也必须根据党群关系构建需要进行调整。而党群关系变化是以社会成员生存生态变化为根据的,由此当作为群众的社会成员的生存形态发生变化的话,党群关系实现方式就必须进行调整,政党的组织形态也必须随之进行调整。

随着市场经济深化和网络社会生成,社会成员的生成形态发生了巨大变化,并呈现单位化、原子化和自组织化并存的态势。由于处于不同生存形态下的社会成员的行动逻辑存在着差异,这就要求党组织必须以差异化方式与其建立复合型关系。由此,党的基层组织的组织形态就必须根据复合型党群关系要求进行创新,建立与其相匹配的党的组织形态。

(三)深化区域化大党建格局以重构政党与社会关系:复合型党群关系构建的内在诉求

从一定意义上说,区域化大党建就是基层党组织的组织形态创新的一个阶段性成果,但是从前文分析中,我们可以得出一个判断,那就是目前区域化大党建格局更多只是以与单位化社会成员和原子化社会成员之间建立关系为组织形态设计为诉求的,尚未将自组织化社会成员作为建立关系的对象。因此,我们可以这么说,近十年来的区域化党建格局探索主要是围绕适应市场经济体制所带来的社会结构转型,而尚未适应网络社会生成所带来的社会结构的挑战。从具体形态来看,更多只是在外延上通过打破组织内的体制区隔实现政党自身的一体化,从而能够有效将区域内的党组织进行整合,使党组织能够适应市场经济所呈现的一体化的特征。但是整体来说,还只是局限于政党组织内部,尚未打破体制界限,使整合内容和对象并没有随着社会变化而发展。因此,我们认为下一步在区域化党建格局构建上,应该在内涵上下功夫,从之前的外延型党建格局向内涵型党建格局转变,不仅能够已经有效整合到单位化、原子化社会成员,而且还能有效整合到自组织化社会成员;不仅能够实现复合型党群关系构建目的,而且还能做到打造基层党组织的组织形态的升级版,最终实现为重塑政党与社会关系奠定组织基础的目的。

四、打造内涵型大党建格局以重塑党与社会关系:城市基层组织形态发展方向

构建复合型党群关系的要求以及城市基层社会发展的新形势和区域化党建工作格局阶段性缺陷之间的矛盾,要求我们必须遵循现代社会发展的内在规律,不仅要进一步打破体制内组织区隔,而且还要打破体制性区隔,通过探索内涵型大党建,构建政党整合社会体系,发展区域化党建工作格局,从而为社区共同体建设奠定更为坚固和系统的组织基础。

(一)复合型党群关系、社会有效整合与内涵型大党建模式:区域化党建工作格局的理想性目标

随着市场经济深化和网络社会生成,城市基层党组织面临着两方面任务:一是推动社区内居民、组织之间的有机化,实现社区共同体建构任务;二

是大量凭借网络生成的跨区域活动的新型社会组织参与社区和社会建设，从而实现对这些组织的整合。这也就是说，党组织不仅能够与单位化社会成员之间建立联系，而且还应该与自组织化社会成员之间建立联系。从建设目标和实施后果来看，目前上海区域化党建工作格局建设主要是为了完成第一个任务。而第二个任务，目前虽然已经在"两新"党建中有所涉及，但是更多还只是以在社会组织中建党组织方法来推动，但是从目前来看这一措施效果并不理想。因此，寻求能够同时解决上述两项任务的党建思路成为下一阶段城市基层党建的一项具有战略性意义工作内容。

对于社区共同体构建来说，区域化党建工作格局体现的是组织化整合逻辑。在当前城市社会中，组织化载体实际上不仅仅只有政党组织，还包括官方传统的群团组织、各类社会组织以及经济组织。从区域化党建工作格局来看，我们似乎只是单纯开发政党组织，而其他组织的组织化功能都尚未获得有效开发。之所以如此，一是基于传统工作思维，对社会组织等存在有顾虑；二是对现代社会建设和政治建设的规律缺乏应有认识，忽视群团组织的作用。如果对此做进一步分析的话，我们发现实际上依然还是受传统党建思维束缚，将党建工作狭隘化，只重视政党作用，忽视乃至排斥其他组织的作用。而正确的认识应该是通过创新党建组织体系和党建运行机制，将其他各类组织作为党建工作的资源，从而有效地将这些组织整合进政党作用的范围内，使之成为政党整合社会的组织体系一部分。如果说现有的区域化党建工作格局，主要是通过打破组织内传统体制区隔，实现区域层面的党的工作的整合，扩大基层党建工作的外延的话，那么上述对新时期党建工作的理解和思路，就是深化和扩大了党建工作的内涵，走出了党建工作只局限于政党内部的传统思路，为从封闭性党建向开放性党建转型提供了理论依据。为此，我们将在这种思路指导下的党建模式称为内涵型大党建。通过构建内涵型大党建模式，我们就能够将解决社会力量有效整合和社区共同体有机构建的统一起来。

从一定意义上说，内涵型大党建模式是对现有区域化党建工作格局的深化和发展，或者说内涵型大党建模式是区域化党建工作格局的新的一个阶段需要努力的内容和方向。如果对区域化党建工作格局发展阶段进行划分的话,我们认为可以分为两个阶段,第一阶段就是现有的以外延整合为特征的阶段,第二阶段就是下一阶段的以内涵扩大为特征的阶段,这就意味着内涵型大党建是区域化党建工作格局的第一阶段的模式。

（二）从打破组织内体制区隔到打破体制内组织区隔：内涵型大党建体制内组织基础的发展

构建内涵型大党建模式,从本质上来说,就是创新城市基层党组织的组织形态。然而任何组织形态的创新都必须建立在既有的组织形态基础之上,因此作为区域化党建工作格局的第二阶段,内涵型大党建模式必须从当前经过改造后的基层党组织的组织架构基础上予以发展,而不是另搞一套。在第一阶段,区域化党建工作格局主要是通过打破党组织内的传统体制所造成的区隔,实现党组织内部自身的整合,为整合社会奠定组织框架基础。在第二阶段,根据内涵型大党建思路,还需要在两方面有所突破:一是要打破体制内党组织与其他组织之间的区隔,从而实现体制内的整体性整合;二是要更进一步打破体制性区隔,从而将体制外各类社会组织整合进政党整合社会的组织体系中来,实现城市基层党组织的组织形态的实质性创新。

从一定意义上说,打破体制内党组织与其他组织之间的区隔,是本该在第一阶段中就应该完成的任务。但是由于传统党建中部门分割以及对基层党组织对群体工作不重视等原因,导致这项任务在第一阶段未能很好完成,而这项工作如果没有完成就有可能影响到第二阶段中的第二方面内容的实现,因为打破体制性区隔的工作大部分需要凭借群团组织来完成。所谓打破体制内党组织与其他组织之间的区隔,主要是指在要进一步完成党建带群团建设,更加充分认识到在现代政治条件下工青妇等群团组织建设实际上就是党建的一个重要组成部分,并在基层党组织中切实将群团工作予以重视,充分开发群团组织的功能和作用,在人员和经费等予以倾斜,使群团组织切实成为政党整合社会的组织体系中的一个重要组成部分。

(三)从打破体制内区隔到打破体制性区隔:内涵型大党建组织体系构建的完成

打破党组织内部体制区隔和打破体制内组织间区隔,从本质上来说,都还是政党内部之事,是政党自身通过组织内权力就能办到的事情。而随着市场经济深化和网络社会生存,各类社会组织,特别还是非传统的、新型的、凭借网络而生成的社会组织的大量出现, 意味着社会已经在非经济领域中出现了政党未能直接作用的体制之外的自我组织化力量。这种力量可能存在于一个社区之内,也可能存在于一个社区之外,但是它们却可以对社区或跨社区产生组织作用。然而在现实中它们也是作为一种组织化力量参与着社会和社区的组织和整合。这就意味着,如果政党能够有效将之整合,那么就可以将其作为服务于社区共同体的整合性资源, 而且还可以将之转化为提升政党能力的服务性资源。否则,就可能成为一种与政党竞争的力量,或是一种与政党疏离的力量,这不仅对于社会和社区整合是不利的,而且对党的建设也是不利的。

要将这些社会自组织化力量进行有效整合, 首先必须发展既有组织体系,除了政党组织需要有效作为外,关键的是要推动党的群团组织的组织形态发展,其中特别要创新共青团与妇联联系群众的载体。目前,新型的社会组织大部分是通过网络生成,而网民中最活跃的分子大部分是青年人,因此这些新型社会组织都呈现青年化倾向。同时这些组织也逐渐具有公益性倾向,许多组织工作对象是弱势儿童。因此,通过开发和推动共青团和妇联联系群众的功能,就有可能将这些组织整合进来。具体来说就是:

在推动基层党组织提高对群团组织的重视程度基础上, 推动群团组织在市和区层面建立新的整合性机构和平台,也可以由党组织的相关部门,如精神文明办等,联系大量社会组织,而后将这些组织通过党的组织网络或群团组织网络与基层党组织和基层群团组织联系, 并与社区层面的基层党组织和基层群团组织合作。而后再在社区层面建立一个整合平台或机构,这一机构可以是对党员服务中心进行功能性改造,也可以是青年中心等,将这些整合平台作为配置这些资源与社区内各驻区党组织或群团组织进行对接。

通过合作来开展社会服务等工作,或是与社区内的既有社会组织进行合作,提高他们的专业能力。这样就达到了将社会自组织化力量与社区党群组织力量进行有机合作的目的,从而达到既能够整合社区共同体,又能够整合社会自组织化力量的双重目的。

五、结论

市场经济建立与网络社会生成使中国社会结构发生了巨大变化,社会成员也由此呈现多元生存状态。为了与基于不同生存状态而具有不同行动逻辑的社会成员之间建立复合型党群关系,基层党组织就必须探索与此相匹配的组织形态。基于上海市在改革开放中的特殊地位及其所具有的典型意义,本文以上海实践为例,通过上述逻辑分析,认为上海市从 2004 年开始探索区域化大党建格局以建构符合市场经济条件下的基层党组织的组织形态,实际上就是这种探索的一个成果。然而根据复合型党群关系构建的内在要求以及上海社会发展的新的形势,我们认为必须推动区域化大党建格局从外延型向内涵型发展,以实现重构政党与社会关系的目的。

重塑城市治理整体性的政党逻辑[*]
——国家治理现代化与上海大党建格局发展

中国政治与社会的发展逻辑,使中国共产党不仅具有领导功能,而且还具有治理功能,并通过治理功能的有效实现,为党的领导奠定基础。因此,在建设与改革时期,党建中很重要的一个方面就是通过适应国家与社会的发展,实现自身组织的创新与发展,推动国家与社会的有效治理,从而为党的有效领导提供治理基础。城市治理是国家治理的主要组成部分,上述逻辑也同样在中国城市治理中得以充分演绎,这就意味着党组织在城市治理中扮演着十分重要的作用,并在与城市治理互动过程中实现了党的组织形态的创新与发展。作为直辖市以及特大型国际化都市,上海也是在此逻辑下,一方面党组织推动和参与了城市治理,另一方面也推动了党的组织形态发展,大党建格局就是在这样背景下生成与发展起来的。随着上海城市治理新任务的提出,大党建格局也需要在既有基础上实现创新与发展。本文就是从党的组织形态创新与城市治理发展关系逻辑入手,通过对上海大党建格局的构建机理以及其进一步发展方向予以研究,以期对具体实践提供一些理论参考。

一、国家治理现代化与重塑城市治理整体性:上海的命题

城市治理是国家治理重要组成部分,国家治理发展的主要逻辑都在城

---

[*] 本文写于 2016 年 6 月 2 日,刊发于《中国浦东干部学院学报》2017 年第 2 期。

市治理中得以演绎,上海作为中国的重要城市,更是如此。在国家治理现代化背景下,城市治理同样也需要发展,改革开放以来多次社会转型为城市发展带来了多维叠加内容,这就要求城市发展必须基于整体发展重建整体性,相应地,城市治理整体性命题也被提出。而城市治理整体性构建需要从多维度进行,其中之一就是组织维度,而推动党组织形态发展与功能发挥就是组织维度中的一个重要内容。

(一)国家治理现代化与城市治理发展

政治的本质是通过构建与运用公共权力,处理公共事务,以实现推动社会发展与建构社会秩序的目的。而所谓政治体制改革是指基于价值或其他因素,直接对公共权力及其组成体系进行调整,而国家治理体系与治理能力现代化,是根据有效处理公共事务的需要,推动不同主体参与公共权力的建构与运用。这就意味着国家治理现代化,是基于公共事务有效治理的需要不断调整不同权力主体之间的关系以提高治理能力。新中国成立之后,为了给现代化建设奠定组织化基础,我们建立了计划经济体制与单位社会体制,使党与政府成为国家治理主要力量。改革开放之后,经过三十多年的发展,作为现代国家治理的要素——市场、社会、国家和政党力量基本生成。如何充分发挥各自功能以及推动彼此之间实现有机化,从而提高公共事务处理能力,就成为国家治理现代化的主要内容。

城市作为国家一部分,国家治理现代化逻辑同样也在城市治理中得以演绎,并且城市治理更是在中微观层面,将国家治理现代化逻辑充分体现出来,因为改革开放之后所生成的各个治理主体要素,不论是在功能发育程度,还是在不同主体之间的互动问题,都更为明显与激烈。而上海作为直辖市以及改革开放前沿的特大型国际性城市,城市的上述特点更是被充分呈现出来,这就意味着上海城市治理现代化任务更为急迫。

(二)城市多维转型与城市治理整体性重塑

上海作为近代以来才开始快速在中国发展起来的城市,中国现代化发展每一阶段逻辑都在其身上得以充分体现,并且留下了印迹,深刻影响着后来上海的发展,并转化为上海城市的个性,城市治理经验与成果就是其中一个重要内容。从新中国成立以来,上海经历了三次转型,与此相适应,上海城市治理模式与内容也同样经历了三次转型,这些内容都被历史性地累积下来。

第一次转型是新中国成立之后的转型,从半殖民地半封建的治理方式向传统社会主义治理方式的转型,即通过建立计划经济体制与单位社会体制来实现对城市的组织与治理,从而为城市发展奠定组织化基础。

第二次转型是市场经济体制建立之后的转型,从计划经济体制和单位社会结构背景下治理方式向市场经济体制和多元社会结构背景下治理方式的转型,即通过推动政党、国家、社会和市场力量合作方式来实现对城市的组织与治理,从而推动城市发展与城市秩序建构。

第三次转型是网络社会生成之后的转型,从工业化社会背景下治理方式向网络化社会背景下的治理方式转型,即通过在物理空间的治理与虚拟空间的治理相结合,从而推动城市发展与城市秩序建构。

然而由于是在不同条件下形成的,随着时代变迁,这些模式与内容,其合理与不足也就同时呈现出来。因此,如何立足于整体,以发展思维,辩证地扬弃这些内容,并在新的历史条件下将之前城市治理的模式内容合理部分转化为新的治理模式的一个组成部分,并在此基础上形成新的具有整体性与包容性的城市治理模式,就成为了新时期城市治理模式发展的重要任务之一。

(三)城市治理整体性重塑之组织维度

城市治理整体性重塑,需要考虑两个维度:一是主体维度,二是机制维度。前者是指城市治理的参与主体或是权力主体功能发展以及彼此之间关系重构的问题,后者是指支持每一个治理主体的功能开发以及联系彼此之间关系使之互动的机制;对于城市治理来说,前者涉及政党、国家、社会与市场,后者涉及价值、制度与组织。城市治理的主体维度与机制维度是相互交错,通过共同发挥作用形成了城市治理形态。

对城市治理形态我们可以从上述两个维度分别进行,这里我们重点来分析机制维度。我们认为,价值是建构人们内在精神秩序的机制,制度是建构人们外在行动秩序的机制，而组织是支持上述两方面秩序的权力网络基础与物质性力量。因此，在治理机制维度中，组织是处于基础性作用。从主体来看，政党、国家、社会与市场，每一个主体都以组织化方式存在着，并且彼此也以相应组织网络为基础而发生联系与互动。另外，从主体之间关系来看，在中国政治逻辑作用下，政党组织处于领导地位，这就意味着，在治理主体中，政党在组织网络与权力关系中发挥着支配性作用。因此，基于中国城市治理形态内在机理，我们认为从组织维度，通过对政党组织在城市治理中作用及其与其他主体影响的研究，将是我们研究城市治理形态变迁以及推动城市治理整体性重塑的内在逻辑的重要视角与关键路径。

二、以党建统合性功能为城市发展提供治理基础：上海的经验

如果说上文我们更多是从理论分析角度入手，得出应该从组织维度与政党组织在城市治理中作用及其对其他主题影响的研究是理解城市治理形态变迁的重要视角的话，那么在这一点中，我们将以上海城市治理实践为基础，从经验角度来说明这一判断。同时我们也可以从中看到城市治理模式在实践中是如何实现不断扬弃和发展的过程，并在此过程中对党建创新与治理发展之间的互动机理予以把握。

（一）中国政治发展逻辑与党建统合性治理功能形成

在古典政治条件下，国家治理是通过以中央集权官僚组织为基础的国家力量与以家族组织为基础的社会力量合作完成的，随着唐宋之后形成国家治理体系中国家力量对社会力量的支配性局面后，社会力量就开始萎缩。辛亥革命爆发与清王朝灭亡，标志着传统国家力量的崩溃，而以小农生产为基础的社会自我组织力量又不足，由此导致了孙中山先生所谓"一盘散沙"的局面出现。为了有效组织社会以完成民族独立、国家统一与现代化建设的任务，中国选择了政党作为领导力量与组织基础，并形成了以政党领导人民，建立国家，推动社会发展的现代文明构建的路径，这就使政党在与国家、

社会关系上处于领导地位。新中国成立之后,为了获得现代化建设所需要的组织化基础,中国共产党建立了以政权为主导的计划经济体制与以基层党组织为领导的单位社会体制,由此政党力量与国家力量,就成为了当时的治理力量。其中,国家力量的治理功能要等到实现必须以政党力量为基础,从而使政党不仅自身具有治理功能,而且还具有了整个治理体系中具有统合性特征,由此标志着政党的统合性治理功能开始形成。

(二)现代化建设的基础构建与以政权和政党为基础的封闭性治理

新中国成立之后,作为党建国家逻辑演绎结果以及为现代化建设提供组织化基础的需要,中国共产党对国家与社会领导。在治理形态上,就体现为计划经济体制与单位社会体制;在组织形态上,就体现出中国共产党在以中央与地方党委实行整体领导基础上。对政府,以党委归口管理和以党组嵌入领导的方式,而后通过政府力量实现对国家体系与社会体系的系统性单向治理,以支持计划经济体制;对社会,以基层党组织为领导核心与单位力量相配合,实现对微观社会共同体的系统性单向治理,以支持单位社会体制。由此,中国共产党以政党自身组织网络为基础,通过嵌入政府与社会,在计划经济体制与单位社会体制支持下,使国家与社会治理形成了一个封闭性的闭环,从而形成了高度组织化的治理形态。这种治理形态的建构主要目的有两方面:一是在政治上实现中国共产党对国家与社会的有效领导,以完成中国共产党对国家与社会的建构任务。二是在治理上实现以政党与政权为基础快速实现国家与社会的高度组织化,以克服现代化对组织化诉求与中国传统社会"一盘散沙"特征之间的矛盾,从而为现代化建设奠定组织化基础。

上海作为直辖市,在现代化建设中处于全国的龙头地位,因此上述治理形态更是在上海城市治理中得以充分体现,也由此成为上海城市治理的初始形态,对后来的发展产生了巨大的基础性影响。不论是对上海城市治理形态变迁的研究,还是对推动上海城市治理形态创新实践,都必须对这一时期的治理形态内容以及其在后来的影响予以充分关注与了解。实际上,这些内容不断被改造与发展转化成后来每一时期的上海城市治理形态的一个重要组成部分与内在机制中的一个环节。

(三)社会转型中的党建创新与治理力量有效衔接的组织基础

改革开放之后,中国共产党决定推进政治体制改革与经济体制改革。政治体制改革以推动党政分开为主要内容,其目的是为了推进国家主体性生成以实现作为国家治理要素的现代国家功能得以发育。经济体制改革以建立市场经济体制为目标,其目的是为了培育作为现代化建设持续发展动力的市场与社会力量。

伴随着政治体制改革与经济体制改革所引起的治理形态变化,中国共产党组织形态也在适应过程中不断发展。为了克服党政不分的问题,1983 年上海市委成立了 8 个大口党的工作委员会,作为市委派出机构,开启了大口党委改革进程,随后根据政府机构与职能改革而不断调整大口党委的设置。由党委对政府的归口管理到大口党委改革,是上海市委解决党政不分以党代政的一个重要举措,归口管理更多的是党委直接干预政府工作,而大口党委工作更多是协调政府部门关系,使政府主体性得以提升。①从客观后果来看,大口党委制度起到了以执政党组织力量打破政府之间部门区隔的作用,推动政府整体性建设。从一定意义上说,大口党委制度发展实际上是在党与政府关系维度上构建的一种大党建格局。

市场经济体制建立,一方面使计划经济体制开始退出历史舞台,另一方面也使单位社会体制开始衰微。单位社会衰微使大批单位人变成了社会人,为了适应这一变化,上海开始全面推动社区建设。在社区建设过程中,首先是通过建立社区党组织,并以其为核心构建社区治理体系,而后在条件成熟基础上开始推动居委会等其他社区组织的建立与发展。由此,就以党组织一元化的权力网络基础为支撑,实现了社会转型过程中的权力有效衔接,保证了转型过程中的治理有效性,防止了转型导致社会失序或崩溃现象的出现。

---

① 张阳:《大口党委的制度功能分析:以上海为例》,《理论界》2012 年第 9 期。

（四）构建大党建格局与推动城市整体性建构中治理力量有机化

在不同历史时期，城市治理所需要解决重点问题是不同的，由此作为具有统合性治理功能的党建工作所针对的问题以及组织形态调整的维度也存在着差异。在市场经济体制建立初期，城市治理需要重点解决的问题是社会转型过程中的权力衔接问题。因此，党的组织形态通过扩展性组织网络生成与联系，即通过在新兴社区建立党组织，从而使其与既有党的组织网络对接，实现治理权力不出现断裂与缺失，来达到党组织统合性功能与治理有效性的共同实现。随着社会转型初步到位，城市治理开始出现的重点问题是同一区域内开始生成多个参与治理主体，并由此导致治理主体之间的权力冲突与摩擦，由此推动区域内的治理力量实现有机合作从而实现有效治理，就成为党组织统合性功能实现需要面对的问题，由此就需要党的组织形态与治理形态创新。

解决这一问题意味着，主要是在区域空间范围内实现多主体的权力统合，即所谓多权利、权力主体合作共治，由此党的组织形态、治理形态创新也围绕此而展开。具体来说，基于解决问题在空间中分布的差异，就出现了光谱性的所谓党建新格局构建问题，具体来说大致有以下类型：

一是在居民区内党建格局创新，如党建议事会、物业党建联建等。

二是居民区与周边的建设工地之间的党建联建。

三是以街道管辖空间为范围确定为社区，并在此基础上构建新型社区党建格局。一方面在组织架构上建立所谓"1+3"模式，即社区党委+行政党组、居民区党委、综合党委。另一方面以党组织为组织网络与治理平台，推动社区内各参与单位实现区域内进行合作共治。这就是上海市最早提出的所谓区域化"大党建格局"。

四是将所谓区域化"大党建格局"扩展到区一级层面，并充分利用党建研究会等平台作为党建网络与治理网络，使党建资源与治理资源可以在区级层面进行共享与调配，打破了以街道层面的资源禀赋差异的局限。

2015年开始，上海市委根据城市治理发展需要，对街道层面的职能与机构进行了较大幅度的改革，取消了街道招商引资等功能，实行了所谓"1+6"

模式。从治理功能角度来看,"1+6"模式的实施,实际上,是着眼于治理有效性,通过重构行政治理功能与党组织治理功能之间关系,对街道层面的治理力量重新配置与整合,标志着城市基层治理开始进入行政性治理资源与党建性治理资源有机统筹的阶段,这是城市治理整体性重塑的一个重要措施。而对于党建来说,随着行政性治理资源的统合性功能的增强,党组织的统合性治理所需要凭借的基础。除了组织性内容外,应该增加其政治性内涵,从一定意义上说,党建也需要开始通过开发其现代民主政治意义上的政治功能来提升其统合性治理能力,这是大党建格局构建的内涵发展的一个重要内容。

三、多维立体大党建格局构建与城市治理整体性重塑:上海的逻辑

随着市场化、全球化和网络化迅猛推进,上海城市治理也进入到需要构建整体性与包容性的城市治理模式的时期了。这就意味着,对于整体城市治理来说,需要运用辩证思维,基于新型治理模式构建需要,对之前每一阶段治理经验与成果进行扬弃,并根据新的治理理念重塑城市治理整体性。由此,对于党建来说,也需要通过打造多维立体大党建格局,以满足城市治理整体性重塑的需要。为了完成上述任务,根据既有上海城市治理以及开发党建统合性治理功能和创新党的组织形态的经验及其背后所蕴含的逻辑,我们认为有必要对下一步需要打造的多维立体大党建格局的核心命题、维度结构、治理目标、政治诉求和基本内涵等做必要的思考。

(一)打破三大区隔以推动政党组织发展:多维立体大党建格局的核心命题

所谓治理就是对国家或社会的公共事务的处理。在不同历史时期,治理主体不同,在现代,强调的是通过各方权力与权利主体的参与,从而在公共事务处理过程,一方面能够做到集合多方智慧与资源,另一方面能够做到汇聚各方意志与共识,从而有利于治理的合理性与合法性获得。从功能角度来

看,党组织之所以能够拥有统合性治理功能,就是因为基于党组织的自身政治性与组织性优势,能够为上述治理效果获得奠定基础并创造条件。从结构-功能理论来看,功能是要通过相应结构来实现的。对于党组织来说,这种结构不仅指党组织传统的规范内容的党组织结构,而且是指基于统合性治理功能实现而形成的以党组织为核心所形成整合社会的组织体系和组织形态及其治理形态。这一组织体系、组织形态和治理形态是支持统合性治理功能的,而多维大党建格局构建就是为了达到这一目的,或者说多维大党建格局就是实现党组织统合性功能的组织体系、组织形态和治理形态的。

基于对上海党的组织形态和治理形态发展的现实经验与内在逻辑的分析,我们认为多维大党建格局构建,从结构-功能角度来看,就是要打破以下三大区隔:

一是打破组织内体制区隔。所谓打破组织内体制区隔,就是打破基于组织关系而形成的党组织内部所形成的传统制度性与体制性区隔。党建联建以及区域化大党建格局构建等举措就是围绕此而展开。

二是打破体制内组织区隔。所谓打破体制内组织区隔,就是打破党组织整合社会的组织体系内的党组织与群团组织之间区隔。党建带群建,从一定意义上说,就是要在制度性层面达到上述目的。

三是打破体制整体区隔。所谓打破体制整体区隔,就是打破在计划经济体制时期所形成的以党政为核心而形成官方体制性力量,与市场经济体制建立之后,基于市场和社会所形成的新型经济力量与社会力量之间的区隔。这次群团改革,从一定意义上说就是要努力打破这一区隔。

(二)功能性、空间性与体系性的有机统一:多维立体大党建格局的维度结构

对于城市治理来说,是面对城市整体社会秩序构建的,作为处于领导与执政地位的中国共产党,党组织统合性治理功能实现就是为城市整体社会秩序构建奠定组织性和整合性支持的。城市整体社会秩序构建需要多维结构进入才能实现,具体来说需要功能性、空间性与体系性三个维度进行构建,从而实现立体性治理,由此,我们认为这三个维度也就成为多维立体大

党建格局构建的维度结构,同时还要求三个维度有机统一。具体内容如下:

多维立体大党建格局的功能维度,主要是指基于社会纵向功能性分工而形成的党组织统合性治理功能实现的组织基础,具体来说,就是纵向的大口党委及其领导下的相应系统党的各级组织及其所形成的统合性治理,即所谓条的维度的统合性治理。这一部分不仅是协调了纵向维度所涉及的社会治理内容,同时还协调了政府等系统的行政治理内容。

多维立体大党建格局的空间维度,主要是指基于社会横向区域性分布而形成的党组织统合性治理功能实现的组织基础。具体来说,就是横向的区域内各个组织性参与团体中的党组织及其整合社会体系为基础而形成的统合性治理,即所谓块的维度的统合性治理。这一部分不仅要协调所涉及的社会治理内容,还要协调政府等系统的行政治理内容,同时,区域范围呈现光谱性结构,从居民区到区一级范围。

多维立体大党建格局的体系维度,主要是指基于党组织权力网络扩展而形成的党组织统合性治理功能实现的组织基础。具体来说,就是以党组织为核心所形成的治理同心圆组织体系及其所形成的统合性治理,即所谓党组织的扩展性治理组织形态与治理形态。这一部分不仅包括党组织,而且还包括部分政府性机构、群团组织以及社会组织,组织体系呈现同心圆的结构。

由于城市社会是整体性以及需要治理问题也是系统性,因此我们认为,城市有效治理需要功能维度、区域维度与体系维度实现有机统一才能实现,这就意味着,多维立体大党建格局也需要在组织形态、治理形态上实现功能、区域和体系等三个维度的有机统一。

(三)打造治理生态化平台以构建城市整体性:多维立体大党建格局的治理目标

不论是打破各类区隔,还是推动多维结构有机统一,其目的都是为了构建城市治理整体性。然而从一定意义上说,绝对的整体性实现,只能存在于理论之中,在现实中,更多只是做到相对整体性获得。对于相对整体性的实现,可以从多方面予以理解与落实,其中一个方面,我们认为从构建多维立体大党建格局来看,可以从打造治理生态平台体系方式予以实现。

具体来说,就是通过构建多层次、多维度的统合性平台体系,一方面实现打破三大区隔,最大化调动各类组织性资源,在组织维度上做到整体性治理;另一方面实现推动功能性、区域性和体系性的治理有机统一,最大化调动结构性资源,在结构维度上做到整体性治理。这些平台可以是基于功能性、区域性和体系性的载体而构建,然而重要的是要体现两方面:一是能够对上述两方面内容获得体现,二是要形成网络,实现多平台之间共享和互动,形成了以政党一元化实现平台网络的一体化和生态化,最终得到城市社会治理的整体化。

(四)重塑治理整体性以提升党的领导有效性:多维立体大党建格局的政治诉求

党组织的治理功能具有两方面作用:一是从服务公共事务处理角度来看,作为国家与社会治理的一个重要组成部分,党组织的统合性治理服务于整体治理,提高治理能力;二是从服务于公共权力维护角度来看,作为政党政治目的实现的一个重要基础,党组织的统合性治理将为党的领导有效性提升创造条件。而多维立体大党建格局的构建是对改革开放以来党建创新的一次超越性与整合性重构,将在以下几方面服务于党的领导:一是适应城市社会发展,创新党的组织形态。二是有效服务社会治理,提高了社会对党组织的黏性。三是推动党与国家、群团、社会力量的合作,创新了党对社会的领导方式。

(五)多维立体大党建格局的基本内涵

基于以上分析,我们可以对多维立体大党建格局的基本内涵和具体定义做出以下概括:

所谓多维立体大党建格局,是指随着城市快速发展,为了构建城市治理整体性和有效性,在充分推行改革开放以来,城市党建创新成果基础上,通过推动党的组织形态和治理形态的功能性、区域性和体系性三个维度的有机统一,打破组织内体制区隔、体制内组织区隔和体制整体区隔,构建以党组织为核心的多层次、多维度的生态化平台体系,从而形成使党组织统合性治理功能能够得到充分发挥，为党的有效领导奠定治理基础的，具有多维度、立体化特征的党组织的新的组织形态和治理形态。

四、从外延性大党建向内涵性大党建发展：上海的方向

根据上述多维立体大党建机理与内涵，对照分析现有上海党建现状，我们认为，经过改革开放以来党建创新努力，多维立体大党建格局已经具备了外延框架与基本内容，下一步工作重点应该在内涵性方面下功夫，具体如下：

（一）形成整体性观念，突破部门性与局部性的局限

目前阻碍多维立体大党建格局的发展最大力量是观念力量，这种观念形成既有单纯认识问题，也有基于体制机制所形成的观念。

从单纯认识来看，主要有两方面：一方面是对党组织统合性治理功能认识不清，包括对党组织所具有治理功能和治理功能实现形式不了解与不理解，以及对党组织统合性治理功能的不了解与不理解。另一方面是对大党建格局应该存在的领域与层面的认识不清。包括三点：一是大党建格局性质认识不清，没有意识到大党建格局其实质既是创新党的组织形态，而党的组织形态是由其需要实现的功能所决定的。二是对大党建格局应该存在的领域认识不清。三是对大党建格局应该存在的层面认识不清。导致后两点出现原因有二：一方面是对大党建格局性质认识不清导致，另一方面是将认识固化在某一阶段的党建实践而没有与时俱进。根本原因还在于没有着眼于本质而后从整体与发展角度来认识大党建格局。

基于体制机制所形成的观念，主要是指由于体制与机制导致部门边界存在以及体制内外区隔存在，将大党建格局局限于本部门的工作范围，而不是从整体角度来把握。由此导致，大党建格局局限于部门空间或者体制内空间，没有形成整体格局，将大党建变成的"小党建"。

基于此，我们认为构建多维立体大党建格局，一方面要在观念上着眼整体，打破部门性与局部性的思维与利益局限；另一方面在推动多维立体大党建格局构建应该从市委层面予以推动，以克服观念与体制上的本位主义，从

领导维度实现整体性。

(二)切实打破三大区隔,推动三个维度有机统一实质进展

我们认为在下一步构建多维立体大党建格局过程中,应该将以下两方面作为重点:一是切实打破组织内体制区隔、体制内组织区隔和体制整体区隔, 二是推动党的组织形态的功能性、区域性和体系性三个维度的有机统一,并推动两方面交互促进,这样才能在观念与战略上做到多维、立体,使整体性有了基础。

在具体操作上,一方面应该探索一些突破性的新的措施以打破区隔,比如群团改革中的领导班子中吸纳体制外人员兼职等。另一方面更多是在观念突破基础上只要做到工作范围延伸就可以实现, 比如目前一些大口党委工作更多局限体制内单位,尚未延伸到体制外单位,科技党工委就是如此,只要将其范围扩大到体制外就突破了。

(三)实现物理空间与虚拟空间整合,推动统合性平台体系构建

构建以党组织为核心的多层次、多维度的生态化统合性平台体系,是推动多维立体大党建格局落地的重要举措, 因此要将规划与构建平台提到议事日程。这是一项许多系统工程,其中有两方面内容需要我们予以重视:一是推动物理空间与网络空间的整合;二是对各方面已有治理平台进行盘点与整合,而后在此基础上对整体的以党组织为核心的多层次、多维度的生态化统合性平台体系构建进行规划,一方面形成顶层设计,另一方面将既有基础得以整合。

五、结论

对于中国共产党来说, 党组织不仅具有领导功能, 而且还具有治理功能,治理功能成为领导功能实现的基础。从具体治理角度来看,党组织具有统合性治理功能, 能够为国家与社会的整体性治理奠定组织性与机制性基础,从而成为中国国家与社会治理的一大优势与特点。上海作为直辖市以及

特大型国际性城市，其治理的复杂程度尤为凸显，因此发挥党组织统合性治理功能就成为上海城市治理的重要内容。党组织统合性治理功能的实现形式随着国家与社会治理发展而变化，上海也在推动城市治理发展过程中，在不同历史时期形成了党组织统合性治理功能实现形式以及经验成果。随着改革开放导致城市社会多元性与多样性的出现，为了构建城市的整体性以及城市治理整体性，以推动城市发展与建构城市秩序，创新党的组织形态与治理形态的所谓大党建格局被提出。市场化、全球化与网络化迅猛发展对城市发展与城市治理提出了新的挑战，由此也对党组织的统合性治理功能实现形式提出了新的要求。为此，我们认为应该通过构建多维立体大党建格局来深化既有党的组织形态与治理形态。构建多维立体大党建格局，就要求我们必须切实打破组织内体制区隔、体制内组织区隔和体制整体区隔，推动党的组织形态的功能性、区域性和体系性三个维度的有机统一，构建以党组织为核心的多层次、多维度的生态化统合性平台体系。通过构建多维立体大党建格局，不仅服务了城市治理发展需要，而且也为对提高党的领导有效性奠定治理基础。

党群关系重建的行动逻辑[*]

——构建政党主导多元合作志愿者事业新格局的政治意义

一、党群关系重建与党的行动逻辑转换:志愿者行动政治功能

良好的党群关系是政党有效领导和执政的重要基础,而党群关系构建却必须以社会成员生存形态为依据。为适应不同形态下的社会成员生存形态,政党必须有相应的行动逻辑。诚然,行动逻辑可以贯穿于政党工作的各方面,但是为了倡导性需要,政党会在实践中提出某一种典型性行动或活动,其中就集中体现了政党在这一时期的行动逻辑。在计划经济体制背景下,单位社会是通过政党组织建构起来的,政党成为社会组织化基础,基层党组织成为每一单位的全方位的领导核心,社会成员与政党之间有着高度利益相关性,社会成员处于与党组织和单位有着高度依附性的单位化状态。为了适应计划经济体制和单位社会体制,1962年党中央推出"学雷锋活动",这一典型活动在充分反映社会成员单位化的生存状态基础上,不仅体现了党群关系中的组织在先行动逻辑,而且也为当时社会建设和意识形态建设提供了一个现实的操作内容,从而受到了党中央和社会的一致认同。随着改革开放的深入,特别是市场经济体制的建立,导致了计划经济体制退出和单位社会体制衰微。在此背景下,社会成员的主体性得以强调和发展,同时,社会成员特别是职业人士更多是通过契约方式与职业共同体发生关系,因此社会成员的生存状态就呈现原子化的状态。社会成员生存状态发生了变化,

---

* 本文写于 2013 年 4 月 10 日。

就导致了需要寻求一种与市场经济背景下社会成员生存状态和行动逻辑相匹配的一种机制,作为政党与群众关系的基础,同时,也要求政党必须改变自身行动逻辑。志愿者行动就被提出。志愿者是通过招募方式产生,因此在行动逻辑上体现为招募者与被招募者之间存在着主体平等与双方合作的倾向。随着该活动的推动,志愿者行动受到全社会所接受和认可,现在已经成为社会建设的一个基础性内容,这就说明志愿者行动体现了市场经济背景下能够反映时代精神和社会成员生存状态的构建党群关系的一种机制,体现了新时期政党的行动逻辑。

二、自主社会力量生成与社会管理创新提出:志愿者行动发展背景条件

改革开放之后,特别是市场经济体制建立之后,在社会领域中,除了社会成员在市场经济作用下主体意识不断生成和高涨之外,还有一个很重要的现象就是社会出现了自主组织化力量开始大量出现。这里所谓组织自主化力量,是指由社会自身内部所形成的与传统党及其外围组织,以及国家力量所推动建构的组织载体有区别的社会性组织化力量。这些社会自主组织化力量生成主要有三方面因素导致:一是市场化孵育。市场经济一方面导致社会成员从单位化成员向原子化个体转变,另一方面也使这些原子化个体存在着希望在自主条件下结成社会组织的内在需求,从而孵育了大量社会组织。二是全球化导入。由于西方国家具有结社传统,并且在上一世纪大量国际组织在许多国家中建立和发展,因此随着中国对外开放深化,其中一些国家的或国际的社会组织就进入了中国。三是网络化推动。从 21 世纪初开始,中国开始进入网络社会,互联网特性使人们可以快速地跨区域实现组织化,这就使组织各类或松散或紧密的社会组织变得更容易了,从而使社会组织从本世纪以来呈现井喷状态。面对社会领域这些变化,党中央就决定对社会领域管理方式予以创新,提出"党委领导、政府负责、社会协同、公众参与、法治保障"社会管理新格局,从而推动在社会领域中在党的领导下实现政府与社会组织化力量和个体力量之间的合作治理。

三、从整合原子化社会成员到整合自组织化社会成员:志愿者行动发展对象内容

改革开放以来,中国经历了两次社会转型,第一次转型是由市场经济体制建立基于制度变迁引起的社会结构变迁,第二次是由互联网普及基于技术革命所引起的社会结构变迁。从对社会成员生存形态影响角度来看,第一次社会转型使社会成员由依附于单位的单位化向具有较强自我意识的原子化转变,第二次社会转型使社会成员原子化向自组织化转变。志愿者行动提出,是在党中央刚刚作出建立社会主义市场经济体制之际。随着市场经济的发展,越来越多的社会成员在价值观念上主体意识生成和发展,在生存形态上进入原子化,这就使志愿者行动内在特质得以体现。在顺应社会成员生存状态变化,志愿者行动所整合的社会成员也主要是以原子化和单位化为主,并成为整合原子化社会成员最有效的一种机制和手段。由于在市场经济体制建立初期,社会自身还缺乏自我组织力量和能力,因此志愿者行动的组织主要是由共青团组织以及党委宣传部门来承担。然而随着网络社会到来,社会自我组织能力生成之后,其中,有相当大比例的社会组织都是基于公益和志愿心理基础而诞生的,并且许多社会组织功能就定位在公益和志愿上。这就意味着志愿者参与主体在生存状态上不仅仅处于原子化和单位化状态,而且还呈现自组织化状态;另外,在志愿者活动的组织者方面,也不仅仅是共青团以及党委宣传部门,而是各种社会力量都在参与组织。

从社会建设角度来看,在志愿活动中,只要有利于志愿精神发展、有利于志愿活动开展,不论参与主体是谁,组织主体是谁,都将受到欢迎。然而从政治学角度来看,社会建设问题并非仅仅关系到社会发展,而且还将影响到政治发展。对于中国共产党来说,志愿者行动不只是一种一般性活动,而是构建党群关系的一种机制,具有较强政治功能。因此,在志愿者活动参与主体和组织主体发生变化条件下,党组织能否有效调整志愿者行动的具体形态和实现方式,不仅关系到活动有效性问题,而且还关系到党群关系构建问题。我们认为,在单位化、原子化以及自组织化的社会成员都成为参与主体,

并且社会力量参与志愿者组织的背景下，党组织必须推动志愿者行动形态和实现方式发展，其中关键之一就在于要构建一种机制让自组织化社会成员以及其作为组织载体的社会组织与党组织之间建立一种合作关系，从而实现党组织对其整合的目的，并在此基础上推动党组织与自组织化社会成员建立一种密切和良性关系。

四、从组织志愿活动到构建志愿体系：志愿者行动发展的工作内容

社会成员生存形态发展不仅导致志愿者行动参与主体和组织主体的变化，而且还对志愿者行动组织形态、活动形态等也都产生了影响。在这样条件下，党组织要能达到在志愿者事业中继续获得主导权的目的，就必须在工作理念和战略内容上要进行调整。①在志愿活动组织形态上，要推动其社会成员从单纯被组织到在被组织与自组织之间发展。②在志愿活动开展形态上，要推动其从单纯集中性活动向兼具集中性与日常性活动发展。志愿者行动提出的初期，志愿者活动更多是围绕着一些重要节假日或重大赛事而集中性展开。随着社会发展和社会中志愿精神的发展，虽然集中性的志愿活动依然还是主要内容，但是日常性的志愿活动越来越受到重视和认同。因此，从单纯集中性开展活动向集中性和日常性并重开始成为志愿者活动的一种趋势。其中，个体化形态和自组织化形态，对日常性内容更为关注。③在党组织工作内容上，要推动其从组织志愿活动到构建志愿体系方向发展。党组织不仅要直接面对单位化和原子化的社会成员来组织志愿活动，而且还要构建相应的志愿体系将组织化了的社会成员整合进来，并推动各类社会组织参与由党组织所构建的志愿体系以及志愿活动。

五、在行动逻辑转换中实现对民众的文化引领：志愿者行动发展的价值诉求

党群关系建立如果只有工具性的关系网络是不够的，从一定意义上说，

党群关系构建的最终目的在于认同和信任。在构建认同和信任时,既要通过关系网络和资源支持而形成感性认同和信任,又要通过倡导社会正义而形成理性认同和信任。在多元社会背景下,党组织再倡导社会正义,必须处理好尊重社会成员生存方式与倡导社会正义相结合起来。志愿者行动,就是这样一个既能够推动关系网络建立,又能够倡导社会正义的机制,同时还能够将尊重社会成员生存方式与倡导社会正义有机统一起来的载体。不过,这些内容只是志愿者行动的潜在功能,要能够将这些功能得以实现,还需要党组织在实践中予以开发。

在现代社会条件下,多元化生存方式和活动方式是应该受到人们尊重,但是在一个时期的同一个社会中,要形成一种内在聚合力和一种内在和谐度,就需要倡导一种人们具有共识的价值,即一种具有共识的生存方式和活动方式。这就意味着,现代社会条件下,价值追求必须实现尊重多元生存方式、活动方式与倡导共识价值的统一。在主体意识充分发展和社会日益多元化的条件下,要能够推动社会整合和社会和谐,就必须克服市场经济原则所带来的原子化和功利化等弊病,倡导公益、利他等为内容的志愿精神,而这种志愿精神也是植根于人性中的一种社会关怀意识。这种精神,除了社会成员自发提出外,还需要由国家以及其执政党予以倡导。

在市场经济体制建立之初,志愿者行动就被提出,从一定意义上说,具有很强预见性和创造性。经过近二十年的实践,证明了志愿者行动已经成为凝聚社会多方共识的一种机制。不过,要让这一机制在新的历史条件下得以更好发挥,党组织还必须注意在互联网背景下,网络将会推动具有相同生存方式和活动方式的社会成员实现聚合而形成各类自组织,这就意味着自组织就成为多元化的生活方式和活动方式的组织化形态。因此,下一步志愿者行动应该通过相应组织网络手段吸引或吸纳这些社会组织参与志愿行动,从而为价值引领奠定组织化基础。

有机政治建构的微观逻辑*
——基层党组织领导与基层群众自治发展

对中国政治发展的考察,需要我们从以下两个角度予以把握:一是现代政治发展的一般规律与中国政治发展的具体逻辑相统一,二是宏观政治发展的内在逻辑与微观政治发展的具体机理相统一。一百多年来,中国从传统社会向现代社会转型,相应地,中国政治也从传统政治向现代政治发展,因此中国政治发展遵循着现代政治发展的一般规律。然而作为现代化后发的国家以及中国社会和政治发展的自身特点,中国政治的发展有着自身的具体逻辑和实现方式。

现代政治内在要求政党、国家和社会之间必须形成有机互动,党建国家的历史逻辑导致在中国政党成为建构国家和社会的核心力量,并在此基础上实现政党与国家和社会之间形成有机化。西方现代化原发国家的政治结构的要素生成中,现代国家和现代社会比现代政党先生成,而现代政党是最后生成。而在中国却是倒过来,先建立现代政党,后由政党来建立现代国家,并由政党和国家力量来推动现代社会生成和发展,因此政党的领导在国家和社会建设以及推动中国政治有机化就显得尤为重要。这种重要性表现在三方面:一是在国家和社会生成过程中政党起到了创建性作用,二是在国家和社会发展特别是转型过程中政党起到了支撑性作用,三是在国家和社会逐渐成熟和有效运行过程中政党起到保证性作用。作为领导角色的政党,上述作用不仅在宏观上得以体现,而且也在微观上得以演绎,其中基层党组织领导与基层群众自治发展就是从一个领域证明了上述逻辑。

＊ 本文写于 2014 年 11 月 14 日。

基层群众自治的提出，标志社会转型背景下作为现代独立的社会在中国出现，而中国现实政治和社会发展的内在逻辑却导致了基层党组织的领导成为了基层群众自治健康发展的重要保证。这一现象实际上是政党、国家与社会之间有机化的宏观逻辑在微观层面的演绎。然而政党、国家与社会之间关系建构，在不同历史时期存在着具体差异，在微观层面也体现为基层党组织领导方式和基层群众自治方式以及二者之间具体关系的发展。因此，本文将从中国政治发展内在逻辑角度来把握基层党组织领导与基层群众自治发展之间关系，并在此基础上对进一步发挥基层党组织领导以推动基层群众自治发展，做出相应的思考和提出相应的建议，以期从一个角度来把握中国特色社会主义政治发展的内在规律。

一、基于政党组织、国家制度与社会力量的推动：基层群众自治生成的中国逻辑

为了给现代化建设提供组织化基础，新中国成立之后，中国共产党在农村不断推进集体经济建设和加大农民组织化力度，希望通过改变生产关系形式以推动生产力发展，由此经历了从互助组、合作社向人民公社不断过渡，组织化程度不断加强的过程。在城市，中国共产党推动了完全形态的单位社会体制。"人民公社是我国社会主义社会结构的工农商学兵相结合的基层单位，同时又是社会主义政权组织的基层单位"，即"政社合一"的基层单位。"社会主义的全民所有制在城市中已经是所有制的主要形式了，工人阶级领导的工厂、机关、学校（除一部分职工家属以外）已经按照社会主义原则高度组织化了。"①由此，不论是乡村还是城市的经济生产还是社会生活，都被政党原则与国家力量所完全控制了。

改革开放之后，联产承包责任制率先使农村的人民公社退出了历史舞台，政社合一体制被打破，而乡村治理的传统力量又在新中国成立之初就已

---

① 中共中央文献研究室编：《建国以来重要文献选编》（第 11 册），中央文献出版社，1995 年，第 600~601 页。

经被取缔了,由此导致村一级公共事务的建构陷入了制度性失序状态。通过一些地方的自发创新,由村民选举产生村民委员会的村民自治制度开始出现,在各级党委支持下,被不断推广,①1982 年年底,村民委员会与居民委员会一起被正式载入《宪法》第 111 条,并强调它们的群众自治组织性质。从 20 世纪 80 年代中期开始,城市改革开始推进,1992 年党的十四大正式作出建立市场经济体制的决定,市场经济体制建立导致多元所有制的建立,从而使单位社会体制开始衰微,同时城市建设也使许多新型居住区开始出现,为了承接单位社会体制衰微所抛出的社会事务以及满足新型城市居住小区的公共秩序建构。从 80 年代中后期开始,社区概念开始被引入,90 年代初民政部提出了社区建设。与此同时,国家决定加大对传统居委会的改造,1989 年 12 月,七届全国人大常委会第十一次会议通过了《中华人民共和国城市居民委员会组织法》,对改革开放条件下城市居民自治的性质、任务、组织形式及其他相关制度作出了全面规范,各地也开始不断推动居委会选举制度和居民自治相关制度的改革。2007 年 10 月,党的十七大将"基层群众自治制度"正式与人民代表大会制度、中国共产党领导的多党合作和政治协商制度、民族区域自治制度一起,纳入了中国特色政治制度范畴,并提到"要健全基层党组织领导的充满活力的基层群众自治机制,扩大基层群众自治范围,完善民主管理制度,把城乡社区建设成为管理有序、服务完善、文明祥和的社会生活共同体"。

从现有党与国家的文件来看,基层群众自治制度主要是包括村民自治和居民自治两方面内容,之所以将这方面自治制度作为基层群众自治,并上升为政治制度体系的一个部分,我们认为,很重要的一方面原因就是村民自治和居民自治都是围绕着农村和城市的基层的公共秩序建构和相应公共事务完成等,具有一定公共性。诚然,相对于国家来说,其所提供产品只能被认为是半公共产品,②由此其所产生的机构即村委会与居委会的性质虽然是群众自治组织,但是在现实运行上却具有一定程度的准公共权力性质,当然只

---

① 徐勇:《乡村治理与中国政治》,中国社会科学出版社,2003 年,第 1~13 页。

② 陈伟东:《社区自治:自组织网络与制度设置》,中国社会科学出版社,2004 年,第 103~108 页。

是针对其所在村落和社区。也正是这种特征,导致了现实中居、村委与政府之间具有千丝万缕的关系,也是党与国家十分重视的原因。同时,也正是这一特征使居、村民自治有别于社会组织内部以及以其为主体的一般意义上的社会自治。

二、作为推动、救济和整合力量的党组织:基层群众自治发展中的政党功能

从整体上来看,基层群众自治是由政党、国家和社会三方面力量共同推动而生成与发展的。不过,从现实发展逻辑来看,党组织在基层群众自治的生成与发展中却起到了核心性的领导作用。这种领导作用,可以从宏观抽象层面来了解,也可以从微观具体层面来把握。从宏观抽象层面来看,党组织对基层群众自治的领导可理解为通过党组织作用使党的方针政策能够在基层群众自治中得到有效体现。这里我们主要从微观具体层面分析党组织在基层群众自治发展中的现实功能与作用,具体来说,我们认为有以下三方面功能:

第一,推动功能。所谓推动功能,是指党组织所具有的发起和推动基层群众自治的功能。虽然全国最早的村民委员会是在广西的一个宜州市合寨村,由村民自发的一个创新,[①]但是作为普遍性解决人民公社退出后的农村秩序建构的制度性安排,村民自治制度却是在党组织的推动下转化为法律制度,并在全国推广。同时,即使是最早的村民委员会也是在所在地的党组织支持下才得以建立。从制度性的微观具体操作上看,村委会选举一般是在镇党委和村党组织的领导下进行的,选举工作领导小组组长一般是由党组织负责人兼任。至于居民自治,居委会改造以及选举等,都是由党组织发起和推动的。从现实发展情况来看,不论是村民自治还是居民自治,虽然社会力量和国家力量都起到一定推动作用,但是党组织在其中却起到了最为关键的推动作用,特别是那些自治工作做得较好的地方一般都是党组织推动

[①]　徐勇:《乡村治理与中国政治》,中国社会科学出版社,2003 年,第 1~13 页。

力量较大的。

第二,救济功能。所谓救济功能,是指党组织以自身所具有的优势来弥补基层群众自治中所存在的不足,从而使基层群众自治的正常进行得以保证或其能力得以提升。不论是村民自治还是居民自治,法律对自治机构的负责人都有属地化规定。这一规定虽然保证了自治性质,但是也因此限制了人才输入。由于城乡各社区和村落的人才资源水平差异,特别是许多落后地区的农村大量青壮年和能人都外出打工,从而进一步加剧了这些地方的村落和社区中人才缺乏的现象。为此,许多地方都通过政党救济方式,采取下派党支部书记或第一书记等方式,实现人才输入,并以此为基础使资源和信息等输入,一是保证基层群众自治得以继续和规范,二是保证基层群众自治的能力得以提升,三是保证基层治理和发展的水平得以提升。

第三,整合功能。所谓整合功能,是指通过党组织以自身所具有的组织网络和组织影响的优势,实现对各种力量的整合,从而为基层群众自治排除各种干扰以及为基层群众自治增添许多资源和帮助。比如,在村民自治中,最大干扰因素就是家族势力的影响,许多地方通过党组织权威和影响对这些势力进行抑制,从而为村民自治有效运行排除了干扰,创造了条件。在城市社区内存在着各种组织化力量如驻区单位等,而这些力量作为居民区自治机构的居委会不论是在影响力上,还是关系网络上都很难与其互动更不要说支配他们,而社区的党组织却能够通过组织网络和组织影响实现对这些组织化力量进行有效互动,从而将他们整合为服务居民自治的重要资源。

政治学认为,社会建构可以通过制度、价值和组织三个维度得以实现,但是三个维度之间必须相互配合,或者说三者各自都存在着一定限度,需要相互弥补。党组织领导对基层群众自治发展的推动作用,不仅是中国政治逻辑使然,而且也是上述政治学原理在基层群众自治中的体现。基层群众自治已经作为一种法律规定得以制度化地在中国基层实施,其功能实际上就是国家制度与社会力量有效结合实现对社会秩序的建构。但是由于其自身的制度化限度导致其自身存在着无法克服的缺陷,而为了使社会秩序和社会发展得以完善,党的领导就在价值和组织上特别是以组织化建构方式予以配合,一是使其政治方向得以保障,二是使其治理缺陷得以救济。从一定意义上说,这是组织化建构和制度化建构的有机合作的一种典型体现,这也是党组织在新的历史条件下通过寻求新的社会功能以实现其政治功能的一种创新的依据和机理。

三、从权力有效衔接到权力有机合作:基层群众自治功能和形态变迁的内在机理

分析其内在机理,我们认为基层群众自治发展的决定因素有三方面:一是所要解决的不同时期基层社会问题,这是诱致因素;二是政党、国家和社会三种力量互动,这是推动因素;三是基层群众自治的自身困境,这是内发因素。正是在这三个因素的相互作用下,基层群众自治制度和工作不断得以发展。然而不管怎样,基层群众自治首先是为了解决问题而出现,同样也是为了解决问题而发展的。由此,这三个因素之间形成了以下互动机制:基层社会问题出现和变化,导致既有基层群众自治功能和形态等的不适应,这就要求政党、国家和社会三种力量之间关系以及它们在基层群众自治工作中的形态和实现形式都应该有所调整,以推动基层群众自治工作发展,从而有效解决新的社会问题。

从历史上看,基层群众自治出现首先是为了解决人民公社的政社合一体制在农村以及单位社会体制在城市退出后,基层社会即将面临的权力断裂和权力真空可能导致的社会秩序失范问题。因此,基层群众自治在第一阶段功能是保证权力有效衔接以维护转型条件下的基层社会秩序。在这样背景下,政党、国家和社会的力量都围绕这一目标而发挥相应作用,由于当时社会力量相对较弱。因此,党与国家就通过推动民主选举的方式建立村委会和改造居委会,培育其自治性和社会性内涵,从而实现党、国家和社会在基层社会的合作治理,并达到以下两方面目的:一是保证社会秩序的维护,二是培育自治力量。然而由于在改革开放和市场经济体制建立之初,作为具有自主能力的社会力量相对较弱,再加上社会转型让基层群众自治组织所应承担的刚性任务较多,从而导致基层群众自治组织存在着一定行政化倾向,既要完成大量行政性事务,又离不开政府力量的扶持。

随着社会转型的基本到位,权力衔接问题也已经基本不成问题了,但是新的问题又出现了,那就是在社区和村落里多元社会力量开始出现,这种现象在城市和农村以不同方式呈现出来。在城市,主要体现为居民区内多元组织力量开始出现,并存在着相互不合作的倾向,除了党组织和居委会之外,新生成的有业委会、物业公司、社区群众团队等,以及居民区外但是有利益相关的驻区单位和其他经济组织等。在农村,主要体现为村落内部的家族势力和宗教势力的干扰以及各类农村专业合作和其他社会组织对乡村的嵌入等。这些多元化组织力量对基层群众自治制度落实和工作开展都产生影响,如何有效将这些力量进行有效调整和整合,就成为新时期基层群众自治乃至基层社会建设中一个重要任务。这也就是说,基层群众自治已经进入了推动多元组织力量有机合作,即多元权力有机合作以服务基层社会治理和秩序建构的阶段。这一任务的提出也使我们现有的基层群众自治的形态和方式都显得跟不上形势,需要进一步创新和发展。然而基于法律约束以及治理空间限制等因素,导致这些困境的克服以及基层群众自治发展和治理能力提升,靠社会力量或自治机构都无法实现,这就需要国家和政党力量予以救济,其中党组织在这方面的优势就更为明显了。

四、从村居党建到区域化党建:基层群众自治发展与基层党组织形态创新

究其根本,之所以会出现基层群众自治,主要是有以下两方面原因:一是社会转型后建构基层社会公共秩序的传统体制和力量已经退出,需要新的体制和力量来承接;二是社会转型导致建构基层社会公共秩序的新型的体制和力量必须体现转型后或正在转型中的社会基本特征和发展趋势,即必须充分尊重自主性日益增强的民众个体和社会力量的意志和作用。实际上,这两方面因素对党的基层组织来说,同样也产生了影响:一是党组织所嵌入的基层社会结构发生了变化。主要体现在基层社会的社会主体的存在形态发生变化以及组织这些社会的体制和力量发生变化。由此,导致基层党组织所嵌入对象以及嵌入方式也必须发生变化。二是基层社会结构的变化

导致社会成员的行动逻辑以及基层社会运行逻辑的变化，由此使党组织需要寻求新的社会功能以及党组织与社会互动的新的机制，以保证政党嵌入的有效性。然而随着改革开放进程的深化，上述的内容也将随着形势发展而出现新的变化，为了能够适应这一变化，党的基层组织形态也相应予以调整，由此导致与基层群众自治领域关系密切的党的基层组织也呈现不断创新和发展的趋势。具体来说，我们可以从农村与城市两方面来看：

在农村，在与基层群众自治互动过程中，党组织发展主要有两方面：一是基于提升认同的制度创新，二是基于能力救济的机制创新。所谓基于认同的制度创新，是指在村民自治和村委会主任直接选举产生的背景下，村级党组织通过推进开放性党内民主，以提高群众对党组织的认同度以及强化党组织的权威性，从而推动了村级党组织制度创新。这一制度创新主要体现为通过"公推直选"方式产生村级党组织书记的做法。通过"公推直选"，不仅体现了党员意志，而且也体现了村民意志，从而使村级党组织及其负责人的权威不仅建于党内认同之上，而且还建于群众认同之上。所谓基于能力救济的机制创新，是指通过党组织的机制创新，以突破村民自治的制度性限制，进而实现治理能力提升的目的。这一机制创新主要体现在通过下派或外派党组织负责人的方式，使村民自治中的村委会主任及其成员属地化的制度性限制所导致一些偏僻、落后以及中青年和优秀劳力外出较多的行政村的治理能力弱化得以克服。

在城市，居民自治互动过程中，党组织发展主要体现在以下两方面：一是通过党组织嵌入为居民自治提供组织支撑力量，以实现城市转型过程中的权力有效衔接；二是通过党组织机制创新为居民自治提供整合平台，以实现城市社会生活共同体建设中的权力有机互动。前者主要指在市场经济体制建立初期，随着单位体制衰微，大量社会和行政事务落到社区空间内，而居民自治尚未到位之际，主要是由居民区党组织通过组织化力量来保证这些事务能够获得及时承接和解决，使社会转型得以顺利进行。后者主要是指市场经济体制逐渐完善之后，居民区内部开始生成了许多基于不同诉求而形成的各类社区组织，这些社区组织常常因为不同利益和诉求而导致内部冲突，为了解决这些冲突，居民区党组织开始在机制上进行创新，建立了诸如联席会制度、物业管理党建联建制度、党员议事会等机制,将这些可能存在利益冲突的社区的组织化力量在这些平台上进行互动和整合,生成了协商的功能,实现了以党组织的一元化推动居民区的一体化的目的。

随着社会转型和发展的进一步深化,城乡社区情况发生了更深刻的变化,这些变化对基层群众自治的内涵、方式和范围都提出了新的要求。为了回应这些要求,许多发展比较深刻的地区率先进行探索和创新,形成了一些新的模式。相应地,基层群众自治发展也推动了与其关系密切的基层党组织做出新的探索和创新,具体情况如下:

在农村,随着城镇化进程加快,许多传统农村地区已经逐渐城镇化,特别一些大城市所属的农村区域城市化步伐更快。为此,出现了两种新的模式:一是城中村模式,二是镇管社区模式。而这两种模式不同于传统农村管理和村民自治模式,也不同于城市管理和居民自治模式。为了与其相适应,这些地方除了在推进管理体制创新之外,还积极推进党的组织形态创新。虽然从目前情况来看,这些试点更多是探索性的,并且尚未形成全国性统一或明晰的模式,但是通过分析,我们发现共同特点就是通过在居民区与社区以及这两个层面之间都开始形成了一种以多元主体进行有效整合为重要特征,以实现共同体建构为基本诉求的新的管理模式。而党组织正是发挥了其所具有的整合性的优势,进行了相应的创新。

在城市,随着城市社会转型的逐步到位以及居民区内部群众自治也日益走向了常规化和制度化,而市场经济背景下的城市治理中的碎片化以及居民区治理资源与对外互动能力局限性等问题,迫使城市基层党组织必须进一步创新,以实现对城市基层社会治理的救济。为此,区域化党建就在一些大中型城市中被提出。区域化党建除了将党建空间从单位空间拓展到区域空间外,还通过体制和机制创新,打破了条块之间组织内体制区隔,实现了党组织的整体性重建,并在此实现两方面功能:一是推动区域内不同组织和单位之间资源共享以及关系再造,以实现区域性层面的以机构和组织为基础的共治;二是整合区域内资源以救济居民区治理能力的不足。目前,区域化党建在范围内有街道层面与区级层面两种类型,但是其中的机理都是相同的。

五、"气脉"并非完全打通：基层党组织形态发展的局限

上述分析说明了，通过党的基层组织形态创新，基层党组织对基层群众自治发展的推动、救济和整合等功能能够得到发挥，并基本适应了基层群众自治发展需要。但是我们认为，根据其功能充分发挥需要以及基层群众自治和社会发展新要求，目前基层党组织形态发展还存在着一些不足，主要体现在以下两方面：

一是尚未打破体制内的组织区隔，使既有政党整合社会的组织体系无法获得有效整合。社会分化是现代社会的一个重要特征，为了与分化了的社会成员建立联系，除了自身需要通过差异化方式与不同对象互动外，政党还建立了一系列外围组织，由此形成了以政党为核心的政党整合和联系社会的组织体系。为此，中国共产党在建党之初就建立了以工青妇为主要群众组织的政党整合和联系社会的组织体系，并在各个历史时期发挥了很好的合力作用。然而目前在基层，这一组织体系的整体作用发挥得不是很好，主要体现为，基层党组织对群团组织作用不够重视进而使其作用无法得到充分发挥，而市场经济又导致社会分化进一步加剧，这就导致基层党组织与不同联系对象互动上的专业性和差异性无法很好形成，进而削弱了党组织整合社会的效果。虽然表面上，所有的文件和基层党组织领导人都强调要重视群团组织，但是在现实中，以经济建设为中心和党组织领导人对社会工作缺乏专业理解，导致群团组织特别是共青团工作被忽视了。然而随着市场经济特别是网络社会生成，青年作用愈发凸显，我们在群众工作中，也就越来越难整合到青年人；在社区层面，许多基层党组织更多只能联系和整合到退休的老同志。这就导致基层群众自治发展，不论是参与对象还是人才资源活动等都受到了影响。

二是尚未打破整合对象的体制区隔，使大量新兴社会力量无法转化为基层群众自治和基层党组织服务群众的资源。随着市场经济发展特别是网络社会的生成，基于兴趣、利益和价值的社会组织大量生成，并且这些组织存在方式已经与传统的有了较大差异。由于参加这些组织的社会成员都是

自愿,并且具有与其主题相关"专业"能力,同时这些组织的相当一部分具有较强的公益意识,但是这些组织却较难进入社区。从一定意义上说,这些社会组织正是城乡治理所需要的资源和能力,但是我们目前的基层党组织却较少能够整合到这些社会组织,并尚未建立整合这些社会组织的相应体制和机制,而更多地只是强调在这些组织中建立党组织而已。而导致较难整合到这些新型的社会组织很重要的一个原因就是,基层党组织对群团组织特别是对团组织重视不够造成的,因为这些社会组织中的负责人和主要参与成员绝大部分是青年人。

这两方面不足,实际上削弱了基层党组织对基层群众自治的领导能力,具体来说,对其三个功能中的救济和整合功能产生了影响,具体如下:一是对群团组织重视不足,导致了对这些群团组织联系对象的整合功能下降,虽然党组织自己也能够直接与这些对象建立联系,但是基层党组织不论是在人手上还是对对象的理解上都不足,因此经常只能是粗泛化对待,甚至无暇顾及。二是大量社会组织无法转化为基层群众自治的能力,党组织只能靠自身的资源和力量对基层群众自治的救济,从而削弱了党的救济功能发挥。三是上述不足究其根本在于党组织工作理念的封闭化,不适应与多元化社会的互动,如果这些不足不能得到有效克服,就可能阻碍党组织对整个社会的有效领导的能力。

六、重构政党整体性:进一步创新基层党组织形态以提升基层群众自治能力

目前,基层群众自治发展中存在的最大问题就是自治能力不足,而从其发展逻辑来看,要解决这一问题,关键在于基层党组织。从发展历史来看,基层党组织也不断随着基层群众自治发展,通过推动自身创新以满足需要。但是我们认为这些创新还不够,还应该针对基层党的组织形态发展中的不足和局限,着眼于开发基层党组织功能,重点在重构政党整体性上下功夫,并通过以下措施推动基层党组织形态的进一步创新和发展,实现提升基层群众自治能力的目的。

一是打破体制内组织区隔,提升党组织整合能力。在上文的分析中,我们指出了群团组织作用没有充分发挥是目前基层党组织形态发展中的一个局限,从而影响了党组织对相应对象的整合。因此,我们认为下一步基层党组织要将发挥群团组织在基层群众自治以及社会整合中的作用作为组织发展的一个重要内容,并整体性发展党建带群建的内容和措施,以打破体制内组织区隔,达到提升党组织整合社会的能力,从而使党组织为基层群众自治提供更多救济和支持奠定组织网络和组织能力。

二是打破体制区隔,转化社会力量为基层群众自治资源。目前党组织为基层群众自治所提供的救济和支持,主要是局限于党组织内部的资源。从一定意义上说,经过二十多年的发展,体制内能够提供资源潜能已经基本挖掘得差不多了,正是这些救济使基层群众自治能够克服自身的制度性缺陷,为整个社会顺利渡过转型期的困难提供了保障。但是目前这些救济和支持对基层群众自治能力提升来说,更多只是起到维持性作用,而无法进一步起到促进作用,因此需要寻求新的促进性力量和资源。从资源禀赋来看,社会中已经存在的以及近些年来大量生成的各类社会组织,实际上是可作为弥补目前基层群众自治能力不足的一种资源,因此党组织应该建立相应机制,有效将这些社会力量整合进来。在农村与城市可以有不同做法,但是共同思路就是通过发挥群团组织整个系统作用,实现在更大规模上对这些组织的整合,而后通过相应组织机制将之注入每个城乡社区。

三是整合自治资源,推动基层群众自治发展。随着社会转型的基本到位,城乡社区内各类组织化权力主体开始逐渐增加,这里既包括制度化的业主委员会、物业公司和居委会,以及非制度性的社区内部生成的基于兴趣和利益等私域性的群众团队外,还包括基于党组织与政府通过对外整合而注入社区的各类社会组织,以及社区内部生成的基于对社区公共事务关心而建立的具有公域性特征的居民议事组织。这些组织的生成,实际上已经成为基层群众自治的组织化的力量,然而在目前绝大部分地方都只是关注对官方的制度化组织力量的作用发挥,并将之纳入制度化互动机制内,而对其他各种组织化力量作用发挥的制度化和机制化却尚未引起足够的重视。为此,我们认为基层党组织应该重新将城乡社区内的各类组织化力量纳入基层群众自治的制度和机制的空间内，以免导致这些组织的发育冲击甚至边缘化了基层群众自治制度。这样基层党组织在推动这些组织纳入制度化空间的过程中，实际上达到了党组织创新、基层群众自治制度深化和社会力量起作用的三方面共赢的局面。

七、党的领导、法治保障与群众自治的有机统一：中国基层社会建设的逻辑规定

从宏观逻辑上看，现代政治在中国的发展是先有政党，然后由政党建立了国家，并通过政党和国家力量推动了社会生成与发展，而后再此基础上三者之间进行相互磨合，最终实现政治的有机化。然而从微观层面来看，上述这一逻辑在具体实现过程中，各环节并非完全截然分开，而是交错地推进，并在相互适应过程中不断实现有机化。这一微观逻辑在基层群众自治发展过程中体现得比较充分，并呈现党的领导、法治保障与群众自治之间相互促进和有机统一。由于农村和城市的特点存在较大差异，因此我们可以将农村和城市的基层群众自治发展中所体现的有机政治发展的具体逻辑分别进行描述，并在此基础上，对基层群众自治发展的逻辑做出整体描述。

在农村，联产承包责任制和人民公社解体导致乡村社会出现原子化现象，具有相对自主性的社会开始出现，为了将基于原子化个体的农民社会重新组织起来，社会自发生成了村民自治的制度，在政党推动下，上升为国家法律制度。然而这一制度存在着一定局限，为了弥补这些局限，党组织发挥其组织优势实现对其有效的救济，从而既保证了制度实施又提升了治理能力。

在城市，为了承接市场经济体制建立导致单位社会体制衰微所抛出的社会事务，国家推动了社区建设，并通过立法方式推动居民自治，并以此作为承接这些社会事务的具体制度。但是新生成的居民自治及作为其主要机构的居委会却一时无法完全承担起这一任务。为此，基层党组织就成为了保证社会转型权力有效衔接的组织支持。随着社会转型逐步到位，社区内部生成了多元的组织化权力主体，基于不同生成逻辑，居民自治自身也无法用制度化方式实现对这些权力主体的整合，同样需要党组织的推动和整合。

虽然农村和城市的基层群众自治发展的具体环节和具体方式存在着一定差异,但是却存在着根本一致性内容。那就是党的领导是使基层群众自治发展的支撑者,社会力量和群众意志是基层群众自治发展的推动者,而国家法律是基层群众自治发展的保障者。三者之间是相辅相成的,具有内在有机统一性,而这种统一性实际上是政治发展中制度和组织之间相互支持和建构的具体表现,也是中国现代政治发展的内在逻辑的演绎。

八、结论

政党、国家和社会内在有机统一是现代政治的本质特征。政治有机化实现方式在不同国家存在着差异,在中国是以政党推动国家和社会发展并在互动过程中不断生成有机化的方式实现的,基层群众自治发展过程正是这一逻辑在微观层面的演绎结果。由此导致基层群众自治发展离不开党的领导和国家法治保障,并使基层党组织领导的充满活力的基层群众自治机制成为中国社会建构的一种重要机制。随着社会发展,基层群众自治也需要新的发展,这也意味着推动基层党组织形态发展和创新,就成为基层党组织发展的一个重要命题。

国家治理现代化的政党微观逻辑[*]

——基层党建发展与社会基层治理现代化研究

当代中国政治与社会发展，是在中国自身发展和人类现代化发展的两个历史逻辑共同演绎下而取得的。鸦片战争之后的相当长时间内，中国自身发展逻辑一直跟不上现代化发展逻辑，因此我们的发展不断受到了现代化逻辑的逼迫，无法走出"必然王国"的阴影。新中国成立之后，在中国共产党领导下，中国发展的主体性不断形成，然而由于在什么是社会主义以及怎样建设社会主义问题上的认识不清，使社会主义现代化建设出现了挫折。改革开放之后，随着中国特色社会主义理论体系形成，中国自身发展逻辑与人类社会现代化逻辑之间契合性开始形成。

这种契合性体现在两方面：一是中国经济和社会发展不断与时代发展要求相同步；二是中国共产党以及以中国共产党为领导核心的中国政治结构，能够不断根据时代精神与现代化发展的要求，与时俱进，改革创新，保持着对时代与社会的自觉与有效的引领。这种契合性生成，标志着现代文明在中国基本生成，由此也使因古典文明崩溃而导致其衰落的古老文明体——中华民族，最后得以复兴。

这种契合性不仅体现在宏观层面，而且也体现在微观层面。随着改革开放的推进与信息革命的发展，人们的交往方式发生了巨大变化，社会结构也因此发生了重大变革。为了适应这一变革，并能够在新的历史条件下继续承担起领导使命，中国共产党将党的建设上升到"新的伟大工程"战略高度来认识，由于基层党组织是直接嵌入社会之中。因此，推动基层党建创新与发

---

* 本文写于 2014 年 5 月，修改后刊发于《江汉论坛》2015 年第 5 期。

展就成为"新的伟大工程"中的基础性内容之一。

不论是从社会变革来看，还是从政治发展来看，对于基层党建来说，当前都是一个关键的时期，一个新的起点。从社会变革方面来看，市场经济深化、全球化加剧和网络社会生成，新的交往方式与新的社会结构基本呈现，并处于加速度发展状态。从政治发展来看，国家治理体系与治理能力现代化（简称"国家治理现代化"）的提出，标志着基于顶层设计而对既有体制和机制进行整体性再造的开始。由于基层党建是连接上述两方面的基础环节，是国家治理现代化与社会深度变革之间有效连接与有机互动的重要机制。因此，基层党建能否遵循国家治理现代化与社会深度变革的逻辑进行自我创新与发展，将深刻影响着国家治理现代化以及社会自身治理的有效性。

一、市场经济深化、全球化加剧、网络社会生成与国家治理现代化：推动基层党建发展与社会基层治理现代化的时代力量

党建国家的历史逻辑使中国共产党基层组织不仅具有政治功能，而且还具有很强的社会功能，在政治功能上需要领导与表达社会，在社会功能上需要发展与治理社会，其中，政治功能实现必须以社会功能为基础。因此，在不同历史时期，基层党建发展都必须与社会基层治理方式结合起来考虑。同时，基层党组织是政党组织网络嵌入社会并实现与社会直接互动的终端，成为政治体系与基层社会之间的一个连接，其发展受到政治逻辑和社会逻辑的双重影响。当前，中国进入到一个新的历史时期，从社会发展情况来看，市场化、全球化与网络化的深化使社会结构与人们交往方式发生巨大变化；从政治发展来看，国家治理体系与治理能力现代化的提出，对中国政治建设提出了新的要求。由此，这两方面就成为推动基层党建发展与社会治理现代化的逻辑力量。

（一）市场化、全球化与网络化的加剧：推动基层党建发展与社会基层治理现代化的社会逻辑力量

改革开放以来，中国社会先后经历了两场基于不同逻辑所带来的社会变革与社会转型，其中一场是由改革开放所引起的基于制度变迁而导致的。改革开放从两方面对社会产生影响：一是对内改革特别是市场经济体制建立，使传统计划经济体制与单位社会体制退出，人们生存形态开始从依附单位的单位化向依据契约的原子化转变，市场替代了基层党组织成为经济领域的组织化力量，市场经济也带来了人们在国内空间内的流动成为制度性可能。二是对外开放，使人们活动空间从国内向国际延伸，同时，现代化程度较深的国家和社会的观念与经验开始对我们产生影响，国际规则开始对我们产生规范。

另一场是由网络普及所引起的基于技术革命而导致的。互联网革命对中国社会影响是全面和深刻的，其中有两方面是比较明显的：一是对人们的交往方式产生了根本冲击，人们可以快速地实现跨区域、及时性、去中心化和自组织化地进行交往。二是对人们空间的理解产生冲击，互联网出现生成了新的虚拟空间。三是对传统政治和社会运行机制的技术限制的突破，自媒体、大数据以及其他信息技术手段，使社会运动以及政治活动等出现了新的形态，同时，也使政治互动方式发生变化。

总之，市场化、全球化和网络化，使人们交往方式、生存形态、活动空间都发生了巨大变化。这些变化对党组织运行方式与领导有效性产生冲击：一是使基于战争年代与计划经济时期形成的党的体制与机制产生了不适应，二是使基于工业化时代形成的政党运行模式产生了不适应。再加上，制度性因素与技术性因素几乎是同时产生影响，因此这种冲击烈度就呈叠加状态。由于基层党组织是党组织直接嵌入社会并产生互动的部分，因此社会快速变化对其影响就显得尤为明显。同时，上述变化也对社会治理方式产生巨大冲击，这就意味着社会治理体系与能力需要创新与发展。

（二）国家治理体系与治理能力现代化：推动基层党建发展与社会基层治理现代化的政治逻辑力量

马克思主义认为，经济基础决定上层建筑，上层建筑对经济基础具有反作用。这种反作用的机理，不仅反映在上层建筑对经济基础的推动或阻碍上，而且还体现为上层建筑发展具有相对自主性，并按照自身发展逻辑演绎着。当然，这一逻辑归根结底还是要受到经济基础所决定的。作为上层建筑的一部分，同时也是与经济基础互动最直接的部分，基层党组织及以其为核心而形成的社会治理模式的发展，不仅要受到作为经济基础变化的表现形式的社会变革所影响，而且还受到上层建筑自身发展的逻辑所决定。在改革开放推进和社会结构变化的共同作用下，作为现代国家治理要素不断生成，但是也存在着彼此之间有机化不足的现象，为此，在党的十八届三中全会上，中共中央做出了全面深化改革以推动国家治理体系与治理能力现代的决定，标志着中国政治发展进入了一个新的时期。政党作为国家治理体系核心部分，国家治理现代化提出意味着党的建设也必须遵照新的政治发展逻辑予以创新与发展，为此，中共中央提出了党的建设制度创新的命题。基层党组织作为党的组织网络最末端，是与国家治理体系其他部分互动最直接的部分，并在此过程中所形成的社会治理模式，更是直接感受到了国家治理现代化所提出的命题的紧迫性。因此，推动基层党建发展与社会治理现代化，就成为国家治理现代化的重要内容之一。

（三）社会基层治理现代化与基层党建发展：基于政党发展视角的分析

马克思主义认为，国家职能包括政治统治与社会管理两方面内容，政治统治以社会管理为基础，而社会管理的实现形式必须根据社会变化与政治发展要求的变化而发展。其中，国家的社会管理职能又由经济管理与社会治理组成，这就意味着经济管理与社会治理必须根据社会发展而创新。在中国发展历史逻辑与现代政治发展逻辑共同作用下，党建国家成为中国政治发展的一个历史选择，这一特点使中国共产党不仅负有建设国家的使命，而且还承担着建设社会的任务。为了克服"一盘散沙"社会特性与现代化建设对组织化诉求之间的矛盾,新中国成立之后,中国共产党选择了用党的组织网络为基础来构建社会,由此形成了单位社会体制,从而为现代化建设奠定了组织化基础。然而这一社会治理模式能够为现代化建设奠定组织化基础,却不能为现代化建设提供可持续发展的内在动力,于是中共中央决定实行改革开放,并建立市场经济体制。由此,市场成为经济领域的组织化力量,同时,随着市场化和全球化进一步推进,社会多元主体开始生成,特别是网络社会生成,使社会自主化现象开始出现,于是能否将新兴社会力量进行有效整合,并使之转化为社会治理的建设性因素,以及既有的各种社会治理力量能否与这些新兴治理力量实现有机合作,就成为新时期国家对社会治理的一个重要命题,即国家治理现代化的主要内容之一。面对着上述社会治理新命题的提出,对于作为在政治上处于领导地位以及在社会上曾经起到核心作用的基层党组织来说,就必须迅速作出反应,推动自身创新与发展,在有效整合社会新兴治理力量过程中,构建政党主导多元合作的社会治理模式,进而达到使党的有效领导与社会基层治理现代化有机统一的目的。

二、巩固党领导群众基础与提高党对社会领导的有效性:新时期基层党建发展与社会基层治理现代化的政治诉求

作为政党,中国共产党具有政治功能与社会功能,而作为执政党,必须保证国家职能的有效实现,这就要求中国共产党也必须具有与国家职能相匹配的政治职能与社会职能。不论是作为政党,还是作为执政党,都要求中国共产党,在政治上必须实现有效领导,在社会上必须推动有效治理。后者必须服务于前者,前者必须以后者为基础。以下,我们将分别从这两方面对新时期基层党建发展与社会基层治理现代化进行分析。首先,我们来看其政治诉求。

(一)群众基础巩固与有效领导实现:社会变革对政党发展的两大挑战

作为现代社会条件下产生的政治组织,政党出现就是基于价值、利益以

及交往方式等,在社会成员认同基础上,通过对分化了的社会成员的有效整合,从而达到影响和掌握国家政权的目的。因此,获得群众认同以及实现对群众的有效领导和整合,是政党领导和执政的重要政治基础。然而价值内容、利益关系和交往方式可能随着社会变化而变化,这就导致政党领导和执政的政治基础需要不断维护,并通过政党的意识形态与组织形态的发展而实现。随着市场化、全球化与网络化的加剧,中国社会成员的思想价值、利益诉求与交往方式的多元化倾向也越发严重,由此,党的群众基础巩固以及有效领导实现这两大政治基础也面临着考验。这就要求,党组织必须根据变化了的社会现实,在意识形态与组织形态上进行创新与调整。基于研究主题局限,本文将结合基层党建与社会基层治理现代化命题,仅对党的组织形态创新与调整进行研究。

(二)复合型党群关系建构与党的群众基础巩固:创新基层党建以适应社会基层治理现代化的本质规定

任何创新都必须遵循相应规律进行,同样,组织形态创新,必须根据政党组织自身发展的逻辑与机理而展开。所谓组织实际上就是权力关系的集合体,因此政党组织实际上是党内权力关系以及政党与外部主体之间权力关系的有机统一。其中,实现对社会与国家的领导,即对外权力关系的实现,是党内权力关系设置与创新的重要根据与条件。而外在权力关系要能够得到有效实现,也必须根据政党权力作用对象的结构和现状而进行不断调整。这就意味着,中国共产党要能够对国家和社会实现有效领导,就必须根据国家建设与社会结构的变化而创新。

基于本文的研究对象,我们认为党组织特别是基层党组织要实现对社会领导,必须根据群众情况进行调整。马克思认为对社会形态分析可以有两种标准:一是基于所有制归属为基础的阶级,二是基于人们交往方式为基础的生存形态。

如果根据后者,我们认为,在计划经济时期,人们是依附于单位,而单位是以基层党组织为核心。因此,单位化社会成员与党组织之间有着高度利益相关度,党组织只要做好党建工作,不愁群众不接受党的领导。

市场经济初期,市场的契约原则使社会成员处于原子化状态,同时,所有制多元化导致单位社会衰微,党群关系所依附的传统社会基础和利益关系发生了变化。这就使党群关系构建的逻辑与原则需要调整与创新,与原子化社会成员关系建立成为党群关系建构的重点。

随着市场化、全球化与网络化的加剧,社会开始出现自我组织化力量,自组织化社会成员开始出现。由此,社会成员中单位化、原子化与自组织化三种生存形态并存着。

由于处于不同形态下的社会成员的行动逻辑具有较大差异。因此,基层党组织要与这三种生存形态下社会成员之间建立密切关系,就必须采取差异化方式予以处理,我们将以此原则而建立起来的党群关系成为复合型党群关系。

我们认为,复合型党群关系构建是目前基层党组织各方面工作创新的根本依据,也是创新基层党组织以适应社会基层治理现代化的本质规定。

(三)党组织主导的多元合作社会治理模式打造与党对社会领导的有效性增强:推动社会基层治理现代化以发展基层党建的现实选择

黑格尔说,要学会游泳,首先必须到水中去。党组织要构建复合型党群关系,也必须在与社会互动与推动社会建设过程中去实现,并在此过程中不断调整自身。中国政治和社会发展逻辑,决定了中国共产党在社会治理中必须扮演核心领导作用。这一逻辑说明了两方面内涵:一方面是中国社会建设与发展需要党组织发挥作用,同时,党组织也具有社会治理功能;另一方面是基于政治考虑党组织必须在社会治理中起到领导作用,同时,党组织的领导还必须达到有效性。综合上述两方面,我们认为,党组织必须利用自身政治优势与传统治理中作用优势,针对社会成员生存形态差异化的需求,将既有的与新兴的社会治理力量都充分调动起来,并建立新的具有包容性的框架与模式,使它们能够在党组织领导下实现有机合作,从而达到社会有效治理与政党有效领导相统一的目的。反过来,也就意味着,党组织主导的多元合作社会治理模式构建是党对社会的有效领导实现的重要手段。

三、重建整体性：基层党建发展与推动社会基层治理现代化的基本思路

著名未来学家戴维·霍尔在其新作《大转折时代——生活与思维方式的大转折》一书中指出，从21世纪初开始，随着全球经济、互联网和移动技术的爆炸式发展，人类社会开始进入了一个新时代，即他所谓的"大转折时代"。在这样的背景之下，中国社会将进一步发生巨大变化，党的十八届三中全会提出，为顺应全面深化改革需要，在政治建设上应该进行顶层设计，推进国家治理体系与治理能力现代化。客观变化与主观努力都将对基层党建与社会基层治理现代化提出全新的要求，从一定意义上说，党的十八届三中全会召开，标志着"新的伟大工程"的第一阶段结束，党的建设将进入到一个新的阶段。即从顺应市场经济体制发展而采取渐进改革方式推动党的建设的阶段，进入到顺应市场经济与网络社会双重挑战而采取顶层设计方式推动党的建设的阶段。这就要求基层党建和社会基层治理必须有新的思路。

(一)割裂与保守：需要预防的两种倾向

社会与政治的新发展对基层党建与社会基层治理也提出了新要求，这就要求我们必须要用新的思路与新的办法来推动创新与发展。作为国家治理现代化的一个重要组成部分，基层党建发展与社会基层治理现代化也应该按照全面深化改革的总思路来推动，遵循顶层设计思维来推进。然而根据研究我们发现，在现实基层党建与社会基层治理中，却存在着以下两方面不符合国家治理现代化与全面深化改革的思维倾向，并且已经严重影响到党在社会基层的领导有效性。因此，有必要指出，需要我们在新的阶段有针对地克服。这两种思维倾向分别是割裂思维与保守思维。

割裂思维主要体现在以下五方面：一是将基层党建与社会基层治理的各个阶段割裂开来，体现在新的要求提出后，就将此与之前其他做法对立起来。二是将党内各部门以及党群组织之间的工作割裂开来，体现在领导机关各部门以及党群组织之间的工作分工，在基层无法整合起来，从而影响党在

基层领导的有效性。三是将党建与社会治理割裂开来,体现在将党建局限在党务以及党内管理工作上,而没有将其与党对社会有效领导结合起来,以及不注意发挥基层党组织的治理功能。四是将社会组织等单纯理解为工作对象,而没有将之理解为社会治理力量,更是无法将其转化为党对社会有效领导的党建资源。五是将互联网等单纯理解为工作手段,而没有意识到实际上是新的组织形态的一个基础。

保守思维主要体现在以下三方面:一是片面强调基层党建的政治性,就党建抓党建,而忽视了基层党组织的社会治理功能,所谓"小党建"思维。二是对社会组织等新兴社会治理力量产生强烈排斥意识,由此不仅没有将他们转化为社会治理力量与党对社会有效领导的资源,反而将其推到了对立面去。三是不同区域之间过分强调区域特殊性,没有意识到市场化与网络化所带来社会结构与人们交往方式影响的深刻程度,从而对一些新的经验与做法的单纯排斥。

(二)重建整体性:基层党建发展与推动社会基层治理现代化的辩证法

从马克思主义哲学观点来看,上述的割裂思维与保守思维,都是属于需要认真克服的形而上学思维方式。我们认为,在新的阶段推动基层党建发展与社会治理现代化过程中,正确的思维方式应该是,遵循历史唯物主义与唯物辩证法,按照党的十八届三中全会的要求,进行顶层设计,重建整体性。根据社会与政治发展新要求,在克服割裂和保守思维过程中,将各个环节与各个要素进行有效整合,在推动工作创新过程中,实现组织形态整体创新,从而为党在基层的有效领导奠定组织化基础。具体来说,包括以下五方面内容:

一是应该以基层党组织的政治功能与社会功能的有效实现为根据,来设计基层党建与社会基层治理的整体架构与组织形态的再造方案,从而将各要素与各环节进行重新整合。同时,要意识到国家治理现代化背景下,政府部分职能将从社会中退出,而党组织网络反而要进入社会,这样才能使社会治理有效性得以维护。

二是要将社会基层治理与基层党建联系起来进行考虑,充分开发基层党建的治理功能,并以实现治理有效性为共识来整合社会各种治理力量,同时设计能够将这些力量有效整合的基层党建组织形态，使各类社会治理力量转化为党建资源。

三是要打破体制内的组织区隔，包括党组织各部门之间，党组织与群团组织之间以及党群组织与政府部门之间在治理上的区隔，要着眼于整体功能的有效实现，街镇层面要有意识推动各部门之间合作以及党组织与群团组织之间关系处理。

四是要打破体制的区隔，将社会组织力量转化为社会治理乃至党建的资源。

五是要利用互联网技术，通过流程再造等，实现对基层党建组织形态以及社会治理模式的创新的支持，从而使组织形态整体性重建在技术上得以可能，同时符合网络社会条件下的人们交往方式，达到党的有效领导。

（三）超前预测以把握当下：重建整体性的新思维

马克思曾经说过："人体解剖对于猴体解剖是一把钥匙。反过来说，低等动物身上表露的高等动物的征兆，只有在高等动物本身已被认识之后才能理解。"基层党建与社会基层治理发展到现在只是刚刚进入了一个新的阶段，为了在目前这一转折时期能够为下一阶段提供一个相对完善的思路与方案，这就要求，我们必须对未来可能发展的方向与状况进行预测，这样可以帮助我们对基本思路、相关要素与基本框架看得更清楚，从而提供一个前瞻性的理解和把握。因此，我们建议，应该根据社会发展以及国家治理现代化的要求，对基层党建与社会基层治理，分 5 年、15 年和 30 年三个阶段进行预测与研究。

四、打造党组织主导的多元合作社会治理模式：社会基层治理现代化的重要内容

根据重建整体性的思路，我们将对社会基层治理现代化与基层党建发展两方面的具体做法分别进行阐述。首先来看社会基层治理现代化情况。根据前文分析，我们认为社会基层治理现代化首要内容就是打造党组织主导

的多元合作社会治理模式,以下我们将对其逻辑与机制等进行说明。

(一)改革开放与现代国家治理结构要素生成:中国的逻辑

社会基层治理现代化是社会发展逻辑与政治发展逻辑共同演绎的结果,是国家治理现代化的一个重要组成部分。因此,要把握社会基层治理现代化的逻辑,就必须对国家治理现代化的内在逻辑予以把握。中国政治发展是在中国发展的历史逻辑与现代政治的发展逻辑共同演绎下获得的,这就要求我们对国家治理现代化放在这一逻辑框架下来理解。马克思主义政治学理论认为,现代政治结构包括政党、国家与社会三方面要素,其中,社会要素又包含市场经济与狭义社会两个内容。为了克服中国传统社会"一盘散沙"特性与现代化建设对组织化诉求之间矛盾,新中国成立之后,我们建立了计划经济体制与单位社会体制,用国家与政党力量对社会实现全面组织,社会因此也失去了自主性,从而也导致了现代化建设可持续发展的内在动力不足。为此,中共中央做出了改革开放的决定,经过一段时间的复原与调整,党的十四大做出了建立市场经济体制的决定,标志着现代社会在中国进入了全面形成阶段。市场经济内在要求法治保护。为此,党的十五大提出依法治国,法治国家建设推进,标志着现代国家建设进入了实质进展阶段。随着现代社会建设与现代国家建设的推进,党对国家和社会领导方式以及政党自身建设适应新时期发展的要求被提出。为此,党的十六大提出了"三个代表"重要思想,回答了在新的历史时期应该建设什么样的党以及怎样建设党的问题,标志着现代政党建设取得了突破性进展。在市场经济与网络社会双重推动下,社会分化加剧以及社会组织开始大量出现,社会的相对自主性日益增强。为此,党的十七大在提出科学发展观同时也强调了和谐社会建设,标志着狭义上的社会要素基本生成。由此,作为现代政治结构要素的现代国家、现代政党与现代社会基本生成。但是各要素之间却尚未基于整体逻辑实现有机化,为此,党的十八届三中全会提出要进行全面深化改革,推动国家治理现代化,通过顶层设计,使上述要素之间形成内在呼应,实现政治整体有机化。政治有机化的实现,意味着中国特色社会主义制度基本定型,同时也标志着现代政治文明在中国建立的基本完成。

（二）打造党组织主导的多元合作社会治理模式：有机政治建构的微观逻辑

从我国政治发展的内在逻辑来看，有机政治建设有两方面内容：一是作为现代政治结构要素主体的党、国家与社会之间，能够形成基于整体政治发展而形成相互反应、相互支持的关系，达到各要素功能都能够得到充分发展，又能够使政治整体功能得到有效体现的有机状态，即政党强、国家强和社会强的"三强"状态，实现国家治理体系与治理能力现代化。二是政党能够按照充分法治化国家建设与具有相对自主的社会建设的要求调整自身，并在此过程中不仅能够获得领导有效性，而且还能使国家核心能力得到提升与巩固。对于有机政治建构来说，上述两方面内容不仅要体现在整个政治建设方面，而且还要体现在政治建设的各个层面。其中，在微观层面主要体现在两方面：一是能够做到党组织、政府与社会三者力量形成有机互动、有效治理，二是能够使党组织在社会治理中起到主导作用。我们认为党组织主导的多元合作社会治理模式就是上述两方面内容统一的具体体现。

（三）党组织主导的多元合作社会治理模式：机制与内容

政治学认为政治结构包括多维类型，其中主体建构与机制结构最为重要。其中，政治运作机制结构主要是由价值、制度与组织三个机制组成，价值是建构人们内在精神秩序的机制，制度是建构人们外在行为秩序的机制，组织是支持价值与制度得以落实的机制。现代政治的组织结构主要由政党、国家与社会三个要素组成。社会治理模式正是通过上述两方面有机集合才得以形成，具体来说，党组织主导的多元合作社会治理模式建构的机制与内容如下：

主体上，包括以下三方面：一是党组织以及其各类体制内的群团组织，二是政府机构，三是基层自治组织和各类社会组织、经济组织以及社会民众个人。

机制上，包括以下三方面：一是在价值上，主要是对不同主体之间价值共识建构，使不同主体之间能够形成合作。二是在制度上，要建立让不同组织充分发挥作用的制度体系，使不同主体之间能够基于相应规范进行互动和合作。三是在组织上，要搭建能够有效整合不同主体的组织网络与组织架构，使不同主体能够形成合力，从而有效支持价值与制度的落实，使社会善治得以实现。

党组织主导的多元合作社会治理模式需要通过以下方式将上述两个结构有效编织得以实现的：

一是在价值上，政党要主动提出能够有效整合多元的共识性价值内容，并在具体过程中，让多方力量特别是各类社会组织参与价值内容与价值配置途径与活动开展方式等的设计和落实，使价值建构从设计到落实都能够让多方参与，从而为党组织在机制上主导奠定基础。

二是在制度上，政党要重视推动社会力量参与社会治理的制度安排，并有意识发挥社会力量的作用。同时，要重视政府在治理中的功能定位，有些领域应该推动政府转变职能，推动政府形成与社会力量合作的新的制度安排。另外，要注意发挥政党自身的治理功能，在制度设计上要多发挥这方面的功能，使其成为其他主体力量无法替代的角色。

三是在组织上，政党要推动自身组织形态转型，打造枢纽型组织形态，使其能够有效整合各种社会治理力量；政党要清醒看到政府职能推出领域，许多方面需要政党组织网络有效进入。关于这一点将在随后的内容中有详细阐述。

五、建构枢纽型组织形态以实现党的有效主导：创新基层党建组织形态与党组织主导的多元合作社会治理模式实现

对于新时期基层党建来说，复合型党群关系构建是其内在的政治诉求与本质规定，而党组织的多元社会治理模式打造是其外在的社会目的与实现方式。然而不论是内在诉求的实现，还是外在目的的达到，都要求基层党建自身组织形态必须通过建构枢纽型组织形态予以承载。

（一）构建基层党建的枢纽型组织形态：打造党组织主导的多元合作社会治理模式的要求

所谓组织形态，是指政党组织中以权力关系为基础的包括组织权力、组织结构、组织过程以及组织价值四方面内容的组织内政治生活的总和。从权力关系角度来看，复合型党群关系是指党组织与不同形态群众之间所形成的密切与有效的权力关系，而党组织主导的多元合作社会治理模式，是复合型党群关系在社会治理中体现的结果。总之，这两方面内容都只是关系到党组织外在的权力关系。而要能够使外在权力关系得到有效实现，就要求与之相关联的党组织内在权力关系与其形成有效衔接。这就要求我们必须通过构建枢纽型组织形态使基层党建能够适应外在权力关系的变化与发展。概括起来说，我们认为要达到这一目的，基层党组织就必须从以支配性为诉求的单维权力运行模式的平面化的同心型组织形态，向以引领性为诉求的多维权力运行模式的立体化的枢纽型组织形态转变。这就要求党组织必须在组织权力、组织结构、组织过程与组织价值等予以重新再造。通过枢纽型组织形态构建，党组织可以使各种社会治理资源通过其所建立的各类机制与网络，在不同对象之间实现有效对接。这样一方面可以达到党组织主导的多元合作社会治理模式得以构建的目的，从而推动了社会基层治理现代化；另一方面还可以达到党组织的领导有效性提升的目的，从而使复合型党群关系得以构建。

（二）打破体制内组织区隔与打破组织的体制区隔：基层党建枢纽型组织形态构建的关键

基层党组织构建枢纽型组织形态涉及对组织内部权力关系再造同政党组织与其之外的权力关系对接。这里我们将对其中关键权力关系的构建问题进行说明。

我们认为，在组织内权力关系构建需要重点解决的问题是打破体制内组织区隔。目前在有效整合社会方面，体制内最大障碍之一就是党组织内各部门以及党组织与群团组织之间，基于部门利益以及条块体制等而形成了工作之间区隔,无法形成合力,特别是对于相对弱势的群团组织在工作资源以及基层重视上都受到严重削弱。然而在新的条件下社会治理中群团组织作用比过去任何一个时期都显得重要,但是却无法有效得到基层党组织的支持,从而影响到党的领导有效性。因此,打破体制内组织区隔应该作为枢纽型组织形态建设的重点,具体来说应该打破以下三方面的区隔:一是打破党组织部门之间区隔,二是打破条块体制之间区隔,三是打破党组织与群团组织之间区隔。

在党组织之外权力关系构建上需要重点解决的问题是打破组织的体制区隔。我们知道,随着市场经济深化与网络社会生成,在社会中开始出现大量社会组织,标志着社会已经形成了自我组织化的能力。因此,能否有效实现对这些社会组织的整合,不仅涉及社会治理问题,而且涉及党的政治领导问题。但是由于偏见或对问题实质认识不清等缘故,许多地方党组织对这些社会组织或是排斥,或是漠视,或是只是单纯将其当作社会治理资源,或是只是强调在其中建立党组织,而没有建立相应机制将其进行有效整合,并将其转化为党建资源。因此,我们认为,在构建枢纽型组织形态时,我们应该通过构建相应机制,打破组织的体制区隔,将其转化为党建资源,不仅使其能够与党组织合作,还应该使其能够成为党服务群众的力量。

(三)在流程再造与组织再造之间:基层党建枢纽型组织形态构建的内容

从本质上来说,之所以要构建基层党建枢纽型组织形态,是由于社会结构以及人们交往方式发生了变化,导致党组织与社会之间的权力关系建构需要新的实现方式,即组织外权力关系发生了变化,由此要求党组织内部权力关系必须根据这一变化进行调整,使其能够与组织外变化了的权力关系实现形式进行衔接。由此涉及了两方面内容:一是流程再造,二是组织再造。即流程再造涉及对党整合社会的组织体系内部部门之间与组织之间,为了更好实现对外整合与社会治理的需要,而对彼此合作与互动机制和流程进行再造,即所谓打破体制内组织区隔。组织再造是在组织流程再造基础上对整个组织进行再造,涉及四方面内容:一是党组织管理权限调整与组织结构变革,二是党员管理模式变革,三是党组织边界的重新明确,四是组织功能实现形式创新。这里既涉及打破体制内组织区隔内容,也涉及打破组织的体制区隔问题。总而言之,实际上,枢纽型组织形态构建是打造基层党建升级版,不仅涉及作为一个系统过程的具体改造过程,而且涉及对政党在新的社会形态下实现形式的理解。由于基层党建涉及的领域很多,因此,我们这里只能对原理性内容进行阐述,而没有办法提出具体方案,这些方案的具体内容,必须留待对各领域分析时,再做详细说明。

六、网络重塑组织:基层党建发展与社会基层治理现代化的技术逻辑

二十多年以来,中国先后甚至可以说是同时经历了制度变迁逻辑与技术革命逻辑所导致的社会结构转型,其中后者影响相对来说更为根本。这两方面影响都对人们交往方式产生了根本性冲击,由此也要求与之互动的各类社会与政治组织也必须发生转型。市场经济到来,要求基层党建必须通过构建枢纽型组织形态才能实现党组织在社会治理中获得主导性作用,从而为复合型党群关系构建奠定了组织基础,而网络社会到来,信息技术革命使枢纽型组织构建突破了许多技术上的障碍,不仅能够支持流程再造,而且还为组织形态发展赋予了全新的内涵。

(一)政党如何适应网络社会:技术革命带来的命题

现代政党诞生于 19 世纪中叶。马克思认为,现代政党特别是无产阶级政党之所以能够诞生,除了社会和政治因素外,很重要一个原因就是,工业革命所带来的技术条件使人们的快速聚集与组织成为可能。对于无产阶级政党来说,这种技术条件因素影响体现在两方面:一是火车出现导致人口在空间上流动速度发生了革命性变化,使人们快速聚集成为可能。二是工厂化生产形式出现,使工人形成了组织化的个性和特征。这就意味着,从技术与社会角度来说,政党是诞生于工业化社会,是适应工业化社会条件下人们交往方式的政治组织。随着信息技术革命的出现,人类社会进入了网络社会,互联网不仅建构了一个网络的虚拟空间,而且使人们可以通过互联网实现

即时的跨区域的快速交往,并且能够做到基于价值、利益与兴趣而快速进行自组织化。这就意味着,组织技术因素发生了根本性变迁,同时人们交往方式也发生革命性变化。由此,也就提出了一个新的命题,作为诞生并适应于工业化社会条件下的政党能否适应以及应该如何适应网络社会? 这一命题,不仅是中国共产党遇到,而且是当今世界所有政党的共同面临的问题,于是就有西方学者提出一个学术性命题:政党究竟将衰落,还是将转型?

(二)在信息技术运用与组织再造之间:网络社会条件下基层党建发展与社会基层治理现代化的技术逻辑

对于上述命题,我们的答案是:政党将通过升级而实现转型。理由有二:一是从辩证法角度来说,新的条件出现,可能会对既有事物产生冲击,但是对那些依然还符合社会基本条件并具有相应功能的事物,更多是扬弃,而不是取消。对于政党来说也同样,网络社会的到来,对其更多的是产生改造作用,因为政党的功能依然还存在着。二是信息技术革命可以为政党有效发挥作用提供新的技术手段。在过去,由于技术条件限制,政党的许多功能,必须通过自身的实体的组织网络实现,而在网络条件下,其中许多功能可以通过互联网络来替代,这就使政党组织形态因此发生了根本性变化。对于基层党建与社会基层治理来说,我们认为,互联网技术也同样是从两方面产生影响:一是网络社会使人们交往方式发生变化,导致既有党组织许多管理方式与动员方式效果削弱,甚至失效,这就要求我们必须适应网络社会,运用信息技术对流程进行再造,以及推动组织形态创新。二是大数据技术的出现,使党组织可以利用该技术实现党员管理与社会治理的革命性变革,从而使市场经济建立对党组织所产生的影响和冲击,可以通过信息技术手段予以救济,乃至使党组织组织形态与运行方式得以升级。

(三)在全党与基层之间:网络社会条件下基层党建发展与社会基层治理现代化的组织逻辑

传统政党组织形态是在适应工业化社会过程中不断探索而形成的。在现代工业化社会条件下,政治领导与社会管理需要克服的一对重要矛盾就是超大规模社会管理与人的理性有限之间的冲突,为此,科层制就成为现代政治领导与社会管理的一个工具性模式。在政党中,科层制也通过党组织体系的建立得以贯彻。因此,各级组织有各自的权限,并且对于地方与基层来说,不同组织之间边界明晰,组织网络隶属关系清楚。正是通过具有科层制特色的组织体系构建,政党实现了对国家与社会的有效领导。然而随着网络社会到来,人们不仅生活在物理空间内,而且还活动于网络空间中,并且交往方式也因此发生变化,去区域化、去中心化等特点明显。在组织建构上,具有明显的去科层化的扁平化特征,同时,大数据等运用以及技术成本考虑等,也强调整体性把握。这就意味着,在网络社会条件下,通过信息技术运用对组织改造以及组织活动空间,应该跳出传统科层制思维,要更多强调地域性作用,甚至许多技术运用要从全国范围来把握,实现信息共享,以打破地域性与科层性的区隔。

(四)网络重塑组织:信息技术运用与基层党建枢纽型组织形态实现

从一定意义上说,我们目前所研究的问题,不是所谓简单运用信息技术实现党组织管理上的某方面突出问题,而是在适应网络社会人们交往方式以创造一种新的政党组织形态的努力。因此,我们必须对网络社会出现以来,各类网络技术对政党建设以及社会基层治理所带来的问题进行认真盘点,同时也应该对信息技术出现使政党能够对组织形态改造以及可以解决曾经无法解决问题的情况进行分析。在上述两方面工作的基础上,我们还必须对信息技术发展趋势进行预判,分析一下,这些技术出现可能会对社会变革与政党建设产生哪些影响,以及政党可能利用这些技术解决哪些根本性问题,此后提出全套推进基层党建枢纽型组织形态乃至整个政党建设的系统方案,以推动党的组织形态的转型与升级。

七、结语、国家治理现代化的政党微观逻辑

中国发展是在人类社会现代化逻辑与中国政治发展逻辑共同演绎下而取得的。市场化、全球化与网络化的深入作为现代化逻辑在当代表现对中国

社会产生了深刻影响，同时，国家治理体系与治理能力现代化作为中国政治自身逻辑在当前所提出的命题，也对中国政治与社会发展提出新的要求。马克思主义认为，经济基础决定上层建筑，国家治理现代化提出，根本目的还是为了使中国发展能够跟上时代要求，并在此过程中推动社会主义制度完善与发展。因此，在上述两个逻辑中，前者决定了后者。

基层党建与社会基层治理作为政治建设与国家治理基础环节，同样也受到了上述两个逻辑的影响。市场化、全球化与网络化成为推动其发展的社会逻辑力量，而国家治理现代化是推动其发展的政治逻辑力量。在这两个逻辑力量推动之下，基层党建与社会基层治理内在地需要创新与发展。作为政治建设与国家治理的基础环节，基层党建与社会基层治理创新不仅有社会性诉求，而且还有政治性诉求。基于社会结构转型与群众生存方式多元化，这就要求基层党建发展与社会基层治理现代化必须以构建复合型党群关系与提高党的领导有效性作为根本政治诉求。

为了到达这一目的，必须采取两方面措施：一是在社会治理上，打造党组织主导的多元合作社会治理模式；二是在基层党建上，构建枢纽型组织形态。信息技术革命到来，一方面使传统基层党建与社会治理模式受到了冲击，另一方面，也为枢纽型党组织形态构建提供了技术条件。然而更为根本的是，网络社会的到来，使诞生于工业化社会条件下的政党组织形态受到了根本冲击。因此，探索运用信息技术来推进基层党建发展与社会基层治理现代化的尝试，实际上是为全面推动党组织适应网络社会以实现党的组织形态转型与升级提供经验。

走出农村基层治理困境的政党逻辑*

近日，中共中央组织部、中央农村工作领导小组办公室、国务院扶贫开发领导小组办公室印发《关于做好选派机关优秀干部到村任第一书记工作的通知》，就深入贯彻落实习近平总书记关于大抓基层、推动基层建设全面进步全面过硬和精准扶贫、精准脱贫等重要指示精神，对选派机关优秀干部到村任第一书记工作作出安排，并明确党组织软弱涣散村和建档立卡贫困村，要做到全覆盖。虽然，这一工作是新时期扶贫工作一项举措与加强农村基层组织建设一个做法，如果从国家治理角度来分析的话，我们会发现，这一做法实际上是以政党组织力量实现对农村基层治理困境救济的一个举措，是中国特色社会主义政治运行逻辑在基层的一种生动体现。

政治的使命就在于通过建构与运用公共权力来实现秩序与推动发展。民族独立、国家统一以及现代化建设的组织化诉求与传统社会的"一盘散沙"特征之间矛盾，使中国选择了用政党力量来建立国家与建构秩序，并推动社会与经济发展。中国政治发展的历史逻辑使政党处于核心地位，在政治空间内承载着领导使命，在国家空间内扮演着执政角色，在社会空间内担负着治理任务，从而使中国的秩序与发展有着组织化基础支撑。

从社会治理角度来看，在计划经济时期，单位社会就是以基层党组织为核心而建构起来的，从而为现代化建设奠定了组织化基础。市场经济建立之后，中国基层社会治理依然还是以基层党组织为核心，通过政党力量与国家、社会的力量有效合作，保证了社会顺利转型的权力衔接，实现了转型后的基层社会生活共同体再造，使秩序与发展得以可能。政党在中国社会治理中起到特殊作用的运行逻辑，不仅体现在城市基层社会治理之中，也贯穿于

---

* 本文刊发于光明网–理论频道，2015 年 5 月 5 日。

农村基层社会治理过程。

改革开放之后，为了解决人民公社解体之后的乡村治理权力真空等问题以及适应新的社会发展要求，在一些地方自发创新与官方试点基础上，中央决定在农村村级层面实行基层党组织领导下的村民自治，并颁布了相应法律，在全国推开。这就意味着，要获得村级层面的治理有效性，就必须推动政党组织力量，法律规定的村民自治制度力量以及村级各类组织力量之间形成有机合作。不论是三者能力不足，还是三者之间合作不足，都将导致村级治理困境的出现。

随着市场经济发展，相对落后的农村地区的农民大批进城务工，特别是那些年富力强者更是绝大部分都离开了乡村，从而导致不论是村级党组织还是村级自治组织都存在难觅能干者出任干部问题，这就使村级党组织涣散、自治不力等出现。这就是所谓治理精英缺失导致治理无效的现象。其后果就是越贫穷的地方，精英越流失，治理越无效。然而由于村民自治条例规定属地化原则，从而导致作为治理主体之一的村委会干部无法从其他地方引入精英。因此，只能通过党组织网络实现治理救济。这次中组部等关于选派第一书记的做法就是，在许多地方试点基础上，在全国范围推开的一种村级治理的政党救济的举措。

这些第一书记主要从各级机关优秀年轻干部、后备干部，国有企业、事业单位的优秀人员和以往因年龄原因从领导岗位上调整下来、尚未退休的干部中选派。一方面这些干部相对于村级干部来说，有着较强的治理能力，从而实现治理能力的救济；另一方面这些干部进村不仅是单个干部，而是一个单位或机关作为背书的，可以为这些乡村整合大批各类资源，从而实现资源救济。比如，著名的安徽省凤阳县小岗村的第一书记沈浩同志，就是省财政厅的一位副处级干部，具有较强领导能力与敬业精神，同时长期在省城与财政厅工作，有着广泛社会资本，从而为其能够在小岗村做出成绩奠定了主客观基础。

当然，救济毕竟是救济，关键在于要通过这一做法必须推动当地治理的自我造血能力。这是老话题，但是依然是新任务。如何解决，除了各显神通外，还要有整体性部署，这也是国家治理能力现代化的一种体现。

从社会权力衔接到生活共同体再造[*]
——改革开放以来中国社区治理发展的历史逻辑

改革开放以来,中国社会发生了巨大转型与变化,但是并未因此而发生社会崩溃,究其原因,我们发现一个重要机理:党和政府根据社会转型的不同时期,通过保证社会权力的有效衔接和有机合作,避免了由于社会转型而出现社会层面的权力真空和权力严重冲突现象。社区作为中国城市社会的基础结构之一,上述逻辑也在其中得以演绎,使社区治理在发展过程中经历了从社会权力衔接到社会生活共同体再造这一历史过程。

一、市场经济体制建立与单位体制衰微

走向现代化是中国社会发展的内在诉求,同时,现代化要求社会组织化,但是传统中国社会却是以小农为基础,呈现"一盘散沙"的状态。为了克服这一矛盾,中国共产党在 1949 年之后,参照苏联模式,在宏观上建立了以国家计划为主要调控手段的计划经济体制,在微观上建立了以基层党组织为核心的单位体制,从而使中国社会获得了高度组织化,为中国现代化建设奠定了基础。但是计划经济和单位体制,虽然解决了中国社会组织化的问题,却无法解决中国社会创造力的问题。因此,在总结教训的基础上,中国共产党决定实行改革开放政策,并在 1992 年的党的十四大上提出了建立社会主义市场经济体制。市场经济体制嵌入,使中国经济领域中的所有制结构和经济组织模式都开始发生了重大变化,进而导致了单位体制不断衰微。随着

---

* 本文写于 2014 年 4 月 28 日。

单位体制衰微,社会开始进入了全面转型阶段,即在宏观上从计划经济体制向市场经济体制转变,在微观上从单一单位体制向多元社会结构转变。

二、社会转型与社区治理提出

所谓单位就是指以基层党组织为核心而构建起来的集生产、生活、文化与政治为一体的社会微观共同体。在单位体制下,与民众关系密切的各类事务都由单位来负责解决。因此,以单位体制为基础而建构起来的社会是具有高度组织性和秩序性的。然而随着市场经济体制建立,特别是随着20世纪90年代中期的大量国有企业转制,单位体制开始进入了快速衰微阶段,原来由单位包揽的各类事务,就被抛到社会。由于这些事务中的绝大部分内容是与民众安身立命有关,因此单位体制衰微,意味着这些事务需要有相应的机制予以承接,否则社会秩序就可能因此而发生崩溃。

市场作为配置资源和满足需求的一种机制,对从单位体制释放出来的许多事务可以承接,但是由于单位体制所包揽的事务是全方位的,因此依然有相当多的事务从本质上来说是市场无法解决的,甚至还存在着许多市场本可以解决但由于社会快速转型导致其短时间内无法解决的事务。这就意味着必须有其他的机制予以化解。从市场经济发达的国家经验来看,化解市场能力之外事务或是弥补市场不足,主要由两个主体来完成:一是政府,二是被称为第三部门的社会组织。从基层社会层面来看,主要是通过发挥社区这一空间,整合各种力量来达到解决民众问题的。现实困境和他山之石都告诉中国,在单位体制衰微和社会转型时期,我们对社会的管理模式不能遵循传统思路,而必须进行创新。

恰巧在这时,随着单位体制衰微以及房屋产权性质变化和居住人员多元化等因素出现,原来依附于单位的,人们居住和生活的空间逐渐与单位脱钩,开始逐渐成为一个独立性较强的多功能的城市社区。为此,1991年官方提出社区建设概念,强调要通过政府与社会各种力量合作,使社区具备在社会转型条件下处理各类社会问题的能力。这意味着中国在社会管理方面,开始走出由政府包揽一切的管理模式,并着手于新的模式的建构。这一新的模式在学术界被称为"社区治理"。

三、社区居民自治与社会权力衔接

1992 年党的十四大做出建立社会主义市场经济体制决定之后，中国城市改革和经济体制改革的步伐都进一步加快，单位体制衰微速度也因此得以提高。这就意味着，有大量的单位人成为社会人，相伴随着大量事务需要转移到社区中来，其中，许多事务是刚性内容，如再就业、低收入和失业者的生活保障等问题。这对于政府以及刚刚生成的社区来说，无疑都是一大挑战。从学术角度来说，这就意味着，在社会转型期中，必须保证社会事务之间的衔接，其背后相伴随着需要有新的权力主体生成，并进行权力衔接。在上文中我们已经提到，这些事务中一部分可以由市场来解决。但是对于许多在社会转型中而成为弱势的人群来说，许多问题是市场无法解决的，只能由政府或社会予以解决。历史教训和他国经验都告诉我们，再由政府包办，其效果必然不佳。因此，必须走政府与社会合作的道路，及通过社区治理模式来完成。

社区治理模式强调的是政府与社会合作，但是在 20 世纪 90 年代初期和中期，虽然经济体制改革十分迅猛，并取得许多成效，但是在社会领域方面，各类社会组织，特别是社区内各类社会组织尚未大量生成。因此，在寻求社会组织合作的对象上，自然确定在既有的并与政府具有长期密切关系的居委会身上。但是在过去的时间里，由于大环境的影响，居委会已经严重行政化。因此，改造居委会，使其能够适应新的要求，就成为党与政府的现实选择。同时，社区治理模式也要求社区内部管理，要更多体现居民意志，从而使社区具备独立承担起自我管理的能力。在上述两方面诉求的共同推动下，推动社区居民自治步伐就开始加快了。因此，许多城市就将推动居委会直选作为其中最重要的切入点。

然而随着社区居民自治工作在政府主导下快速推进，人们却开始发现，社区居民自治工作越来越陷入困境，那就是，真正关心社区的居民主要是离退休的老同志以及弱势群体成员，同时选举出来的居委会却在做着大量政府的事务。之所以会有如此负面感觉,是人们用理想化的社区居民自治标准来衡量后而产生的。如果我们从上述的逻辑分析来看,实际上,这一时期社区治理的目标已经达到了。因为对于社会来说,社会转型初期最重要的使命是保证从单位体制中转移出来的事务和权力,能够有相应的主体予以承接,从而保证社会的整体稳定。同时,能够按照市场经济条件下的社会治理模式由政府和社会合作完成。如果以此标准来衡量的话,我们就可以看到,通过推进社区居民自治特别是改造居委会,已经初步达到居委会由原来严重行政化倾向的组织变为必须兼顾政府要求和居民意志的组织,从而能够做到基本承担起权力衔接的职责。由此,我们也可以理解为什么20世纪90年代至今对社区居民自治比较关心的人员主要是老人和弱势群体成员,因为其他强势的社区居民的需求和利益可以通过市场以及新的工作共同体来满足,而老人没有新的工作共同体,市场却无法解决弱势群体的根本需求,他们只能靠社区来予以满足。

四、社会转型的深化与社会生活共同体建设的提出

如果说在20世纪90年代后期以及21世纪头几年,人们将居民自治不够到位当作社区治理的一种困境,只是一种主观错觉的话,那么从21世纪开始由于社会转型进一步深化所带来的社区内部新的变化而导致对社区治理的挑战,才是具有实质性意义的困境。这一困境主要是社会发展和技术革命两方面宏观因素对前一阶段社区治理结构和治理机制的冲击而产生的。具体来说,主要包括两方面内容:

第一,社会发展导致社区内部基于利益和兴趣等所形成的多元组织化载体对既有社区治理主体的挑战。随着社会主义市场经济体制逐渐完善和城市建设步伐加快,各种档次的商品房社区大量涌现,由此带来了两种后果:一是基于房产所有权而形成的业主委员会在法律支持下纷纷建立,二是基于居民兴趣而形成的各类社区团队大量产生。由于业委会具有法律和业主的基础,因此作为正式组织成为社区治理结构中的重要组成部分。但是业委会出现后,如何处理好与居委会的关系以及业委会如何发挥作用,已经成

为每个城市社区治理的一个共同问题。在一些社区中,业委会与居委会之间产生严重对立,从而导致社区治理危机出现。同时,在许多社区中,业委会不作为或是乱作为的现象也屡有出现,导致居民与业委会之间陷入紧张关系,但是居委会等其他组织又不愿意或不知如何干预,也因此使社区治理陷入危机状态。另外,基于兴趣而产生的各类团队在每一个社区中都或多或少存在着,居委会如何处理好与这些团队之间的关系以及团队与团队之间的关系,也成为社区治理中一个新问题。许多居委会认为他们只是自娱自乐的群体,忽视他们作为社区治理结构主体的地位,甚至一些居委会还十分排斥这些团队,认为他们是麻烦制造者,从而导致社区与居委会之间紧张关系的出现。

第二,网络社会生成导致虚拟社区及其治理主体对物理社区及其既有治理主体的挑战。从21世纪初开始,中国进入了互联网时代,宽带普及导致网络社会的生成。网络社会的到来对社区治理也产生了巨大影响,其最典型的现象就是大部分新建的居民区在许多房产网站或是独立组建的网站上设立有业主论坛。业主论坛和社区独立网站的出现,使社区治理模式开始发生了新的变化:一是业主论坛成为青年居民讨论社区问题的公共空间,从而使社区不同年龄人分裂地处于两个空间中活动,青年居民活跃于虚拟社区,而物理社区主角主要是老年人。二是基于社区论坛等虚拟空间中的版主以及其他活跃分子组成的社区组织不断生成,并开始要求参与社区治理。三是在虚拟社区形成之后,许多年轻人通过网络空间探讨社区治理问题以及组织各类活动,使业主论坛成为推进社区建设以及推动社区组织化的重要工具。但是由于传统居委会等社区组织尚未意识到虚拟社区的影响力和现实功能,一些居委会对其采取漠视或排斥的态度,甚至在一些社区中通过虚拟社区形成的社区组织与居委会之间,由于观念等差异而导致了双方严重对立。

上述现象说明了随着社会转型的深入,社区内部开始出现基于不同利益和兴趣而形成的再组织化的工作,但是由于这一过程对之前社区秩序建构方式产生了挑战,从而使社区内部存在着冲突和矛盾。这也从另外一个角度说明了,随着社会转型的深入,社区所应承担的使命就不仅是社会事务和社会权力衔接问题了,而是应该承担起多元化社会中各种利益群体以及不同新聚合在一起的人们之间有机团结的任务。鉴于上述理由,党的十七大报告明确提出，今后社区建设的主要任务就是要把社区建设成为社会生活共同体。社会生活共同体概念的提出，意味着社区治理进入一个新的历史阶段。

五、社会生活共同体建设与社区治理理念创新

社会转型的深化之所以会出现社区治理这样或那样的危机，除了社会转型导致社区新的治理主体和治理机制出现，对既有主体和机制产生冲击之外，还有一个很重要的原因就是，由于新的和既有的治理主体和治理机制是基于不同的诉求和逻辑下产生的。因此，这些各方主体中的成员之间都存在着线性的思维模式，即各自领域内的事情，不需要其他主体干预或过问，从而导致彼此间不愿意合作，最终使社区治理陷入危机。

社会生活共同体概念的提出，就意味着社区治理主体之间必须通过建立新的互动机制，使各个主体的利益得到尊重，在合作过程中发挥各自作用，从而推动社区各组织和各成员之间的团结，最终达到社区有机化的目的。

根据这一要求，首先要求各级党组织和政府以及居委会，必须转变观念，要认识到社区治理已经进入了一个新的历史时期。同时，还应该认识到社区新兴的组织生成的事实，自觉地将它们纳入社区治理结构中来，并充分尊重它们的利益，发挥它们的作用。

其次，各级党组织和政府以及居委会要充分认识到，以业主论坛等虚拟社区在网络社会条件下对社区治理的革命性作用。一是要认识到要将社区建设成为社会生活共同体，很重要的一点就是必须就一些公共话题进行充分沟通而形成的共识，业主论坛等虚拟社区恰恰能够起到这一作用；二是社会生活共同体是不能排斥社区中的年轻人，而在现实中，物理社区中所活动的主体主要是离退休老人，长期以来年轻人被认为是不关心社区生活的。虚拟社区的形成，证明了年轻人实际上是非常关心社区生活的，只是传统社区治理模式和活动内容对他们缺乏吸引力，而虚拟社区却能够弥补这一不足，吸引了大量年轻人。因此，只有很好发挥物理社区和虚拟社区两方面空间，才符合将社会生活共同体建设的要求。三是虚拟社区中活跃主体主要是年轻人，而年轻人是最具有创造力和生命力的，因此充分发挥虚拟社区作用将

对提高社区治理质量有着十分重要的意义。

最后,在构建新的社区治理结构和运行机制过程中,我们必须充分认识到党组织在新的条件下所具有的现实优势,使之能够成为将社区建设成为社会生活共同体的现实基础和支撑力量。一是由于居委会和其他新兴社区组织之间由于生成逻辑之间差异,导致居委会在社区中有可能与其他各类组织之间存在着冲突。但党组织可以凭借其执政党基层组织的政治优势,可以在这一新的社区治理结构和运行机制中扮演着领导者的作用。二是党组织自身有着占成年居民中一定比例的党员,同时,政党的外围组织也有着自身组织成员,他们都分布在不同年龄段、不同群体中,使政党组织网络嵌入社区的方方面面。三是党组织及其外围组织可以发挥其成员来组织各类社区组织。这就意味着,只要社区党组织积极转变观念,并推动党组织自身发展,通过自身努力,党组织领导下的多元合作模式将会是社区治理的发展方向。

第六部分　国家治理现代化与群团改革

建构党的群团工作新常态*

在革命与建设过程中，中国共产党形成了一套联系与组织人民群众的方式，一方面通过政党自身组织直接联系与组织群众，另一方面通过建立或整合与社会各阶层有着密切联系或体现利益代表的群众组织，来实现对人民群众的联系与组织。后者就是党的群团工作。中央近日印发的《关于加强和改进党的群团工作的意见》，正是针对群众工作手段的一次重大改革。

历史唯物主义认为，人民群众的交往方式与生存形态在不同历史条件下存在着差异，从而决定着党的群团工作组织方式与工作手段必须进行针对性的调整与发展。改革开放以来，中国社会结构发生了巨大变化，第一次社会结构转型，来自改革开放与市场经济体制构建，是基于制度创新所引起的社会结构转型；第二次社会结构转型，来自全球化与市场化加剧，是基于技术革命所引起的社会结构转型。

为了应对第一次变化，中共中央在 1989 年 12 月下发了《关于加强和改善党对工会、共青团、妇联工作领导的通知》，提出充分发挥工青妇等群团组织的作用。当时整个社会还处于计划经济向市场经济的过渡阶段，市场经济尚未成为主导力量，社会分化程度不明显。因此，壮大工青妇功能的改革收效明显。

经过二十多年的发展，中国正在经历市场经济和网络社会所带来的双重社会结构转型。同时，现代国家治理形态的各要素也基本生成，进入了全面深化改革阶段。在这种情况下，传统的单位社会正在解体，社会成员生存形态从单位化向原子化转化，个体主体性大大增强，导致传统群团组织整合

---

* 本文刊发于《人民日报》，2015 年 2 月 6 日第 5 版。

群众的社会基础开始发生变化。许多企事业单位的工青妇组织,功能严重缩水,甚至一年只能操办几个节日的联欢,而大量的社会成员难以找到体现诉求和实现集合的有效乃至合法组织。

正是在这样的背景下,这次文件所涉及的群团组织已不再局限于工青妇三家,而是以工青妇为代表的既有群团组织。中央还进一步对群团工作提出了"只能加强,不能削弱;只能改进提高,不能停滞不前"的新要求。人民群众的交往方式与生存形态已经发生根本性变化,国家治理现代化的全新目标也已经确立,这都要求党的群团工作必须适应新变化,建构新常态。

网络时代的社会成员趋于从原子化向自组织化转变,利益诉求也产生了新的表达方式。为了最大化盘活既有的群团组织资源,实现差异化联系不同群体的人民群众,新时代的群团组织必须克服机关化和脱离群众等现象,主动适应市场经济带来的变化,主动适应网络社会带来的挑战。不仅坚持围绕中心、服务大局,还要坚持服务群众,并将服务群众上升到工作生命线的高度。

发展党的群团组织是
国家治理现代化的必然要求*

中央党的群团工作会议 7 月 6 日至 7 日在北京召开，这是历史上第一次党的群团工作会议。中共中央总书记、国家主席、中央军委主席习近平出席会议并发表重要讲话。学习贯彻习近平在中央党的群团工作会议重要讲话精神是当前和今后一个时期群团工作的首要任务。

政治本质使命在于保证秩序与发展的实现，而秩序与发展实现有赖于价值、制度与组织三个机制作为支持，因此价值、制度与组织就构成了任何政治形态有效运行的机制性体系，也同样构成中国特色社会主义民主政治的支持机制。国家发展的历史逻辑与党建国家的政治逻辑，使组织要素成为中国特色社会主义民主政治中最重要的支持性机制。在中国政治发展逻辑作用下，群团组织成为中国共产党有效领导和整合社会的组织体系中的重要组成部分，由此就使党的群团组织成为中国特色社会主义民主政治最重要的组织化基础之一。国家治理现代化提出，标志着中国特色社会主义政治形态发展到了一个新的阶段，这就要求党的群团组织也应该随之进行创新与发展。

一、国家治理现代化与中国特色社会主义政治发展

鸦片战争爆发标志着现代化浪潮对中国的袭击，也导致了古典政治文明逐渐走向崩溃。辛亥革命之后，中国选择了以政党领导人民建立现代国家

---

* 本文刊发于光明网–理论频道，2015 年 7 月 8 日。

的党新国家的路径来构建现代政治文明形态。经过历史与人民选择,中国共产党承担起了这一历史使命。在具体执行过程中,作为马克思主义政党,中国共产党结合中国实际,在中国建立了作为具有与现代文明相匹配的社会主义国家和社会。为了克服"一盘散沙"社会与现代化建设对组织化诉求,中国建立了计划经济体制与单位社会体制,从而为现代化建设奠定了组织化基础。为了使现代化建设获得可持续发展内在动力,党的十一届三中全会做出了改革开放决定。随后,在党的十四大、十五大、十六大和十七大上分别做出了社会主义市场经济体制、依法治国的决定以及提出了"三个代表"和和谐社会建设,从而标志着作为现代政治结构要素的现代市场、现代国家、现代政党与现代社会基本生成。但是对于整个政治发展来说,还存在着两方面问题:一是各要素功能尚未充分发展,二是各要素之间内在有机化尚未生成。党的十八届三中全会就做出了基于顶层设计,全面深化改革,推进国家治理体系与治理能力现代化的决定,从而标志着中国特色社会主义政治建设从要素生成阶段进入了整体发展阶段。

二、党的群团组织:中国特色社会主义民主政治重要的组织化基础

传统社会的"一盘散沙"与现代化建设、民族独立与国家统一等任务对组织化的诉求,使中华民族先是选择了军队,后选择了通过政党领导人民来驾驭军队,实现建立现代国家的路径。这就意味着相对于价值与制度来说,组织化机制在创建中国的现代政治过程中具有相对优先地位,或者说在相当长时间内,组织化机制处于轴心地位。中国共产党建立之后,组织与动员社会,主要是通过两种力量:一是军事力量,二是政治力量,前者服从后者。在政治力量中,主要是通过组织化力量,而政治组织化力量包括中共自身力量以及统一战线力量。这就是毛泽东所谓的民主革命时期的"三大法宝",即党的领导、武装斗争和统一战线。其中,中共自身力量包括两方面:一是中共政党自身力量,二是政党建立的群众组织(其中最重要的就是工青妇组织)。统一战线力量也包括两部分:一是各民主党派的力量,二是其他支持或认同

中共的政治或社会组织。新中国成立之后,我们将其中政党之外的具有代表性的组织化力量经过有效改造与规范后,统称为党的群团组织,作为政党联系相应阶层与群体的群众的组织性与制度性渠道与网络。由于这些组织社会性比政党来得更强,那么从理论上说,群团组织可以更为细化和针对性地联系与服务群众以及反映群众意志。因此, 在中国特色社会主义民主政治中,群团组织就成为除了政党之外最重要的组织化基础。

三、国家治理现代化对党的群团组织提出了新要求

新中国成立之后,我们之所以要建立计划经济体制与单位社会体制,除了意识形态因素之外, 很重要的原因就是为了给现代化建设提供组织化基础,因此在当时整个社会被高度组织化,呈现"一元一体"状态,中国共产党的组织逻辑成为整个社会运行逻辑。在这背景下,社会多元性与多样性消失了, 因此群团组织作为差异性联系与针对性反映的功能也就严重退化或甚至消失。改革开放之后,随着社会多样性出现,社会多元化也开始生成,这就意味着群团组织功能恢复有了外在环境需求。然而这种多样化与多元化在市场经济建立之前只是有所呈现,但尚未深化。为此,为了适应改革开放所带来的社会初步发展的需要,中共中央在 1989 年下发了关于加强工青妇工作的文件。之后 25 年,作为现代国家要素的现代市场、现代国家、现代政党与现代社会基本生成,同时,全球化和网络化的冲击也同时到来。这就意味着,不仅社会多元性和多元化已经深化,而且国家与政党发生了新的发展。因此,国家治理现代化提出,对于党的群团组织来说,不仅要求其必须全面恢复应有的功能, 而且还必须根据新的形势和新的条件, 推动组织形态创新,使这些功能得到充分开发和落实,并在新的历史条件下,还要寻求新的功能。为此,2014 年,中共中央下发了《进一步加强和完善党的群团工作的意见》,所涉及的群团组织,也从工青妇三家拓展到了全部党的群团组织,并在2015 年 7 月召开了中共历史上的第一次党的群团工作会议。

四、推动党的群团组织发展与重塑中国特色社会主义民主政治的组织化基础

由于党的群团组织是中国特色社会主义民主政治的重要的组织化基础，因此，如何开发党的群团组织功能，推进其组织形态创新与发展，就必须将其放在整个政治结构空间内，即国家治理体系中来把握。具体来说，就是围绕着群团组织与中国共产党、群团组织与政协、群团组织与国家机构与制度（立法、行政与司法）、群团组织与市场、群团组织与社会（包括媒体与各类社会组织等）而展开，全面深化改革与这些要素之间的制度机制、组织机制与价值机制，并充分考虑全球化因素以及互联网因素，在此基础上，对群团组织的自身运行机制与组织形态进行全面创新，从而使群团组织能够有效实现做到有效联系其所联系的群体，反映其所联系的群体的权益，在新的历史时期，为党夯实群众基础。

党的群团改革将进一步夯实
中国特色社会主义民主政治的组织基础*

　　2014 年 12 月，中共中央下发了《关于加强和改进党的群团工作的意见》。2015 年 7 月中央党的群团工作会议召开，习近平总书记出席会议并发表重要讲话。11 月 9 日，中央全面深化改革领导小组第十八次会议审议通过了《全国总工会改革试点方案》《上海市群团改革试点方案》《重庆市群团改革试点方案》。11 月 20 日，中共上海市委举行党的群团工作会议，部署了上海市群团改革工作。从上述过程来看，一方面是中央相当重视这一次群团改革工作，另一方面是推动群团改革工作也是相当慎重的。通过综合分析已经公布与深度报道的资料，以及根据中国政治发展内在规律，我们认为，中央之所以如此重视与慎重地对待群团改革，是因为加强与改进党的群团工作是国家治理体系与治理能力现代化的重要组成部分，推动党的群团组织改革的成功实现，将有效夯实中国特色社会主义民主政治的组织基础，同时也将为进一步全面创新党的建设提供改革经验。当然，在现实推动群团改革过程中，一定要慎防将本次改革简单理解为一场群团组织的机构改革，否则将错过了一次重要机会，不论是对党组织来说，还是对群团组织自身发展来说，都是如此。

---

　　*　本文刊发于光明网–理论频道，2015 年 11 月 23 日。

一、党的群团组织改革是夯实中国特色社会主义民主政治组织基础的重要举措

作为后发国家,在从古典向现代转型过程中,中国选择了用政党力量来领导人民建立国家的现代政治文明构建的路径。在革命年代,在马列主义的指导下,中国共产党凭借着统一战线、武装斗争与党的建设的"三大法宝"有效地将人民组织起来,取得革命胜利。其中,群众组织就成为"统一战线"与"党的建设"中,中国共产党组织人民群众的重要组织化手段。新中国成立之后,经过整顿,工青妇等党建性的群团组织与其他一批统战性的群团组织,成为中国共产党与新政权联系群众的体系性的组织载体,从而使这些群团组织成为中国政治体系一个重要组成部分;从另一角度来看,也成为中国特色社会主义民主政治的重要组织基础。

随着社会主义改造的结束,计划经济体制与单位社会体制使中国社会呈现高度组织化状态,从而使社会结构与群众生存形态的多样性大大减少,群团组织功能也因此严重萎缩。改革开放之后,社会主体性与多样性都开始生成,一方面要求中国共产党与国家政权必须回应这一变化的要求;另一方面也对群团组织发展提出了新要求,内在要求群团组织功能必须被激活。因此,1989 年 12 月,中共中央下发了《关于加强与改善党对工会、共青团与妇联领导工作的意见》。

随着社会主义市场经济体制建立与发展以及网络社会的到来,社会主体性与多样性进一步加强,以及国家治理现代化命题被提出,这意味着中国特色社会主义民主政治建设进入到一个新的阶段,内在要求群团组织,必须充分开发其联系群众的体制性的组织载体的功能,这就要求,群团组织必须克服其"机关化、行政化、贵族化与娱乐化"的倾向,推动其组织形态全面创新,适应时代和社会要求,全面回归党的群团组织特性,提升其联系与服务群众的能力。为此,中共中央就在 2014 年 12 月下发了《关于加强和改进党的群团工作的意见》,并在 2015 年 7 月份召开了史无前例的中央党的群团工作会议。

二、突破传统体制与固化制度,回归党的群团组织特性,增强组织整合能力

在计划经济时期,所有单位与组织都被纳入体制之中,而后以国家行政体系中的所谓职级予以建构秩序,群团组织也同样被纳入其中。市场经济体制建立之后,为了推动依法治国,群团组织干部管理也开始先是参照公务员管理,后来索性完全纳入公务员管理。这实际上就是将计划经济时期的逻辑,在新的条件下,以所谓法治方式予以固定下来。由于公务员是遵循科层制逻辑,以执行上级与遵循制度为原则,再加上"逢进必考"原则,这就使群团组织自然就制度化与体制化地"机关化与行政化"了。

科层制逻辑,是在公务员系统内,干部与官员的升迁决定于上级,于是"被上级认知",成为升迁的关键。因此,活动就必须以能否邀请到上级以及更上级的领导参与,从而使其认知与肯定作为成功标准;而领导参与机会并不很多,只有足够规模的活动,才能邀请到领导,因此追求形式化的所谓"娱乐化"倾向就出现了。长期以来,制度化吸纳的对象更多是精英人士,同时形式化追求效应的活动也要求精英与名人参与才能达到,因此所谓"贵族化"倾向也就在群团组织中出现。

然而"机关化、行政化、贵族化与娱乐化"就使群团组织开始脱离最大多数的群众,从而威胁到党的群众基础巩固。因此,在社会主体性与多样性快速增强背景下,推动群团组织回归其"政治性、先进性与群众性"就成为群团改革首要目标。

从上海试点方案来看,将从组织体系、队伍建设与运行机制三方面改革群团组织,并以推动群团机关扁平化、探索群团干部队伍建设新模式以及强化群众监督等为重要突破点,来解决上述问题。

第一,要建立"小机关、强基层、全覆盖"的群团组织体系。推进群团机关扁平化改革,根据方案,上海市工青妇机关内设机构精简幅度不低于25%。基层一线人员在工会、妇女代表大会代表中应占80%以上,在全委会(执委会)委员中应占40%以上,在常委会委员中应占15%以上;在共青团代表大

会代表中应占 80% 以上,在全委会委员中应占 50% 以上,在常委会委员中应占 30% 以上。同时,在推动建立完善条块结合、全面覆盖的群团组织体系,以及加强基层力量上提出了对策。

第二,要以"领导班子专挂兼、专职干部遴选制、基层队伍多元化"推进群团工作队伍建设。不唯年龄、学历、身份、职级选拔群团干部。选优配强上海市、区县两级工青妇等群团领导班子,其中专职人员不超过 50%,挂职、兼职干部各占一定比例。建立"2+1"群团机关工作队伍,"2"指群团机关专职干部和选派的挂职干部,"1"指群团机关工作志愿者,按照不少于精简的编制数,配备挂职干部和机关工作志愿者力量。市、区县两级工青妇等群团机关专职干部一般从基层群团组织、企事业单位、社会组织中遴选。

第三,建立健全"群众化、社会化、网络化"的群团工作运行机制。明确群团组织基本定位和职能,抓住群众"痛点",贴近群众需求,建立群团基层组织和基层群众需求调查制度。针对不同考核对象确定差异化的评价规范,以群众知晓度、参与度、满意度为重点。

三、适应时代发展与社会要求,创新党的群团组织形态,增强组织服务能力

虽然党的群团组织建立于革命年代,却整顿并发展于计划经济时期,在市场经济时期虽有创新。不过在地方与基层长期以来重视经济建设,轻视党群工作的现状,导致了群团组织创新更多只是渐进性适应,而没有完成跨越性发展。因此,随着市场经济进一步发展以及网络社会的生成,群团组织的组织形态越发赶不上时代发展与社会要求。这就意味着,根据变化了的社会结构状态与民众生存形态,推动组织形态创新,以提高其服务群众的能力,就成为党的群团组织改革的重点内容。

在上一点叙述中,我们已经对改革试点方案中的全面内容作了概要性介绍,这里将围绕创新党的群团组织形态所涉及的一些重点内容进行说明。

第一,在制度上,力求打破体制性区隔。一是打破旧的制度限制,在干部选拔上,探索群团组织干部建设模式,突破传统干部与公务员选拔与管理模

式,在选拔任用上、职务与级别上都有了重大突破。二是打破体制内外区隔,让社会组织负责人等所谓体制外人员可以兼任群团组织领导以及工作人员。三是打破机关人员管理模式,让志愿者参与机关工作。四是强化自下而上的工作任务、工作项目形成机制和工作评价机制,让群众以及各类社会力量参与其中。

第二,在主体上,力求整合社会力量。随着社会结构多样化,并且社会成员的单位化、原子化与自组织化并存的现象出现,社会主体性大大增强。因此, 能否有效吸纳这些发展了的社会力量以及差异化吸纳与服务这些对象就成为政治建设重点之一。诚然,我们可以利用制度方式来吸纳,同样也可以用组织方式来吸纳, 这次群团改革就是力求用组织方式来最大化实现吸纳的目的。从上海市群团组织改革试点方案中,我们看到,不论是在各级群团组织领导班子,各级常委会、委员会以及代表大会的成员,都扩大了基层代表比例,并且还专门提到要将一定比例给社会组织,机关人员中还吸纳了各类志愿者。同时,还在机制上强调与社会力量对接的内容。

第三,在重点上,力求力量倾斜于基层。群众在基层,因此,力量就必须放在基层。从改革试点方案中,我们发现,有一系列举措围绕此而展开:一是在组织设置上,二是在人力配备、资源使用上,三是在干部选拔上,四是创新内容上,都将重点放在基层。

第四,在手段上,力求充分运用互联网技术。从改革试点方案中,我们发现,一方面重视充分运用网络技术来达到扩大宣传等;另一方面,还积极探索适应网络社会的群团新的组织形态。提出既要建设网上阵地,也要打造网上群团。

四、改进领导方式与保障机制,提升党的群团组织信心,增强组织创新能力

导致群团组织的"机关化、行政化、贵族化与娱乐化"倾向出现,其原因首先必须在群团组织身上来寻找,但是我们同样也必须看到,其中相当一部分原因是由体制性因素以及党组织对群团重视不够和领导方式创新不足造

成的。因此，为了推动群团组织改革顺利进行以及保证群团组织能够顺应时代新要求，改进党的领导方式与创新党与政府对群团组织的保障机制，就成为一项重要内容。

为此，上海改革试点方案，明确提出要建立"领导有力、支持有力、保障有力"的体制制度。完善领导制度，改进领导方式，尊重群团工作特点规律，积极发挥群团组织在治理体系中的独特优势和功能，支持其创新性开展工作，并建立相应制度与机制来保证落实。同时在经费使用以及用人等机制上，也要根据群团工作特点以及这次改革要求进行创新。我们有理由相信，通过改进党的领导方式与相应的保障机制，群团组织才能在创新上甩掉既有的一些包袱与障碍，有了很大信心。

五、要防止将党的群团组织改革仅仅当成一场机构改革

正如中共中央政治局委员、上海市委书记韩正在上海群团工作会议上所说的那样："这次群团改革是一次深刻的自我革新。"因此，干部管理将成为此次上海群团改革试点的重要突破口，旨在改变群团组织干部与党政机关相同的管理模式、配置系列、培养选拔方式，由此来带动整个群团组织改革。但是我们也必须看到，这一突破口具备着两面性：一方面，可以由此来撬动群团组织性质回归以及群团组织形态创新；另一方面，由于涉及领导机关的具体的人员问题，因此，在改革初期以及随后一段时间内，人们的注意力更多的是停留在机构改革与人员调整上，而忽视了群团改革的整体性与全面性内容，而只是将此次改革单纯理解为一次机构改革，甚至人为地将其降为一次机构改革。

对此，我们认为，应该在群团改革试点开始落实之初，就应该充分估计到上述两面性，并且在具体分项的细化方案中针对性予以预防，否则就可能导致改革的最终目无法获得彻底实现。同时，我们也要看到，群团改革工作是一个永远的进行时，必须根据变化了的时代发展与社会要求不断推进，不可能做到一劳永逸，我们甚至可以判断，许多改革措施刚刚实施不久可能就会在一些地方开始过时了，这就需要我们不断进行创新。

六、党的群团改革应该为全面创新党的建设创造经验

作为中国特色社会主义民主政治的组织基础之一,群团组织建设是党的建设的重要组成部分,因此群团改革也是党的创新与发展的一个重要组成部分。由于社会结构与群众生存形态变化,首先引起了与其联系最为密切的群团组织的不适应,因此群团组织改革就成了一项急迫的任务。然而群团工作毕竟还只是党的群众工作重要的组织载体之一,党的自身组织才是其中根本,社会与群众的变化,归根结底要求党组织也必须进行全面创新与发展。

不过,通过推动群团组织改革,可以从多方面为全面创新与发展党的建设服务:一是群团组织改革,本身就是党的建设创新与发展的一个重要组成部分;二是相对于党组织自身创新与发展来说,群团组织改革的风险与机会成本更小一些;三是由于党组织创新与发展涉及内容比群团改革来得多。因此,群团改革可以为党组织创新与发展提供经验。

群团组织建设是党的建设重要组成部分,同时,推动国家治理现代化要求党组织自身也必须创新与发展,因此不论是单纯推动群团组织发展,还是以此为基础进一步推动党组织创新与发展的需要,我们都应该保证群团组织改革的成功。从这一角度上说,群团改革的意义已经超出了群团组织本身了。

以有效支持存在：群团改革的基层逻辑*

　　工青妇等群团组织是中国政治体系的重要组成部分，是党与国家沟通与联系社会的制度性与组织性渠道与安排，是保证中国政治有效运行的重要支持，也是中国社会健康发展的内在机制。群团的基层组织，是群团组织连接其所联系对象的终端网络，基层组织能够发挥有效作用，关系到相应群团组织功能的正常发挥。然而改革开放之后，群团的基层组织建设，一直被"有效与存在"之间张力所困扰。我们认为，群团改革必须面对这一问题，并且必须解决这一问题，使基层组织实现有效与存在的有机统一，为群团组织的功能有效发挥奠定基础。

一、功能有效与组织存在的双重困境：改革开放以来群团组织基层建设的问题

　　所谓群团组织是指新中国成立之后，在党的领导下，由党和国家所建立或整合的，并被作为党和国家沟通与联系社会的制度性的群众团体，是中国政治体系的一个重要组成部分。这些群团组织是在不同历史时期，党为了有效团结与联系人民群众而推动建立或整合的。有的群团组织是在新中国成立之前建立与整合的，成为民主革命取得胜利的"三大法宝"中的"统一战线"与"党的建设"的重要组织性内容与组织化手段，是党团结与联系人民群众的重要组织载体。有的群团是 1949 年之后，对 1949 年前已有的群众组织进行整顿，并根据工作需要新建立一些群众组织。在此基础上，将其中部分

---

　　*　本文刊发于《中国党政干部论坛》，2016 年第 7 期。

群众组织作为党和国家沟通与联系社会的制度性与组织性渠道纳入政治体系中,于是这些被纳入政治体系中的群众组织,就被官方称为群众团体,简称群团或群团组织。改革开放之后,随着形势发展与工作需要,又建立了一些群团组织。

虽然这些群团组织在联系对象与组织特性上存在着一定程度的差异,但是需要有联系其所联系对象的组织通道却是共同的,这就是需要建立相应的组织体系与组织网络,其中,基层组织或其他联系其联系对象的最直接的组织的建设就成为这一组织体系与组织网络能够发挥作用的基础所在。

然而改革开放特别是市场经济体制建立之后,由于社会结构以及社会成员的交往方式与生存形态发生了巨大变化,使那些在1949年之前以及新中国成立之后建立的群团组织,甚至连改革开放之后的群团组织,不论是在运行方式还是组织形态,都开始出现不适应之处,其中比较突出的一个问题,就是这些群团组织的基层组织或直接联系成员的组织网络,开始出现消逝或严重弱化等"边缘化"现象。所谓消逝有两种现象:一是已经有的基层组织开始退出有关领域或单位,二是新出现的领域与单位群团组织的基层组织没有或无法建立。这就意味着,社会转型导致了群团组织的基层组织面临着功能弱化与组织存在的双重困境。

二、以功能有效支持组织存在:改革背景下群团组织基层建设的方向

面对基层性组织的功能弱化与组织空缺的双重困境,对于绝大多数的群团组织来说,更多是以解决组织存在为首要任务,而推动组织功能有效性实现,相对来说,就成为一项次要的任务。然而这是可以理解的,因为没有存在就没有所谓作用的发挥。

然而我们也看到,许多群团组织却一直陷入了基层建设的三个"怪圈":一是对于那些已经建有基层组织的"怪圈",即"瘫痪—整顿—再瘫痪—再整顿……";二是对于那些本来就没有建立群团基层组织的"怪圈",即"空白—建立—再空白—再建立……";三是上述两种现象的综合,即"空白—建立—

瘫痪—再建立—再瘫痪"或"空白—建立—瘫痪—空白—再建立—再瘫痪—再建立",等等。

分析上述团建怪圈的现象,我们认为主要原因在于四方面:一是为建立组织而建立组织,或者说单纯为组织的"存在"而推动组织建设。二是基层组织建设逻辑依然停留在改革开放之前或是改革开放初期,与市场经济社会运行逻辑存在较大差异。三是没有将基层组织建立与其功能有效发挥联系起来。四是对基层组织功能以及其实现方式不了解或理解不到位。归根到底,就是对功能作用发挥与组织存在之间关系理解不到位,或者根本不去理解而导致。

为了走出上述困境,我们认为在群团改革背景下,应该将三方面内容结合来考虑:一是对群团的基层组织功能进行再定位,并将其实现作为基层组织建设的最主要内容;二是对市场经济建立之后与网络社会背景下的社会结构与社会运行逻辑进行再考察;三是对基层组织建立方式进行再探索,以符合转型后社会结构与运行逻辑。

总之,只有遵循社会运行规律,着眼组织功能有效发挥,才能实现基层组织顺利建立与持续发展,而不能为了建立基层组织而建立基层组织。因此,我们认为,在群团改革背景下,我们必须改变基层组织建设的逻辑与观念,切实推动基层组织建设与发展,走出基层组织建设的"怪圈"。

三、重塑组织形态以统一有效与存在:改革背景下基层组织建设的对策

我们认为,群团组织的基层组织建设,应该以有效与存在并重进行推动,不论是群团改革背景下,还是在任何条件下。因为从社会科学的结构-功能理论角度来看,结构的存在是以功能存在为前提,如果功能不存在,那么即使结构存在也无法可持续。既往群团组织的基层组织建设的一些做法与现象就证明了这一点。然而要实现功能有效与结构存在并举,仅仅停留在上述原理层面是完全不够的,而是需要通过系列过程来实现,也就是说需要通过系统工程来完成。具体来说,就是要通过对群团组织的组织形态重塑,才

能推动基层组织的实现有效与存在并举。

由于群团组织形态重塑涉及方方面面，关系到基层组织的有效与存在的问题来说，需要推动以下内容：

第一，在群团组织的基层组织功能确立上，应该与整个群团组织的功能重新定位联系起来，以明确基层组织的功能及其实现形式。在过去，群团组织的基层组织，或者其政治性被强调，或者是其服务性被强调，实际上这些都是片面化定位群团组织的功能。因此，在群团改革背景下，中央将群团组织特性确定为"政治性、先进性与群众性"三方面，这就意味着要在功能实现时同时兼顾三方面。为了使上述三方面内容得以同时实现，就需要群团组织起到"血管"系统相类似的功能，必须同时发挥"动脉""静脉"与"毛细血管"三方面功能："动脉功能"就是必须将政治意图与服务内容，通过群团组织网络输送到其服务对象；"静脉功能"就是必须将服务对象的困难与问题，通过群团组织网络反馈到政治体系内部，从而转化为政策调整或新政策出台的依据；"毛细血管功能"就是需要通过基层组织将上述两方面功能得以与联系对象产生直接对接，并最终起作用。

第二，在具体组织结构或是狭义组织形态层面上，应该从科层化的组织形态，转变为生态化的平台性的枢纽型的组织形态，并发挥群团整个组织体系功能为基层组织的有效与存在服务，而不是独立地让基层组织自己发挥作用。过去，我们是遵循计划经济体制与单位社会体制运行逻辑，遵循科层化方式进行组织形态建构，保证组织形态与当时社会结构相匹配，从而使群团组织功能得以实现。然而新的历史条件使上述的组织形态已经不能适应了，为此就必须重塑组织形态，以群团组织作为平台，以整合体制内外与组织内外的资源，并以共赢方式实现这些资源的整合，而后推动这些资源转化为基层组织服务其联系对象的能力，而不是简单的仅仅让基层组织独立发挥作用。

第三，在推动群团组织的基层组织建立方法与逻辑上，应该从传统的组织"供销"逻辑向组织"营销"逻辑转变，以提高相应领域与单位对群团的基层组织的接受度。从根本上说，群团组织的基层组织，对于各个领域与单位来说，是外在力量的嵌入，相对于其自身职能来说，不是一种内生性需求。在过去,我们是通过政治性与行政性力量推动群团的基层组织的直接嵌入,这就是所谓组织"供销"逻辑,而结果是即使组织建立,由于不是内生的,于是很快就是"瘫痪"或"消亡"了。而我们认为正确的做法应该是,对相应领域与单位自身发展与内部管理等需求进行分析,并将群团的基层组织部分功能与这些需求对接,从而使群团的基层组织转化为这些领域与单位的内生性需求,而后再借鉴相应的"营销"手段,实现群团的基层组织有效嵌入,并做到功能有效与组织存在并举。

中国共产党为什么要推动共青团改革?*

近日,中共中央办公厅印发了《共青团中央改革方案》,对团中央深化改革作出全面部署,标志着改革在团中央层面开始全面推开。在此之前,上海与重庆共青团组织,作为群团改革试点单位之一,已经先行一步开展了改革。

那么《共青团中央改革方案》究竟都有哪些内容呢? 为什么推进共青团改革会受到各方面关注?

根据官方发布的信息来看,《共青团中央改革方案》从四大方面、十二个领域提出了改革措施,其中四大方面内容主要是:

第一,改进团中央领导机构人员构成、机构设置和运行机制。

第二,改革团中央机关干部选拔、使用和管理。

第三,改革创新团的工作、活动和基层组织建设。

第四,加大党委和政府对共青团工作的支持保障力度。

实际上,共青团改革只是中国共产党的群团组织改革的一个组成部分,这次改革范围涉及工会、共青团、妇联等所有党的群众团体。2015年1月,中共中央下发了《关于加强和改进党的群团工作的意见》,7月,中共中央召开了建党以来第一次举行的党的群团工作会议,提出要对党的群团组织进行全面深化改革。11月中共中央全面深化改革领导小组批准了全国总工会、上海市与重庆市的群团改革试点方案,启动了群团组织的改革工作。

《中国共产党章程》规定,中国共青团是中国共产党的助手与后备军,而共青团也是中国共产党在《党章》中,对彼此关系做出明确规定的唯一的群众组织。正是共青团与共产党之间的特殊关系,使共青团改革成为国内外关

---

* 本文删节后刊发于光明网–理论频道,2016年8月4日。

注的一个政治现象。

为什么中国共产党要推动包括共青团在内的党的群团组织进行改革呢？

按照官方说法是，推动包括共青团在内的党的群团组织改革，主要原因有两方面：一是，要"把群团组织建设得更加充满活力、更加坚强有力，使之成为推进国家治理体系和治理能力现代化的重要力量"。二是，要"解决存在的问题，特别是要重点解决脱离群众的问题"。

概括起来，我们可以认为，中国共产党之所以要推动其群团组织进行改革，是因为群团组织存在着脱离群众等问题，不适应中国政治发展的新要求，因此需要通过改革使之能够发挥应有的作用。

在分析共青团等群团组织的具体改革问题之前，我们面临两个问题需要回答：

一是为什么中国会有包括共青团在内的所谓党的群团组织？它们在中国政治中究竟扮演着什么角色，使中国共产党如此重视它们的作用发挥呢？

二是中国政治目前究竟是发展到什么样一种状况？为什么迫切需要党的群团组织发挥其应有作用？

首先，我们来看第一个问题。

在古典政治条件下，以小农生产为主的中国社会的整合与组织，是通过以中央集权为基础的国家力量发挥作用得以实现的。作为现代化后发国家，在古典国家体系的清王朝崩溃之后，中国面临着现代国家与现代社会建设任务。为了克服"一盘散沙"社会与现代国家、现代社会对组织化诉求之间的矛盾，中国选择了以政党力量领导人民、驾驭军队、建立现代国家，即所谓党建国家的现代政治建设路径。经过人民选择，建立现代国家的领导任务，最终由中国共产党来完成。

为了有效地组织和整合人民群众，中国共产党除了发挥自身作用外，还通过以下三方面手段予以实现：一是与其他政党进行合作；二是整合社会中已有的各类群众性组织；三是通过建立自己的群众组织，共青团就是其联系青年的群众组织。

新中国成立之后，通过整顿，将已有各类群众组织的一部分、中共自身建立的群众组织的主要部分，以及新中国成立之后新建立的一些群众组织，作为各级人民政协的参与团体，以及这些组织中的相当部分负责人作为各级人大代表候选人，工会、共青团和妇联的负责人还作为中共各级党的委员会成员候选人。这些群众组织就被官方称为群众团体（简称"群团"）。

这就意味着，这些群团组织实际上成为中国整个政治体系以及民主制度体系中的一个重要组成部分，发挥着政治体系与人民群众之间制度性的联系与沟通作用，是人民群众利益与意见表达的组织性渠道。同时，这些群团组织还需要推动各方面力量服务其所联系对象，以及推动这些对象之间的彼此服务，这就意味着这些组织实际上还有很强的社会治理功能。

对于中国政治发展来说，群团组织既扮演着政治沟通角色，又具有社会治理功能，因此中国共产党相当重视这些组织。在群团工作会议上，中共中央总书记习近平指出，"群团事业是党的事业的重要组成部分"，党的群团工作是"我们党的一大创举，也是我们党的一大优势"，"新形势下，党的群团工作只能加强、不能削弱，只能改进提高、不能停滞不前"。

接下来，我们来看第二个问题。

中华人民共和国成立之后，为了奠定现代化建设的组织化基础，中国建立了计划经济体制与单位社会体制。在完成了现代化基础建设阶段之后，为了寻求现代化建设的可持续发展动力，以及推动现代文明形态在中国的全面建设，中国实施了改革开放政策。通过建立市场经济，使现代社会基因植入中国。在与市场经济相适应过程中，中国推进了以依法治国为主要内容的现代国家建设，并在此过程中推动政党发展与创新。随着市场化、网络化与全球化发展，现代社会开始在中国全面生成。由此，作为现代政治形态与国家治理体系的四个主体要素基本生成。

然而现代市场、现代国家、现代政党与现代社会的生成之后，却面临着两个问题：一是上述四个主体要素的功能尚未得到充分发展，二是彼此之间关系尚未实现有机化。为此，党的十八届三中全会就提出要基于顶层设计，全面深化改革，推进国家治理体系与治理能力现代化，完善与发展中国特色社会主义制度。这就意味着，中国政治发展开始从结构要素发展阶段进入形态整体发展阶段。

国家治理现代化内在要求政党、国家、社会、市场的功能得到充分开发，以及彼此之间关系实现有机化。由于作为制度化的群团组织是联系政党、国家与社会、市场之间关系的渠道与纽带，同时也是政治体系的一个重要组成部分。因此，不论是开发国家治理主体要素功能，还是推动主体要素之间关系的有机化，都需要充分发挥这些群团组织的作用。

然而问题是，这些群团组织能否发挥好这些作用呢？

从中共中央党的群团工作会议上反映出来的情况来看，显然，中国共产党认为这些群团组织目前还是不能很好发挥这些作用的，其中最大问题就是所谓脱离群众的问题，具体表现就是存在着"机关化、行政化、贵族化和娱乐化"。

为什么群团组织会出现所谓"四化"现象呢？

这跟中国现代化建设的逻辑与过程有关。在中华人民共和国成立之后，为了提供现代化建设的组织化基础，建立了计划经济体制与单位社会体制，克服了社会自身组织力不足的问题，利用国家政权与政党组织的力量，对社会进行直接动员与组织。这就使社会被整合进所谓体制之中，行政体制成为建构国家与社会的秩序基础，群团组织也就在此逻辑作用下，形成了与之同构的行政化倾向。

作为全国性的大规模的组织，各个群团组织也同样需要运用科层制方式才能实现自身的有效组织，科层制导致其内部运作的行政化与机关化的倾向。再加上计划经济体制与单位社会体制使社会成员与国家、单位之间具有高度利益相关性，而党组织又是单位的领导核心，群团组织是政党组织社会成员的组织延伸，由此就导致社会成员与群团组织之间也就有了较强的利益相关度。这也就意味着，对于群团组织来说，只要做好自身的组织运行工作，就不愁它们所联系的对象不跟着它们走。这就使行政化与机关化倾向得到了强化。

市场经济建立之后，计划经济体制与单位社会体制开始衰微，社会多样化开始出现，社会相对自主性开始增强，市场与社会自我组织力开始增强，同时社会成员的利益实现与所谓体制之间的关联度开始弱化，导致群团组织可以凭借体制力量对社会成员进行整合的优势开始下降。由此造成三方面后果：

一是群团组织专职人员由于被纳入了公务员系统，其行为依然还是遵循着体制化与科层制的运作方式，由此使"机关化与行政化"倾向得以延续。而体制对社会影响力量在降低背景下，机关化与行政化就使群团组织能够有效联系与影响的对象在减少。

　　二是虽然群团组织有效联系与影响等对象在减少，但是那些已经在社会中发展起来，需要与体制产生联系的部分社会精英，却也乐意与这些具有较强体制内影响力的群团组织建立联系，而对于群团组织来说，也可以通过他们扩大社会影响。因此，这些人员就成为群团组织更多互动的对象，这就导致了所谓群团工作"贵族化"倾向出现。不过我们也必须看到，对于群团组织来说，联系这些对象是应该的，但是不能因此对基层草根民众忽略。

　　三是社会转型带来的社会成员的行为方式与生存形态的快速变化，并且民众利益诉求的多样性并呈现迭代发展，群团组织要能够快速跟上这种变化相当困难，而要有效表达民众意见与满足民众需求，从而赢得民众的认同，就需要快速跟上这种变化，并差异化与针对性地表达与服务。机关化、行政化与贵族化倾向就使群团组织采取了另外一种应对办法：对社会，追求外在的轰轰烈烈；对体制，采取"认认真真走过场"。这两方面共同特点就是形式化效果强于实质性内涵，对提高联系社会民众的针对性与有效性的作用不强，更多是产生一种形式化的效果，或者说将政治性工作"娱乐化"。

　　由上可知，"机关化、行政化、贵族化与娱乐化"使群团组织与民众之间关系逐渐疏远，以及联系民众的动力与效果下降，这就使政治体系与社会之间的制度性联系渠道的功能开始弱化，从而不利整体政治发展与社会发展。

　　对于中国政治发展来说，目前已经到了现代政治形态走向定型与完善的时期，而群团组织的功能却不能适应这一发展需求，怎么办？

　　"全面深化改革！"中共中央认为，"群团工作只可加强，不可削弱"，一定要通过改革使群团组织适应政治与社会发展要求。

　　这也就意味着，包括共青团在内的群团组织改革，不仅仅是群团组织自己的事情，而是关系到中国共产党以及整个中国政治发展的重大战略问题。

　　那么应该怎么改呢？其目标与要求是什么呢？

　　从中共中央党的群团工作会议中，我们可以知道，对于中国共产党来说,希望通过推动包括共青团在内的群团组织改革,使这些组织能够恢复其应有的"政治性、先进性与群众性"。

由于群团组织是中国政治体系的一个重要组成部分,其本身就是政治性组织,而不是一般单纯的社会性或经济性组织。因此,所谓政治性,是指群团组织必须以建构民众对政党与公共权力认同、支持公共权力有效运行以及参与公共事务有效处理等基本内容而展开工作。群团组织应该有效履行联系执政党、政权与民众之间的制度性桥梁联系作用。这就要求,群团组织必须克服"机关化"与"行政化",切实联系社会民众。

群团组织,一方面联系中国共产党与政权,另一方面要联系社会民众。对于中国共产党来说,它有两个使命:一是推动中华民族走向繁荣与富强,二是促进人与社会的自由与发展。因此,这就构成了中国共产党在中国的先进性的价值规定基础。对于群团组织来说,坚持与追寻这两方面就成为其所要坚持的先进性内容的价值性维度。同时,对于社会来说,总是随着时代变化而发展,特别是在网络社会到来之后,这种变化更是迭代性的。因此,对于群团组织来说,要能够完成其政治性使命与先进性价值追求,更是应该根据时代发展,不断跟上,并创造相应机制实现引领时代发展,这是其应该坚持的先进性内容的时代性维度。先进性要求,实际上就是要求群团必须根据价值性与时代性要求,不断调整与改革自身。

作为现代民主政治的一种类型,中国政治同样也要求政党与政权有效联系民众,推动民众参与社会与政治。作为中国政治体系一个组成部分,群团组织存在的意义就在于使民众能够制度化表达意见与组织化参与政治,以及推动民众需求得到相应的满足。因此,对于群团组织来说,联系群众、服务群众以及推动群众有序参与政治,进而使群众认同中共与政权就成为其政治性实现的重要内容。这就是群团组织的所谓群众性要求。

要实现这些目标,就必须推动群团组织进行改革,那么应该如何改革呢?

分析中共中央《关于加强与改进党的群团工作意见》,我们可以对中央对群团组织改革的思路有基本了解。概要来说,我们认为中共将从国家治理现代化角度,来推动群团组织改革。

国家治理体系由政党、国家、社会与市场组成,而党的群团组织是政党除了自身之外联系国家、社会与市场的制度性与组织性的渠道与纽带,同时也是社会联系政党与国家的制度性的组织载体。因此,推动群团组织改革,就是通过开发与疏通群团组织与国家治理体系四个主体性要素之间的关系,使国家治理体系内部关系实现有机化。

这就意味着,群团组织改革实际上就是重塑群团组织与执政党、群团组织与国家、群团组织与社会、群团组织与市场的关系,而后再根据这些关系发展要求,对群团组织的组织形态进行调整与改革。一方面通过重塑群团组织与执政党、国家机构之间的关系,使群团组织在政治体系内部的功能得到充分开发;另一方面通过重塑群团组织与社会、市场之间的关系,使群团组织能够密切与社会、市场关系,同时也使社会与市场能够通过群团组织能够对政治体系产生影响,并对政权与政党产生认同。不论是从有效表达社会民众利益与意见方面来看,还是从政权巩固与政权有效运作来看,上述两方面都是互为基础与前提的。

从上述分析中,我们可以看出,群团组织改革是一个系统工程,那么应该从哪里着手?

《共青团中央改革方案》以及上海等地的群团组织改革试点工作回答了我们这一问题。分析《共青团中央改革方案》以及上海等试点做法,我们可以得出一个判断,那就是群团改革是从调整群团组织与执政党关系入手的,或者说是从涉及党组织权限的内容开始改革。这是符合群团组织的性质与中国政治内在逻辑的,因为群团组织是由中国共产党领导的,因此推动其改革当然必须从涉及党组织权限的内容开始着手。具体来说,涉及群团组织的三个方面:人员、机构与机制。

虽然《共青团中央改革方案》具体措施的详细内容还无法得到充分了解,不过上海等地试点做法可以给我们以参考,因此以下主要是根据上海试点具体做法进行分析的。

作为一次深刻的自我革新的群团改革,其核心是制度创新,关键要从体制机制和组织管理体系上进行变革,而其中突破口就是干部管理。

从人员角度来看,涉及三方面:一是群团组织机关的领导班子,二是群团组织机关的工作人员,三是群团组织的基层工作人员。虽然群团组织的领导集体实行委员会制度,这些委员们许多是兼职的,但是作为群团组织机关的领导班子,过去绝大部分群团组织是由专职人员组成的。这次上海等群团改革试点就采取所谓专、挂、兼的结构,其中专职人员的数量减少近一半,空出来的岗位,一部分由体制内的人员来挂职,不过他们是要全职到群团机关来上班的。另一部分岗位由体制外或非党政机关领导干部来兼任,他们可以不要全日制到群团机关来上班,而是参与群团组织的重大决策以及负责某一部分与社会联系密切的工作。群团组织的机关专职工作人员数量也大幅度减少,空出来的岗位,从社会中招募志愿者来担任。这些离开机关的专职人员,被要求到群团组织基层去工作,所谓"减上补下",同时,与民众直接联系的群团组织基层还增加了各类工作性力量。

按照时任上海市委书记韩正同志说法,"这次群团改革,就是要打破传统的体制壁垒"。上述做法实际上就是打破了体制内外的壁垒与区隔,挂职打破了体制内的部门之间以及所谓行政级别的区隔与壁垒;而兼职打破了体制内外的区隔与壁垒,同时,也让在社会中已经有较强社会影响力、适应现代社会组织与动员方式的社会领袖型人物吸纳进群团组织的领导层,以及具有较高政治热情的一般民众参与群团组织的日常管理工作。

群团改革还推动了群团组织,根据社会发展新要求,对机关内部的工作部门设置进行调整,以及调整机关工作人员上班时间以及考核方式。另外,还对群团组织专职人员选拔与吸纳方式、资金使用等一系列体制机制进行了改革。

上述这些举措,更多是涉及党组织权限的内容,这些内容如果党组织不推动,那么群团组织自身是无法做到,而这些改革措施的实施,对群团组织整体改革与发展来说,又是具有关键性作用的。这就意味着,群团组织改革已经迈出了"从0到1"的关键一步。

虽然从《共青团中央改革方案》与上海等改革的试点做法来看,已经涉及群团改革的关键内容,但是毕竟不是群团改革的全部,要做到在"从0到1"的基础上,向"从1到N"迈进,实现群团组织的全面深化改革的完全到位,那还需要由群团组织自身来完成了。

以下两方面原因使共青团在群团中具有相当特殊地位:

一是共青团与中国共产党的特殊关系,共青团的作用发挥得好坏,将直接关系到中国共产党与青年之间关系。

二是共青团所联系的对象是青年,而且青年又是最活跃的,其交往方式与生存形态是不断处于迭代状态中,共青团是否能够有效发挥作用,将决定着青年与整个政治关系之间互动能否实现顺畅与有效。

这就意味着作为群团组织的一个组成部分的共青团,必须遵循上述改革的原则与要求,积极响应,典范性的推动自身改革与创新。不仅要求共青团必须遵循上述改革的一般规律,还要按照自身的发展逻辑与组织特性进行。

共青团全面深化改革的内在根据*
——新时期政党青年组织的政治性、先进性和群众性研究

习近平同志在党的群团工作会议上指出:"中国特色社会主义事业是亿万人民的事业,党的群团工作肩负着庄严使命。工会、共青团、妇联等群团组织一定要坚持解放思想、改革创新、锐意进取、扎实苦干,切实保持和增强党的群团工作和群团组织的政治性、先进性、群众性,组织动员广大人民群众更加紧密地团结在党的周围,把广大人民群众对美好生活的追求汇聚成强大动力,共同谱写实现'两个一百年'奋斗目标、实现中华民族伟大复兴中国梦的新篇章。"①这就意味着,"政治性、先进性与群众性"将是新时期群团工作与群团组织必须保持与增强的根本特征与基本属性,而作为政党的青年组织,共青团也同样必须保持与增强这些属性。由于任何组织发展都必须遵循其自身发展的内在规律,其中很重要的一方面就是使其基本属性得到充分发展。因此,在国家治理现代化背景下,"政治性、先进性与群众性"也将成为共青团全面深化改革的内在根据。本文将就新时期共青团的政治性、先进性和群众性的内涵以及其与共青团全面深化改革之间关系进行研究,以期为深入理解党的群团工作会议精神,推动共青团全面深化改革,提供一些理论思考。

---

* 本文刊发于《中国青年社会科学》,2015 年第 6 期。

① 习近平:"群团组织要增强自我革新的勇气",央视网,2015 年 7 月 9 日。

一、新时期共青团的政治性、先进性和群众性的内涵与关系

要把握新时期的政治性、先进性和群众性与共青团全面深化改革之间关系，首先必须把握政治性、先进性和群众性与共青团之间内在关系以及"三性"的基本内涵和相互关系。在这一部分，我们将从组织理论与政治学理论两个维度，对此进行分析。

(一)政治性、先进性与群众性：作为党的群团组织的共青团的基本属性

任何组织存在都需要解决两个方面内容：一是组织目标，这是组织存在的内在根据；二是权力关系，这是组织目标得以实现的现实基础。组织目标与权力关系的具体内涵与实现形式，是决定组织的基本属性的内涵的主要因素。因此，我们考察共青团的基本属性也必须遵循这一逻辑。

对于共青团来说，其建立的原因就是为了服务中国共产党以及其奋斗目标，新中国成立之后，则发展为服务中国共产党发展与青年发展。这就意味着，当前共青团的存在主要是围绕中国共产党发展与青年发展两方面而展开的。组织目标由价值追求与服务主体两方面内容组成，因此我们也可以从价值与主体来把握共青团目标：价值角度，共青团是以政党追求的价值为根本诉求，同时为了有效联系青年，必须充分反映最大多数青年的时代性价值追求；从主体来看，共青团是以服务中国共产党为根本目的，以服务青年为基本目的，以服务团员与维护共青团组织为中介目的。从上述组织存在目标所涉及的内容与关系来看，为了实现这些目标，就必须通过以下权力关系予以保证与落实：一是党团关系，二是团青关系，三是团组织与团员关系。其中，党团关系是根本，团青关系是基础，团组织与团员关系是保证。

由于共青团是以服务中国共产党获得以及长期拥有领导权与执政权为根本诉求的，不论是党团关系、团青关系还是团组织与团员关系都是服务于这个目标的，包括服务于团员与青年的发展也同样是服务于此，这是共青团存在的第一原因。因此，对于共青团来说，政治性是其第一基本属性。中国共

产党领导与执政不是为了一部分人,而是为了民族复兴与人类发展,共青团服务于共产党,也就服务于这一价值追求,同时,共青团服务青年,反映和服务于青年的时代性价值追求,既是服务青年需求,也是反映党的阶段性价值内容的社会基础。①因此,先进性对于共青团来说,就成为其第二基本属性。从上述分析来看,不论是组织存在目的,还是权力关系落实,都需要青年支持,因此,群众性就成为共青团的第三个基本属性,或者说是基础性属性。

(二)新时期共青团的政治性、先进性与群众性的基本内涵

上一点,我们是从组织理论角度论证了政治性、先进性与群众性是共青团的基本属性。在这一点中,我们将从政治学理论角度来分析新时期共青团的政治性、先进性与群众性的基本内涵。

所谓政治是指通过建构与运行公共权力,处理公共事务,以实现社会秩序与发展。而在现代政治条件下,政党是政治核心,是以获得或参与政权为诉求的政治组织。因此,其直接关系到公共权力建构与运行以及公共事务的处理。因此,中国共青团的政治性就是通过其与中国共产党特殊关系而获得的,这是其政治性的第一规定,从而决定了其作为政党的青年组织。同时,不论是为了有效实现青年对政党认同的工具性目的,还是作为有效反映青年权益的价值性目的的青年政治组织,共青团都必须代表青年,并充分表达青年诉求以及服务青年需求,从而对公共权力建构与运行,以及公共事务的处理产生影响。这是其政治性的第二规定,从而界定了其作为青年的政治组织。

所谓先进性,是指某一事物能够代表并引领发展方向的特性。从具体内容来看,先进在价值上能够代表发展方向,在能力上能够具备引领素质。共青团作为政党的青年组织与青年的政治组织,其先进性受两方面决定:一是受政党的先进性所决定,二是受青年的时代性所决定。中国共产党先进性由两方面组成:一是作为工人阶级先锋队的马克思主义政党,共产主义作为人类发展的方向与价值,决定了中国共产党先进性与人类发展联系起来;二是作为中华民族先锋队的引领民族复兴的领导核心,中国特色社会主义理论、

---

① "三个代表"与"中国梦"的提出都具有这方面机制性内涵。

道路与制度作为中国发展的保证与基础，决定中国共产党先进性与中国发展联系起来。由此，对于共青团来说，作为政党的青年组织，坚持共产主义与中国特色社会主义，是其先进性的第一规定。马克思主义认为，时代是进步与发展，共产主义运动是历史发展的内在规律呈现，是由每一历史时期的时代精神所组成的，而时代精神具体内涵常常由青年率先呈现出来。因此，不论是作为政党的青年组织还是青年的政党组织，共青团都必须能够代表青年发展的时代精神，这就成为共青团先进性的第二规定。这两方面都还是在价值层面上来说明，而先进性最终要能够得到实现，还需要有相应的能力来支持与落实。

在马克思主义政治学话语体系中，在现代历史条件下，所谓群众是指通过马克思主义政党领导，作为历史发展主体的社会成员。因此，这些社会成员，相对于国家来说，称为社会，相对于政党来说，称为群众。对于马克思主义政党来说，要引领社会发展，即实现领导作用，一方面要代表社会发展方向，这就是其所谓的先进性；另一方面还要做到两点：一是使政党的观点和政策让群众认同与接受，二是要将群众有效组织起来，落实上述观点与政策，从而为社会发展提供物质性推动力量。因此，群众性就成为中国共产党的本质属性之一，长期以来党都非常强调与群众关系建立。作为政党的青年组织，政党群众性也就转化为共青团本质属性之一。因此，巩固政党领导与执政的青年基础，围绕党的中心工作而组织与整合青年，从而为社会发展提供推动力量，就成为共青团群众性的第一规定。作为青年的政治组织，共青团必须有效维护与服务青年，只有如此才能使青年认同共青团和共产党，这就使反映、维护和服务青年成为共青团群众性的第二规定。群众性两方面内容都要求，共青团必须与青年之间建立密切联系。

（三）共青团的政治性、先进性与群众性的内在关系

马克思主义认为，人类社会发展存在着内在规律，呈现从低级向高级发展趋势，并最终进入共产主义社会。这也就是说，马克思主义是强调进步，反对退步的。马克思主义认为，人类社会由资本主义社会向共产主义社会过渡，需要经历社会主义阶段，而在社会主义社会阶段需要由马克思主义政党

掌握政权,从而保证社会发展方向。在这一阶段,马克思主义政党,一方面需要通过政权制度形式,另一方面还需要通过政党组织形式,来组织群众,使其社会发展主体,并围绕社会进步方向,推动社会发展。同时,上述这一逻辑不是抽象存在着,而是通过在不同民族共同体中得以演绎的。因此,对于作为马克思主义政党的中国共产党来说,先进性是其存在的根据,政治性是先进性实现的关键,群众性是保证先进性与政治性实现的基础。

作为党的群团组织,共青团是政党组织群众,获得政权与运行政权,处理公共事务的重要的组织支持体系内容之一。因此,对于共青团来说,服务政党发展的政治性是第一性,先进性与群众性都是服务政治性而展开的。这是党的群团组织与政党自身区别所在,因为共青团是由共产党建立的,以服务于中国共产党及其奋斗目标的。对于共青团来说,政治性要实现,就必须在先进性与群众性两方面予以支持,否则政治性就很难获得。而先进性实现,在社会主义条件下没有政权做支持就是空中楼阁,这就是马克思主义与无政府主义的区别之一,对于共青团来说,还有很重要的一点就是可以通过其与执政党与政权的密切关系,为青年所体现的时代精神发展提供支持。不论是政党目的与政权目的都是要组织与服务群众,同时先进性的内容不受群众接受与认同,也依然只是抽象理论,对于共青团来说,时代精神不是抽象的,是通过青年行为呈现出来的。因此,能否坚持群众性,决定了其能否代表与引领时代,影响青年。

二、新时期的政治性、先进性和群众性与共青团全面深化改革的根据

政治性、先进性和群众性,作为共青团的基本属性,不仅作为共青团组织存在与发展的内在根据,在新的历史条件下,还将成为其他全面深化改革的内在根据。在这一部分中,我们将在理解政治性、先进性和群众性具体内涵基础上,重点对这些基本属性与共青团全面深化改革的内在关系与基本逻辑进行研究与分析。

(一)新时期的政治性、先进性和群众性与共青团全面深化改革的根据

作为政党青年组织的基本属性,政治性、先进性和群众性是共青团存在与发展的根据。但是这种根据是内在的,要得到充分实现,需要共青团以自身组织主观条件及其之外的客观条件的具备作为前提的, 只要主客观中的任何一方条件缺乏都可能影响到共青团基本属性的充分实现。虽然从整体来看,共青团的政治性、先进性与群众性,具有相对固定的内涵与要素,但是在不同历史时期,这些属性的内涵以及实现方式,却存在着较大差别。由于中国共青团建立至今已经九十多年了,经历了中国的革命、建设与改革的全过程。在这一过程中,每一阶段中国政治发展都对共青团属性的实现提出了新的要求,同时也塑造了共青团权力关系运行的逻辑以及实现方式。

为了保证共青团基本属性能够持续实现, 这就要求党与团组织必须持续改革与创新,而由于经过三十多年的改革开放,中国政治形态已经完成了所谓"摸着石头过河"的逐个要素生成阶段,进入到了所谓"基于顶层设计"的形态整体发展阶段。一方面市场化、全球化与网络化的深度推进;另一方面中国政治发展也进入了全新阶段,对于党组织与共青团来说,就需要整体性重塑共青团发展的自身状况以及重塑其与周围外在环境与工作对象的关系,这就是所谓的全面深化改革。而全面深化改革如何推进,就是以新时期的共青团政治性、先进性与群众性得以充分实现为根据的:一是要分析新时期政治性、先进性与群众性内涵发展情况以及可能需要的新的实现方式;二是根据这种变化,来调整共青团权力关系的运行逻辑以及实现方式,从而使共青团基本属性的充分实现成为可能。

政治性、先进性与群众性作为共青团全面深化改革的内在根据,可以从整体角度以及从每一个属性与共青团全面深化改革的关系角度, 进行分析与说明。这里主要是从整体上进行分析,随后,我们将分别从单个属性角度进行具体说明。

(二)基于公共权力与公共事务:政治性与共青团全面深化改革的根据

共青团的政治性首先来源于其与中国共产党关系, 因此维护共产党领

导成为其政治性的第一内容。在革命年代,中国共产党以获得公共权力为第一要务,新中国成立之后,对于中国共产党来说,巩固政权基础与有效处理公共事务是并重的两项任务。由此,对于中国共青团来说,革命年代是以领导与动员青年以支持中国共产党获得公共权力为政治性主要内容,新中国成立之后,政治性内容就扩展为领导与组织青年以巩固党的领导基础与支持党的有效执政。然而在新中国成立之后的不同时期,由于政治、经济和社会条件变化,导致巩固党的领导基础与支持党的有效执政的具体实现方式发生了巨大变化。同样,作为青年政治组织,共青团在新中国成立之后,如何有效维护与服务青年权益,不论是在具体内容上,还是在实现方式上,也受政治、经济和社会条件变化的影响。

随着市场经济建立、法治国家提出、党建创新实施与社会建设推进,标志着中国现代政治形态的主体要素基本生成,开始进入整体形态发展阶段。要实现这一阶段性跨越,对于整个政治形态来说,需要全面深化改革,推进国家治理现代化,对于共青团政治性实现来说,就必须根据国家治理现代化,适应中国现代政治形态整体发展需要,围绕着党的有效领导与执政,以及公共权力维护和实现形式与公共事务的有效处理,对自身建设以及其与整体政治形态之间关系进行全面深化改革。

(三)基于人类价值与时代精神:先进性与共青团全面深化改革的根据

在共青团三个基本属性中,先进性起到了两个很重要的作用:一是规定了组织方向,即强调了共青团必须以进步为追求,这是从价值倾向上给予了矢量;二是增加了时间维度,即强调共青团必须以发展为特征,这是从存在方式上给予了规定。实际上,二者是相辅相成的,以进步为诉求,标志着必须以社会发展方向与时代精神内容为引导青年的根据,从而保证组织具有引领青年的可能;而以发展为特征,标志着必须根据社会发展与时代精神而不断进行自我创新,使组织发展跟上时代发展,从而保证组织具有引领青年的能力。因此,以反映人类价值、中国追求与体现时代精神、青年特征相结合的共青团先进性,就从价值方向与存在方式上对共青团每一时期的发展予以规定。

在中国政治形态实现阶段性跨越的背景下，先进性上述两方面作用以及其四方面内容，对共青团全面深化改革提出了以下要求：一是全面深化改革必须使共青团在价值上有追求，成为推动社会进步、青年成长和民族发展的力量，而不能陷入工具主义，只是成为国家治理的单纯的工具。二是在价值内容上，必须是同时体现人类价值、中国追求、时代精神与青年特征，而不能有所偏颇，从而失去引领的可能。同时，这些内容在新的历史条件下，与之前比较，已经有了较大发展。因此，为了实现这些发展了内容，就必须推动共青团全面深化改革。三是在重塑与政治形态其他要素关系的机制中，必须体现上述两方面要求，充分提升与体现共青团主体性，增强自身表达与呈现价值追求的能力，进而使共青团所坚守的先进性能够得以实现。同时，更重要的是必须对抑制新时期先进性内容实现的体制与机制进行全面深化改革。四是在重塑自身组织形态过程中，也必须体现上述第一与第二方面要求的内容，使共青团组织形态中各方面要素都必须体现价值内涵，使共青团不仅是一个组织主体，而且还是一个价值主体。

(四)基于发展力量与服务主体：群众性与共青团全面深化改革的根据

作为政党的青年组织，共青团领导与组织青年，一是为党的领导与执政巩固青年基础，即建构认同；二是围绕党的中心工作组织青年参与，即服务中心。在这两方面中，青年都是作为推动社会发展的力量。作为青年的政治组织，共青团组织与整合青年，一是服务青年的具体需求，即服务青年；二是表达与维护青年的权益，即维护青年。在这两方面中，青年都是作为被服务的主体。因此，不论是作为政党青年组织，还是作为青年政治组织，都必须与青年建立密切联系。然而，问题是，如何才能做到与青年之间建立密切关系呢？这是共青团群众性实现的关键的问题。

随着市场化、全球化与网络化的不断深化，青年交往方式与生存形态，青年对政治的认知与理解，青年对社会治理参与的态度与动机、青年需求内容与层次，都发生了巨大变化，而共青团组织与整合青年以及服务与维护青年的方式与内容，也是历史性地存在着，更多的是受之前的历史条件下影响，从一定意义上说，存在着许多不适应地方。因此，根据青年发展的需要，改进共青团组织与整合青年以及服务与维护青年的方式与内容，就成为共青团全面深化改革的根据。

三、新时期的政治性、先进性和群众性与共青团全面深化改革的空间

新时期的政治性、先进性和群众性是共青团全面深化改革的内在根据，但是要落实到具体改革的对策与措施，还必须遵循共青团发展的内在规律。对于共青团来说，它的存在与发展，必须在两个空间内展开：一是共青团与中国政治形态以及其结构要素之间关系，二是共青团自身组织形态内部。由于共青团的政治性、先进性与群众性所涉及的内容，除了其相应倾向性外，很重要的一方面就是与上述两个空间之间有着很大关联性。因此，政治性、先进性与群众性，不仅成为共青团全面深化改革的内在根据，而且还规定了共青团全面深化改革的具体空间。在这一部分，我们将从中国政治形态发展维度，来分析共青团政治性、先进性和群众性与共青团全面深化改革逻辑空间之间关系。

（一）共青团政治性、先进性和群众性与中国政治结构空间

对于共青团来说，其政治性包含两方面内容：一是其作为政党青年组织，共青团存在首先是与中国共产党联系在一起。而共产党在革命时期是以获得国家政群为诉求，新中国成立之后不论是作为领导党，还是作为执政党，都是与国家政权关系密切。因此，共青团与政党、国家政权之间就有着内在关联性。同时，还必须联系青年，因此共青团与社会之间存在着密切联系。二是作为青年政治组织，实现青年权益的表达与维护以及青年需求的服务与满足，需要共青团向中国共产党以及国家政权进行反映，以及推动政党与国家政权来满足青年这些要求。由此也决定了共青团必须与政党、国家政权之间建立联系。同样共青团也必须充分了解青年，与社会建立密切联系。先进性涉及四方面内容：人类价值、中国追求、时代精神与青年特征。人类价值涉及中国共产党的价值追求；中国追求涉及中国共产党、国家和社会的价值

追求,人类价值与时代精神,实际上增加了很重要的一个变量,就是时间维度;青年特征,一方面是涉及青年,即社会内容,另一个就是时间,因为青年是既是一个主体概念,也是一个时间与时代概念。群众性,不用说,就是最大化涉及社会。由此可知,政治性、先进性和群众性涉及共青团与政党、国家政权、社会的关系,同时还涉及时间这一维度。

虽然是坚持中国特色社会主义的道路,有我们自身特色与实现方式,但是作为现代政治文明成果,中国政治发展也同样遵循现代政治发展的基本逻辑。根据马克思主义政治学原理,现代政治形态由三个结构性要素组成:政党、国家和社会,其中,社会又由狭义的社会与市场组成,因此有时也称为四要素,即政党、国家、社会与市场。其中政党具有领导功能,只是在东西方,这种领导功能实现方式存在着差异。社会主义原则与党新中国成立家逻辑,使中国共产党在中国处于核心地位,并且在领导内涵上与西方政治形态有着较大差异。因此,中国特色社会主义政治形态也同样是由政党、国家、社会三个要素或政党、国家、社会和市场四个要素组成。

由此可知,作为共青团组织属性,政治性、先进性与群众性所涉及范围与中国现代政治形态结构有着内在一致性,即共青团基本属性,是在与政党、国家、社会(相对于共青团来说,其中市场相关内容是以社会要素形式得以呈现,因此合在社会内)的关系互动中得以呈现的。不过,共青团基本属性还有一个很重要的变量就是时间与时代,当然中国政治形态也同样是动态的。因此,由共青团的政治性、先进性与群众性所决定的共青团存在与发展的空间,是一个多维度的关系空间。

(二)国家治理现代化与中国政治形态空间重塑

既然共青团存在与发展的空间与中国政治形态结构空间有着内在一致性,这就意味着共青团全面深化改革的内在逻辑,也将受中国政治形态发展逻辑的影响。因此,为了把握共青团全面深化改革的内在逻辑,就必须把握中国政治形态的发展逻辑以及其空间重塑的内在机理。

辛亥革命之后,为了克服"一盘散沙"社会与现代化建设、民族独立与国家统一对组织化诉求之间矛盾,历史选择了以政党领导人民、驾驭军队、建立国家的党新中国成立家道路。经过历史选择,建立现代政治文明以实现民族复兴的使命最终落到了中国共产党身上。新中国成立之后,中国共产党建立了现代国家的基本框架,以及通过计划经济体制与单位社会体制,为现代化建设奠定了组织化基础,从而完成了现代化建设的第一阶段任务。为了给现代化建设提供可持续发展动力以及推动现代政治文明形态发展,中国共产党做出了改革开放决定。在经过一段时间准备后,党的十四大做出了建立社会主义市场经济决定,标志着现代社会基因植入了中国;党的十五大做出了建立社会主义法治国家的决定,标志着现代国家建设进入实质发展阶段;党的十六大提出了"三个代表"重要思想,标志着中国共产党开始根据市场经济与现代国家建设需要推动自身创新与发展;党的十七大提出了和谐社会建设,标志着现代社会在中国进入快速发展阶段。至此,作为现代政治形态的结构性要素的现代市场、现代国家、现代政党与现代社会基本生成。但是各要素功能尚未充分发展,同时各要素之间有机化尚未生成。为此,党的十八届三中全会就提出了基于顶层设计的全面深化改革,推动国家治理体系与治理能力现代化。

党的十八届三中全会关于国家治理体系与治理能力现代化提出,标志着中国政治形态发展从要素逐个生成阶段向形态整体发展阶段转变,其内涵包括两方面内容:一是推动政党、国家、社会和市场等要素的功能得到进一步充分发展,二是推动政党、国家、社会与市场等要素之间关系进一步有机化。从另一角度来说,我们也可以认为国家治理体系与治理能力现代化是中国政治形态结构空间的一次重塑。

(三)中国政治形态空间重塑与共青团全面深化改革

推动国家治理体系与治理能力现代化,以实现中国政治形态空间重塑,主要是通过全面深化改革,使政治形态要素功能得以充分发展,以及使政治形态各要素之间形成内在有机化。各要素功能充分发展,实际上是和后者分不开的。马克思在《费尔巴哈提纲》中曾经提到:"人的本质并不是单个人所固有的抽象物,实际上,它是一切社会关系的总和。"同样,政治形态要素功能也不是由其单个要素所决定的,而是在与其他要素关系中确定的,因此要素功能充分发展与要素之间关系有机化是相辅相成的。这一判断对于共青团全面深化改革来说，具有两方面意义：

一是共青团全面深化改革必须与中国政治形态空间重塑结合起来，成为国家治理体系与治理能力现代化的一个重要组成部分。一方面，作为党的青年组织，共青团全面深化改革是中国共产党自我创新与发展的一部分，而党的发展需要在与其他要素重新调整关系中得以发展，因此共青团全面深化改革必须与中国政治形态空间重塑结合起来，必须在与国家、社会和市场关系调整中来推动自身发展。另一方面，作为青年的政治组织，伴随着互联网发展，青年化社会开始出现，青年问题已经成为整个政治发展的一个重要命题，青年问题是政党、国家、社会与市场都关注的内容。因此，共青团必须与这些要素建立新的机制，使青年权益与需求受到各方重视，同时也使各方面运行机制适应青年化社会发展。

二是共青团全面深化改革以及政治性、先进性与群众性实现，必须在中国政治形态各要素关系调整过程得以实现。全面深化改革，是中国现代政治形态实现整体升级和跨越的重要举措，对于共青团来说，一方面应该充分利用这一时机，推动自身发展；另一方面，如果失去这一机会，未来整个政治形态的基本关系在相当长一个时期内处于相对定型状态，共青团希望能够获得类似发展机会可能就比较少。因此，共青团必须抓住这一机会，同时，要主动与政治形态各要素建立各类机制或者开发既有机制，使自身全面深化改革得以顺利进行，以及其基本属性得以充分实现。

四、共青团全面深化改革与新时期的政治性、先进性和群众性的实现

作为共青团的基本属性，新时期的政治性、先进性和群众性，不仅成为共青团全面深化改革的内在根据，而且还为共青团全面深化改革明确了逻辑空间。然而要使新时期的政治性、先进性和群众性得以实现，还必须由共青团通过现实的全面深化改革来落实。而共青团全面深化改革，同样也必须遵循政治运行的内在规律。因此，在这一部分，我们将从政治运行逻辑角度，

对共青团全面深化改革与新时期的政治性、先进性和群众性的实现之间关系及内容进行阐述。

（一）共青团全面深化改革与价值、制度与组织重塑

政治学认为，政治形态有两方面结构性内容：一是主体性结构要素，在现代政治条件下，包括政党、国家、社会和市场；二是机制性结构要素，包括价值、制度与组织。政治形态主体性结构要素内部运作以及政治形态内部各要素之间的关系构建，都是通过机制性结构要素的联系来起作用而实现的。这些机制性结构要素的作用分别如下：价值是指通过建构人们内在精神秩序而产生认同的机制，制度是指通过建构人们外在行动秩序而产生遵循的机制，组织是指通过嵌入组织网络与建构组织体系而保证人们行动相对一致性的机制。三者之间是相辅相成的，价值是内在秩序基础，制度是外在秩序基础，组织是保证上述两方面秩序的物质性力量，任何政治形态要有效运行就必须充分发挥上述三方面机制作用。因此，对于共青团全面深化改革来说，也同样是就共青团自身内部运行以及共青团与政治形态主体性结构要素之间，在价值、制度与组织三方面之间进行调整与重塑。从一定意义上说，共青团全面深化改革，也就是重塑共青团的价值、制度与组织的过程，从而使共青团的新时期的政治性、先进性与群众性得以充分实现。

（二）价值重塑与共青团政治性、先进性和群众性的实现

对于共青团全面深化改革来说，价值重塑最重要的就是明确新时期共青团的先进性价值诉求内涵，并将这些内涵贯穿于其与政党、国家、社会等关系构建之中。这里需要解决三方面内容：一是价值重塑中，先进性与政治性、群众性的关系如何？二是价值重塑中，先进性价值内涵如何贯穿于共青团与政党、国家、社会等关系之中？三是价值重塑中，价值内涵如何通过制度机制和组织机制来实现，以及价值机制与制度机制、组织机制在价值重塑中如何配合？这些内容是共青团价值建设与先进性实现的重要内容，由于篇幅限制，在此无法展开论述，将另文分析（同样，以下关于制度重塑与组织重塑也将限于篇幅，无法展开论述，需要另作分析，在此只能是就相应维度与要

点做简单说明）。这里需要强调的是，价值重塑通过上述三方面问题解决，将从一个角度推进共青团的政治性、先进性和群众性的实现。

（三）制度重塑与共青团政治性、先进性和群众性的实现

对于共青团全面深化改革来说，制度重塑最重要的就是梳理共青团政治性中涉及与政党、国家和社会等关系中的既有制度开发，以及根据需要新时期政治性、先进性与群众性的发展要求，建立与运行新的制度，进而形成新的制度体系，并得到各方认同与执行。这里需要解决的问题有五方面：一是制度重塑中，先进性如何贯穿于政治性与群众性之中？二是制度重塑中，价值机制与组织价值如何配合制度机制建设？三是制度重塑中，如何处理既有制度开发与新制度建立关系？四是制度重塑中，如何处理好共青团与政党、国家、社会之间的制度机制之间关系以及这些制度与共青团内部制度关系？五是如何处理共青团内部制度之间关系？制度重塑是推动共青团政治性、先进性与群众性实现很重要的一个维度，也是共青团全面深化改革的重点之一。

（四）组织重塑与共青团政治性、先进性和群众性的实现

对于共青团全面深化改革来说，组织重塑最重要的就是梳理共青团政治性与群众性中涉及共青团组织形态构建，其中包括共青团与政党之间、共青团与社会之间以及共青团内部的组织以及组织形态的转型与创新。这里需要解决的问题有以下方面：一是组织重塑中，如何将政治性、先进性与群众性连接起来？二是组织重塑中，如何处理新建组织与推动既有组织之间关系？三是组织重塑中，如何处理共青团内部组织与共青团之外组织之间关系？四是组织重塑中，如何处理共青团与青年关系以及共青团与青年组织关系？五是组织重塑中，如何处理共青团与团员之间关系？六是组织重塑中，如何利用互联网技术以及适应互联网背景下交往方式变化对组织的影响？组织重塑，是共青团政治性、先进性与群众性实现的基础，同样是共青团全面深化改革的重点之一。

五、结论

政治性、先进性与群众性是共青团的基本属性。在国家治理现代化背景下,共青团新时期的政治性、先进性与群众性不仅是共青团全面深化改革的内在根据,同时也规定了共青团全面深化的逻辑空间。此外,共青团全面深化改革也是保证共青团新时期的政治性、先进性与群众性得以实现的重要举措,为此,共青团必须从价值、制度与组织三个维度予以重塑。

"从 0 到 1"：共青团全面深化改革 迈出了实质性的第一步*

2016 年 2 月 29 日，共青团上海市委召开了第十四届七次全会，改革试点方案中的领导班子、内设机构以及常委、委员调整等一些改革措施都在全会上得以亮相，标志着上海共青团试点工作，从方案落实到现实，从全国来看，这意味着共青团全面深化改革迈出了实质性的第一步。但是这一步的迈出，不论是对上海共青团，还是对全国共青团来说，都仅仅意味着实质性改革的开始，还有很多任务要完成，更艰巨的任务还在等待着。

一、共青团全面深化改革的"从 0 到 1"

在现代化浪潮冲击之下，中国古典政治文明开始崩溃，随着作为建构与组织社会的主导力量的清王朝消亡，以小农生产为特征的中国社会陷入了"一盘散沙"。民族独立、国家统一与现代化建设内在要求社会组织化，由此，政党与军队成为组织社会的最重要的组织化力量；同时，在社会中存在的基于价值、利益与兴趣等形成的政治性与社会性的组织化力量与载体，以及由政党组织推动建立协助组织民众的组织载体，就成为政党与军队之外很重要的民众自我组织与组织民众的组织化力量，这就是所谓广义上的群团组织。新中国成立之后，通过整顿，其中一部分社会中自我产生的以及中国共产党推动建立的群团组织，就被作为连接党、国家与社会之间关系的机制性

---

* 本文刊发于中青在线，2016 年 3 月 11 日；以"共青团全面深化改革的'从 0 到 1'"为题刊发于《中国青年报》，2016 年 3 月 14 日。"

与制度化的组织渠道,这些群团组织就是所谓狭义上的群团组织,或是官方意义上的所谓群团组织。共青团就是其中之一,是党与政府联系青年的桥梁与纽带。

新中国成立之后,在协助党与政府推动现代化建设的过程中,包括共青团在内的群团组织起到很好作用。不过在改革开放,特别是市场经济建立与网络社会生成之后,许多在计划经济时期形成的特点,以及在市场经济建立之后所形成的一些特点,使包括共青团在内群团组织的组织形态,开始不能适应新时期社会发展要求以及群众的生存状态与交往方式,呈现"机关化、行政化、贵族化与娱乐化"等倾向,存在着脱离群众的危险。为此,在党的十八届三中全会提出国家治理现代化之后,包括共青团组织在内的群团组织改革就成为全面深化改革与推动国家治理现代化的一个重要组成部分,其目的就是强化群团组织的"政治性、先进性与群众性"。因此,2015 年 1 月,中共中央出台了《关于加强与改进党的群团工作意见》,就新时期党的群团工作以及群团建设与发展,提出了一系列意见与要求。

2015 年 7 月,中共中央召开了建党以来的第一次群团工作会议,习近平总书记做了重要讲话,会议提出了要推动群团改革与创新。11 月 9 日中共中央全面深化改革领导小组,审议通过了全国总工会、上海市与重庆市的群团改革试点方案。11 月 20 日,上海市委召开了群团工作会议,部署群团改革工作,上海共青团改革也正式启动,并通过媒体将改革方案主要内容进行发布。经过三个多月的准备,2016 年 2 月 29 日,共青团上海市委召开了第十四届七次全会,在全会上,市委组织部宣布了作为团市委领导班子"专、兼、挂"结构中的挂职与兼职领导干部名单,团市委新的内设机构情况也被公布,并根据改革精神,增补了团市委委员与常务。

对于共青团来说,中央意见、群团工作会议、试点方案出台等,从一定意义上来说,都是属于理念提出、方案设计层面,都尚未转化为现实,而作为全国试点的上海共青团改革,全会的上述内容的落实,就标志着上海共青团试点工作,从方案落实到实现。因此,从全国来看,这些举措意味着共青团全面深化改革迈出了实质性的第一步,实现了现实的"从 0 到 1"的突破。

二、并非只是一场单纯的机构改革

上海团市委的全会之后，虽然官方报道对全会内容做了相对全面的介绍，但是许多媒体以及团内外人士，都将评论的重点聚焦在领导班子以及机构变动上，似乎认为上海试点，所体现出来的共青团深化改革，只是一场机构改革。同时，也有一些人对书记班子成员的"专、兼、挂"新结构感到不了解。

从研究问题角度来看，当一个现象出现似曾相识而又充满困惑的矛盾时，这就意味着这一现象背后可能存在着与之前现象之间重大区别的新逻辑。这一分析问题的方法也同样可以运用到上述这一现象的认识上。

诚然，这一上海共青团改革试点方案中，是从机构、人员与机制入手进行改革，确实是一场机构改革，但是单从书记班子成员"专、兼、挂"新结构的出现，就可以看出来，这一次改革措施与传统的机构改革存在着重大差异。如果对书记班子"专、兼、挂"新结构的背后逻辑进行分析的话，我们实际上就会得出以下判断，那就是通过书记班子以及机关工作者的人员来源与任职方式的调整，来打破传统体制区隔，包括体制内部与体制内外的区隔。

新中国成立之后，为了克服现代化建设对组织化诉求与中国传统小农社会"一盘散沙"的特征之间，我们建立宏观上以国家政权为主导的计划经济体制，微观上建立了以基层党组织为核心的单位社会体制，从而为现代化建设奠定了组织化基础。计划经济与单位社会，使整个社会形成了一元一体，用行政化方式将整个社会组织起来，其中一个很重要方式就是将干部与职级联系起来。作为政治体系一个重要组成部分的群团组织，包括共青团在内，都被纳入这一框架之内，在干部选拔与任用上，都遵循这一逻辑。后来公务员制度确立，又以制度化方式将之固化下来。

市场经济建立以及网络社会生成，使计划经济体制与单位社会体制，在整体上退出了历史舞台。但是当时所形成的体制安排与管理方式，依然还以新的形式在制度性与观念性层面体现着，这就导致了人们所谓体制内与体制外的说法。这就导致在政治运作过程中，政治运行开始形成了政治领导与行政管理的区分。但是在干部使用与管理上，却依然还是以行政化方式进行,由此导致政治领导工作也严重行政化,在群团方面就体现为所谓"行政化"与"机关化"的倾向,从而使政治领导的空间窄化与方式僵化。

这种行政化与机关化倾向体现在群团组织形态的方方面面,对于共青团来说。其中很重要的一个方面就是体现在书记班子与机关工作人员的人员来源与任职方式上,必须都是以公务员身份与科层制方式进行安排与运作。由此导致了所谓体制性的区隔,使许多具有良好素质的青年领袖以及青年团员无法到共青团领导机关参与工作。而科层制与公务员的行政化运作逻辑,使那些专职化的机关干部,在观念上与行为方式上存在着与一线青年脱节的倾向。为此,上海共青团改革试点,就率先从导致体制区隔的"牛鼻子"入手,采取书记班子成员的"专、兼、挂"方式,其中挂职使体制内的区隔得以打破,使体制内其他不同部门之间,以及不同级别的区隔,兼职使体制内外的区隔打破,使所谓体制之外的优秀青年领袖能够成为共青团书记班子成员,并且在机关其他工作人员中也通过吸纳志愿者等方式,来进一步克服体制性区隔。

概括起来,我们认为,书记班子成员的"专、兼、挂"结合的新结构等举措,一方面打破了体制性的区隔,另一方面淡化了所谓行政级别的观念,突出了"以工作需要"与"唯才是举"的理念,以此达到克服共青团行政化与机关化的倾向。

由上可知,我们可以说,上海共青团改革试点方案的实施,从面上来看,确实具有与过去机构改革相似的一些特征,但是也存在着巨大差异,实际上是遵循着新的理念与逻辑,以打破体制区隔与淡化行政级别为内容,克服共青团行政化与机关化为诉求,是从关键环节入手推动共青团组织形态整体性重塑的实质性第一步。因此,我们不能将之理解为一次单纯的机构改革。

三、共青团发展还需要"从 1 到 N"

如果对上海共青团改革试点方案进一步分析的话,我们可以得出一个判断,那就是试点方案所提出来的改革对策是具有解决共青团"行政化、机关化、贵族化与娱乐化"问题的"牵牛鼻子"功能与效果的,是完成共青团改革中党组织履行最重要权限那部分的任务,是党建团建的新发展。然而不论是从关键对策落实与整体改革推进的改革内容来说,还是从改革试点到全团改革来看,上海共青团试点方案实施,都还只是迈出共青团全面深化改革实质性的第一步,对于共青团组织形态整体发展来说,还有很多路要走,很多事要做。

从关键对策落实来看,还需要解决磨合适应与开发激活等问题。比如,新的书记班子"专、兼、挂"结构运行方式如何开展,特别是兼职副书记作用如何发挥,以及机关干部的专职人员与志愿者之间如何合作等,将成为改革后首先需要解决的问题。当然,还有其他人事、财政等新体制在现实中的落实也存在许多新旧机制之间的冲突等问题,这些都是急需解决的。再比如,对于共青团来说,兼职问题从一定意义上讲并不是一个全新的举措,实际上从领导机构来说,常委会、全委会与代表大会才是本质性领导机构,而所谓机关工作人员等,是负责日常性工作的运行,通过所谓"专、挂、兼"改革,实际上是改变负责日常性工作的人员结构的问题,而如何发挥常委会、全委会与代表大会中的非机关工作人员中的常委、全委的委员与代表的作用,是下一步改革中需要考虑的问题,这是开发的问题。

从整体改革推进来看,还需要解决从关键突破到整体发展问题。从国家治理现代化与群团改革的逻辑来看,共青团改革实际上是在以政党、国家、社会与市场为要素的政治结构空间中,通过重塑共青团与各方面关系,并在此基础上发展共青团的组织形态。从目前试点方案来看,虽然共青团与政治结构四个要素关系重塑的内容都有所涉及,但是从结构上来看,作为党建带团建的新发展,更多的是涉及共青团与政党关系。因此,如何从关键性关系与关键性环节的突破到共青团组织形态整体性创新,还需要共青团在党的领导下进一步努力推动。

从改革在全团推进来看,还需要解决由点到面的推广适用问题。对于共青团来说,目前的试点是在上海市与重庆市,而这两个城市都是直辖市,因此对于下一个全团改革推进来说,还需要解决两方面问题:一是如何将上海、重庆的地方性试点经验转化为团中央层面改革的参考与借鉴;二是如何将上海、重庆的直辖市的改革经验在其他地方,特别是省级共青团的示范与推广。这里将遇到两方面挑战：第一是试点推广的一般性困难，就是各地如何结合实际情况来复制与借鉴上海与重庆的改革经验；第二是本次试点单位选择所带来的推广时可能遇到的特殊性困难，那就是直辖市经验对省级共青团的适用性问题。因此，如何解决上述两方面推广与适用问题，是下一步各级党组织与团组织都需要发挥智慧、进行努力的内容。

总之，上海共青团试点方案的落实，对于共青团全面深化改革来说，是具有重要意义的，解决了共青团全面深化改革的"从 0 到 1"，迈出了实质性的第一步。但是如何从"1 到 N"，既是下一步考验全团的内容，也关系共青团改革是否能够做到切实到位的。

对于共青团来说，也许改革永远都是进行时，这是时代的要求，也是青春的命题！

适应国家治理现代化，
全面推动妇联创新发展*

近日，中共中央办公厅印发了《全国妇联改革方案》（以下简称《方案》），标志着妇联改革从地方妇联试点阶段进入全国妇联正式实施阶段，不仅对于妇联组织发展，而且对国家治理现代化都是具有十分重要意义，值得我们关注。

一、国家治理现代化对妇联组织发展提出新要求

在中国，妇联不仅是党与政府联系妇女群众的桥梁与纽带，而且还是国家政权的社会支柱之一。在政治体系中，作为党的群团组织，在党的领导下，妇联在人大与政协中都扮演着相应角色，并与政府有着密切联系，是妇女群众在政治体系中的代表组织，具有较强的政治功能；在社会体系中，作为妇女组织，又是与妇女群众以及各类妇女组织有着密切联系，并成为推动各方面有效服务妇女的组织体系，具有较强的治理功能。因此，妇联组织不仅是中国特色社会主义民主政治体系，也是国家治理体系的重要组成部分。

新中国成立之后，为了在"一盘散沙"的农业社会中推进社会主义现代化，我们建立了计划经济体制与单位社会体制，并形成了与之相适应的国家治理体系，而作为其中的组成部分，妇联组织也形成了与之相适应的组织形态与运行方式。改革开放之后，妇联组织也开始走上了改革之路，并在适应改革开放过程中，不断调整创新。

---

* 本文写于 2016 年 9 月 20 日。

经过 40 年的发展,随着市场经济建立、法治国家确立、"三个代表"重要思想提出与和谐社会推进,作为现代国家治理体系主体要素的市场、国家、政党和社会基本生成。然而却存在着要素功能发育不够、要素之间有机化不足的问题,为此,党的十八届三中全会提出了要基于顶层设计,全面深化改革,推动国家治理体系与治理能力现代化,从而实现中国特色社会主义制度得以进一步完善。通过全面深化改革以推动国家治理体系与治理能力现代化的任务提出,就对作为其中一个组成部分的妇联组织发展提出了新的要求,对于妇联来说,也意味着面临着新的发展任务。

二、深化改革是全面推动妇联发展的重要举措

国家治理体系与治理能力现代化对妇联发展提出新的要求,而妇联要能够适应这一要求,就必须根据党的十八届三中全会精神,全面深化改革。这也就是说,全面深化改革,一方面是推动妇联自身发展,另一方面是适应国家治理现代化。由此,国家治理现代化就为妇联全面深化改革规定了逻辑空间与战略目标,具体来说,就是妇联改革应该更好地服务于党的领导,更好地发挥其在政治体系中的作用, 以及更好地联系与服务妇女群众与妇女组织。分析近日中共中央办公厅印发的《全国妇联改革方案》中,我们发现,中央推动全国妇联改革实际上就是从上述三个维度, 全面推动妇联组织的创新与发展。

《方案》提出要通过"落实党建带妇建制度",推动全国妇联党组履行好全面从严治党主体责任,来切实加强党的领导。同时,要求妇联组织要围绕思想教育以及妇女在经济建设和家庭建设中作用等, 创新动员妇女服务大局的载体和方式。前者从党组织加强领导, 后者是从妇联推动妇女服务大局,即从两个维度推动,来达到通过改革与创新以更好地服务于党的领导的目的。

为了更好地发挥妇联在我国政治体系中的作用,《方案》提出了以下三方面改革:一是"拓宽妇女有序民主参与渠道",并通过采取以下措施,从整体上畅通妇女意见与利益在政治体系中得以表达:进一步发挥妇联代表妇

女积极参与人大、政府、政协各类协商;推动提高女性在人大代表、政协委员中的比例并发挥其作用;在城乡社区建立由妇女参与的相应议事协商机制。二是"改进全国妇联领导机构人员构成、运行机制和机制设置",并通过采取以下措施,使妇联组织成为能够有效聚合与表达妇女意见与利益的组织载体:增强全国妇女代表大会和全国妇联执委会、常委会的广泛性代表性;完善全国妇联代表大会和全国妇联执委会、常委会工作机制;根据妇女群众新的发展与国家治理现代化新的要求,调整优化妇联全国妇联机关职能。三是"改革全国妇联机关干部选拔任用方式和管理方式",并通过采取以下措施,使机关工作力量、工作方式能够与妇联在政治体系中发挥应有作用的要求相匹配:打破年龄、学历、身份壁垒,打造专职、挂职、兼职相结合的机关队伍;进一步改进机关干部工作作风;建立妇联干部直接联系妇女群众制度。

为了更好联系与服务妇女群众与妇女组织,《方案》推动以下方面的改革:一是建立全国妇联公职律师制度等,"创新妇联维权工作";二是创新开展对留守流动妇女儿童等关爱帮扶工作等,"深化特殊困难妇联儿童帮扶工作";三是创新扁平化工作方式等,"建立依靠妇女群众推进妇联工作的运行方式";四是积极推动在城乡社区普遍建妇联等,"创新基层组织设置";五是发挥妇联作为党联系女性社会组织重要渠道的作用,"加强对女性社会组织的联系引导";六是"探索基层妇联与其他群团组织资源整合、协同发力的服务模式";七是"打造网上妇女之家",畅通网上联系妇女渠道,建设妇联网上工作新平台。

三、全面推动组织创新发展将有利于妇联更好履行职能

习近平同志在党的群团工作会议上指出:"工会、共青团、妇联等群团组织一定要坚持解放思想、改革创新、锐意进取、扎实苦干,切实保持和增强党的群团工作和群团组织的政治性、先进性、群众性,组织动员广大人民群众更加紧密地团结在党的周围,把广大人民群众对美好生活的追求汇聚成强大动力,共同谱写实现'两个一百年'奋斗目标、实现中华民族伟大复兴中国梦的新篇章。"这也就意味着,进一步保持和增强"政治性、先进性、群众性",

既是群团组织深化改革的根据,也是检验其成效的标准。我们认为通过全面深化改革,全面推动组织创新与发展,将有利于妇联保持和增强"三性",更好履行其应有职能。

《方案》的实施,将使妇联的政治性得以保持与增强。作为党的群团组织与国家政权的社会支柱之一,政治性是妇联区别于一般女性社会组织之所在。通过改革,妇联组织将更好地服务于党的领导,并使其在政治体系中功能得以充分开发,同时也将使其表达与联系妇女群众的功能得以强化,并在此基础上提高服务妇女群众的能力,进一步密切与妇女群众的关系,这就使妇女政治性得以保持与增强。

《方案》的实施,将使妇联的先进性得以保持与增强。群团先进性在于两方面。一是接受党的领导,中国共产党先进性使群团组织在历史性上处于不断追求进步与发展,二是与时俱进,积极反应时代精神,并努力形成与时代同步,能够有效引领群众的能力。作为国家治理现代化一个组成部分,妇联改革就是中央为了推动社会发展与进步而采取的措施,因此,坚持改革是本身先进性的一种体现。同时,这次改革,通过积极适应时代要求,打破各方面壁垒,吸纳与整合各方面积极性因素与建设性力量,从而使妇联组织一方面能够不断跟上时代,体现时代精神,另一方面,也能够提升自身保持先进性与引领性的能力。

《方案》的实施,将使妇联的群众性得以保持与增强。不论是作为党的妇女组织,还是作为妇女的自己组织,广泛联系妇女,有效组织妇女,并得到妇女群众的认同与拥护,都是对妇联组织的要求,因此,群众性就是妇联组织的一个基本特性。而要联系与组织妇女,就必须根据不同时期妇女交往方式与生存形态以及其需求状况,不断调整妇联的组织形态与工作方式,而本次改革采取的措施中,大部分都是围绕着更好联系与服务妇女群众与妇女组织而展开,因此,我们相信,通过改革,妇联的群众性将得以进一步保持与增强。

四、既要"从 0 到 1",更要"从 1 到 N":妇联改革创新永远在路上

《方案》的印发与实施,标志着妇联改革进入了全面推进阶段,将有可能对进一步保持与增强其政治性、先进性与群众性起到积极推动作用。但是我们也必须看到以下几方面问题:

一是《方案》实施,也还是针对全国妇联层面而展开,如何根据各地妇联情况进行全国性的各个层面的改革工作,还有很多事情要做,而各地情况有千差万别,如何做到统一部署与结合实际,还需要发挥各级党委与妇联的政治智慧。

二是《方案》实施,虽然涉及妇联改革的方方面面,但是作为党中央推动妇联改革的意见,更多是从党组织角度以及关系到党的权限方面,作为重点推动内容,而如何在此基础上,进一步根据妇联情况进行全方位展开改革,而不是将这次改革当成一次单纯的机构改革,更是考验各级妇联的智慧与能力。

三是《方案》实施,对于妇联适应新的政治与社会发展要求来说,仅仅是新的改革的开始,特别是全球化、市场化和网络化的发展速度进一步加快背景下,可以预期,新的发展将对妇联创新与改革提出更为深刻的要求,还需要我们不断推进改革。

总之,《方案》的印发与实施,对于妇联改革与发展来说,仅仅意味着"从0 到 1",当然其意义已经非常重大,但是,我们认为,不论是从具体改革实施,还是未来进一步发展上来看,都还需要继续完成"从 1 到 N"的任务。对于妇联来说,改革没有休止符,永远在路上。

锻造西部崛起背景下女性发展的组织基础

——在四川省调研妇联工作时的发言

2017 年 4 月 17—22 日，应邀参加由全国妇联组织的中央媒体与四川省媒体"走基层，访妇情"活动。对于记者来说是采访，对我来说，是调研。先后调研了四川省成都市、南充市和达州市等 6 各县市区的 22 个点。在调研过程中，我做了许多评点与发言，光明日报记者与四川妇联宣传部同志将我的发言做了录音，在智库团队的帮助下，进行了整理，经过我的进一步加工，就有了以下内容。

应该对妇联发展做前瞻性思考

当一项工作进入到官方全面推动的时候，对于智库研究来说，就已经不是前沿性的命题了，智库学者就应该关注接下来的新的问题。当前，群团改革正如火如荼地开展着，中央层面已基本完成，省一级也在推进之中。因此，这次跟随全国妇联组织的"走基层，访妇情"采访团来四川省，我就带着两个问题，一是群团改革之后或者后群团改革时期，妇联工作应该怎么发展以及会怎样发展？二是四川省群团改革过程中妇联落实的情况与创新的内容有哪些？四川省妇联改革有哪些特点以及下一步发展的重点是什么？

实际上，这种思维方式不仅仅局限于智库学者，而且也适用于各级领导干部，包括妇联组织的领导干部。

（2017 年 4 月 19 日接受中央和四川媒体集体采访时的发言）

应该从中国政治发展整体结构与
历史逻辑中去把握妇联改革

要把握后群团改革时期的妇联发展方向与趋势，首先就必须了解为什么要进行群团改革。而要了解群团改革，就必须将群团发展放在以下两个维度中去把握：一是必须放在中国政治、社会、经济发展的整体结构框架之内来把握。二是必须放在时代发展的逻辑与脉搏之中去把握。另外，我们要把握四川省妇联改革特点与下一步发展方向，一方面必须了解妇联改革基本逻辑，另一方面还必须把握四川省妇联当前创新。这次我们来调研，四川省妇联安排的一些调研点与具体案例一定是具有典型性的，从这些典型中，我们就能够看到下一步的发展以及找到一些方向性的问题。

要从政治结构与历史逻辑进行群团改革，以妇联为例来说，就必须解决两个问题：一是妇联在整个中国政治和国家治理体系之中处于什么位置？二是为什么群团组织会存在所谓四化的问题？

在中国政治结构中，妇联实际上是基于妇女、儿童与家庭因素而将政党、国家、社会与市场等中国政治结构的四个要素联结起来，是中国政治体制与国家治理体系中起到联系与沟通结构性要素之间关系的一个组织化与制度化的载体和通道。因此，妇联在党委有党委委员，在人大之中有人大常委，在政协之中有妇联界别，在政府之中有妇儿工委，在社会基层之中有各类妇联组织，由此形成了贯穿各方面的组织网络与制度通道。

但问题就在，为什么我们会出现行政化、机关化、贵族化、娱乐化等"四化"现象呢？这与我们国家的现代化发展逻辑有关系。新中国成立之后，一方面我们是一穷二白，另一方面我们又是"一盘散沙"，而现代化建设既需要原始积累，又需要高度组织化。为了解决这一矛盾，于是在党和国家领导下，建立了计划经济体制与单位社会体制，把所有力量快速聚集起来，完成资金的原始积累与社会的高度组织化，从而为现代化建设奠定了基础。计划经济体制与单位社会体制建构就要求我们纳入在一个统一的国家行政体系之中，以行政化的方式得以最快的解决问题，与此相适应，基于科层制的组织形态与动员机制,机关化也就相应伴随而生。

根据我们的体制特征,群团工作必须围绕党的中心工作而展开,在党的中心工作转移到以经济建设为中心后,特别是处于经济发展赶超阶段,其他问题都可以先放一放,只要大致能解决就可以了,因此,对于全局工作来说,群团问题也就成为不是影响大局的工作,再加上随着市场经济发展,群众生存形态发生了变化,从本质上来说,群团工作也更加难做,然而又不受重视,因此机关化,行政化就进一步发展,而贵族化乃至把政治工作娱乐化的现象就开始出现。

在经过40年发展,不仅市场与社会发展起来了,以依法治国为主要内容的现代国家建设也进入了全面推进阶段,党的建设创新与发展也全面推进,为此,十八届三中全会提出基于顶层设计的全面深化改革,推动国家治理体系与治理能力现代化,一方面要推动政党、国家、社会与市场的功能发育,另一方面要推动这些要素之间形成内在有机化。而群团组织作为联系这些要素之间关系的制度性与组织性的载体与通道,这就要求通过推动群团改革以开发其功能,从而国家治理现代化的任务得以实现。

党中央要推动群团改革就必须从关键的与涉及党委权限的事项入手,因此,就从领导机关的领导班子、部门调整、体制机制、干部录用方式与拓宽民意表达通道等方面着手改革。比如说推动干部领导班子之中有兼职,扩大常委会、执委会、全委会,在基层的比例,这叫通道先起来,这是党委的权限。这些改革实际上是释放一种信号,告诉大家要更多听民众的声音,要吸纳社会,要面对社会。从一定意义上说,这些内容还仅仅是群团改革"从0到1"阶段的任务,或者说是群团改革工作的破题,即更多的是涉及党组织权限的工作,而下一步就要进入到群团改革的"从1到N"的阶段,在这一阶段,就需要群团组织自身全面推动各方面工作的创新与发展。

（2017年4月19日接受中央和四川媒体集体采访时的发言）

锻造西部崛起背景下女性发展的组织基础

中央关于群团改革的意见，解决的是面向全国都有普遍借鉴意义的问题,而四川妇联改革除了要有落实群团改革的统一要求之外,在工作与发展中还应该有自己的特点。那么,四川妇联工作的特点和亮点又在哪里呢?

一、西部崛起与女性发展的同频共振

四川妇联无论是实务工作还是新闻报道,都不能照搬沿海城市的做法,否则就没有我们自己的特色了,尤其是四川的工作不是完全以城市为中心的,四川是省级单位,不仅有城市,而且有农村,既有经济条件还可以的区域,也有许多相当贫困的地方。所以,我们应该立足四川作为西部省份的特点,并且要把西部这个概念牢牢抓住。中央所关心的不仅仅是四川这个个案,而是四川的这种类型。四川是能够代表西部地区的比较典型的一个省,妇联工作与宣传要与西部崛起,与精准扶贫,与妇女的发展,与这轮群团改革联系起来。因此,我建议将四川省妇联的工作和宣传主题定为"锻造西部崛起背景下女性发展的组织基础"。

西部崛起和女性发展这两者之间是具有同步性的,这既是一个学术性命题,也是一个政治性问题。这一主题主要有三方面的背景,首先,全面建成小康社会的目标不仅包含经济的发展,而且包含"人"的发展,这也是国家治理现代化的需要解决的问题,二者是同构性的。其次,推进全面建成小康社会,以及精准扶贫的重点在西部地区。最后,在全面建成小康社会的过程中,最重要的是人的全面发展,而女性的全面发展是人的全面发展重要内容,这就和全面建成小康社会的命题联系在一起。

比如,四川南充市西充县电商的发展中有一个"翠袁现象",就是有一绿鸡蛋品牌叫"翠袁牌",之所以"翠"在前,是因为妻子贾翠蓉留守在家,后来在妇联帮助下通过电商领域创业发展起来,就要求在城里务工的丈夫回来支持她的事业,她的丈夫姓袁,于是他们就将自己产品注册为"翠袁牌",以示女性的主导权。这就是一个很典型的例子说明了,女性在西部崛起中发挥的积极有为的作用,而随着西部崛起,女性权利与权力也伴随之而发展。

二、西部崛起背景下女性发展需要妇联组织发挥作用

诚然，西部崛起与女性发展具有同频共振与同步发展的内在趋势，但是，大部分女性在西部发展过程中，还需要外在力量支持与帮助，就像贾翠蓉是在妇联帮助下走向了电商创业道路一样。因此，在西部，妇联组织，不是在女性已经充分发展背景下来适应这一变化而改革创新，当然也有部分地区已经是如此，比如成都，而更多的地区，是妇联组织必须承担起推动妇女发展的引领与帮助的工作，为了更好完成这一工作，需要推动妇联组织进行改革与创新。

任何组织在适应时代转型的过程中都需要相应的契机，而这次中央推动的群团改革工作，就是这么一个契机。作为西部典型地区的四川省妇联改革工作，就是可以凭借这一契机来实现组织形态与工作内容的重塑，从而服务于引领与服务妇女发展的目的。其重点就在体现在"联"和"准"上，通过妇联组织网络与互联网虚拟网络对接并整合多方资源，并盘活既有的资源，精准服务到相应对象上，进而在重新定义基层过程中，推动妇联组织组织重塑与工作创新。

在西部崛起和女性发展的背景下，女性发展需要妇联更好地发挥促进作用，要能把各方的力量和资源凝聚起来，精准对接女性发展的各种需求。于是，传统工作方式，无论是资源供给方式，还是组织活动的方式都不再适应如今妇联带动女性发展的新任务，因此就需要改革。

改革是为了更好地支持女性的发展。但在现实中，西部地区的群团组织发展已经滞后了，妇女已经发展起来了，而妇联的发展没能跟上女性的发展，也就难以带动女性的崛起。这轮妇联改革就是为了要使妇联能在整体上带动女性崛起，在西部地区，妇联要在女性整体崛起的背景下，精准对接不同女性群体各自的需求，例如精准扶贫，从而带动女性的共同发展。在这一过程中，妇联要发挥引领的作用，其中一个重要手段就是网络，包括电商，要用网络重塑组织。

妇联的基层组织固然有一定群众基础，但就每个基层而言，毕竟资源禀

赋存在着差异,并且普遍不足,因此,在市场化与网络化背景下,妇联基层组织就要根据以下两方面需求来重新构建,一方面,要通过区域化妇建,以整合区域内的资源,另一方面,又要以网络化手段,引进区外的力量。当然,这里还涉及如何开发本土资源和引进外来力量相结合的问题,这里外来力量,还包括不一定是通过网络化手段引进的各类社会组织力量。

在市场化、全球化与网络化背景下,推动妇联组织形态重塑,必须从市场、社会、国家、国际、国内等多维度进行整体性思考。妇联要重建基层,就必须重新定义基层。然而,没有整体的妇联组织形态重塑,是没法重新定义基层的。你的基层还是老基层,还是群团改革之前的那种运作方式的话,就解决不了问题。如果我们分析电商运作结构就可以看出来,实际上电商之所以能够解决基层问题,就是因为它背后有个庞大的后台网络和组织网络在支持,而妇联也应该有如此改革。

三、在助推西部崛起与女性发展中妇联要主动争取党政部门支持

在助推西部崛起与女性发展过程中,妇联需要通过全面重塑自身组织形态,同时也需要党政部门的支持,当然,这种支持不是单纯的给资金与人员,而是结合改革,建立相应的长效机制,一方面有利于妇联发展,另一方面也有利于政府改革。

如今随着西部崛起,一部分女性已经开始发展,但整体上女性还没有发展起来,妇联要积极带动整体女性的发展,这同时也需要政府更多的政策支持和财政投入。政府一方面要通过职能转移,让妇联等群团组织承担更多的社会整合方面的功能,另一方面,要通过购买社会化的公共服务,支持妇联的群团组织的具体工作。中央关于加强与改进党的群团工作的文件中明确指出,这既是群团改革的内容,也是政府职能改革的内容。但这项工作在落实的过程中可能会很困难,许多党政干部包括一些群团干部,仅仅把这次群团改革当成一次机构改革,甚至以为是削弱群团,因此在观念上和政策上没能做好衔接。

这就要求妇联组织通过艰苦工作，让党政有关部门以及妇联内部的领导与干部认识到，这次群团改革远远不只是机构改革，而是一次组织重塑，是要充分发挥妇联组织的作用，重新助力西部崛起，推动妇女发展，这是全面建成小康社会的重要内容，使妇女真正能撑起"半边天"。

在政策上，妇联组织要主动去推动政府职能转移和政府购买公共服务工作的落实，以支持妇联服务妇女的工作，从女性发展、儿童发展和家庭建设三个角度入手，形成长效工作机制。

要达到上述目标，妇联组织要在"联"字上下功夫，充分发挥"联"的作用。要使妇联能对接各方，整合各类资源和力量，例如对接妇儿工委及其成员单位，充分发挥妇儿工委作为党政机关的功能和作用，使妇儿工委能够成为整合政府内资源、有效支持妇女发展和儿童发展的重要平台，实现政府内部机制的整合。

（2017 年 4 月 20 日接受新华社记者采访时的发言）

群团组织在社会整合中的重要作用

现在全国都在推动群团改革，不过目前的改革重点，主要围绕人员、机构与机制等而展开的，更多是涉及党组织权限的改革，我称之为改革的"从 0 到 1"阶段，而下一步应该进入"从 1 到 N"阶段，应该涉及群团改革全方位内容，包含工作内容、活动方式、运行机制与组织形态的整体性重塑。

随着改革的推进，群团组织的重要性也将越来越凸显的时候，我们该如何定位群团组织的角色呢？只有这样的问题得到了回答，得到了落实，才能算以优异的成绩迎接党的十九大。

在赶超性的任务基本完成的时候，全面建成小康社会的冲刺结束之后，中国要整体性地走向中等发达国家。在现代社会、现代国家的建设基本定型之后，我们群团组织的定位和作用将变得非常重要。群团改革之后，群团组织的定位要和整个社会政治发展的背景结合起来。原先我们处在赶超阶段，可以依靠科层制快速推进各项工作，几乎所有的任务都可以通过自上而下的、运动式的工作方式快速落实。当时强调的是优先解决重大问题，那时候之所以不重视群团组织，因为那时候社会的各种要素还没有生成，需要先解决经济快速发展的问题。而现在，经济赶超的任务基本告一段落了，社会的各种要素也逐渐生成，于是群团组织在社会整合中的作用就愈加凸显。在这个过程中，上一阶段（赶超阶段）的组织形态在当前的发展阶段中，就不再适应了。

这就意味着改革开放以来，中国在经历了三十多年的经济社会高速发展之后，目前"经济赶超"的任务已经基本告一段落了，进入一个稳定的新常态，社会的各个要素也都在这个过程中生成。在这样的背景下，如何做好群团工作，如何把各类社会力量整合起来，就变得非常关键。

在社会整合方面，社会上存在着一种"走向西方"的思维倾向，这种观点认为，未来中国应该像西方国家那样，社会整合应该回归社会，由社会自己来承担这一任务。但这种思路并不适合中国。西方现代社会已经发展了三四百年，已经发展到相当成熟的阶段；而中国社会刚刚发展起来。

很多人认为，如果所有的社会职能都政府来承担，会变得行政化，那么中国有一个非常有利和很有特色的制度安排，就是群团组织。它虽然不是党委与政府机构，但它和党委、政府的联系非常紧密，这就体现了它的政治性。

此外，群团组织还具有先进性，它可以在组织上可以统合与整合各方，而其他社会组织往往只专注于各自的专业领域，只聚焦于各个散点。同时，有了主意基础，群团就能够从整体上把社会各方的智慧众筹起来，也就不会变成群众的"尾巴"，即具有引领性作用。这就是当年毛泽东所指出的，真理是来源于群众的实践，但是，我们又不能做群众的"尾巴"，而是要将分散在群众认识中的反映真理的某方面特征整合起来，并提升到一个新的高度，成为系统的认识事物运动规律的理论体系，再来指导现实的工作。因此，群团组织的先进性应该从多个维度来把握，上述两个方面就是其中重要理解角度：一是从组织形态、组织优势角度，二是从认识真理、把握发展方向的角度。由此，群团组织不断追求先进性，就能够不断发挥其应有功能，既解决了整体的体制和社会对接的问题，又解决了统筹性和综合性问题。

群团组织的群众性，就是要最大限度联系群众、充分组织和整合群众，有效服务群众，从而为其政治性与先进性奠定基础。不过当前，我们要充分意识到,要做到联系、组织与服务群众,首先必须看到,如今的群众已经不是分散的群众,也不是原来"单位体制"下的群众,许多人已经开始成为自我组织化的群众。比如目前许多创客组织都已经发展起来,它既有经济功能,更有社会功能,这种创客组织的社会功能比起传统的生产型企业的社会功能更强。再比如哔哩哔哩弹幕网(即 B 站),就实现了把大量的自我组织聚合起来,群众的生存形态已经变成自组织化的形态。

我特别佩服习近平总书记在这个关键的时间点上把群团改革提到如此重要的高度,他提出的概念是"中国特色社会主义群团发展道路",过去从来没有用这样的高度来理解和把握。因此,我觉得这次群团改革非常重要,下一步或将成为国家治理现代化的重点内容。过去大家对群团组织还不那么重视,但今后群团组织的重要性将愈加凸显。

事实上,在我们的"三大法宝"里蕴含着三种组织力量,一是政党,二是军队,三是群团组织。民主革命时期,我们就是通过政党、军队和群团组织这三种力量结合,才赢得了政权。后来我们组建了政府,也就开始依赖政府,但政府仅仅是政治运作的其中一员,不应该把另外的力量,尤其是政党和群团组织丢掉。群团组织的力量越是不得到重视,就会越来越脱离群众,这样的政府是没有根基的。

因此,工、青、妇等群团组织就被称为政权的社会支柱。在民主革命时期,群团组织是我们赢得革命胜利、赢得民心的重要支柱;如今在发展政权、发展社会的阶段,群团组织的作用也应成为巩固民心的重要支柱,因此,群团组织建设和群团改革就成为一个基础性的工作。

从具象来讲,例如扶贫工作,目前大规模的扶贫工作已经完成,在下一步的常规性的救济工作和社会辅助工作中,群团组织就应扮演更加积极有为的角色。不仅在扶贫工作中,其他各方面的工作也是如此。如果群团组织不能发挥应有的作用,就会被别的社会力量,乃至宗教力量和国际组织所替代。当时在汶川地震的时候,就有大量的社会组织和国际组织参与到救灾和重建的工作中,其中一些还是有统筹性的组织。如果群团组织不具备足够的竞争力,那么在下一轮的社会转型中,就会失去政治上的主动权。

(2017 年 4 月 20 日在四川省达州市调研时的发言)

妇联应充分发挥"联"的作用

妇联最重要的工作在于组织建设。现在广大的妇女都分散在不同的区域，但是可以通过搭建一个开放式的大平台，把她们的个体产业和农产品连接在一起。过去我们在这方面的工作还有不完善之处，未来要进一步精细化，以此为切入点，加强妇联的组织建设。

我们的组织不要总是想着要去注册，好像注册了才算是个组织；而是要用兴趣、爱好进行分类组织，就算是拉一个微信群都可以。比如一些微信群就是以健康为主题的，这对妇女来说就是线上的组织。再比如，我们培训女性电商之后，还应该将这些人组织起来，建立各类群等女性电商"自组织"。各类的女性组织，各类的精细化行业，做香菇、做玫瑰、做柑橘的都有，注册不大容易，我们就走自组织的方式——建群。群内部按组织相应规则运行，这样一来，我们培训一次就建一批组织。妇联可以牵头多组建一些这样的组织，其中，群主要定好规矩，群组内的互动一定要有内容，不能仅仅是聊天，在运行的过程中要按照正式组织的做法，逐渐形成有内容、有服务、正规化的组织结构，然后成员就开始依赖这个组织。

这样的以微信群为代表的组织要广泛发动，因为未必每一个组织都能取得很好的效果。这些组织应该由相关行业或者感兴趣的成员自己来运行，同时也要发挥"妇联通"的作用，包括市、县、乡、村四级妇联的主席或工作人员应该尽量参与其中，她们对当地妇女情况非常了解，因此她们也就了解当地妇女的实际需求，从而形成微信群的主题。

妇联可以以此为契机，提高建言献策的能力，向政府、人大、政协提供更多意见和建议。这项工作不能仅仅依靠妇联机关里的干部，而应该依靠这些微信群来汇聚民意，发动这些组织的成员一起来提意见，然后再对这些意见进行整合。妇联在人大有席位，在政协有界别，但是每年到写人大、政协提案议案的时候，我们常常遇到不知道要写什么的困境，如果我们下面建那么多的这一类组织的话，就可以让执委、代表、委员们，把电商发展过程中遇到的困难写出来，而后再进行整合，这样一年，我们就会写几十条乃至上百条，同时，我们兼职的干部、执委、委员、代表也有工作可做，与党和国家对接的民意表达也有了组织基础。如果这样的工作能够每年坚持推进，就能形成详细的资料，服务工作就有了针对性，民主建设也有了具体的运作机制。同时，要借助电商基地与妇女的家庭进行对接，使妇联的组织建设能与她们的生产生活联系起来。

我们现在要进行区域化的妇联组织建设，那就要把人才和能干的女性吸纳进来，其实她们也需要更多的社群，更多的民众来参与她们的事业，这样我们的覆盖面也就扩大了，形成了一个星罗棋布的组织。

现在中央提出要精准扶贫，妇联发挥更加积极的作用。现在我们已经开始利用电商平台进行精准扶贫，但目前这些工作还主要是政府在主导。下一步妇联可以探索与电商平台相融合的扶贫组织架构，探索电商在女性精准扶贫中发挥的作用。形成妇女扶贫妇女，社会力量帮助社会的局面。在这个过程中，妇联的重要工作就是要去协调这些机制，对接各方的资源和需求。这样才真正做到了精准。

在精准扶贫过程中，尽管妇联自身的资金资源有限，但我们可以发挥"联"的作用，发挥各种组织作用，这样就形成了网络妇联的工作机制，形成了全国创新的工作机制。我们要重视推动经验积累与推广，召开经验交流会，进行评比表彰，介绍每一类组织化方式在精准扶贫上的具体做法。

所以各级妇联领导机关的发展部，未来一定要重视通过构建各种组织化手段来推动项目的落实，要重视广义上的组织建设，不要只是就项目抓项目，具体的项目应该以"智慧众筹"为基础，要寻求新型组织化手段与方式来保证这些项目的有效落实，使得社会力量通过组织化的建构最终服务到整体社会，这样妇联就发挥了最大的"联"的作用。这样不仅推动了工作发展，也推动了妇联组织的组织覆盖。我们不应该把组织优势丢了，政府有资金、有政策资源，而我们有组织，我们要形成"众智、众联、众筹"的格局。

（2017 年 4 月 19 日在四川省南充市调研时的发言）

应该与政府职能部门合作，
打造精准服务的组织网络

妇联工作切入基层，如你们做的助老驿站，即使是你们自己做的，没关系，你也可以跟民政对接，而对他们来说，这是政府职能。一起做，他资金就过来了。司法和信访，这也是政府工作。驿站关爱聊天是社区的建设，这个是我们自己的，这个我们自己做也可以，家风家教跟精神文明办合作，维权我们自己的，家暴可以跟司法、公安，还可以无限联想下去。

实际工作当中也是合作的，那么这些合作性我们还可以无限想象，把各个政府部门，各个口的东西，如家长课堂实际上可以跟教育部门合作。在政府职能转移过程中，政府职能转移或承接政府事务，现在都是具体在下面试点，我们是去求人家，接下来我们来个顶层设计，在上面开始就跟各个部门签好协议，形成政策，比如积极开发与充分发挥妇儿工委的作用，制定《妇联承接政府购买服务事项的办法》等，然后就有了相应的资金配套，于是自上而下形成组织网络。未来妇联就应该至上而下，以多维度来推动这方面工作。

一个街道就能够画出这样的网络，未来我们下面可以更丰富，那么这个就意味着在新形势下，我们妇联服务女性，在城市服务女性就可以多维度推进，不过都将在精准化下下功夫，农村是精准扶贫，城市叫精准服务，在具体工作与顶层设计上，这些精准服务应该跟政府职能部门做好直接对接。

（2017 年 4 月 20 日在四川省达州市达州区曹家梁社区调研时发言）

妇联可以整合更多专业化力量来服务妇女工作

我看到，由妇联支持的针对妇女创业的"WORKING"孵化器已经开始与二更视频、爱奇艺等平台对接，通过加入这样的拥有广泛影响力的大平台，为企业的发展提供更多机遇，从而使孵化器变得更专业。这实际上已经探索出了孵化器自身发展的一种新模式，实现了与大产业链的对接，使孵化器成了产业链中的一个节点，这与共享经济的思路很一致。

同时，我还看到了女性参政议政的广阔空间。尤其是对于新一代的女性企业家来说，她们非常了解行业发展的实际情况，也很乐意参政议政，其中不少人与当地的政府、妇联等各方面的联系也非常多。作为一个新型的企业家，她们已经懂得社会领域与政治领域之间的互联互动，这就成为女性的参政议政以及中国的现代民主政治发展的基础。

　　由此引申出的另外一个问题是，对接大产业链的做法和参政议政的意识，完全可以与正处在群团改革中的妇联对接起来。这种对接，既是服务妇联，实际上也是服务相关企业的自身发展。相关企业完全可以打出服务女性的旗号，将企业品牌推向全国。借助二更这样的大平台，如果能够通过小视频等形式打造以女性为特色的品牌，那么企业的吸引力将很快从成都走向全国乃至全球。

　　事实上，孵化园中大部分是女性创业者，已经有一些企业通过网络平台开始走向了全球，其他相关企业也完全可以利用互联网的优势和与妇联对接的优势，打造女性的特色品牌。在短视频和音乐的受众中，女性的占比很高，其潜在的辐射面是巨大的。现在的孵化器对接的可能还只是二更这样的经济网络平台，今后完全可以再对接全国性的妇联等组织平台，这样就与参政议政的意识融合了起来。这里涉及一个新的命题，就是妇联如何在国家倡导一带一路建设的过程之中，推动女性走出去，女性组织走出去，企业走出去，并对外产生影响的问题。

　　对妇联来说，妇联也推动了建立许多孵化器和孵化平台，甚至自己也在为主建立，在妇联改革的背景下，未来妇联对女性的创业就业的支持应该走向专业化，而专业化的孵化平台如果只靠妇联自己是不够的，更多的应该去整合各类已有的孵化器，让这些孵化器在推动不同类型、不同行业的妇女在精细化方面应该怎么走，这就意味着我们要将这些经济力量整合起来，服务于妇女。要开始联系妇女的时候，就要开始提出一个重要命题，就是工作精细化、分类精细化问题。这也就是说，妇联更多的应该是给一个政策，搭建一个平台，以此撬动社会的需求和各方参与的积极性，最终形成社会力量、经济力量与群团组织的合作，这样的模式在全国范围内都将树立典范。

　　（2017 年 4 月 18 日在成都 WORKING 创业孵化器调研时的发言）

妇联应该充分利用互联网
增强优质公共资源的扩散效应

通过调研我发现，成都青羊区家长教育辅导中心是一个非常优秀的平台，这么多专家在这里汇聚，一年下来，一共开设了387种课程，举办公益讲座200多场，政府总投入超过一亿元，每年还有一百多万日常运行费用，在全国范围内这样大的资金投入和重视程度，应该是不多见的。这种优质资源的聚集对当地来说当然是一大幸事，但在互联网条件下，这些优质资源的服务范围如果只局限于当地是不够的。当然，服务当地是理所当然的，不过如果能够依托互联网，我们完全可以打造更好的扩散效应。

过去由于技术条件的制约，这种服务效应的扩展难以实现，但如今，不仅是教育资源，类似的优质公共服务产品是否能扩展其服务效应？就家庭教育而言，妇联能否利用自身的平台来推动这项工作，以此为切入点，推动各类优质资源的扩散和传播。

我在调研"WORKING"孵化园的时候，了解到她们主要孵化创作或生产短视频和音乐形式的企业为主，并且实现了与二更和爱奇艺等新媒体网络平台企业对接。在孵化园中的50多家公司的产品，都可以通过二更进行扩散。其实二更和爱奇艺也需要这些优质的资源，才能为用户提供多元化的产品。但我要问，这些大平台了解我们的家教中心吗？对于全国广大的网民来说，他们当然更了解这些大平台，那么为什么我们不能把这些优质资源在这种开放式的大平台上去营销呢？当然，对于政府来说，财政投入如果能够服务好本地区，也就完成任务了。但四川省妇联、全国妇联，能否牵头来做这项优质资源向外扩展的工作。以优质资源为基础，组建一批全国性的供应基地，把它作为优质产品的商机，再由此发展出妇联自己的组织网络；先进行资源整合，再通过互联网来传播扩散。例如，家教中心的一些课程能否放到哔哩哔哩网（B站）以及其他更大平台上去播放，而不仅仅在我们自己建设的班级网以及我们现代在推动的"微课堂"，那样播放量将会是几十万，甚至数百万。当然，现在这些做法都是很好的，说明我们已经有了这些思考，不过我们应该形成体系,并积极利用更大平台来做,我们可以将"WORKING"的资源与我们其他资源进行整合与对接。

事实上,广大家长们非常关心家教,因此不是我们的产品没有市场,而是我们的组织还没有到位。包括妇联在内的群团组织既要对接互联网平台,也要对接优质资源的供应者,打破二者之间的信息壁垒,使双方通过群团组织的沟通而实现信息互通,以此为契机,实现群团组织在互联网时代的重塑。如果互联网平台的后台能够与优质资源的提供者直接对接,那么许多原本只能服务当地的优质资源,就能在更大的平台、更高的层面上得到推广,实现资源的充分利用。这种对接实际上盘活了社会力量和政府力量,通过妇联进行有效的整合,再连接到市场中来。

共青团已经在尝试类似做法了,我曾经受邀在一个会上做主题发言,他们就把我的发言进行现场直播,有200万人在线收看。对我们的家教中心来说,如果能把优质课程在网上直播,并且事先做好活动宣传,吸引广大家长一起来在线观看,这种推广效果一定是空前的。其实在线直播的成本非常低,只需要架一台相机,不要把课程内容和氛围做得很严肃,也不需要太多的包装,要回归现实,以内容取胜。

关键在于,这些工作应该由我们妇联来做。妇联应该利用网络条件推动自身改革,而不是简单地建一个网上妇联平台,把妇联的工作放到网上就算做好了。网络只是一个平台,更主要是要对后台的资源进行整合。由此,才能做到网络重塑组织。

(2017年4月18日在成都青羊区家庭教育指导中心调研时的发言)

妇联推进家政行业建设要有系统思维

关于家政问题,妇联作为一个牵头单位,不是简单地做一两个品牌,虽然给大家推出可信任的品牌,这是必要的,但是,更重要的是进行系统梳理,要把全省各种家政类型进行梳理。为什么? 第一,因为人们的需求的各种各样,导致供给多种多样。第二,供给的能力也是多种多样的,在这种情况下就要进行系统的梳理。有的需要很高端,有的很低端,有的很区域化,有的以互联网的方式进行去区域化的整合,所以要对每一种类型进行梳理,对每种类型的规律和基本现状进行分析,再确定每种类型家政提供的方式,制定相应的标准。

可以邀请相关企业参与标准的制定,建立相关的行业协会,在这个过程中加强监督,建立监督和投诉的体系和模式。可以参照企业对服务行业的监督模式,还可以参照西方或发达地区的经验,进行系统的梳理,分出光谱化的家政类型,对不同类型家政企业及其家政提供者,制定相应标准。同时,还应该建立与之配套的监督体系,监督人是谁、如何监督,特别是互联网这种新型的方式,线上线下结合的方式如何监督,需要研究,既可以参照发达国家做法与国内发达地区经验,也应该结合妇联本身实际进行探讨。

在这个过程中,要建立行业协会,找到龙头企业,推动行业协会参与制定相应的标准。因为他们最清楚哪里存在问题。

妇联组织如何介入和整合其他职能部门一起对其进行监督,这就要妇联与其他部门的对接。

家政联盟是松散式,要推动相应行业协会建设。

对违规的事情要有准入制度和曝光举动,政府监督的一些做法方法要尽快学过来。目前其实已经很成熟了,妇联可以参照这些做法。

(2017 年 4 月 21 日在四川省达州市调研时的发言)

妇联工作是国家软实力建设的一个重要组成部分

我们应该把妇联工作打造成企业走向世界一个国际名片,企业首先追求的是产量和经济效应,其次是环保,再接着就是人文理念。西方人很早就开始强调男女平等,但实际上全世界妇女解放速度最快的是中国,而西部地区在经济尚不发达的情况下也都还能够以如此的速度推动男女平等,发挥妇女作用,这种文化含量如果能成为企业的"名片",对企业走向世界是很有帮助的,将成为企业在国际竞争的一种软实力。

很多人认为西部地区只有生态,经济刚刚起步,很少有人了解西部地区的人文内涵。事实上,西部地区在女性这个层面上已经形成了一张名片,如此一来,人文内涵与经济发展就能结合起来。我们既要积极向全世界宣传这张"女性名片",还要把妇联的很多工作体现出来。例如,那些80%以上员工都是女性的企业,就和别的男性为主的企业形成明显的差异,这样的企业就具有典型的女性色彩。如果妇联能推动这些企业的文化宣传,并不需要太多的工作投入,就能显著增强企业的软实力。

中国现在正在推进"一带一路"倡议,中国企业正在全面"走出去",我们企业的软实力过去主要是传统文化的内容,但这对西方国家的吸引力是有限的。未来,中国企业的软实力能否结合现代文化,而女性的问题是现代文化很重要的内涵。这种"女性名片"对企业"走出去"战略是很有帮助的。全国妇联和各地妇联也应积极帮助企业打造以女性色彩为主要内容的品牌文化,尤其是西部地区,要着重提炼女性在经济发展和社会进步过程中有所作为的正面形象,着重突出在经济欠发达地区,妇女工作的特色和亮点。因为在经济较为发达的东部沿海地区,妇女工作做得好是理所当然的,并不稀奇;但在西部地区,如果妇女工作成效突出,就会引起全世界的关注。

在中国目前已经成为世界第二大国背景下,企业的这种软实力不仅对企业发展有利,而且也直接帮助了国家在世界中的形象,是国家软实力的一个组成部分。甚至我们可以以此为基础,提出应该推动妇联工作成为整个国家软实力建设的一个重要组成部分。

(2017年4月19日在四川南充市川北凉粉公司和

四川龙兴农业科技有限公司调研时的发言)

应该积极探索女性扶贫工作的规律

扶贫的工作,是市场经济与社会发展交接的地方。贫困问题未来依然还会存在,但是像目前这个阶段,在农村,通过全国的力量来推动的大范围的工程化扶贫工作,可能是最后一个时期了。未来可能转入制度化常规性的贫困救济,就像城市之中民政做的救济工作。现在大规模大范围的扶贫,强调了精准扶贫的做法,实际上这个跟我们集中力量办大事的逻辑是一样的。在这个过程中有许多好的经验,如果现在不总结,未来就没有这种案例可总结了。

在调研中，我们发现，对于我们妇联来讲，有几个案例与类型实际上就是可以总结的，比如说企业家来推动扶贫，还有就是电商扶贫方式，在农村，50%以上的电商是女同胞在做，许多贫困人员也是女同胞。单个企业家推动的精准扶贫，现在有电商的精准扶贫，妇联都可以做好联结的工作。比如说有多少贫困的妇女，比如说这边有多少能够做，这个信息我们可提供，我们可对接，那么具体工作是扶贫办的人去做，或者电商行业的人做，但我们可以嵌入。

随着小康社会全面建成实现，接下来一系列的扶贫可能就不再会有大规模的工程化地推进，今后，会有越来越多的社会力量参与进来，而社会力量都是以点状的、单个的、无组织的方式在推进，这就涉及这种扶贫工作到统筹与组织问题，这就为包括妇联在内的群团组织提供了一个重要空间，或者说群团组织的责任就更重了。我们在精准化扶贫过程中，如何调动各类力量推动扶贫工作，实际上就成为妇联下一步探索后小康时代、后群团改革时代如何整合各类资源、如何集中力量打歼灭战的总演习，我们要把其上升到一个战略性高度以及推动组织形态转型高度来理解，并做好总结经验与探索规律的工作。

（2017 年 4 月 19 日接受中央和四川媒体集体采访时的发言）

用年轻人能接受的方式，
向年轻一代宣传妇联的工作

在中国这样的大国，我们的扶贫工作进展到今天，投入了这么多的力量，取得了这么好的成果，应该要让我们的下一代了解其中的艰辛，了解我们这代人曾经经历的这段历程。这样他们才能理解我们在特定历史条件下的一些独创性的做法。比如政党的力量在扶贫工作中就发挥了重要的作用，在农村基层，由于村委会由选举产生，一般由当地人组成，因此我们逐渐形成了第一书记的机制，实质上是"党建救济"，就是用政党的力量来解决制度性的障碍，使资源能落实到基层，通过整合各类资源来集中解决某个地方的贫困问题，这种机制是很值得研究的。

只有通过教育下一代，才能让他们真正了解，在中国，我们的许多制度安排是多么的有效。但教育的方法必须与时俱进，比如拍摄宣传视频，就一定要用年轻人的视角来制作，这些工作政府完全可以提供一些支持。如果条件允许，妇联可以把这几年来的工作以视频的形式展示给年轻人，其中的很多很有效的工作方式在我们看来是司空见惯的，但年轻一代往往缺乏感性的认识。如果他们真的遗忘了这段历史，我觉得是非常可惜的。我们在如此短的时间里，在全国范围内取得的脱贫的成就，可以说是一个世界性的奇迹。在这个奇迹的背后，是我们的许多原创性的制度安排。

在第一书记的机制中，尽管设立了第一书记，但村委会主任是由当地人担任的，党支部书记也是由当地人担任的，但是仅仅依靠当地人的力量往往会遇到资源禀赋的制约，要解决大规模的贫困问题是远远不够的。而第一书记能够通过与一个单位对接，从而用政党的组织的力量实现资源的调配和聚集，将财政、人才、政策、社会资本等各类资源汇聚到基层，解决当地的贫困问题。他一个人的背后，其实是一个单位、一个组织。这种有效的做法以及它的背景，应该让年轻人了解。

精准扶贫工作推进之后，类似的做法可能不再会有了，但这些具体工作中的经验积累将汇聚成整个中华民族的积累；这看似只是贫困问题的解决，实际上背后是一整套的制度设计。下一步，不能只通过新闻来宣传这些有效的做法，应该充分利用新媒体，比如新的拍摄手法，向年轻一代进行宣传。要用年轻人适应的一种方式，在年轻人经常关注的媒体平台上讲述我们的故事。

我们传统的宣传工作中的一些习惯已经不能够很好地适应年轻人的习惯、思维方式和语言，比如妇联就开展过大量的女性精准扶贫的工作，这能否成为宣传素材，让年轻人关注妇联的工作？

所以我们不要认为年轻人只关心娱乐新闻，他们也很关心国家大事，但关键是，讲故事的方式要能让他们适应。我建议，能否把妇联的一系列工作，包括女性精准脱贫的工作，拍成一些小视频，在新媒体上，用年轻人能接受的方法进行宣传，让更多人关注我们的工作。同时，通过与 WORKING 等合作，通过他们与二更对接，我们可以用公共服务购买方式扶持 WORKING，也利用她们的尚处于用年轻人与一般民众所能接受的短视频拍摄与传播专长，以及二更等平台需要多样的视频内容的特点。同时，妇联还可以用不同主题，与政府相应职能部门合作，采取承接政府购买服务项目方式筹集资金，我们还可以借此探索这一改革措施。由此，通过围绕这一主题，发挥妇联的"联"的作用，推动妇联的宣传方式改革与运行机制改革。这样，就达到了共赢的效果。

（2017 年 4 月 19 日在四川南充市高坪区石圭镇壁山村调研时的发言）

群团改革也需要企业家精神

一路调研中，接触了许多女企业家，她们不断整合自己所没有的资源，为把企业做大，有的坚持 25 年，有的坚持 30 年，克服了重重困难，推动着企业发展。在这过程中她们靠的是什么？我认为有两种精神力量：一是韧性，二是企业家精神。什么叫企业家精神？企业家精神就是将既有的各种资源通过创新性的方式实现重新整合，来为客户创造出新的价值。群团改革、妇联改革也需要将既有的资源在新的条件下重新组合。在这样的背景之下，我认为群团改革、妇联改革也应该呼唤企业家精神，而不是简单等要靠官僚意识，单纯靠自上而下被动的压力推动。企业家精神和管理精神是不一样的，它是在创造。管理精神更多的是重视落实，因此我们既要有一个企业家精神，也要有管理意识。当然，在这一过程，我们也同样需要韧性，因为既然是改革，就会遇到众多阻力，乃至群团、妇联组织的内外的阻力，就需要我们要有"咬住青山不放松"的精神。

（2017 年 4 月 19 日接受中央和四川媒体集体采访时的发言）

妇联工作需要"匠人精神"

这一路调研中，我接触了很多女性企业家和女性创业者，她们很多都是在非常艰难的情况下，通过几十年的坚持，实现了白手起家，这种韧性与精神是值得我们学习的。现在国家提出的精准扶贫，不仅包括物质扶贫，还包括精神扶贫这一重要内容，弘扬西部地区的女性精神，这其实也是新阶段的一种精准扶贫。我们过去更注重物质扶贫，未来精神扶贫将愈加重要。

按照"十三五"规划，到2020年我们要完成所有的扶贫工作。对妇联来讲，虽然从总体上看，贫困女性在全国范围内会大幅减少，但还是会有许多妇女会因为各种原因重新返贫。在大范围脱贫完成后，女性扶贫，特别是在西部，还将是一项长期性的工作。

过去很多人都认为，扶贫更多应该是拥有财政资源的政府的事，未来在大规模的政府行为之后，扶贫将转化为社会性的对弱势群体的支持。比如城市不再提"扶贫"，但它有一系列对弱势群体的社会救济和帮助的工作。下一阶段，政府部门可能不再会大规模地做这些事了。但是像妇联这样的群团组织，就应该及时跟进，包括就业、创业、医疗等方面的工作，以及人文关怀这样的精神层面的工作，这些工作将是我们下一步妇联工作中的重点内容。

对女性扶贫的问题，一是要开展专项研究，二是要推动工作的精细化发展。要充分利用国家在"十三五"阶段对扶贫工作的资金投入，争取能把女性扶贫工作中的有效的工作方法和亮点，以及女性精神总结提炼出来，形成成都或者四川的女性扶贫模式，这样的工作将会非常夺人眼球。

不仅是扶贫问题，在妇联的其他工作中，过去我们强调的是妇联关心妇女，去基层办一些活动，当时这样的方式还是有效的。但现在如果还这样做，就没人稀罕了。因为每个行业都已经详尽地细分了，无论是扶贫还是一般的社会服务，社会上都涌现出专业性、精准性的服务力量。妇联的工作应该转向一种众筹。要快速地把各类社会力量聚合起来，然后对既有的工作再进行盘整，把工作推向细化。

我们在第一个发展阶段中，首先要解决温饱问题，满足基本需求，但到了第二个阶段乃至第三个阶段，就需要有"匠人精神"。妇联下一步的工作就要有"匠人精神"，就是要把各项工作进一步精细化。"匠人精神"不是说要让妇联干部自己成为匠人，而是要在"联"上下功夫。要充分挖掘女性企业家以及各类社会力量的领军人物，她们很懂具体工作，由她们来推动各类工作的细化，形成智慧众筹的局面。在工作内容方面，既要探索新的领域，同时，已有的工作要做细化落实，这与企业的发展战略是类似的。

如今，女性变得越来越有为，大部分已经不再像20世纪五六十年代的农村妇女那样，常常遭遇家暴，那时候妇联要像娘家人那样替她们撑腰。但现在中等收入的女性、白领女性越来越普遍，她们需要的不是"撑腰"，也不是扫盲，而是精细化地满足各类需求。因此我们需要创新工作的方式和内容。

每个阶段的女性发展都有不同的需求，这是年龄段的差异；另外，每一种类型的女性的需求也是不同的，有些需要政策跟进，比如维权，现在所谓的维权也不是传统意义上的消极维权，人的权益观念与内涵已经发生变化，要维护发展性的权益。有人可能会抱怨妇联人手太少，但我们要能看到，许多专业人士在具体工作中都很在行，关键在于要找到内行的人，要找到那个"匠人"。为什么许多西方国家都是小政府、大社会，而中国有群团组织，这很有优越性，它刚好在政府和社会之间起到桥梁作用。比如扶贫，未来国家肯定不会再大规模推进了，但贫困问题是不可能立即消失的，那么这个工作就应当由我们妇联来做。

下一步，社会的培育是由群团组织来推动的，即在经济快速发展之后推动社会培育走向细化，在这方面，群团组织责无旁贷。这群团改革之后新的命题，第一轮群团改革解决"四化"问题，我称之为"从 0 到 1"。下一步，要把群团组织的活动内容创新、组织形态的转型和群团改革联系起来，同步推进。

在中国的发展中，四川是很有代表性的。对于四川妇联工作中的经验和成效，一是要做好宣传报道，二是要做好经验提升，三是要有前瞻性的思考，尤其是如何利用女性企业家的智慧和专长，推动妇联工作的精细化。

（2017 年 4 月 18 日在成都好农人有机农庄调研时听取
成都三联公司的董事长邹平女士等人发言后的发言）

将群团改革进行到底*

群团改革工作座谈会在京召开时，传达了中共中央总书记、国家主席、中央军委主席习近平对群团工作的重要指示。习近平总书记指出："党的群团工作是党的一项十分重要的工作，群团改革是全面深化改革的重要任务。2015年，党中央召开群团工作会议，对党的群团工作和群团改革作出全面部署。两年来，群团改革取得积极成效，成绩值得肯定。要认真总结经验，继续统一思想、抓好落实，切实把党中央对群团工作和群团改革的各项要求落到实处。"就各级党委和群团组织应该如何进一步落实和推动改革工作，努力开创党的群团工作新局面，习近平总书记还做出了具体指示要求。

习近平总书记重要指示从全局和战略高度深刻阐明了推进群团改革的重大意义、目标任务和基本要求，为我们做好群团改革和群团工作提供了重要遵循。因此，认真学习贯彻习近平总书记重要指示，坚定改革信心，强化责任担当，以更大力度、更实举措推进群团改革，不断开创党的群团工作新局面，就成为各级党委和群团组织的一项十分重要的任务。

一、群团工作是党十分重要的一项工作

在现代化浪潮的冲击之下，曾经创造过非凡成就的中国经受了长期的磨难。为实现民族复兴，中华民族采取了革命方式，开启了现代化进程。辛亥革命之后，由于国民党未能完成没有完成反帝反封建的任务，没有争取到民族独立与人民解放，这一重任就降落到中国共产党的身上。

---

* 刊发于光明网理论频道，2017年8月29日。

经过探索，中国共产党找到了取得民主革命胜利的"三大法宝"，即统一战线、武装斗争和党的建设。在三大法宝运用的过程中，中国共产党不仅利用自身的力量，而且还组建了党领导的群众团体，使之成为协助党有效组织和联系人民群众的重要载体。正如习近平总书记指出，党的群团工作是党通过群团组织开展的群众工作，是党组织动员广大人民群众为完成党的中心任务而奋斗的重要工作。这是我们党的一大创举，也是我们党的一大优势。建国之后，群团组织成为了中国政治体制与国家治理体系的一个重要组成部分，是党与政府联系群众的重要桥梁和纽带。在建设和改革时期，群团组织发挥着重要的作用，成为了推动改革、发展与稳定的重要力量。

　　随着市场化、全球化和网络化的发展，人民群众的生存形态与交往方式也发生了巨大变化，这就意味着"新形势下党的群团工作更为重要和紧迫，只能加强、不能削弱，只能改进提高、不能停滞不前。"这就要求我们"要坚定不移走中国特色社会主义群团发展道路，把群团自觉接受党的领导、团结服务所联系群众、依法依章程开展工作高度统一起来，充分发挥群团组织联系人民群众的桥梁纽带作用，最广泛地把群众组织起来、动员起来、团结起来，奋力推进中国特色社会主义伟大事业。"

二、群团改革是全面深化改革的重要任务

　　新中国成立之后，在马克思主义指导下，遵循中国政治发展逻辑，我们建立了以人民民主专政为国体的社会主义国家政治体制和国家治理体系，为现代化建设奠定了组织化基础。

　　在完成了社会主义现代化建设基础阶段任务之后，为了获得现代化建设可持续发展内在动力，中共中央作出了改革开放决定。随后，又分别作出了建立社会主义市场经济、实行依法治国、实践"三个代表"重要精神、进行和谐社会建设的决定，从而标志着作为中国特色社会主义现代文明要素的现代市场、现代国家、现代政党和现代社会在中国完善与发展。为了开发这些要素功能以及推进这些要素之间实现内在有机化，党的十八届三中全会作出了全面深化改革的决定，推进国家治理体系和治理能力现代化。

在中国政治体制和国家治理体系中，群团组织是党做好群众工作的重要组织载体，同时也是党联系国家、社会和市场之间的重要组织网络和运行机制。然而基于历史性原因，群团组织产生了"机关化、行政化、贵族化、娱乐化"等问题，在新的历史条件下未能充分发挥应有作用。正如习近平总书记指出的："对党的群团工作取得的显著成绩，必须充分肯定，同时必须注重解决存在的问题，特别是要重点解决脱离群众的问题。"

因此，不论是开发国家治理体系各要素的功能，还是推动各要素之间实现有机化，都要求群团组织必须深化改革。2015年，中共中央下发了《中共中央关于加强和改进党的群团工作的意见》，召开党的群团工作会议，对党的群团工作和群团改革作出了全面部署。习近平总书记在中央党的群团工作会议上也要求"工会、共青团、妇联等群团组织一定要坚持解放思想、改革创新、锐意进取、扎实苦干，切实保持和增强党的群团工作和群团组织的政治性、先进性、群众性，组织动员广大人民群众更加紧密地团结在党的周围，把广大人民群众对美好生活的追求汇聚成强大动力，共同谱写实现"两个一百年"奋斗目标、实现中华民族伟大复兴中国梦的新篇章。"

三、将群团改革进行到底需要党委和群团共同努力

习近平总书记日前作出重要指示，党的群团工作是党的一项十分重要的工作，群团改革是全面深化改革的重要任务。2015年，党中央召开群团工作会议，对党的群团工作和群团改革作出全面部署。两年来，群团改革取得积极成效，成绩值得肯定。要认真总结经验，继续统一思想、抓好落实，切实把党中央对群团工作和群团改革的各项要求落到实处。

在习近平总书记的指导下，下一步群团改革任务最重要的是推动各群团组织结合自身实际，紧紧围绕增强"政治性、先进性、群众性"，直面突出问题，采取有力措施，敢于攻坚克难，注重夯实群团工作基层基础。

对于下一步群团改革具体工作推进，中央群团改革工作座谈会提出了以下要求：

一是要认真学习贯彻习近平总书记重要指示，坚定改革信心，强化责任

担当,以更大力度、更实举措推进群团改革,不断开创党的群团工作新局面。

二是要牢牢把握群团改革正确方向,始终坚持党对群团工作的领导,加强群团组织自身党的建设,不断增强"四个意识",在思想上政治上行动上同以习近平同志为核心的党中央保持高度一致,把保持和增强政治性、先进性、群众性贯穿改革全过程。

三是要自觉服从服务党和国家工作大局,找准工作结合点和着力点,落实以人民为中心的工作导向,切实解决好代表谁、联系谁、服务谁的问题,增强群团组织的吸引力影响力。

四是要坚持问题导向、聚焦突出问题,切实加强思想政治建设,扩大群团组织和群团工作有效覆盖,积极转变拓展服务职能、转变工作作风、推动净化行业风气,深化机构人事制度改革,把群团组织建设成为党的群众工作的坚强阵地。

五是要深入把握新形势下群团工作规律,大力推动改进创新,加强基层基础工作,加强网上群团建设,提高做好群团工作的能力水平。

六是各级党委要认真落实政治责任和领导责任,狠抓群团改革任务落实,加强统筹协调,加强分类指导和督察问责,推动群团组织真刀真枪抓改革,确保各项改革措施落地见效,以优异成绩迎接党的十九大胜利召开。

四、群团改革永远在路上

进一步推进群团改革与发展,需要明确以下三个逻辑:一是群团改革自身发展逻辑;二是中国特色社会主义发展的逻辑,三是人类文明发展的逻辑。

从群团改革自身发展逻辑来看,这次中央群团改革工作座谈会的召开,标志着群团改革工作进入新阶段。这就意味着,一方面我们应该将之前所开展的各项工作进一步的推进;另外一个方面必须更好的发挥群团组织自身的作用,全面推进自身组织形态整体的发展。而后者具有非常大的开放性,可以将其与其他的逻辑相配合,从而推动群团组织的整体性的不断发展。

从中国特色社会主义发展逻辑来看, 当前,"我国发展站到了新的历史起点上,中国特色社会主义进入了新的发展阶段。"这就意味着,中国现代文明内涵将进一步发展,政治、经济、文化、社会和环境等都将产生新的变化。同时,随着"一带一路"的实施以及人类命运共同体构建的推进,中国在全球治理中的作用将日益凸显。这些都将对群团发展提出新的要求,群团组织也需要从更高层面调整和创新组织形态和运行机制。

从人类文明发展逻辑来看,随着网络社会的深化和智能社会的到来,人民群众的交往方式、生活方式等将进一步发生深刻变化,对社会发展也将产生影响。这些变化,不仅对群团组织的工作内容,而且也对群团组织的运行方式和组织形态提出新的要求和挑战,这不仅要求群团组织必须提前做好准备,而且还应具备适时调整自己的能力。

当前,我们处于一个快速变动的时代,在构建面向未来的中国文明过程中,我们这一代人所遇到的挑战是具有迭代性与叠加性的,我们所需要解决的问题也同样是具有迭代性与叠加性的。这就要求我们必须超越线性思维,遵循历史唯物主义和辩证唯物主义来把握发展的本质问题,在党的统一领导下,来统筹推进我们的各项工作和改革。对于群团组织发展来讲,同样如此。

后 记

毛泽东同志曾经说过:"外因是变化的条件,内因是变化的根据,外因通过内因而起作用。"这就意味着,事情要取得成功,都需要通过内外因结合才能实现。对于我来说,这本书的完成也是如此。

读政治学博士之前,我已经从事了近十三年的专职党群工作。政治实务工作的经历,为我后来的研究工作奠定了两方面基础:一是使我对现实政治运作逻辑的理解有了一定经验基础,二是使我对现实政治运作及其发展逻辑比较关注。随后十多年的理论学习与学术研究,使我形成了对这些政治逻辑把握的能力。

如果说过去的工作与学习经历使我形成了兴趣偏向与研究能力,只能说是内因的话,那么从事智库领导工作,使这些偏好与能力开始集中性地被开发与运用,也许就是一种外因在起作用吧。

2012年起,我开始协助林尚立教授主持上海市党的建设理论与实践创新研究基地建设。2013年,我们又在研究基地的基础上建立了复旦大学政党建设与国家发展研究中心,并被上海市确定为首批上海高校智库,由林尚立教授担任主任,我担任常务副主任,2016年4月林尚立教授调离复旦后,我接任了主任职务。

智库工作,要求我们必须关注现实政治,并做出反应。这种反应,一方面是写成内参报告,供决策者参考,以咨政;另一方面是写成报刊文章,供大众阅读,以启民。基于工作需要,除了推动与组织智库其他参与者进行写作外,我也撰写了大量内参报告与报刊文章。从2012年年底至2017年年底(党的十八大召开之前),我共写了90多篇文章,其中,60篇左右被《人民日报》《光明日报》《经济日报》《中国青年报》《辽宁日报》《紫光阁》《当代世界》以及《光明网·理论频道》《澎湃》等媒体刊用。

从事智库工作，我给自己定下一个规矩，那就是，不论是咨政还是启民，都力争做到着眼于道，既不媚上，也不媚俗。因此，不论是内参报告还是报刊文章，我都坚持以事物自身发展规律为基础，做到理论逻辑与实践逻辑的统一。2015年1月13日，人民日报评论部通过内部编辑票选，将我在《人民日报》上刊发的题为"做好应对网络社会的准备"一文评为评论佳作，以下评语也许能够从一个角度反映我的上述坚持：

> 阅读此文，需要有一定的耐心。文章不是就事论事，而是将出租车停运一事，放置到国家转型的历史大背景来看，并提出了"双重转型的叠加冲击"，历史忧患意识，跃然纸上。这篇文章，以小见大，让思考有了历史纵深感，堪称学术性评论的一个样本。

我开始从事智库领导工作，也恰好是党的十八大召开前后，智库工作全面推进，是十八届三中全会之后。其实上，从2002年读博开始，在导师林尚立教授的指导下，我就一直以中国政治为自己的研究对象，并力争形成对中国政治发展具有较强解释力的分析框架。2010年年底，我提出了有机政治的概念，并做出了以下判断：中国将从现代政治形态要素生成阶段，进入现代政治形态整体发展阶段，并逐渐走向定型，实现政治有机化。党的十八届三中全会提出，要基于顶层设计，全面深化改革，推动国家治理体系与治理能力现代化，完善与发展中国特色社会主义制度。这一要求与目标提出，使我感到我的判断与分析存在着一定合理性。因此，结合每一个时期现实发生的改革与发展内容，我根据我的分析框架，从理论分析与对策建议两方面，以报刊文章与内参报告的方式予以呈现，于是就有着上述提到的那些文章。

在一位编辑朋友的建议下，我将党的十八大到十九大期间写作的适合出版的大部分文章进行了集结，七十余篇（还有一些文章，将集结在其他主题的文集中），其中一些文章，是我与其他学者合作写作的，已经在文章注释中作了说明。另外，作为文章汇编，基于写作的逻辑需要，有些观点，在不同文章中会以不同方式重复出现，可能影响了观感，由于不是专著写作，无法做到统筹，又要尊重既有文章的历史，只好"求缺"了，敬请读者谅解。

所谓"期限是灵感来源"，上述的大部分文章，都是在众多编辑与朋友们的鞭策下写出的，同时，许多文章的观点是在与朋友、同事们的交流中形成的，可以说没有他们的帮助，这些文章中的相当一部分，可能也就是想想而已，甚至连想一想的可能都不会有的。因此，我要感谢这些朋友，然而由于人数太多，无法一一致谢，只好致歉了。

不过，人数再怎么多，有一些人和机构还是必须致谢的。

首先，我要向林尚立老师致谢，从读博开始，我就在他的指导下学习理论、写作论文，到了从事智库工作，也是在他的领导下，从事研究、开展工作。我常常分不清哪些观点是林老师的，哪些观点是我自己的，也许这就是师徒传承的结果吧。不过有一点是清楚的，那就是精彩的观点一定是林老师的思想在我的文章中演绎的结果，而那些笨拙与错误之处，一定是我的愚钝所致。

其次，我要谢谢我的夫人卢华博士。她常常是我的灵感的触发者，我们有晚饭后喝茶的习惯，许多观点都是在喝茶与其聊天时被激发出来的。实际上，从我开始写理论文章以来，她常常是这些文章的第一位编辑者，因为我的"啰嗦"经常使她无法忍受。这几年来，从事智库工作，我之所以能够有时间与精力进行"咨政"与"启民"，是因为有我夫人的帮助与支持，是她在家务上以具有"复杂劳动"能力来从事"简单劳动"的时间与精力为代价的。

再次，我要感谢上海高校智库·复旦大学政党建设与国家发展研究中心。五年多来，智库的老师和同学们陪着我走过风风雨雨，本书实际上就是智库成果之一，许多文章思路是在与智库同仁们讨论过程中形成的，本书出版的许多行政性事务也是由智库的同仁们的帮助下完成的。

最后，我要感谢复旦大学国际关系与公共事务学院和天津人民出版社。复旦大学国际关系与公共事务学院是我博士期间学习与我目前工作的单位，我的学术与思想是在这一大家庭中成长的，学院的领导包容、同事支持和学生合作，使我可以很"任性"地陶醉于学术、教学与咨政，本书也有赖于学院经费支持才得以出版。我第一本专著就是在天津人民出版社出版的，如果没有出版社的支持和编辑们的催促,这本书的出版可能会遥遥无期,出版社领导与编辑们的精神值得我们学习与致敬。

郑长忠

2019 年 1 月 20 日于复旦大学